丝绸之路与华夏文明研究文库
■ 西北边疆史地研究丛书 ■

汉晋简牍研究 文书与行政

刘再聪◇主编

甘肃文化出版社
甘肃·兰州

图书在版编目（CIP）数据

汉晋简牍研究：文书与行政 / 刘再聪主编. -- 兰
州：甘肃文化出版社，2024.10
ISBN 978-7-5490-2619-7

Ⅰ．①汉… Ⅱ．①刘… Ⅲ．①简（考古）-研究-中国
-汉代-晋代Ⅳ．①K877.54

中国版本图书馆CIP数据核字(2022)第233158号

汉晋简牍研究：文书与行政

刘再聪｜主编

责任编辑｜张莎莎
封面设计｜杜泽润

出版发行｜甘肃文化出版社
网　　址｜http://www.gswenhua.cn
投稿邮箱｜gswenhuapress@163.com
地　　址｜兰州市城关区曹家巷1号｜730030(邮编)

营销中心｜贾　莉　　王　俊
电　　话｜0931-2131306

印　　刷｜兰州新华印刷厂
开　　本｜787毫米×1092毫米　1/16
字　　数｜350千
印　　张｜22.5
版　　次｜2024年10月第1版
印　　次｜2024年10月第1次
书　　号｜ISBN 978-7-5490-2619-7
定　　价｜88.00元

《西北边疆史地研究丛书》由

甘肃省高校人文社科重点研究基地西北边疆史地研究中心

丝绸之路与华夏文明传承发展协同创新中心

河西走廊研究院

西北师范大学甘肃省考古学、中国史、世界史重点学科

资助出版

前 言

西北边疆史地研究是西北师范大学历史学科长期稳定和最具特色的研究方向，学术积淀深厚。经过多年的发展，逐渐形成了西北疆域演变与国家稳定、西北边疆环境变迁、西北边疆民族宗教问题、西北边疆文化遗产保护与利用等相对集中的研究方向。近年来，西北师范大学充分利用地域优势，主动适应地方文化建设的需要，在西北边疆史地研究方面开展系列学术科研活动，取得了一些重要成果。

一、编撰专题学术著作。以西北边疆史地为主题的学术专著有50多部，其中主要有：吴廷桢、郭厚安《河西开发史研究》，季成家等《丝绸之路文化大辞典》，赵向群《五凉史探》，陈守忠《河陇史地考述》，侯丕勋、刘再聪《西北边疆历史地理概论》，李清凌《元明清治理甘青少数民族地区的思想和实践》，刘建丽《宋代西北吐蕃研究》，田澍《西北开发史研究》，田澍、何玉红《西北边疆社会研究》，田澍、何玉红《西北边疆管理模式演变与社会控制研究》，田澍、陈尚敏《西北边疆史籍要目提要》，李并成《河西走廊历史时期沙漠化研究》，李并成《河西走廊历史地理》，胡小鹏《西北民族文献与历史研究》，李建国《陕甘宁革命根据地史》，尚季芳《民国时期甘肃毒品危害与禁毒研究》等。这些学术著作或以主题探讨为主，或以资料汇集为主，内容系统、全面，且具有一定的开拓性，引起了学术界的广泛关注。

二、承担各类科研项目。以西北边疆史地为主题的国家社科基金项目、教育部人文社科研究项目、甘肃省社科规划项目等80余项，其中国家社科基金项目有：王三北《中国历代西北开发思维和苏联对外政策》、赵汝清《丝绸之路西段历史研究》、李清凌《元明清三代治理甘青少数民族地区的思想研究》、田澍《明清中央政府与蒙藏民族地区政治互动策略研究》和《十四到十六世纪明蒙关系的走向研究》、刘再聪《唐朝

"村"制及西北民族地区基层治理研究》和《唐朝"村"聚落形态与基层行政制度"西进化"历程研究》、李并成《历史时期我国西北地区沙尘暴研究》、李晓英《近代甘宁青回族商人研究》、连菊霞《宗教信仰与族际通婚——以甘肃积石山县保安族、回族与汉族的通婚为例》、尚季芳《近现代西北民族地区毒品问题与社会控制研究（1840—1960)》、胡小鹏《晚清至民国时期甘青藏区社会群体纠纷解决机制研究》、潘春辉《清至民国时期甘宁青地区农村用水与基层社会治理研究》、李建国《近代西北地区商贸经济及对当地社会发展影响问题研究》、王新春《中国西北科学考察团与近代中国西北考古研究》、张嵘《我国社会现代化历程中的少数民族发展研究》、刘清玄《天水麦积山石窟洞窟题记释录与研究》、张荣《哈萨克问题与清代西北边疆安全》、李永平《甘肃新出土魏晋十六国文献整理研究》等。这些项目围绕与西北边疆史地有关的政治、经济、社会、文化、生态等内容展开研讨，主题集中，针对性强。

三、召开系列学术论坛。以西北边疆史地为主题的学术会议有："中国宋史研究会第十届年会暨唐末五代宋初西北史研讨会""庆贺蔡美彪先生八十华诞暨元代民族与文化国际学术研讨会""第11届明史国际学术研讨会""敦煌文化学术研讨会""河洮岷历史文化与甘肃民族史学术研讨会""南梁精神与甘肃红色文化高层论坛""甘肃历史文化资源高层论坛""甘肃远古文化与华夏文明高层论坛""中国古代史教学改革高层论坛"等。这些论坛吸纳国内外知名专家就当今西部大开发、西北边疆安全、西北民族地区社会稳定、西北生态保护、西北历史文化遗产保护开发等前沿课题展开集中研讨，提供学术咨询，具有较强的服务社会与政策咨询功能。

四、加强机构和学科建设。西北师范大学西北边疆史地研究取得的研究成果，有力地推动了历史学科的发展。2010年5月，西北师范大学西北边疆史地研究中心获批为甘肃省高等学校人文社会科学重点研究基地，成为国内专门从事西北边疆史地研究的高水平科研平台。目前，与西北边疆史地研究中心互为依托的科研平台有中国史一级博士点、中国史博士后科研流动站、甘肃文化发展研究院、甘肃省丝绸之路与华夏文明传承发展协同创新中心等。互为依托的平台之间相互推进，同步发展。2006年以来，《敦煌学教程》《简牍学教程》《西北边疆考古教程》《西北少数民族史教程》等8部本科生系列教材先后出版，在国内高等学校历史学科教学方面产生了良好的影响。2013年，考古学、中国史、世界史、民族学四个学科同时获批为省级重点学科，使西北师范大学历史学科建设得到了新的发展机遇。

五、重视持续发展。近年来，西北师范大学围绕西北边疆史地研究，在《中国史研究》《民族研究》《中国边疆史地研究》及《人民日报》《光明日报》等国内权威学术期刊和报纸上发表高水平论文学术700余篇，不少被《新华文摘》、人大复印报刊资料等转载。截至2009年，汇聚阶段性成果的学术丛书《西北史研究丛书》十册本全部出齐。为了使西北边疆史地研究能够获得进一步、持续性顺利发展，《西北边疆史地研究丛书》应运而生。《西北边疆史地研究丛书》的编撰，必将不断深化西北边疆史地研究的深度，拓展西北边疆史地研究的学术视野。

西北边疆史地研究是一项伟大的事业，也是必将得到持续发展的事业。

2013年12月27日

目 录

日本学者大庭脩简牍研究述评

赵汝清

　　关西大学教授大庭脩先生，是目前日本在研究中国简牍方面极有成效、成果丰硕的学者之一。早在1951年他就参加了森鹿三先生首创的京都大学人文科学研究所"汉简研究班"。当时，日本全国从事简牍研究者不过30余人，大庭脩先生便是其中之一。他们主要从事的课题是1952年由日本文部省资助的项目："整理黑城附近出土的汉代文书以及据出土汉代文书综合研究汉代史"。可以说，几乎在整个20世纪50年代日本学者皆处于艰苦摸索中，因为他们尚未看到过一枚简牍的图版照片，更不用说能目睹简牍实物了。就在大多数日本学者的研究尚未与汉代历史挂起钩来，只能写一些启蒙性介绍文章的情况下，大庭脩先生却独秀一枝，在短短几年时间内，利用劳榦释文①提供的简牍材料，发表了一系列研究汉代军事、官僚制度的有分量的论文，成为当时之佼佼者。因此，他亦被简牍学界誉为"简学泰斗"。

　　20世纪50年代末期以后，几种印有汉简图版的著作相继问世。②日本学者的研究遂进入重新释读简文的第二阶段。大庭脩先生又加入以森鹿三先生为首的"图版轮流解读会"。他一面根据图版照片所见木简宽窄长短、字体大小、笔迹异同、书写格式等等重释简文；一面开展集成简牍、恢复简册的工作，同时利用简册提供的史料研究秦汉法制史，突出了他的研究个性和特点。综观大庭脩先生的研究，我认为有三个特点：1.如其师森鹿三先生的研究风格，致力于考证、集成和复原简册，

---

　　① 劳榦：《居延汉简考释》（全书6册，释文4册，考证2册），四川南溪石印，1943年。
　　② 劳榦：《居延汉简·图版之部》，《中央研究院历史语言研究所专刊》之21，1957年；中国科学院考古研究所《居延汉简甲编》，《考古学专刊》乙种第8号，1959年。

特别是在恢复汉代诏书简册方面成绩斐然；2.把主要精力集中于利用简牍史料研究秦汉法制史方面；3.重视对普通读者和中青年的普及教育，在简牍学领域涉猎极广、知识渊博。本文以下几个论题，拟将上述三个特点穿插其间，进行述评。

一、大庭脩与敦煌汉简的研究

本文所谓敦煌汉简，主要指20世纪初英籍考古学家斯坦因在敦煌附近长城遗址发掘之汉简。在1900—1916年，斯坦因先后三次组成"探险队"，深入我国新疆、甘肃等地，进行大规模的地理测量、考古调查和掠获文物活动。他于第二次"探险"期间的1907年，从敦煌城以北古长城的玉门关遗址、兵营遗址、望楼遗址掘获汉简705枚；在第三次"探险"期间的1913—1914年，又从敦煌以东古长城遗址中掘获汉简168枚。

斯坦因"探险"以后，曾把第一批敦煌汉简的整理、释解工作，委托于法国汉学家沙畹。沙畹于1913年出版了《A·斯坦因在东土耳其斯坦沙漠考察中所获中国文书》一书。后来，大庭脩先生称这是一部"显示欧洲东洋学水平高超的不朽著作"。[①]但沙氏之作仅收敦煌汉简照片340余枚，且未能依简牍文书之内容分类，释文也有不少错误。1912年侨居日本的中国学者王国维、罗振玉从沙畹处索寄到释文校正本，改编了沙氏排列顺序，重新按简文内容和文书性质加以分类，加上他们的考证和研究，于1914年在京都出版了举世闻名的《流沙坠简》一书。该书跨越了欧洲学者的释读和介绍阶段，直至今日仍不失简牍研究蓝本之作用。故此，大庭脩先生称之为"是清朝考证学在木简上开的一朵鲜花"。[②]1918年沙畹去世，斯坦因掘获的第二批敦煌汉简则由法国汉学教授、沙畹的弟子马伯乐（Henri Maspero，另译作：马斯伯乐）整理和释读。由于第二次世界大战的原因，迟至1953年，即在马伯乐死于纳粹集中营

① ［日］大庭脩：《森鹿三先生与木简研究》，载森鹿三著《东洋学研究——居延汉简篇》，同朋社出版，1975年；另见《中国史研究动态》1980年第2期，姜镇庆译文。
② ［日］大庭脩：《森鹿三先生与木简研究》，载森鹿三著《东洋学研究——居延汉简篇》，同朋社出版，1975年；另见《中国史研究动态》1980年第2期，姜镇庆译文。

8年以后，他的研究成果才公诸于世，由大英博物馆出版了《斯坦因在第三次探险中于亚洲中部轮台所发现的中国文书》一书。研究敦煌汉简的其他论著还有：贺昌群的《流沙坠简校补》① （1934年）、《流沙坠简补正》② （1935年）；劳榦的《敦煌汉简校文》③；英国剑桥大学鲁惟一博士的《敦煌文书札记》一文，对上述释文也作了许多补正④。

在西方学者正竭尽全力释读敦煌汉简，而且中国学者的研究已有一定深度的情况之下，日本学者才涉足敦煌汉简。他们的研究已落后了许多年。况且，在早期，他们也只是影印、介绍沙氏王氏之作或从书道艺术的角度写一些启蒙性文章，发表在诸如《书画之研究》《书画骨董杂志》《书道》《墨美》等刊物上。如松田南溟的《晚翠轩放大本释文》（自印），钦堂的《汉代简策类的帐单》⑤，后藤朝太郎的《论中亚出土的汉代木简》⑥《论中央亚细亚出土的汉代木简（上、下）》⑦，西川宁的《论汉人墨迹》⑧，高田桂下的《斯坦因与木简》⑨、藤原楚水的《图解书道史——流沙坠简的文字》⑩等皆属此类。唯羽田明的《天田辨疑》⑪，泷川政次郎的《流沙坠简所见汉代法制的研究》⑫时才涉及一些具体问题，但尚谈不上深入的考释和研究。

大庭脩先生涉足敦煌汉简的时间更晚。在日本学者依据图版释读简文的第二阶段开始后，他与米田贤次郎合著的《敦煌·居延出土汉简（图版解说）》一书，⑬也只是依据沙氏、劳氏著作的原简照片重新解说简文

---

① 贺昌群：《流沙坠简校补》，《北平图书馆馆刊》第8卷第5期，1934年。

② 贺昌群：《流沙坠简补正》，《图书季刊》第2卷第1期，1935年。

③ 劳榦：《敦煌汉简校文》，原载商务印书馆1949年出版《居延汉简考释·释文之部》，但劳榦否认该书为其修订1943年石印本之作；劳榦到台湾后于1960年再版《居延汉简考释·释文之部》时，又将校文收入。

④ Michael Loewe: Some Notes on Han-time Documents from Tun-Huang T'oung Pao50, 1963.

⑤ ［日］钦堂：《汉代简策类的帐单》，《书苑》第3卷第8号，1914年。

⑥ ［日］后藤朝太郎：《论中亚出土的汉代木简》，《书画之研究》第1卷第5期，1917年。

⑦ ［日］后藤朝太郎：《论中央亚细亚出土的汉代木简（上、下）》，《书画骨董杂志》第129、130号，1919年。

⑧ ［日］西川宁：《论汉人墨迹》，《书道》第5卷，1936年。

⑨ ［日］高田桂下：《斯坦因与木简》，《书道》第5卷第11期，1936年。

⑩ ［日］藤原楚水：《图解书道史——流沙坠简的文字》，《书苑》第3卷第9期，1939年，

⑪ ［日］羽田明：《天田辨疑》，《东洋史研究》第1卷第6期，1937年。

⑫ ［日］泷川政次郎：《流沙坠简所见汉代法制的研究》，《满洲学报》第6期，1941年。

⑬ ［日］大庭脩、米田贤次郎：《敦煌·居延出土汉简》(图版解说)，《书道全集》，1958年。

大意而已。针对这一现状，1972年4月，他以关西大学派遣国外的研究
调查员身份，赴欧美半年。其间有四个月时间住在剑桥大学，每天到大
英博物馆去。详细考察了收藏在那里的敦煌汉简。特别仔细地调查了沙
氏著作中没有发表过照片的那些简牍。回国后，于1973年撰写了两篇论
文《大英博物馆的敦煌汉简》①和《敦煌汉简释文之我见》②。前一篇介
绍了该馆所藏中国敦煌汉简的概况，并详细介绍了怎样委托邮局订购这
批汉简照片的办法。后一篇是作者逗留英国期间调查敦煌汉简的原简后
所考证的释文，在文章中，除原来沙氏、劳氏等人已经发表释文而无须
改正者，或当时仍完全读不出来的简文之外，作者将沙氏著作中未刊照
片者、沙氏劳氏未释者或已释需订正者，一一作了释文和注记。共为
220余枚简牍重作释文，其中未刊过照片的简牍达135枚，超过半数。另
对原简的状况（包括是木简还是竹简，是封检还是削衣，简牍木质如
何，书写几行，字体大小，墨色浓淡，简上有无标记和残损等）以及沙
畹、劳榦释或未释，原释是什么、今作何释等，都不嫌繁琐地逐字逐句
作详细注记。可以认为，大庭脩先生的《敦煌汉简释文之我见》是继岩
井大慧的《斯坦因第三次中亚考查所得文书考释》③之后，较之更全面、
详细的敦煌汉简考释文章，它代表了日本学者敦煌汉简研究方面的最高
水平。

二、大庭脩与汉代诏书简册的复原

大庭脩先生对居延汉简的研究要比对敦煌汉简的研究早大约20年。
从1952年起，他的研究论文"宛如洪水决堤般不断涌现"。④主要有《材
官考——汉代兵制之一斑》⑤《论汉代的论功升进》⑥《论挈令》⑦《汉代

---

① ［日］大庭脩：《大英博物馆的敦煌汉简》，《古代史讲座月报》7，学生社，1973年。
② ［日］大庭脩：《敦煌汉简释文之我见》，《关西大学文学论文集》23卷1号，1973年。
③ ［日］岩井大慧：《斯坦因第三次中亚考查所得文书考释》，《学灯》51卷第10号，1954年。
④ 这是大庭脩先生在《森鹿三与木简研究》一文中描述劳榦对居延汉简研究的用语，这里
用于大庭脩先生50年代之研究则再也合适不过了。
⑤ ［日］大庭脩：《材官考——汉代兵制之一斑》，《龙谷史坛》第36号，1952年。
⑥ ［日］大庭脩：《论汉代的论功升进》，《东洋史研究》第12卷第3号，1953年。
⑦ ［日］大庭脩：《论挈令》，《东洋史研究》第12卷第3号，1953年。

官吏的任事规定—以休假为中心》①《汉代关所与护照》②《汉代的啬夫》③、《论汉代官吏的兼任》④等一系列研究汉代军事、政治制度的论文。这些文章都是在尚无刊布简牍照片的条件下撰写出来的,因此论题显得不太集中,研究缺乏系统性。尽管如此,这些单项研究为他后来所从事的复原诏书简册的工作奠定了良好的基础。这个阶段的代表作是《汉代关所与护照》一文,在文章中大庭脩先生从劳榦的《居延汉简考释·释文之部》中找到民间百姓通过关所所持"护照"(即通行证件)简牍材料14例,论述了简文中的"繇",就是普通老百姓出入关所所持的写明日期、通俗易懂、附有旅行者身份的一种证明书(即护照)。这篇文章也是大庭脩先生集成简牍文书的尝试之作,只不过集成的是互无联系的"护照"而已。关于"护照"的研究,后来他并没有停留在50年代的水平上,而不断用新见简牍材料充实自己的观点。例如,自50年代末劳榦的图版和大陆的甲编⑤公布后,大庭脩先生看到照相版,方知自己所论述的"护照",在原简上都是用非常细小的字并行书写的。于是在1982年出版其专著《秦汉法制史的研究》⑥时,修订了《汉代关所与护照》一文并收入书中,这时捡出的"护照"简牍材料已不是原文的14例,而增加到39例之多了。作者还发现新增简的上编号以"二一八"居多。1981年,《居延汉简甲乙编》出版后,才明白这些简皆出自肩水金关。

大庭脩先生曾把日本的汉简研究史分为四个决定性的阶段:1951—1957年是仅依劳榦石印本⑦研究的阶段;1957—1978年是开始有照片可资参考的研究阶段;1978—1982年是能够参考中国1973—1974年出土新居延汉简的研究阶段;1982年以后是能够利用中国的《居延汉简甲乙编》的

---

① 〔日〕大庭脩:《汉代官吏的勤务规定——以休假为中心》,《圣心女子大学论丛》第4集,1954年。
② 〔日〕大庭脩:《汉代关所与护照》,《关西大学东西学术研究所论丛》第16辑,1954年。
③ 〔日〕大庭脩:《汉代的啬夫》,《东洋史研究》第14卷第1、2号合刊,1955年。
④ 〔日〕大庭脩:《论汉代官吏的兼任》,《圣心女子大学论丛》第9集,1957年。
⑤ 劳榦:《居延汉简·图版之部》,《中央研究院历史语言研究所专刊》之21,1957年;中国科学院考古研究所《居延汉简甲编》,《考古学专刊》乙种第8号,1959年。
⑥ 〔日〕大庭脩:《秦汉法制史的研究》,由创文社出版,1982年。
⑦ 劳榦:《居延汉简考释》(全书6册,释文4册,考证2册),四川南溪石印,1943年。

崭新研究阶段。①自第二阶段以后，大庭脩先生一方面解读原简图版、订正劳榦原释文，一方面展开了集成简牍、复原简册的工作。主要论文有《居延出土的诏书册与诏书断简》②、《论汉代的诏书形态》③等。

在《居延出土的诏书册与诏书断简》中，作者依据各种版本提供的居延汉简照片，通过详细考证简牍的内容、形制、笔迹等，共检出地湾出土且出自同一手笔的17枚诏书散简，成功地复原了"元康五年诏书"简册，进而论证了汉代颁布诏书时的一般书写格式。据悉，在旧居延汉简中保留册书原来形式的，只有永元五年到七年的所谓"永元器物籍"（由70余枚简牍组成）和永光二年的"候长郑敞予宁文书"两件，大庭脩先生复原的元康五年诏书册，使旧居延汉简的册书增加到三部。在文章中，作者还探讨了较之更早的武帝诏书和景帝诏书断简，力图说明在居延汉简、敦煌汉简中还可能有许多类似的诏书。特别是元康五年诏书册的复原，对研究汉代边塞制度、公文下达程序，皆有重要意义。作者本人也认为：通过考证、集成简牍复原起来的诏书，是反映当时社会情况最原始的"活资料"，可补史书之不足。例如，元康五年诏书中讲到有关夏至的礼仪，即自前61年的农历五月初三始举行了五天节日庆典，更水火，政府停止办公，士兵放假休息等等。像这样详细记载的汉代礼仪，在《史记》《汉书》《后汉书》等史书中是不可能找到的。因此，它在中国古代文书史上、法制史上都是最应重视的资料。

《论汉代诏书的形态》可视为作者对汉代诏书的各种问题所进行的综合性、系统性研究，是作者长期以来通过集成散简零墨、复原诏书简册工作的总结。作者认为，下达公文是上报公文的前提，上级公文必须引用下达公文的全部内容，亦即回信要包含来信的全部内容，这便是汉代公文的一般呈式。

1973年至1974年在我国出土的新居延汉简，不仅数量多（近20000枚，是1930—1931年贝格曼掘获数的两倍），而且其中保留册书原来形

---

① ［日］大庭脩：《〈居延汉简甲乙编〉的出版与居延汉简研究》，《关西大学文学论集》32卷1号，1982年。

② ［日］大庭脩：《居延出土的诏书册与诏书断简》，《关西大学东西学术研究所论丛》52辑，1961年。

③ ［日］大庭脩：《论汉代诏书的形态》，《史泉》第26号，1963年。

式的或者还能复原的约有70部。大庭脩先生又通过中国刊物公布的部分材料，利用他复原旧居延汉简诏书简册的丰富经验，写了一系列研究论文。其中，《论肩水金关出土的〈永始三年诏书〉简册》①是作者收到《西北师院学报》1983年第4期，阅读了甘肃省博物馆汉简整理组所整理的《永始三年诏书册》以及其他有关论文后，研究新居延汉简的力作。文章首先向日本读者介绍了"永始三年诏书"的出土情况和16枚简牍现存状况以及释文的全部内容，然后提出自己对该简册的16枚简牍排列顺序的看法，并详加考证说明理由；同时对中国学者伍德煦在该学报所载论文（《新发现的一份西汉诏书——〈永始三年诏书简册〉考释和有关问题》）的部分解释提出商榷。文章论证严谨，显示了作者在复原诏书简册方面的深厚功力。

在日本，用"集成法"恢复简册并非大庭脩一人独具之研究方法，许多著名学者如森鹿三、永田英正、藤枝晃和曾留学日本参加过"流轮解读班"的英国剑桥学者鲁惟一皆采用此法。关键是大庭脩先生继承了森鹿三的风格，并使这种研究方法在复原诏书简册方面得以深入和发扬光大。

三、大庭脩与秦汉法制史的研究

大庭脩先生在复原诏书简册的同时，也将其主要精力集中于利用简牍史料研究秦汉法制史方面。在大庭脩之前，中国学者的研究已很深入；日本学者在法制方面的研究论文主要有：泷川政次郎的《流沙坠简所见汉代法制的研究》②，仁井田陞的《斯坦因第三次考查所得中国文书和马伯乐的研究——以法律经济史料为中心》③《中国买卖法的沿革》④等，总体水平是：文章少，涉及面不宽，介绍性文章多，专题研究也不很深入。大庭脩先生加入此列，使法制史研究之面貌大为改观。在20世纪50

---

① ［日］大庭脩：《论肩水金关出土的〈永始三年诏书〉简册》，由姜镇庆译为中文载于《敦煌学辑刊》1984年第2期。

② ［日］泷川政次郎：《流沙坠简所见汉代法制的研究》，《满洲学报》第6期，1941年。

③ ［日］仁井田陞：《斯坦因第三次考查所得中国文书和马伯乐的研究——以法律经济史料为中心》，《史学杂志》第64编第6号，1955年。

④ ［日］仁井田陞：《中国买卖法沿革》，《法制史研究》第1卷，收《中国法制史研究（土地法、贸易法）》，东大出版社出版，1960年。

年代，他的代表作是《爰书考》①。文中，作者首先回顾了苏林、张晏、韦昭、颜师古、刘奉世、钱大昕、王先谦等各家对《史记·张汤传》所载"爰书"的解释，举出台湾当代简牍学者陈槃依据简文所归纳的"爰书"两种性质之不足（陈槃先生在《中央日报》1947年8月4日撰文《居延汉"秋射""爰书"两简述证》、8月18日又撰《〈居延汉"秋射""爰书"两简述证〉补记》。文中认为："爰书"，由归纳简文，知其具备两种性质：一者，自辨书；二者，证书。但自辨书其间亦兼引证；而证书则未必即兼论辨）。在此基础上，又补充列举出大量居延汉简材料，详加考证，重点论述了"爰书"的用途及引申于汉代审判程序。作者归纳出"爰书"之要点如下：一、汉代把"改（易）为口辞之书"即向官府申告个人私事的文书叫作爰书，并根据内容还在爰书上冠以"秋射""自证"等词；二、爰书的文体原则上以"某自言"作为开头的，这种文体大概与下级官吏呈报给上级官府的文书一定要用"敢言之"，和上级官府下达给下级官吏的文书经常要用"敢告"这种格式是差不多的，自证爰书可能是以"证所言"作为结束语；三、爰书既经提出以后，则由官府按照法定的程序进行处理，先由官方肯定所述是否属实。大庭脩先生肯定了苏林、张晏、颜师古对《史记·张汤传》中有关"爰书"的一般意义的注释，即自证爰书。但补充说，如若考虑到爰书的内容往往被引用在其他文书中而又转移到别的地区去这一事实，那么，在这种情况下的传爰书就应该理解为移动爰书。

1982年，大庭脩先生发表的《居延新出土的"候粟君所责寇恩事"册书——爰书补考》②一文，是作者在中国新居延汉简出土以后，用新的简册材料补充旧作《爰书考》而撰写的一篇关于法制史和经济史研究的新作。文章分三个部分。第一部分，作者通过对1973—1974年甘肃考古队发掘的近20000枚新居延汉简与1930—1931年瑞典人贝格曼等发掘的10000余枚旧居延汉简进行比较，重点阐述了新居延汉简出土的重大意义，主张今

---

① ［日］大庭脩：《爰书考》，《圣心女子大学论论丛》第12辑，1958年。
② ［日］大庭脩：《居延新出土的"候粟君所责寇恩事"册书——及书补考》，《东洋史研究》第40卷第1号；另，姜镇庆译文载中国社会科学院历史研究所战国秦汉研究室编《简牍研究译丛》第2辑，1987年。

后无论是进行汉代法制史、经济史研究，还是进行军事、政治、文化等各项制度的研究，皆应采取新旧居延汉简放在一起进行比较研究的科学方法。第二部分，作者系统地考证了新居延汉简中《候粟君所责寇恩事》册书的35枚简牍，提出了自己对这些简牍排列顺序的看法和对简文内容的划分法。作者主张将之分为五个部分：A、由20枚简构成，内容是建武三年（27年）十二月癸丑朔乙卯（即十二月三日）张掖郡居延县都乡啬夫宫第一次验问寇恩的爰书；B、由8枚简构成，是十二月十六日都乡啬夫宫再次验问寇恩的爰书；C、由4枚简组成，是十二月十九日都乡啬夫宫同爰书一起上报居延县令的报告书；D、由1枚简构成，是简册最后附的简，即把简册内容加以归纳的尾题简；E、由2枚简组成，是十二月二十七日到达甲渠候官的关于寇恩这一案件的判决命令书。其中A和B的内容大致相同，是居延县都乡啬夫宫奉居延县廷之命，传呼客居乡内而原籍为颍川郡昆阳市南里的寇恩到案，就甲渠候粟君上诉其欠债不还一案听取供词，并于十二月三日和十二月十六日进行了两次讯问，以便发现其中是否有出入；C中记录着讯问寇恩的结果及都乡啬夫宫的判决。

文章第三部分，指出了这部简册提出的问题和意义。作者认为有下列三方面：第一，《候粟君所责寇恩事》提供了民事案件爰书的典型文例，反映出汉代的诉讼手续；第二，汉律佚文的发现也是极其重要的；第三，这部简册不仅是关于起诉讼案件非常具体的记载，不仅对研究法制史意义重大；而且也是一部研究汉代经济状况的"活材料"。因为册书中有许多经济生活的资料，诸如提到牛、肉和其他各种物品的价格，而这些价格又是以谷物作为等价物来计算的。这些珍贵的经济史料，对研究建武初年窦融统治时期河西地区的经济状况和官僚生活都具有重要价值。

大庭脩先生在进行法制研究时，自然十分重视对云梦秦简的研究。1975年我国湖北云梦睡虎地秦墓竹简出土后，他即刻参加了日本的"秦简研读班"，分担解读任务。1977年发表论文《云梦出土竹书秦律的研究》，[①]该文系作者根据我国云梦秦简整理小组于1976年在《文物》杂志的第6、7、8期上公布的释文以及《文物》《考古》等刊物上的研究文章

---

① [日] 大庭脩：《云梦出土竹书秦律的研究》，《关西大学文学论集》第27卷第1号，1977年。

而创作的一篇试论。文章首先概观了竹书秦律，谈及出土秦律的分类及性质、竹书秦律的律名、秦律释文的主要问题、竹书秦律的年代等诸多问题，最后阐述了出土秦律在中国法制史上的意义。作者认为出土秦律佚文在数量上远远超过汉律和魏、晋、南北朝法律佚文，它不仅是研究秦代法制史的珍贵资料，而且有些律文和汉律及汉代官制非常接近，也大大有助于对汉代法制的理解与研究。在大庭脩先生的带动下，近年来日本还涌现出一批中青年简牍研究者，亦投身于秦简研究之中。如古贺登的《中国古代史之时代区分和云梦出土之秦简》①、堀毅的《云梦出土秦简的基础性研究》②、町田三郎的《云梦秦简〈编年纪〉》③、太田幸男的《湖北云梦睡虎地秦律之仓律（一）（二）》④、《商鞅变法的再探讨·补正》⑤、江村树治的《云梦睡虎地出土秦律之性质》⑥等等，皆属此类。

　　大庭脩先生现已有多部简牍学专著出版，其中，1982年由日本创文社出版的《秦汉法制史的研究》、⑦1992年由日本同朋社出版的《汉简研究》等，是他多年来从事简牍学以及根据简牍资料研究中国古代法制史的结晶和系列成果的总结，堪称简牍研究兼法制研究的典范。

四、大庭脩先生重视简牍学启蒙教育

　　大庭脩先生的简牍研究不仅精深，而且博大。他的兴趣广泛，涉猎面宽，重视向社会特别是对中青年进行简牍学启蒙教育。在他撰写的文章和著作中，有相当一部分是以一般读者为对象的概论性论著。如在

---

　　① ［日］古贺登：《中国古代史分期问题与云梦出土秦简》《史观》第97册，1977年；此外尚有《尽地力说·阡陌制补论——主要根据云梦出土秦简》《早稻田大学大学院文学研究科纪要》第23号，1978年。
　　② ［日］堀毅：《云梦出土秦简的基础性研究》，《史观》第97册，1977年，此外尚有《秦汉刑名考——主要根据云梦出土秦简》《早稻田大学大学院文学研究科纪要》别册第1，1978年。
　　③ ［日］町田三郎：《云梦秦简〈编年纪〉》《九州中国学会报》22，1979年。
　　④ ［日］太田幸男：《湖北云梦睡虎地秦律之仓律》（一）（二），《东京学艺大学纪要社会科学》第31、32期，1980年。
　　⑤ ［日］太田幸男：《商鞅变法的再探讨·补正》《历史学研究》第483期，1980年。
　　⑥ ［日］江村树治：《云梦睡虎地出土秦律之性质》《东洋史研究》第40卷第1号，1981年。
　　⑦ ［日］大庭脩：《秦汉法制史的研究》，创文社出版，1982年。

《每日新闻》等报刊上发表的短文《"临沂汉简"的历史背景》①《临沂竹简兵书与兵家》②《有趣的"冥间旅行证"——中国江陵出土的竹简》③等。他除了主要研究新旧居延汉简外，对秦简、敦煌汉简、武威汉简、江陵汉简皆有著述和介绍。现今日本最畅销和流行的简牍学入门书《木简》④和《木简学入门》，均系大庭脩先生所撰。据悉，到书店买这两本书的人有各行各业者、青年乃至家庭主妇。⑤它们不仅为简牍研究专家所必备，而且为社会上的广大读者所喜爱。为适应社会需求，大庭脩先生自1977年开始到1978年底，坚持两年余，在《日本美术工艺》杂志上撰写通俗文章，共计在该刊的460—479号近20期上，连载了《木简杂谈》1—18⑥，文中叙述了中国自战国至今所记载和出土的全部竹木简牍之概况。这是向社会大力普及简牍知识之力作，也是最值得信赖的木简总论。由于大庭脩等一批专家的努力，深奥艰涩的简牍学在日本不再那么神秘了。

　　大庭脩先生还亲自动手编纂简牍研究文献目录，为后继研究者提供方便，并适时撰文，回顾简学研究史，介绍已有主要成果，总结国内外研究经验，注意当前动态，展望今后的研究方向，提出新的研究课题。他编写的研究目录有《简牍研究文献目录》（1961年）⑦、《中国出土简牍研究文献目录》（1979年），⑧另介绍研究动态的文章有《森鹿三先生与木简研究》（1975年）⑨、《中国出土的简牍》（1976年第一届木简研究会记录）⑩、《居延汉简甲乙编的出版与居延汉简研究》（1982

————————

　　① ［日］大庭脩：《"临沂汉简"的历史背景》《每日新闻》1974年5月1日晚刊。
　　② ［日］大庭脩：《临沂竹简兵书与兵家》《咿哑》第8号，1977年。
　　③ ［日］大庭脩：《有趣的"冥间旅行证"——中国江陵县出土的竹简》，《朝日新闻》1976年5月22日晚刊。
　　④ ［日］大庭脩：《木简》，学生社出版，1979年。
　　⑤ 参见林剑鸣：《日本学者对中国简牍的研究》《中国史研究动态》1985年12期。
　　⑥ ［日］大庭脩：《木简杂谈》1—12期，《日本美术工艺》460—472，1977年；13—18期，载同一杂志的473—479，1978年。
　　⑦ ［日］大庭脩：《简牍研究文献目录》，《史泉》第22号，1961年。
　　⑧ ［日］大庭脩：《中国出土简牍研究文献目录》，《关西大学文学论集》第28卷第4号，1979年。
　　⑨ ［日］大庭脩：《森鹿三先生与木简研》，载森鹿三著《东洋学研究——居延汉简篇》，同朋社出版，1975年；另见《中国史研究动态》1980年第2期姜镇庆译文。
　　⑩ ［日］大庭脩：《中国出土的简牍》，载《第一次木简研究会记录》，1976年。

年）①、《中国简牍研究现状》（1980年）②、《汉简研究新阶段》（1983年）③等。其中，《汉简研究新阶段》一文，是在1983年9月3日日本举行的"第31届亚洲和北非国际人文科学代表大会研究班讨论会"上，大庭脩先生印发给与会者的一份英文发言稿。该稿对汉简特别是居延汉简的发现、整理、研究的历史和现状作了扼要的回顾；并根据当时三个重要事件（即：①中国刊物《文物》1978年第1期发表了有关1973—1974年在额济纳河流域发掘新居延汉简的报告，②1981年中国出版了收录1930—1931年出土的居延汉简图版的《甲乙编》，③《文物》1981年第10期公布了1979年10月在敦煌马圈湾出土汉简的报告），指出从1978年到1982年，标志着汉简研究进入了一个新阶段，并评论了上述论著特别是《居延汉简甲乙编》出版的重要意义。同时展望了中国新居延汉简图版和释文的不久问世，将开创木简研究的另一个新阶段。

大庭脩先生还继承了森鹿三先生开创的举办"研究班"这种集科研与培养人才于一体的重要形式。他主持并指导的关西大学汉简研究班，既是十分活泼的学习班，又是老老实实研读简牍、一步一步循序渐进的研究班；既保证速出研究成果，又培养了后继人才。目前，日本新成长起来的一代简牍学者，有的是出自各种专题性或常年研读班，有的则是他的研究生。大庭脩先生的吃苦精神和研究风格不愧为后人之楷模。

——原刊于《敦煌研究》，1996年第1期

---

① ［日］大庭脩：《〈居延汉简甲乙编〉的出版与居延汉简研究》，《关西大学文学论集》32卷1号，1982年。

② ［日］大庭脩：《中国简牍研究现状》，《木简研究》创刊号，木简学会编，1980年。

③ ［日］大庭脩：《汉简研究的新阶段》，见中国社会科学院历史研究所战国秦汉史研究室编《简牍研究译丛》第2辑，1987年。

国内外学者研究汉简情况综述

赵汝清

一

我国的汉简，按主要出土地点可分为：敦煌汉简，居延汉简和罗布淖尔汉简。19世纪末20世纪初，西欧一些资本主义国家，组织了所谓"探险队"，在我国西北地区进行了广泛的"考察"，获得了大批珍贵文物。这些汉简就是首先被他们发现、发掘并运到国外的。

（一）敦煌汉简的发现和研究

汉代敦煌是敦煌郡治所，遗址在今甘肃省敦煌县西。它地处河西走廊西端，正当古代通往中亚和欧州的要道，城西北有玉门关，西南有阳关，两汉魏晋时期中原与西域的往来，皆以此为门户。敦煌汉简最早是由英国人斯坦因所发现。斯坦因在1900—1916年间三次深入我国新疆、甘肃一带，为英国印度殖民政府进行活动。他于1906年的第二次"探险"中，在发掘了罗布泊附近的楼兰遗址之后[1]，便由此往东探进，调查了在敦煌城正北面的汉代长城遗址，从玉门关遗址、兵营遗址、望楼遗址等处，发掘到汉简720余枚。在1914年的第三次"探险"中，又从敦煌东面的武威县北沿长城遗，发掘到汉简116枚。这批汉简的内容大部分是汉代边境驻军、机关的日常记录、上下行文等等，是研究西汉边郡统治机构和当地社会情况的第一手资料。除汉简之外，斯坦因等人还从敦煌石窟盗走珍藏了近千年的大量藏经、古写本、佛教绘画等历史人

---

[1] 1900年，斯文赫定带着所谓西北科学考查团，在罗布泊西岸的古代楼兰遗址进行发掘，其中发现魏晋简一百多枚。这是我国木简的第一次出土，引起了当时学术的极大注意。以后斯坦因、大谷光瑞率领"探险队"，接踵而至，弄走许多珍贵文物。汉简的发现皆在此之后。

物和艺术品。

1944年，以夏鼐为首的我国考古和历史学者，来到西北考察，他们在敦煌北侧原斯坦因发掘过的地方，又发掘到汉简48枚和其他一些文物。此次所获汉简，数量虽少，但皆系汉代敦煌防卫组织的重要资料。

斯坦因"探险队"乃当时英国印度总督府所派遣，因此盗去的文物除汉简以外全部被留在印度，至今仍保存在印度新德里国立博物馆中。由于汉简和古写本之类史料，在当时认为不是考古的对象，应算在双方签订的协定之外，这些汉简就被运往伦敦，现保存在大英博物馆中。除此之外，还有数千枚只有几个字的残牍断简，这批材料从未公布过。

斯坦因把汉简的解读和出版工作委托于法国的所谓"支那学者"。第二次"探险"的汉简图版材料，由曾任过法国驻华公使的沙畹进行研究和解读，于1913年出版了《A·斯坦因在东土耳其斯坦沙漠中所发现的中国文献资料》一书，以出土地点为顺序，全面介绍了汉简的内容。随后中国学者王国维又改编了这个图版，加上自己的研究和解读，于1914年在日本京都出版了《流沙坠简》一书。他们的研究，在当时起了很大的推动作用。到20世纪六七十年代，劳榦、米歇尔·洛维和日本人大庭脩也纷纷发表了各自的见解。

斯坦因在第三次"探险"中所获得的汉简，由于沙畹于1918年死去，故又委托法国的汉学教授马伯乐进行解读。由于第二次世界大战的缘故，迟至1953年才发表了研究成果，出版了《斯坦因第三次探险中在中亚所发现的中国文献》一书。在马伯乐的书出版以前，曾经作过马伯乐助手的中国人张凤，在归国时带回一组照片，1931年于上海出版了《汉晋西陲木简汇编》一书，介绍了部分材料以及图版、目录。另外，在20世纪二三十年代，斯坦因等人也写了《塞林底安》《亚洲最深的腹地》《中国沙漠中的废墟》《在中亚古道上》等报告和旅行记，公布过一些材料和实地照片。

（二）居延汉简的发现与研究

居延在今内蒙古自治区额济纳旗境内。汉代在此置居延县，属张掖郡所辖。居延故城在今额济纳旗东南，西汉为张掖都尉治所，东汉为张掖属国都尉治所。居延为当时河西地区与漠北往来要道所经。据《汉书·武帝纪》记载：太初三年（前102年）强弩都尉路博德筑居延塞于居延泽上（即今之居延海）以遮断匈奴由此侵入河西之路，故一名遮虏障。遗址至今犹存。又天汉二年（前99年）骑都尉李陵率步兵五千，由居延向北出塞，深入今蒙古国戈壁阿尔泰一带与匈奴战斗，败北后退至遮虏障而降。可见居延地方是汉朝对付匈奴的重镇，汉朝政府在额济纳河流域设置了大大小小的军事要塞，如纲似目，星罗棋布。作为珍贵史料的简牍，实际上是从这一系列汉代军事基地的遗址发掘的，故总称为居延汉简。

第一批居延汉简是以瑞典人斯文·赫定为团长的中国—瑞典联合西北科学考察团的考古班（班长：贝格曼）于1930年在汉代望楼遗址发现的。总数近一万枚，内容亦大部为这一带守军的纪录和上下行文。

斯文赫定的"考察团"还获得了大量其他文物，因原定由瑞典方面研究出版"考察团"的全面报告，所以"属考古学方面的文物"全被运到瑞典，现保存在斯德哥尔摩的民族学博物馆中。馆内保存着斯文·赫定生前的研究室和他搜集的全部文物，其中包括首次在我国出土的楼兰魏晋简。因原定由中国方面研究汉简，所以这一万枚居延汉简就运到北京，由北京大学的历史学者共同承担了解读任务。1930年前后在北京大学《国学季刊》及其他类型的学报上发表了一些论文。同时还决定将这批汉简运往上海，由上海出版全部图录。但由于日本侵华战争开始，北京大学的研究被迫中断，上海的图版印刷所也被烧毁；后又决定在香港印刷，不久香港也殃及战祸，所以出版图录的计划就没有实现。

当时北京汉简研究小组最年轻的学者劳榦，流亡到四川。他依据所携带的校正图版，作了释文，于1944—1945年在四川南溪镇用石印出版了《居延汉简考释》六册，其中释文四册，考正二册。1949年劳榦又在石印本的基础上加以修订，出版了大幅的《居延汉简考释·释文之部》活版印刷本二册。1957年他又将战前的图版校正本影印下来，在台湾出版了《居延汉简·图版之部》，1960年出版了《居延汉简·考释之部》。上述共收录居延汉简八千枚。

新中国成立以后，中国科学院考古研究所根据原北京小组收集的照片，作了释文、索引等，于1959年出版了《居延汉简甲编》和《居延汉简乙编》。

由上述可以看出居延汉简的研究成果全都是中国学者摘出来的。

国外的研究者主要是瑞典斯德哥尔摩民族学博物馆东洋部长索迈斯特罗姆。居延汉简的主要发掘人贝格曼死后，索迈斯特罗姆代为编集，于1956—1958年出版了一个公式化的报告：《在内蒙古所从事的考古学研究（根据斯文·赫定所领导的赴中国西北各省科学考查团的报告）》，从这个报告中可以看到汉简的出土地点以及同时出土的其他文物，有参考价值。20世纪70年代以后，日本学者小山天舟、赤井清美等也出版了一些有关研究居延汉简的著作。

关于这一万枚居延汉简的下落，第二次世界大战前夕，这批汉简同其他贵重图书、美术品等一起，以"疏散"的名义运到美国，存放在华盛顿国会图书馆中。到1965—1966年，美国才送交台湾当局。现保存在台北南港的历史语言研究所。仅有一百枚左右较为整齐、清楚地被作为标本陈列。

（三）罗布淖尔汉简的发展与研究

罗布泊在我国新疆东部，汉代称蒲昌海，又名盐泽。其位置在历史上常有变化，但汉代的水势、湖位大致和现在相似。通过罗布泊北岸，才能由敦煌到达楼兰，这里是古代丝绸之路南道必经之地。1933年中国学者黄文弼率领调查队（作为斯文·赫定领导的西北科学考查团的一个支队），在罗布泊北岸的一处汉代遗址，包括烽火台等处共发现汉简71枚。这批简同居延简一起，经过一番周折，现亦保存在台北历史语言研究所。1948年黄文弼先生于北京出版了《罗布淖尔考古记》一书，介绍了罗布泊考古发掘情况和罗布淖尔汉简的研究成果。

二

目前国外对汉简的研究，以日本学者为最。

早在20世纪初，日本的大谷光瑞"探险队"，继斯文·赫定、斯坦因之后，到我国西北地区进行所谓考察，在罗布泊附近的楼兰遗址发掘到一些木简及古纸文书，其中包括著名的《李柏文书》。与此同时，日本国内出现了一批研究汉学、西域史和东西交通史的专家，著名的白鸟库吉、藤田丰八和桑原骘藏等人。但对汉简研究的重视，还是第二次世界大战以后的事。战后，日本学者得到了劳榦1945年的《居延汉简考释》

石印本，于是在京都大学人文研究所内，成立了以森鹿三教授为领导的汉简研究班。他们所依据的主要资料，就是劳榦所发表的有关居延汉简的几本书。后来他们便成为日本的汉简研究中心。到目前为止，日本国内对汉简有著述的学者就有五十多人，其中著名的有：森鹿三、米田贤次郎、大庭脩、赤井清美、市川任三、永田英正、藤枝晃、日比野文夫等，若加上为研究服务的人员和他们所带的助手、研究生，阵容确是可观的。日本对汉简的研究，有以下特点：

（一）研究机构齐全、分工细密

日本京都大学人文研究所的汉简研究机构，由包括所内外的许多专家组成，除汉史专家外，还有从中国法制史、古文字学、中亚史等各种角度研究汉简的专家。在研究题目上有共性的人员组成小组，相近专业的再并为中组，然后进一步合成大组，采取交错重叠的研究方法。这样就便于互相协作，发挥集体智慧和统一指挥。特别引人注目的是，这些研究机构的一些末梢的小机关，它的职责是专门搞情报、作日常性纪录，只要国外透露一点资料，它就马上记录下来，分类编号。这项工作看来虽然枯燥无味，但其作用不可小视。而这些资料，又是《史记》《汉书》及其他中国正史中所没有的。日本学者认为，只有发掘、利用这些新出土的史料，才是推进历史研究深入下去的唯一途径。日本《东洋史研究》杂志上所登载的第一、二次《居延汉简特集号》的各篇论文以及其他杂志上发表的有关汉简的论文，其第一手史料，都是来自这些机构的日常积累。

（二）研究课题广泛，具体项目细致

从日本学者所撰写的论文来看，其研究范围包括：第一，汉简总论，即概观汉简的内容、编缀方法，研究汉简发展过程及评价等；第二，汉简研究文献目录，即按汉简出土地点、研究文献的编写年代或不同国别文字为序，编成详细目录，为研究者提供极为方便的条件；第三，研究史，即回顾汉简研究的历史，介绍研究成果，总结研究经验；第四，对汉简的具体考证和解读，从中了解汉代的政治、经济、军事制度等等。而第四项又是主要的。从具体研究项目来看，选题有大有小。有对旧图版的新解说，对旧考释的新见解，也有一地、一人、一事的考证。在政治方面：有汉代诏书形态，官制，法制、边郡统治系统包括从郡县到乡、亭、里的研究，也有官员任免调动情况、官史俸禄、勤务、休假的考证。在经济方面：有对汉简经济史料的全面研究；对土地制度，包括对屯田、代田、名田、占田性质的研究；对汉代徭役制度、户口调查、财产税、田租查定、买卖法沿革的研究，也有关于"姓"和身份、下层庶人、奴婢形态的研究。在军事方面：有汉代军事形势、边郡烽燧配置、关所和通行证件、兵制、功次升进以及对士兵给养、被服、弓弩的研究和考证。另外，还有从汉简看汉代人的体形肤色，对汉代医简、印章、笔墨、书法字形以及古代肥料、农具、马匹的研究等等。研究程度是深入的，工作也是过细的。例如森鹿三先生在《关于令史弘的文书》（《东洋史研究》1955年14期）一文中，为研究居延甲渠候官手下一名令史，首先根据劳榦书中所收录的汉简，把与这个令史有关的简找出，再将与这些简中所涉及的人物和事件有关的简全部查出；然后分类排队，采取上下左右前后连锁推证的方法，最终搞清了这个令史的姓名、籍贯、任职年月、升降情况、职权范围等等，并以此法直至深入研究到汉代边郡制度的一些细微末节。又如藤枝晃先生在《文字的文化史》（岩波书店版，1971年）一书中，根据居延出土的一支完好的木轴笔和楼兰出土的破片，对照中国史书关于秦代李斯发明木轴鹿毫笔的记载，推证出我国字体从篆、隶到楷书的变迁，是与用笔的变化，即从古笔（刷毛形）、秦笔（木轴鹿毫）到现代毛笔（竹管兔毫）的变迁直接相关的。在木简上用秦笔写的字是隶书；东汉后，随着纸的发明，与之相适应的毛笔和楷书体也相应出现了。再如日本学者狩野久于1977年到英国伦敦博物馆，仔细研究了在那里陈列的汉简原物，他根据简牍的锯口，断定汉简全部是以外侧为表面而使用的。当然我们不一定都去作如此繁琐的考证，但日本学者的这种过细精神确实是令人钦佩的。当前一部分日本学者在研究奈良地方出土的日本简时，还极力探索日本简与中国楼兰魏晋简的共通点，这对研究古代中日文化交流，促进两国友好往来是有益的。

（三）注意研究动态，及时交流经验

由于日本国内汉简研究机构齐全，配置合理，能密切注视各国特别是我国汉简研究动态，经常处于"等米下锅"的状态，所以一有情况，便能碰出火花，引起连锁反应，迅速拿出研究成果。另外，他们还经常举办汉简研究专题讲座，召开研究讨论会，并利用出国参观、讲学的机会，大量汲取国外材料和研究方法。

再者，日本的出版事业发达，出书迅速，而且刊物众多，其中《东洋史研究》《东洋文化》《东方学》《史学杂志》《史泉》以及各大学文科学报等，都为汉简研究者提供了各抒己见的园地。

当然。日本研究汉简的特点不止上述三点，同时他们的研究也不是没有问题和缺点的，但由于篇幅有限，这里就不详加评述了。

三

中华人民共和国成立后，在国内不断有新的汉简出土。我国考古工作者曾在内蒙古、甘肃、山东、湖北、湖南、安徽、河南等省区的十几个地点发现了大批汉简（同时还出土了许多战国简、秦简、魏晋简）。特别是1974年中国科学院考古研究所、甘肃博物馆等单位，对居延地方进行了再调查，在破城子等汉代遗址发掘到汉简约二万枚，1972年在山东临沂银雀山出土的近五千枚《孙子兵法》和《孙膑兵法》汉简，1973和1975年在湖北江陵，1959和1972年在甘肃武威等地，出土的汉简数字都很可观。目前由于研究工作的缓慢，居延汉简的内容尚未公开发表，国外学者正在密切注视，很想了解发掘的全貌和汉简内容。从某种意义上说，这对我们的汉简研究者是一个鞭策，只要我们加快步伐，拿出高质量的研究成果，我国汉简研究的面貌无疑将会焕然一新。

——原刊于《宁夏大学学报》，1981年第4期

中国简牍的世纪综述

何双全

　　回顾简牍发现出土的历史，可以说既是由来已久，又是近世新事。说由来已久那就是永垂青史的两次重大发现，即西汉景帝末武帝初年，鲁恭王在孔子旧宅获得的"孔壁中经"：《尚书》《礼记》《论语》《孝经》凡数十篇；西晋武帝咸宁五年（279年）在汲县战国晚期魏墓里出土的"汲冢竹书"：《穆天子传》《纪年》《师春》《琐语》等。这两次发现对后来的古文献学产生了很大影响。说近世新事，那就是从20世纪初以来至世纪末，全国各地不断出土的简牍文物，不仅出土地域大大扩展、时代距离拉长，而且数量和内容都是远盛于历史上任何一次发现，可以说20世纪是简牍的大发现时代。这个时代简牍之发现，概括有以下五个特点：

一、出土地域不断扩大

　　最早以新疆尼雅、甘肃敦煌为起始，其次延伸至内蒙古、甘肃额济纳河流域，从而扩展到从东到西，从南到北，到处都有简牍问世。目前可知有新疆、甘肃、青海、内蒙古、陕西、山西、山东、河南、河北、湖南、湖北、四川、广西、江苏、安徽等17个省市自治区。其中甘肃、内蒙古、湖南、湖北四省出土最多。充分反映出汉文化覆盖面的广大和汉文化势力的强劲。

二、简牍时代的延长

　　过去出土简牍，以汉代为大宗，其次为战国。而现在可知上至春秋晚期，经战国、秦、汉至三国两晋，其时代是连续的。另外，就民族文字来看，还有汉晋佉卢文、唐代吐蕃文和宋之西夏文木牍。不仅反映了汉文简牍的存在时限，而且也可看到对其他文化的影响。

三、内容越来越丰富

过去，墓葬出书籍，边塞遗址出屯戍文书。以此形成了简牍的两个基本特征。而现有资料，内容远远超出了这一范围，不仅有传世文献中可找到的古书籍，也有早已佚失的古文献。不仅有屯戍文档，而且还有法律、法规条文以及各种各样的社会政治、经济文书。

四、数量不断增加

过去出土简牍，一墓出土数十枚、遗址出土数百枚，已是极为稀有罕见了，而现在动辄数以千计万计，甚至以十万计，不能不说是惊天动地。粗略统计，用各种材料写成的文献、文书，总数已达26万余枚（件）之多。

五、发掘与研究国际化

20世纪简牍的发现，一开始就带有国际性，二斯（斯文·赫定、斯坦因）之中亚探险，发现了尼雅晋简和敦煌汉简，虽然他们的发现带有偶然性和文化侵略性，但将汉晋简牍的研究推向了国际学术界。以后贝格曼又发现居延汉简，更是震动国内外。三次发现引起了国际上对中国简牍的研究热。为此，20世纪简牍的出土，一开始就走上国际化的研究轨道，成为全世界史学家所瞩目的对象。随着大量简牍的不断涌现，中国简牍学已成为国际显学。

百年来简牍的发现可分为三个阶段：第一阶段从1901—1920年；第二阶段从1927—1945年；第三阶段从1951—1999年。

第一阶段主要是瑞典斯文·赫定、英籍匈牙利人斯坦因、沙俄科兹洛夫、日本橘瑞超等人在新疆尼雅和楼兰、甘肃敦煌、内蒙古居延发现的汉晋木简、残纸及佉卢文、吐蕃文、西夏文木牍。第二阶段主要是前西北科学考察团，中方团员黄文弼和瑞典团员贝格曼在新疆罗布淖尔、内蒙古居延地区发现的居卢訾仓汉简和居延汉简。其次是夏鼐和阎文儒在甘肃敦煌和武威喇嘛湾发现的汉代木牍以及湖南长沙出土的战国帛书。这两个阶段里，主要是外国人的采掘，成绩是发现了敦煌汉简和居延汉简。发现地限于新疆、甘肃和内蒙古。第三阶段随着新中国的建立和社会主义建设事业的迅猛发展，国家有组织、有计划地大规模开展文物调查和发掘工作，重大发现连续不断，不仅数量大大超过了过去之总和，而且出土地点亦非常广阔，简牍时代更趋延伸。可以说第三阶段是简牍的第二个大发现高潮期。充分显示了我国文物考古事业的丰功伟绩和简牍学研究的强劲势头。总览全部之发现，按出土地区归之如下：

（一）新疆

新疆是近世最早发现简牍的地区。先后12次（1901年、1904年、1906年、1909年、1914年、1927年、1928年、1957年、1959年、1969年、1980年），在尼雅、楼兰、罗布淖尔、巴楚、吐鲁番等地共出土简牍、帛书、纸文书约1810枚（件）。其中汉晋时期的汉文木简（包括残纸）772枚，魏晋时期的佉卢文木牍574枚，唐代吐蕃文木牍464枚。这些文书大多出于遗址，墓葬则少见。汉文简牍往往与纸文书共出，大都是西汉建立西域都护府以后的屯戍文档，最早纪年可溯至西汉宣帝黄龙元年（前49年），内容有古籍残文、官府文书、契约、籍账、书信等。特别是1927年黄文弼的发现，找到了《汉书》所记载西域都护府所辖的重要生活供给机关居卢訾仓的故址。使我们对汉通西域后经营管理西部地区的情况有了比较具体的认识。魏晋简牍，往往与汉代简牍同出一地，又多有残纸文书，其纪年有魏明帝时期齐王芳嘉平四年（252年）、陈留王景元四年（263年）；西晋武帝泰始二年（266年）、五年（269年）、九年（273年）；东晋怀帝永嘉四年（310年）和愍帝建兴年号的沿用"建兴十八年"（330年）等。建兴年号只存五年，十八年是其延用，正值十六国时期，据甘肃武威出土的同类文书，得知是前凉张氏政权使用了此一年号纪年。楼兰出土相同的文书，证明西域自东汉衰败以后，至十六国时期，由前凉政权接管。佉卢文木牍，是该区最具特色的文献，除甘肃敦煌有少量出土外，它地皆无，内容大都是古精绝国的各种文书。从时代看，大都是魏晋之物，但1980年的发现，已将佉卢文的时代提早到东汉，从出土地点看，多集中于尼雅、楼兰两地。而这两个地点又是常出汉简的地方。尼雅与楼兰、汉简与文牍，二者紧密相连，成了须史不可分离的史实。吐蕃文木牍，尽管时代较晚，但又反映出另一种民族文化的遗存，与早期历史有必然的联系。为此，新疆出土的简牍史料，充分证明，同时亦明确告诉世人：新疆自古以来就是一个多民族、多文化共存的地区，是中西文化的交汇地和大熔炉。自汉代来，由于汉文化的西进和汉朝廷的大力开发，促使这一地区政治、经济、文化的大发展，与此同时，汉文化也逐步引进和吸收了西方文化的精髓，使之共同繁荣。故新疆简牍，不仅是研究汉代西部开发史的重要史料，同时更是研究中西文化史的宝典。对研究中亚史也有不可低估的作用。

（二）内蒙古

内蒙古出土简牍，包括残纸文书，主要集中在额济纳旗（汉代居延）地区。即1930、1972—1974年两次发现的居延汉简和居延新简。该旗的行政区划，历史上多有变动，居延旧简（其中大半出自甘肃省境）出土时属内蒙古所辖，居延新简出土时，又隶属甘肃管辖。历史上曾是一个地区。除居延汉简外，地处中心区域的黑城遗址，曾不断出土汉代以后，特别是西夏与元代的纸文书。早在1908、1909年，俄国人科兹洛夫就掘得大量古文书，1914年斯坦因也有获得，1927年西北考察团亦满载而归。这些被盗掘的文书，虽已发表了一些，但全貌至今也难以尽知。最重要的是1983、1984连续两次由内蒙古考古所的大规模发掘。清理房子遗址280座，获得西夏、元代和北元时期各类纸文书3000余件。内容有官府公文和民间文书两大类。另外有古籍残本、佛经残卷等。文种有汉文、西夏文、畏兀尔体蒙文、八思巴文、藏文、亦思替非文和古阿拉伯文等。这些文献是异常复杂的群体，虽然与简牍并没有直接的联系，但它与历史上居延汉简的发现仍有着某种关联，故列此备考。

（三）甘肃及内蒙古额济纳河流域

甘肃在历史上也是一个很复杂的地区。河西与内蒙古的额济纳同处西北部，地域相接，生命相系，历史相承。汉置四郡、额济纳设居延县，隶属张掖郡管辖。西近西域、北拒匈奴，成为丝路上的重镇和边防要塞。甘肃东部，至商周以降，早就成为内属。所以甘肃历史悠久，文化繁杂，文化遗存甚丰，多有简牍出土，故有简牍之乡的美称。综览其发现，先后30余次（1907年、1914年、1920年、1930年、1944年、1945年、1959年、1971年、1972年、1973年、1974年、1976年、1977年、1979年、1981年、1982年、1984年、1985年、1986年、1987年、1988年、1989年、1990年、1991年、1992年、1998年），在敦煌、张掖、酒泉、玉门、武威、居延（额济纳）、天水、甘谷等地共出土秦汉、魏晋、唐宋竹木简牍、帛书、纸文书等61000余枚（件），居全国之首。从出土时间看，解放以前发现的敦煌汉简（1907年）和居延汉简（1930年），产生了很大的反响，奠定了简牍学的雄厚基础，给史学界带来了新气象。中华人民共和国成立以后，重要发现持续不断，武威汉简（1959年）、武威医简（1972年）、武威王杖诏书令（1959年、1981年、1989年）、居延新简（1972—1974年、1976年、1982年、1986年）、敦煌汉简（1979年、1981年、1987年、1988年、1989年、1990年）、敦煌悬泉汉简（1990—1992年）、甘谷汉简（1971年）、天水秦简（1986年）、玉门汉简（1977年）等更是震撼学界。特别是敦煌马圈湾汉简、居延新简、悬泉汉简、天水秦简，不仅数量庞大，保存良好，而且内容更加重要。从出土地点看，主要集中在河西地区和天水地区。这两个地区是名副其实的简牍之乡。从出土单位看，有遗址和墓葬两种。其中遗址较为复杂，一是驿置遗址（悬泉置），一是长城烽燧、城鄣、关卡等遗址（居延、敦煌、酒泉、玉门）。墓葬则较简单，武威汉简、甘谷汉简、天水秦简等皆出自墓葬。由于埋葬性质不同，简牍内容亦有较大区别。遗址简牍，大都是屯戍文档和驿传文簿，包括有诏书、律令、法规、各种籍账、官府文书、书信以及各种各样的社会文书。内容非常广泛，涵盖了社会政治、经济、军事、文化等各个层面。这些史料都是原始的文簿，能与史书相印证，但史书中却无载，是最新的史料。它所反映的是自西汉武帝后期以来至东汉中期先后近200年间河西地区的社会史，同时也可窥见河西以东至全国、河西以西至西域的基本概貌。如果说《史记》《汉书》从宏观上记载了西北开发史的话，河西之简牍文献则从微观上记录了最原始的过程。二者有意和无意地留下了历史之真实。如马圈湾汉简中关于王莽时期出师征伐西域的史料，与《西域传》《匈奴传》《王莽传》互为印证。又居延新简中《甘露二年御史书》册，不仅证实了《汉书》记载之真实，而且填补了所载之不足。又如敦煌悬泉置遗址和简牍文书，使我们第一次找到了邮驿传置之机关,同时认识到了汉代邮政业之发达。更重要的是各种文书中较多地保存着与西域往来之情况和从长安通往敦煌的邮路交通的具体路线及位置,而这些细微的记载是正史中难以获得的。有些文书更是校勘传本古籍的最早本子。如西汉平帝元始五年《诏书四时月令五十条》,对校勘《吕氏春秋》《礼记·月令》《淮南子·时则训》以及弄清历代学者对上述三书的注解有着纠错订正之效用。除遗址简牍外,甘肃墓葬简牍也有其特点,从内容看有古书籍、医方、律令摘抄、官府文件和遣册等。其中以前四种为主,遣册少见。古书籍如武威《仪礼》,是一种很特别的本子,与传世诸本多有不合,引起了学术界的诸多看法,据最新的观点,武威简本《仪礼》很可能是王莽改制的产物。又如天水放马滩《日书》,与云梦睡虎地《日书》互为呼应,代表着秦楚文化各自不同的风貌。医方如武威医简,既是传统中医的一部典籍,又是研究西北地方病的一本临床纪录。对研究中医史、中医理论和开发利用中医古方有重大价值。律令摘抄,如武威王杖十简、王杖诏书令,是汉代曾实行过的尊老养老律令的选抄,这些律令在正史中也难以找到。又如甘谷汉简,是将一份完整的官府文件用之随葬。这些简牍在全国考古发现中是很少能见到的。甘肃简牍,目前看以两汉为大宗,也有战国秦简和魏晋简,更有唐代吐蕃文、宋时西夏文木牍。时代跨度大、文书类别多,多种文字、多种材料的文书并存,是其重要特征。为此,甘肃简牍,是我国简牍学研究的主体史料,特别是汉简,是研究汉代史不可忽视的新文献。

(四) 青海

青海出简牍所知有两次。1979年,大通县上孙家寨115号墓出汉代木简400余枚,经整理编缀,完整、较完整者240余枚。内容是有关兵法、军法、军爵律和其他古书籍的残目,对研究汉代兵制有重要价值。1996年,在都兰古墓中又出吐蕃文木牍。但尚未发表。

(五) 陕西

陕西出汉代竹木简有两次(1975年、1980年),总数118枚。其中,1980年未央宫前殿A区13和16号房址内出土的115枚木简,是第一次在中央宫廷遗址里发现汉简,尽管内容较简单,但很有意义,意味着今后还会发现木简文书遗存。此外,值得注意的是1981年在未央宫第2—6号、9—15号房址等12座遗址中出土的6万余枚骨签,尽管选材用骨质,但内

容和性质与甘肃边塞遗址中出土的木楬是同属一类文书，是简牍的另一种
形式，所以不能排除在简牍学之外。由骨签内容得知，这些房子是中央国
家武库之遗址，骨签中所记载的不同形制、不同种类的兵器情况，与甘肃
居延、敦煌汉简中的兵器簿又互为印证，为研究汉代兵制提供了大量翔实
的资料，为此未央宫骨签的出土也是简牍发现史上划时代的发现。

（六）河南

所见出土战国竹简一次（1957年），148枚。汉简一次（1956年），2
枚。其中，1957年发现的信阳长台关竹简佚籍和遣册是重要发现。佚籍
是一篇对话体短文，其性质多年来被认为是儒家的著作，近期始确定系
《墨子》佚篇，记有周公和申徒狄的对话。该墓时代属战国中期偏早，
所以书的著作年代应与《墨子》相距不远，对研究战国时期墨子学派的
思想有重要价值。同时，竹简文字对研究战国古文亦极为重要。除竹简
外，在温县武德镇西张计村曾多次（1930、1935、1942、1980—1982年）
出土战国石制文书——《温县盟书》，其数量已达1万余枚。这些盟书均
用石片写成，有石圭形的、也有木简形的，又被称为"石简"。内容记
述了参盟者姓名和盟辞，与山西《侯马盟书》遥相呼应，成为研究战国
史的重要文献。

（七）山东

山东省也是常出汉简的地区，先后四次（1972年、1978年、1983
年、1999年）在临沂和泰州出土简7514枚，特别是1972年在银雀山1号
汉墓出土的古籍影响最大，是墓葬中出古籍最多的一次。古籍种类亦很
多，有现今流传的古籍，也有早就佚失的古籍。既有兵书，也有其他文
化典籍，其中以兵书中的《吴孙子》《齐孙子》《尉缭子》《晏子》《六韬》等
最为重要。证明这些书籍并非伪书。尤其是《吴孙子》《齐孙子》的同时
出土，解决了历史上长期以来悬而未决的公案，证实了《史记·孙子
吴起列传》关于孙武仕吴、孙膑仕齐，各有兵法传世的记载是正确
的。使自唐宋以来有人主张的《孙子兵法》是曹操删削而成，或以为是
后人伪托，或以为世无孙武其人、兵法为孙膑所著的种种疑问得到了彻
底解决。

（八）山西

山西虽然尚未发现竹木简牍，但1965年出土的5000余件石质《侯马

盟书》，与河南《温县盟书》又相辅相成。不仅形制基本相同，而且内容还超出了《温县盟书》。除盟辞外，还有题为《委质》《纳室》《诅咒》《卜筮》《占卦》等佚书。时代比《温县盟书》稍早，是极为重要的古文献。

（九）河北

河北亦有汉简问世，可知有两次（1973年、1994年）。其中1973年定县八角廊西汉中山怀王刘修墓出土大量竹简尤为重要。这批竹简总数724枚，虽炭化、残损，但字迹尚清楚，皆系西汉晚期之古籍，有《论语》《儒家者言》《文子》《太公》《日书》等，兼有儒道两家的内涵。《论语》简文约占传本《论语》文字的一半，也是时代最早、保存文字最多的古本《论语》。简本与传本有着一定差别，对研究古鲁论、齐论、古论的流传、演变，校勘传本，提供了极好的比较材料。《儒家者言》中有《明主者有三惧》《孔子之周》《汤见祝网者》等佚文27章。不仅可校正《说苑》《孔子家语》中的谬误，亦是研究儒家思想、学说的重要参考书。《太公》发现篇题13个，有的见于传本，但多数为佚文，对研究太公著作及其思想有极大价值。《文子》的发现，不仅证实了这部古籍的存在，而且对天道、仁义、功德、教化的阐述颇具特色，为古代思想史的研究增添了新材料。

（十）北京

北京出汉简仅见一次。即1974年大葆台1号墓出竹简1枚。该墓系大型"黄肠题凑"墓，因保存不好，许多遗物受损。但迹象表明，曾有竹简古籍存在。为今后发现竹简起到了提示作用。

（十一）江苏

江苏亦是多次出汉简的地方，凡见有10次（1962年、1963年、1973年、1978年、1979年、1980年、1983年、1984年、1985年、1993年），总数230余枚。这些简牍均出自墓葬，出土地多集中在连云港市，此外，还有盐城、盱眙、邗江、扬州、仪征等地。简文内容有遣册、名刺、历谱、冥告、遗嘱、古籍以及公文簿籍等。1984年仪征101号墓出土的竹简《先令券书》，是迄今所见遗嘱类文书最为完整、文字最多者。1993年发现的尹湾汉简，创江苏简牍之最，保存之好、内容之完整、史料之重要，在学术界亦首屈一指，使学术界耳目一新。同时带来了诸多新问题，具有轰动效应。古籍类如《神乌赋》《博局占》等是早已亡佚的书籍。《神乌赋》的风格与以往传世的大量属于上层文人学士的汉赋有异，而接近民间文学，与曹植的《鹞雀赋》和敦煌发现的《燕子赋》如出一辙，它的发现把这种俗赋的历史提早了200多年，在古代文学史上有重要意义。《博局占》等几种术数书籍，也是前所未有的新发现。《博局占》为解决学术界长期讨论的"TLY镜"（博局镜、规矩镜）问题，提供了非常重要的实物依据和文字资料。除书籍外，其他簿籍文书也是空前之发现，如《集簿》《吏员簿》《长吏名籍》《属吏设置簿》《兵车器集簿》等。为研究汉代的上计制度、行政建制、吏员设置、官吏迁除、国家盐铁生产、兵器制造与管理以及户籍、垦田等问题，提供了翔实具体的第一手资料。同时还可以补充、订正《汉书》等史籍和判断前人有关研究的是与非。总之，尹湾汉简是一批很有研究价值的新史料。

（十二）安徽

安徽出简牍有二次（1977年、1984年），总计约1000枚。1977年发现了阜阳汉简，1984年发现了马鞍山东吴简。其中以阜阳汉简影响最大。阜阳汉简出自西汉第二代汝阴侯夏侯灶之墓。夏侯灶卒于文帝十五年（前165年）。这批竹简都是文帝时古籍。有《诗经》《仓颉篇》《周易》《大事记》《万物》《作务员程》《辞赋》《刑德》《相狗经》《行气》《日书》等10余种，其中《诗经》和《仓颉篇》最为重要。《诗经》是现存最早的古本。尽管残缺尤甚，毕竟展现了我国文化史上最重要、最有价值的第一部诗歌总集的早期风貌。《仓颉篇》中包括李斯所作《苍颉》、赵高所作《爰历》、胡毋敬所作《博学》，现存541字，是《仓颉篇》亡佚千年之后最大的一次发现，也是现存《苍颉》之最古本。除此外，同时出土的木牍文书中，许多语句在今本《孔子家语》中可以见到。这一发现，澄清了过去以为《孔子家语》是王肃伪作的说法。

（十三）江西

江西曾3次在南昌出简牍，总计30枚左右。第一次是1974年在晋墓中获木刺5枚，木方1枚。第二次是1979年在三国东吴墓中获木简21枚，木牍2枚。第三次是1997年在晋墓中获木牍1枚。内容皆为随葬器物疏和名刺。器物疏即战国秦汉墓中的遣策，二者区别是名称上的不同和书写材料的差别，前者用竹简，而后者用木牍，时代风俗不同所致也。

（十四）广西

广西出简牍有一次，总计17枚。即1976年贵县罗泊湾汉墓出土木牍5枚，封检2枚，木简10枚。内容为《从器志》和《东阳田器志》。《从器志》多记载甲、矛、弓、弩、矢等兵器，而《田器志》则是农具类器物的名单。

（十五）四川

四川出简牍一次，1979—1980年青川郝家坪第50号战国墓出土木牍2枚。内容为秦王颁布的《更修田律》，是继湖北云梦秦律之后第二次发现秦法律，对研究秦国法制史有重大价值。

（十六）湖北

湖北是出土战国秦汉简牍的重点地区，墓葬是主要埋葬地点，凡见28次（1955年、1965年、1966年、1972年、1973年、1975年、1976年、1977年、1980年、1981年、1982年、1983年、1986年、1988年、1989年、1990年、1992年、1993年），总数达6862枚。特别是自1972年以来，儿乎每年多次有新发现。出土地点多集中在荆州、云梦和江陵，其他如在武昌、光化、随县、鄂城等地也有出土。荆州、云梦、江陵三地成为战国秦汉简牍的地下仓库，往往有惊人的发现，大有扭转学术乾坤之势。基本每次发现都有惊世之处。从内容看，古籍、律令、遣册构成三大基本特征。时代上至战国早期，下至六朝。其中以战国晚期至西汉为主体。历次发现中，以云梦睡虎地秦简（1975年）、江陵张家山汉简（1983年）、荆门包山楚简（1986—1987年）、云梦龙岗秦律（1989年）、荆门郭店古籍（1993年）最为轰动。云梦睡虎地秦简1155枚，这是第一次发现秦简。其中古籍有《编年记》《语书》《吏道》《日书》。更为重要的是秦律。由于秦律在传世文献中极为罕见，这次发现震动了学术界。从墓葬时代分析，这些律文是秦统一之前的法律。从江陵张家山247、249、258号墓共出汉简1280余枚。包括有《汉律》《奏谳书》《盖庐》《脉书》《引书》《算术书》等。墓的年代在吕后时期，所以所见汉律多是延秦律而来，又1988年在同地336号墓中也出土了汉律，一部分与247号墓相同，时代则是文帝初年的，这座墓还出土了《庄子》的《盗跖篇》，所有这些都是非常重要的文献。荆门包山楚简，出自2号墓，共有448枚，内容可分为司法文书、卜筮祭祷记录、遣册三大类。其中司法文书最为重要，有《集箸》《集箸言》《受期》《疋狱》四种，该墓下葬于公元前316年，时代很清楚。从这些司法文书的内容看，不仅对研究楚国的司法制度具有重要价值，而且对研究其社会状况、土地制度、疆域范围、职官制度等问题都是珍贵史料。云梦龙岗秦简150余枚，出自6号墓，内容是秦律，有《禁苑》《驰道》《马牛羊》《田嬴》等。继睡虎地、四川秦律之后第三次发现秦律，时代系秦末，是秦统一后的律文，但与睡虎地秦律又一脉相承。另外，1993年在江陵王家台15号秦墓又发现了《效律》条文。至目前全国共发现秦律4次，而湖北就占了3次，有力地推动着秦代法律史的研究。荆门郭店楚简，出自1号墓，共804枚。主要是道家、儒家的著作，道家有《老子》《太一生水》；儒家有《缁衣》《五行》《鲁穆公问子思》《唐虞之道》《穷达以时》《忠信之道》《成之闻之》《性自命出》《尊德义》《六德》等10篇。其中《缁衣》《五行》可能即《子思子》。还有《语丛》四组，系抄百家之说。另外，上海博物馆从香港购得竹简1200余枚，据说也出于荆门一带。内容有80余种，以儒家典籍为主，有些有今传本，如《周易》《缁衣》《武王践阼》等，更多的是前所未见的佚书。这些先秦思想文献，是我们研究反思中国古典哲学的重要典籍。

以上湖北凡出战国简牍2335枚，秦简2593枚，汉简1925枚，三国简牍9枚。这些简中以竹简为主，而战国秦汉墓葬不断出土竹木简牍是重要特色。

——原刊于《中国文物报》，2002年1月2日、11日、18日、25日

"简牍之乡"与简牍学

李宝通

在众多的简牍出土区域中，我国西北的甘肃省具有独特的地位。甘肃气候干燥，沙漠化区域分布较广，这块不利于全面发展农业的地域，却成了保存古代珍贵简牍的天然宝库。迄今为止的考古调查与发掘报告表明，广袤的陇原大地，几乎随处可见简牍蕴藏的迹象；东起天水，西抵敦煌，南麓祁连，北漠居延，简牍面世的捷报频传。

1906—1915年，英籍匈牙利人斯坦因在敦煌古烽燧遗址发掘到汉代简牍789枚，揭开了甘肃简牍大规模问世的历史序幕。1930年，额济纳河流域古居延塞的大湾、地湾、破城子等汉代烽燧遗址出土简牍1万余枚，与殷墟甲骨、敦煌遗书和明清大内档案并列为近代中国四大文献考古奇观，这就是举世闻名的"居延汉简"。1972—1976年，甲渠候官、甲渠第四燧、肩水金关等址又获近2万枚，被称为"居延新简"。截至1988年，敦煌马圈湾等址所出汉简已达2480余枚。1990—1992年，甘肃省文物考古研究所在敦煌汉代悬泉置遗址新获汉简2万余枚，这是距今最近的一次甘肃简牍大规模面世。

以上还未囊括甘肃所出简牍的全部。武威磨咀子《仪礼》《王杖》等简，旱滩坡医药简、衣物疏，五坝山木牍，小西沟岘西夏文木简，甘谷汉墓东汉诏令抄本，玉门花海汉简，高台常封晋墓木牍，天水放马滩《日书》写本等，层出不穷；在嘉峪关市、敦煌县、金塔县等地文化馆、博物馆中还收藏着陆续搜集到的简牍数百枚，另有一些零散简牍流落民间。迄今已出土的甘肃简牍约在6万枚以上，占今日全国简牍总数的1/3左右，预料地下蕴藏更为丰富。

古代的陇右尤其是河西走廊，是我国军事、经济和政治的重心区域之一，形成的简牍文书特别是官府文书，比起其他地区来，也显得点多面广、内容广泛。自20世纪初甘肃简牍大批面世以来，国内外潜心研究的学者不乏其人，其中佼佼者如王国维、劳榦、陈梦家等的简牍学成果，基本上取材于此。由于考古发掘的需要和近水楼台的便利，甘肃本省也在几十年间培养了一批简牍工作者和简牍学研究者。可以说，甘肃简牍和围绕甘肃简牍的发掘研究，拥有天时、地利、人和等诸多便利，位居丝绸之路主干道的甘肃省，正以"简牍之乡"的美誉，引起世人日益浓厚的关注与兴趣。

甘肃简牍上起秦汉，下迄魏晋，记载了古代中国军事、经济、政治、思想文化、社会风俗、民族关系以及中西交通等诸多方面的重要史实。其内容绝大部分出自当时当事人之笔录，因而真实可靠，具有第一手的史料价值。随着简牍的不断面世，不少古代重要史实得到了揭示或验证，还有一些历史疑团有待人们去探赜与寻幽。下面试举几例以窥其斑。

王杖　武威所出《王杖》诏令简，记载了汉代对百姓七十岁以上的"高年，赐王杖"。杖首作鸠形，所以又称"鸠杖"。诏文明确规定了对受王杖者的敬重、保护条例以及对违令者的处罚原则，并有多例地方官吏欺侮老人而被判处死刑的记载。诏令的颁行年代分别为西汉宣帝本始二年（前72年）和成帝建始二年（前31年），其中又多次提到"高皇帝（刘邦）以来"的敬老传统；对"年六十以上毋子男"的鳏寡老人也予减免租税。可以看出，汉代敬老养老已形成制度，世代相袭，有法可依。

爰书　在居延汉简中，发现了一批"爰书"简，是汉代的法律文书。汉代审判制度史无明载，仅《史记》留下了一个张汤审鼠的判案趣文。据考证，"爰书"大体相当于今天的"上诉"，它是保障被告权益的法律程序之一。我国封建社会里，滥行诛杀主要限于统治集团内部，审理普通百姓案件，还是循规蹈矩的。

塞上烽火品约　"寇至则举烽"，是我国古代边防的一项简单而又行之有效的报警措施。1974年在居延破城子发现的约形成于两汉之际的《塞上烽火品约》就是历史的见证。本简册内容基本完整，详细规定了针对不同的敌情而"举烽、燔薪"的数量和时限，遇"风及降雨，不具烽火"时的"传檄""马驰"，以及偶有误警而"下烽灭火"的补救措施等。

徐宗与礼忠　徐宗与礼忠，只是汉代两位普通百姓，或许他们做梦也没有想到会对中国社会性质的研究作出贡献。有人认为我国汉代还滞留在奴隶社会，但从这两简所记载的自耕农与中小地主资产登记簿来看，汉代即使在僻处西陲沙漠的居延，私人土地所有制也已普遍。当时居延虽然也有奴婢，但主要从事家务劳作，并不直接参加生产。这就证实了我国汉代早已步入封建社会。

部吏毋犯四时禁　我国儒家经典崇尚"天人合一"，强调取用以时，反对竭泽而渔。居延新简记载东汉初年河西窦融政权颁布"部吏毋犯四时禁"条例，明确规定所部将吏不得盗掘古墓、不得屠杀马牛、禁止砍伐树木、限制嫁娶时的铺张浪费等。从下面汇报上去的情况来看，当时的吏民也大多能够遵纪守法。

《日书》　1986年，天水市放马滩秦代墓葬中发现的《日书》，是古代占卜之书。其中虽有迷信的成分，却也较为广泛地反映了两千年前先民的日常生活和社会风俗。它与湖北马王堆秦简《日书》南北辉映，为我们了解古人的记时制度、宗教信仰、政治状况乃至心理特征等提供了极可宝贵的研究素材。与汉简官府文书不同的是，《日书》更多地透露出下层民众的文化价值观念，今日民间的诸多习俗，都可以从中探本求源。

"候官"文书群　在居延新旧简中，发现了一批数量可观的"候官"文书。候官是介于后方大本营和前线烽燧之间的执行机构，它的日常工作包括：定期集议，贯彻指令；督察军吏，料理庶务。事实上，候官成了关塞生活的中心。细致深入地探讨"候官"文书群，对于我们全面了解汉代边防的军事组织体系有重大意义。

武威汉代医简　1972年在武威旱滩坡东汉墓葬中发现了一批医药简牍，内容包括临床医学、药物学、针灸学等，记有药方30余个、药物百种，列出药物的炮制、剂型以及用药方法等，是迄今所发现的我国最早的一部相当完整的医药学专著，对发掘我国传统的中医学理论有重要价值。

汉武帝遗诏　1977年，玉门市花海农场汉代烽燧遗址发现了一件七面棱形觚，上有笔录诏文，有人认为是武帝遗诏。依据同址所出纪年简来判断，有此可能。"制诏：皇太子，朕体不安，今将绝矣！与地合同，终不复起。谨视皇天之嗣，加曾朕在。善遇百姓，赋敛以理；存贤近圣，必聚谞士；表教奉先，自致天子。胡亥自圮，灭名绝纪；审察朕言，终身毋已。苍苍之天不可得久视，堂堂之地不可得久履，道此绝矣！"文风豪壮而带悲凉伤感，语调执着又喜直言不讳，和《秋风辞》《悔轮台诏》仿佛一致。只是这份史传失载的珍贵诏书如何来到这里？它与昭帝年间平定那场内外勾结的燕王旦篡立事件有无联系？古戍苍凉，给人们留下了无尽的遐想。

我国的简牍整理与研究可以说是历史悠久，早在汉晋时期，就有孔壁、汲冢简书问世，可惜限于时代与条件，当时的原简均已不传。近代随着第一枚真实的简牍原件呈现于世人面前，我国学者迅速迈开了研究探讨的步伐。《流沙坠简》以高速度、高质量的一流水平令世人瞩目；其后的《居延汉简考释》《汉简缀述》以及一大批科学论文不断丰富与充实着简牍学的研究体系。1996年末，湖南长沙又传喜讯，市中心五一广场东南侧走马楼古井遗址出土三国东吴简牍10万余枚，在数量上超过了以往全国简牍的总和，似乎是在翘首企盼简牍学"鼎盛世纪"的到来。可以预言，简牍学的兴盛，将在相当大的程度上改写传统的中国古代史，使华夏文明再现异彩。

——原刊于《文史知识》，1997年第6期

甘肃省近年来新出土三国两晋简帛综述

何双全　狄晓霞

　　20世纪后半叶至21世纪初，为配合西部开发建设工程，甘肃省文物
保护管理部门在河西武威、高台等市县域内，抢救清理了一批汉至晋代
古墓葬，获得了不少随葬品，简牍、帛书就是其中之一。这些资料，经
保护、整理，已向外界公布。但从事简帛研究的人要掌握利用这些资
料，却属不易，亦难搜集，为便于大家利用，本文搜记于此，并作简
考，提供给学界。

一、武威三国曹魏"青龙四年"木牍

　　1991年4月出土于武威市凉州区新华乡红崖支渠古墓中，1997年发
表于《陇右文博》（甘肃省博物馆主办内部发行刊物）第2期。牍长24
厘米、宽3.7厘米、厚0.4厘米。正背两面书写，文字释读及正背面分
辨，党寿山、梁继红二同志各有其见解，但各有所误之处，现整合考
释于下：

> 正面：
> 故单□一领　故襦一领　故巾一枚　故弩基郭一枚
> 故裲当一领　故禅一领　故履一量　青绛匝白百一十匝故□可用
> 故裸一枚　故单衣一领　故疏具一具　故被一顿
> 故袴一量　故袜一量　故铜刀一枚　故笔一枚　故板一枚
> 背面：
> 青龙四年五月四日，民左长坐醉死，长所衣衣十三牒，皆
> 具已。

长故着身衣。

按："青龙"年号，昰魏明帝曹叡继"太和"以后的第二个年号，共使用了5年，青龙四年，即236年。牍文正面是死者的从葬衣物清单，从名称看，凡上衣皆称"领"，下身衣称"量"，即"两"假借字，避双数之讳。其他器物称"枚"或曰"具"。从器物种类看，有衣服、袴袜之属，也有梳妆用具、文房用具、兵器等。板，指衣物疏所用木牍。背面是死者死亡时间、身份等事项的记述。文中最重要的是"坐醉死"三字的理解，关系到墓主死亡的性质，有人认为"醉"是醉酒，死者因饮酒过量而死；还有人认为"醉"是"罪"字之假借，墓主人是因为犯法坐罪而死。二者均是非正常死亡，所以墓葬结构亦简单，牍文所述亦简单。从"坐"字相关的词语"坐罪"来理解，其第二种解释是合理的。墓主人很可能是死刑犯。

二、高台县西晋"元康元年"铭旌

20世纪90年代，出土于甘肃省张掖市高台县骆驼城附近墓葬中，铭旌系红色纱制作而成，长方形，下部残缺，上部保存较好，残长约30厘米，宽约20厘米。用白色颜料书写文字，文曰：

> 元康元年十二月庚戌朔晋故凉州酒泉表是

按："元康"是西晋惠帝司马衷继永熙、永平之后所使用的第三个年号，沿用了9年，元康元年，即291年，该年三月壬辰由永平改元元康，十二月庚戌朔，与《二十史朔闰表》相合。凉州酒泉表是墓葬所在地晋代行政建置机构。《晋书·地理志》载：（凉州）"魏时复分以为凉州，刺史领戊己校尉护西域，如汉故事，至晋不改，统郡八、县四十六、户三万七百。酒泉郡，汉置，统县九，户四千四百。福禄、会水、安弥、骍马、乐涫、表是、延寿、玉门、沙头。"可证墓葬所在地之高台县及其以西骆驼城附近是晋凉州刺史部酒泉郡表是县的行政区域，骆驼城遗址就是表是县的县城旧址。

三、高台县许三湾西晋"建兴八年"木牍

20世纪90年代，出土于高台县许三湾墓群，木牍长23厘米，宽5厘米，一面墨书。

释文：

　　□□入□，朱雀入□，上程万卷，□复九阳，不得□□，□□乌氏，生卒右死，入地黄泉，旌持莽于蒿里，下应□□，奉得铜钱，界道桥，不得禁止，此责父母，甚□□子，今日至将，终身死已。生人富贵。下葬终止，第穴力右，各丹书铁券，□……旁人：左青龙，右白虎，前朱雀，后玄武。媒人：赤松子。

　　建兴八年正月廿六日壬戌奏

按：上牍文字，为道家为死者入葬之咒文。有压鬼送死者，为活人祈福之意。蒿里，本山之名，在泰山之南，为死人之葬地。《汉书·广陵王传》："蒿里召兮郭门阅，死不得取代庸，身自逝。"注曰："蒿里，死人里。"晋陶潜《陶渊明集》第七《祭从弟敬远文》曰："长归蒿里，邈无还期。"晋崔豹《古今注·音乐》："《薤露》《蒿里》，并丧歌也。……蒿里谁家地，聚敛魂魄无贤愚，鬼伯一何相催促，人命不得少踟蹰。至孝武时，李延年乃分为二曲，《薤露》送王公贵人，《蒿里》送士大夫、庶人。"汉末曹操有《蒿里行》，又名《泰山行吟》。丹书铁券，用红色书写铁券版符，道家符箓，道士受传后，用于镇身护命与行持。《太上总真秘要》："夫版符者，以版为之，上书符咒。铁券者以铁叶为之，朱书券文，即太上所云'铁券金书'也，给付传法弟子，护命行持。"青龙、白虎、朱雀、玄武，道教护卫神，又叫四象，源于古人对星宿的崇拜。早在战国时期就有了二十八宿和四象之说。道教兴起后，作为护卫神，以壮威仪，《抱朴子》描述老子（太上老君）形象时称："左有十二青龙，右有二十六白虎，前有二十四朱雀，后有七十二玄武。"以后，四象被逐渐人格化，成为四位护法神。赤松子，古代仙人，《列仙传》："赤松子者，神农时雨师也。能入火不焚，入水不溺，

炎帝少女追之，俱得仙去。"《抱朴子·金丹》："又赤松子丹法，取千岁蘽汁及矾桃汁淹丹，着不津器中，练蜜盖其口，埋之入地三尺，百日，绞柠木赤实，取汁和而服之，令人面目鬓发皆赤，长生也。"上述皆道士施法时，借用道家巫术之例也。建兴八年（320年）正月廿六日壬戌。建兴，本西晋愍帝司马邺年号，实用五年，西晋没，东晋起，前凉政权沿用之年号，建兴八年，即前凉张茂永元元年，正月二十六日壬戌，该月丁酉朔初一，二十六日壬戌，与《二十史朔闰表》合。

四、高台县骆驼城"建兴十七年"木牍

20世纪90年代出土于高台县骆驼城附近古墓中。牍长26厘米，宽11.5厘米，厚0.8厘米，单面书写。牍上部绘五行简图和四个方位以及生死之门吉凶时辰等，盖道士取《日书》之文。由于较简略，待以后研究。图下为牍正文：

> 耿氏男祥，字少平，年廿，命直金。
> 孙氏女祥，字阿钧，年十五，命直土。
> 谨案：黄泉司马季主，九天高，人入广，记言得□，今年十月
> 廿三日丹书……
> 建兴十七年……

按：该牍文字共12行，字小且潦草，多有不识，仅识5行。祥，殃之假借，意即因祸死去。黄泉，地下深处，指葬身之地。《左传》隐公元年："遂寘姜氏于城颍，而誓之曰：'不及黄泉，无相见也。'"司马季主，本汉初楚国人，曾游学长安，通经术，善卜术，卖卜于东市，常为人占卜，是占卜名家，《史记·日者列传》："夫司马季主者，楚贤大夫，游学长安，通《易经》，术《黄老》《老子》，博闻远见。"汉代以后成为传说中的七十一仙人之一。建兴十七年（329年），前凉沿用者，当为张骏太元三年。以牍文看，该墓为夫妻合葬墓，男20岁，命金，女15岁，命土，命理相生，不相克，但双双因祸殃而命归黄泉。于是有该道士之祭文。

五、高台县骆驼城"建兴廿四年"木牍

21世纪初出土于高台县骆驼城附近古墓葬。牍长23.5厘米，宽12厘米。单面墨书，共6行，释文如下：

建兴廿四年三月癸亥朔廿三日乙酉，直执。凉州建康表是县显玉亭部、前玉门主领掾周掾妻孙阿惠得用，今岁月道通，葬埋太父丞，以次入蒿里。三九入，太一下，以玄入墓，后世子孙法出二千石，宗人室家共祭送，死人周掾阿惠、惠金银钱财、五谷粮食万，予黄道、牛羊车马、猪狗鸡雉、楼舍、惟椒、杯杆、罂案、床帛、蛤粉诸入笈，什物皆于方市买，贾钱九万九千九百九十九金。苍天下主黄泉，不令（另）居，故任名时，旁人：左青龙、右白虎、前朱雀、后玄武，沽论各半，如律令。

按：该牍文为告黄泉书。死者入葬时，道士所为。建兴廿四年，前凉沿用者，为336年，即前凉张骏太元十三年。直执，指三月二十三日为《建除》十二辰的执日。云梦《日书·建除》曰："执日，不可以行。以亡，必执而入公而止。"天水《日书·建除》曰："执日，不可行，行远，必执而于公。"凉州建康表是县显玉亭，前凉政权的行政建制。建康，即建康郡，即从西晋表是县分置，显玉亭，表是县所属乡亭。玉门，前凉建康郡属县。由此可知，高台骆驼城遗址，西晋时为酒泉郡表是县驻地，前凉时，分置建康郡，与表是县同驻一地。三九入，指三九天入葬，即冬至后第三个九，是一年中最冷的时候。太一下，太一，也作"泰一"，神名，《史记·封禅书》："天神贵者太一。"《索隐》："宋均云：天一，太一，北极神之别名。"《天官书》："中官天极星，其一明者，太一常居也。"《正义》："泰一，天帝之别名也。刘伯庄云：泰一，天神之最尊贵者也。"太一下，天神下凡也。从玄入墓，玄，玄天，《易·坤》："天玄而地黄。"《吕氏春秋·有始》："北方曰玄天。"引申为幽远，天神召之。九万九千九百九十九，虚指多数。从牍文可知，该墓是迁葬墓，周掾妻孙阿惠与周掾太父同时入一墓地，所以

周家宗室大肆殓葬，以期家族中出大官、金银财宝富足。由此可以看出当时的埋葬习俗，更可反映出活人对美好生活的向往——钱与权的拥有。

六、高台县许三湾"建元十四年"木牍

21世纪初出土于高台县许三湾墓群。牍长23.5厘米，宽5厘米，单面墨书。释文：

> 建元十四年正月丁卯朔廿六日壬辰，建康郡表是县都乡杨下里高丘物故，黄野万里，四维下封，不得禁止，生人有城，死人（有）郭、有阡陌、道路，将军于往迎送，敢固遮，将附河伯，丹书铁券，死人无怨，急急如律令。

按：此亦冥告文书。建元，是东晋康帝司马岳的年号，使用仅两年。建元十四年，是前凉之沿用，即356年，值前凉张玄靓太始二年。正月丁卯朔廿六日壬辰，与《二十史朔闰表》合。物故，即死亡，《荀子·君道》："人主不能不有游观安燕之时，则不得不有疾病物故之变焉。"《汉书·苏武传》："单于召会武官属，前以降及物故，凡随武还者九人。"注曰："物故谓死也。言其同于鬼物而故也。"急急如律令，道教符箓或咒语中常用的敕语。意为勒令鬼神按符令火速遵行。唐陈子昂《荣海文》："无昏泪乱流以作神羞，急急如律令。"白居易《祭龙文》："若三日之内，一雨滂沱，是龙之灵，亦人之幸。礼无不报，神其听之，急急如律令。"元施君美《幽闺记·图形追捕》："这等之人，如何判断？押赴市曹，一刀两段。吾奉上老君急急如律令敕。"由此看来，这句后来常见的道家咒语早在东晋初就已很流行了。

七、武威市凉州区"升平"木牍

从1991年以来，武威市凉州区地域内不断发现古墓，曾获得木牍4枚，其中升平十二年木牍2枚，升平十三年木牍2枚。释读如下：

1号牍：出土于凉州区新华乡红崖支渠墓群。两面墨书，字体潦草，多有不清。

故□一枚 尖二枚 衫一枚 褊裆一枚
三□鞋二量 青被一副 福□□□ 褶一枚 □□袴一立
大箭十四枚 黄□裪祸□ 运靳□石 □□□（正面）
升平十二年九月十六日辛丑，□杨□黄石
□□药生亡□所著衣物□□□
正当□用九万九千九百九十九
□□正多□归……（背面）

2号牍：与1号牍同出一地，两面墨书。

升平十二年九月十六日辛丑，□杨□黄
石□□药生，今终亡，于市买黄□官一合，贾符九万九千钱，
□□麦□地中（正面）
化匿不得相因□急急如律令
□□时□□左青龙……（背面）

3号牍：出土于凉州区新华乡古墓，单面墨书。左上部为一镇邪符篆，右上角及其以下书写衣物名称，释文：

干粮万斛 旌一枚
□□八两 单襜一领 刀一枚 青复襜一领
单袭一领 巾一枚 弓箭一枚 故复襦一领
布襦一顿 尖一枚 步叉曾佗
两当一立 白卷八匹 □一量
故襜褕一领
凡十九种物听随行

4号牍：与3号牍同出一墓，单面墨书。释文：

> 十三年五月二十一日，生人父母为乌独浑十九种衣物，生时所著所衣。山川、谷郭、黄泉、河津、桥，不得妄柯，□□符妄遮复转。持上诣苍天，急急如律令。

按：以上四牍，皆出土于凉州新华乡同一墓地，1、2号出于不同的两座墓，而3、4号则出自同一墓，但没有"升平"年号，只有"十三年"之纪年，经对比，应是同时期墓葬，所以"十三年"，应是"升平十三年"。升平年号是东晋穆帝司马聃的第二个年号，共用5年。升平十二、十三年是前凉之沿用，当为368、369年，值前凉张天锡太清六、七年。《前凉录》载："张玄靓，年七岁，废和平之号，复建兴四十三年。""升平五年十二月始改建兴四十九年，奉升平年号。"可知，升平五年以后皆为前凉统治时期。这四枚木牍皆属死者衣物疏及道家咒文之属，与高台、敦煌同时期之物皆类同。

八、高台县骆驼城5号墓"升平十三年"木椟

2001年出土于高台县骆驼城5号墓，牍长36.4厘米，宽4厘米，厚0.8厘米。单面墨书，字体潦草。该资料发表于《考古》杂志2003年6期。释文：

> 故髻髮二枚 故□一枚 故衫一牒 襜衣一牒
> 故□□□□ 故褶一牒 故裈一立 故犬襜一枚
> 故□□一枚 履一量 故审应一具祆 □一具故棺一口
> □□……五种
> 升平十三年九月十一日胡运千衣疏

按：髻，本作髺，《说文》："絜发也。"段注曰："絜发，指束发也，内则丧服之总。深衣之束发，士丧礼之鬠。"，髪，即髮，《玉篇》："细髮。"实指死者发带。审应，审，《说文·采部》："悉也，知审谛

也。"应，疑为影之假借，审影，很可能是铜镜的别称或俗称。

以上武威凉州与高台县凡出土木牍10枚，帛书铭旌1枚。皆墓葬从葬之物，均具有明确纪年，时代跨越魏、西晋、东晋三代，长达134年，其中十六国前凉的时间经四代王，达50年。从分布地域看，东起武威市凉州区，西至张掖市高台县以西，与酒泉接壤之地。从文书内容看，皆系衣物疏和道家咒文之属，但其中反映了当时的行政建置、社会经济、人文习俗等情况。所以，这些文书是研究魏晋十六国时期甘肃河西地区政治、经济、思想文化和社会状况以及人们生活习俗的第一手资料。这些资料出土于墓葬，而且又有纪年，所以由帛牍的年代去断定墓葬的年代更具权威性，为此，帛牍的发现为甘肃汉、晋墓的考古学断代研究提供了可靠的第一手资料。

——原刊于《西北师大学报》，2007年第5期

荒漠汗青简牍的早期发现与流散

李怀顺

　　"简牍"是我国古代在纸张发明以前通用的书写材料。一般地说，"简"是竹质的，"牍"是木质的。古代简牍的使用，可能很早，但目前发现的时代最早的简牍是战国时期的。战国和秦汉是简牍的盛行时代。自东汉开始，随着造纸术的发明和纸张的大量使用，作为书写材料的简牍才逐渐消失，魏晋以后的简牍已经很少见。我国使用简牍的历史达1000多年。简牍的内容十分广泛，具有很高的史料价值，又是很珍贵的书法墨迹。根据史书记载，中国古代历史上多次发现简牍，最有影响的是两次，即西汉武帝末年的发现和西晋太康二年（281年）的发现，但这些实物早已不复存在。我国简牍的科学发掘是从20世纪初开始的，这一工作与外国人的"考察""探险"密切相关。鸦片战争后，由于帝国主义的侵略扩张，中国逐步沦为半殖民地半封建社会。帝国主义列强的侵略活动，除了在我国东北、华北和华南地区外，资源丰富、人口稀少的西北地区也成为它们争夺的焦点。各国探险家、考察团不断涌入西北地区，他们既有政治和军事目的，也有学术目的。从此，我国的简牍发现进入一个新阶段，即有计划、有目的、科学发掘的时期，实物得以保存。本文所指的"早期"就是从此开始的。

探险家尼雅识奇宝

　　我国简牍的科学发掘是从哪一年开始的？关于这一问题还有不同的说法，不过大多数学者赞同是1901年，从事工作的主要是瑞典人斯文·赫定和英籍匈牙利人斯坦因。

　　1862年，斯坦因出生于匈牙利一个犹太人家庭。少年时代，斯坦因就常听老人们说，匈牙利人是古代匈奴人的后裔，匈奴人曾经在东方的大草原上建立过一个强大的国家，只不过是他们的祖先在同汉族人的长期战争中打了败仗，他们这一支才被迫迁徙到欧洲。这个传说，在斯坦因幼小的心灵上留下了难以磨灭的印象。后来他决定学习考古学和东方语言学，又前往印度工作，目的之一就是寻找机会，能够考察一下他的祖先曾经生活和战斗过的地方。所以，当欧洲的一群群"探险者"涌入我国西北，肆无忌惮地盗掘珍贵文物时，斯坦因早已是坐立不安，跃跃欲试。

1900年5月，斯坦因用16匹马驮着帐篷、日用品和器材等，带着玄奘《大唐西域记》的英文译本，迫不及待地开始了他的第一次考察。1901年1月，他到达新疆尼雅。初到尼雅，斯坦因并没有发现什么重要文物。直到有一天，他的驮夫、年轻机敏的哈桑在巴扎上闲逛，碰到一位村民带着两块木牍，木牍上还有字，感到很奇怪，于是就把木牍拿给斯坦因看。通晓梵语和印度俗语的斯坦因顿时惊呆了，马上认出这是用佉卢文字母书写的印度西北俗语文书，随即雇请村民依布拉欣姆为向导，急忙前往发现木牍的地方。

经过几天跋涉到达尼雅遗址，在以后的两周时间内，斯坦因共清理获得40余枚汉文简牍及大量佉卢文木牍，内容大多是信件、账簿、便笺之类。尼雅遗址规模宏大，是汉代西域36国中的精绝国所在地，主要由佛教寺院、官署、居住区、冶铁作坊和墓葬区等组成，据推测至少已经荒废了1600多年。尼雅遗址可以与欧洲的庞培古城相媲美，被誉为"中亚庞培"，它的发现与发掘在考古学上具有重要的意义。这批简牍和其他遗物被运到了英国，在欧洲引起很大的轰动。斯坦因名声大振，几年后就发表了他的重要著作《古代和阗》。

千年古城掀巨浪

1865年，斯文·赫定出生于瑞典首都斯德哥尔摩，从小时候起，他就对未知世界有一种执着的迷恋。1891年，他到德国柏林大学留学，师从著名地理学家李希霍芬。李希霍芬本人是探险家、旅行家，几乎走遍了中国各省。李希霍芬对新疆有着特殊的兴趣，今天家喻户晓的名词

"丝绸之路"就是他首创的。由于受老师的影响，赫定便将探险和考察作为孜孜以求并终身乐此不疲的事业。

1900年3月，斯文·赫定等人沿塔里木河顺流而下，到达罗布泊考察。在一次宿营时，他们发现自己携带的唯一一把铁铲遗失在昨天的驻地，赫定派维吾尔族向导、若羌人奥尔德克返回寻找。奥尔德克在寻找铲子的途中不巧遇到沙漠风暴，迷失了方向。风暴过后，风尘仆仆的奥尔德克回来了，除了宝贵的铁铲外，还带回来几块木雕。木雕引起了斯文·赫定的注意，但由于事先未作计划与准备，加上夏季临近，他们仍按原计划考察。

一年后的1901年3月，斯文·赫定来到出土木雕的地方。这是一座寸草不生、满目疮痍的古城，城内留有颓废的城墙、残存的街道、破旧的住宅和寺庙，还有雕刻精美的佛像。这里绝无人烟，置身此地，真有一种与世隔绝的感觉。欣喜若狂而又冷静的赫定认定此地决不是一般的城址，当即宣布首先发现文字的人将有重赏，不管是哪种形式的文字。或许是"重赏之下必有勇夫"的缘故，人们没日没夜地搜寻着文字，把房屋周围的沙子像梳头发一样篦了一遍，结果发现汉晋简牍121枚，还有纸文书和其他文物。《我的探险生涯》一书中，斯文·赫定以生动的文笔记述了他发现和发掘的经历。这是一次震惊世界的发现，这座古城就是神秘的楼兰！

楼兰是古代西域的一个文明古国，它的都城楼兰是亚洲腹地的一个交通枢纽，是中国古代通往中、西亚各国的咽喉重镇，也是丝绸之路上的一个贸易中转站。据记载，当年的楼兰城内，佛塔高耸，街巷纵横，行人如织，每年有大量外国商队往来于此。晋朝和尚法显大师去西域取经，曾记载楼兰有僧人4000，可见那时的繁荣。然而大约在公元4世纪，楼兰突然消失了，一个延续了几个世纪的文明古国变成了"上无飞鸟，下无走兽"的死亡地带，给后人留下无数的传说和猜想。

斯文·赫定的到来唤醒了这座沉睡千年的古城，使得楼兰在湮没千余载后首次为世人重新认识。楼兰古城的发现，最终确立了赫定作为一个探险家的世界性声望，为近百年来的丝绸之路热起了推波助澜的作用。而赫定还在纳闷："我们瑞典就没有一块比我在楼兰所发现的竹简和书片更古的石头。"

斯坦因千里走楼兰

据有关专家研究，我国古代发现和使用简牍最晚是在宋代和西夏时期。也就是说，从宋代、西夏一直到1901年这近千年的时间范围内，简牍仅见于史籍记载，世界上的任何人都未曾见过一片简牍实物。所以，斯坦因和斯文·赫定的发现就被视为一个重大突破，引起世人的关注。此后，外国探险队、考察队蜂拥而至。

1908年，俄国探险家科兹洛夫在黑城遗址发现两枚简牍。1908年，日本大谷探险队开始第二次考察。1909年，年仅17岁的日人桔瑞超在楼兰发现"李柏文书"及晋代木牍5枚。1906年，斯坦因开始了他的第二次中亚探险，由于得到英国和印度的联合资助，这一次可谓是财大气粗，有备而来。他在印度聘请了两名测绘专家，雇佣了一个厨师，买了一只小狗用来解闷。穿越帕米尔高原到达喀什后，他又聘请了中国师爷蒋孝琬作为翻译和助手，找了向导和挖掘工人，购买了25峰骆驼、30头毛驴，组建起一支庞大的沙漠探险队。为了适应野外作业的需要，他还定做了特制的小帐篷和火炉。这样一来，即使是在风雪交加的荒漠中宿营、工作，帐篷里也会温暖如春。当年10月，斯坦因再次来到尼雅一带，又发现一些简牍，另外还有多种梵文文书等，收获颇丰，真可谓"旗开得胜"。但他还是感到焦急、紧张和不安，因为他这次考察的主要目标是楼兰，法国伯希和的考察团也已经开始行动，他决不愿意让伯希和抢先。

1906年12月，斯坦因抵达楼兰。由于事先准备充分，他指挥着数十人的发掘队伍，历时11天，将古城内的各主要遗址几乎全部挖掘一遍，掘得大批简牍。鉴于所带的冰块即将用完，斯坦因只好把所获文物装箱，委派可靠的雇员送往喀什的英国领事馆。1907年2月，他与蒋孝琬等人向敦煌进发。因为他早就听说过莫高窟的壁画辉煌壮丽，同时也想考察一下汉朝皇帝为了阻挡匈奴人而修筑的长城。3月，他在敦煌附近的汉代长城烽燧遗址内发现汉文木简705枚。顺便提一句，在敦煌期间，他从藏经洞盗走大量文书。后来，他在新疆尼雅等地又有所收获，终于"圆满"完成了第二次探险。

斯坦因将这次探险获取的文物全部运出中国，其中简牍被运往伦敦。之后，他把简牍的整理、释读、研究和出版工作委托给法国汉学家沙畹教授。1913年，沙畹公布研究成果，即《斯坦因在东土耳其斯坦沙漠发现的汉文文书》。自1912年起，旅居日本的国学大师罗振玉、王国维依据从巴黎索取的照片，对沙畹公布的简牍重新编排整理并加以考释，这是中国学者研究简牍的开始。1914年，罗、王二人在日本京都出版划时代巨著《流沙坠简》，此书至今仍是简牍研究不可或缺的重要参考文献。日本学者大庭修称赞《流沙坠简》："是清朝考证学在木简上开的一朵鲜花。"

"居廷汉简"辗转回祖国

外国探险家对我国简牍的肆意掠夺给中国人民带来深重灾难和极大耻辱，广大知识分子痛心疾首。于是在我国知识界逐步萌发了保护祖国文物、以自己的力量发掘地下简牍的想法。

1926年，斯文·赫定再次来到中国，计划赴西北考察，并为德国汉莎航空公司开辟德中航线。赫定通过安特生与地质调查所的丁文江和翁文灏协商。丁文江代表北洋政府与赫定草拟了一个有损中国主权和声誉的协定。该协定最苛刻的两点是："只容中国人二人负与中国官厅接洽之义务，限期一年，即须东返；关于将来采集之历史文物，先送瑞典研究，一俟中国有相当机关再送还。"外交部还同意每个团员可持一支长枪、一支短枪和800发子弹，考察团可以带7支猎枪。中国运输部门特拨两节货车和一节客车供考察团从北京到包头旅行。

草案一经公开，全国舆论大哗。在北京"中国学术团体协会"的倡导下，北京大学、清华大学等10多个单位的有关人士多次召开会议，强烈反对这个有损国格的协议草案。经过40多天的频繁接触与磋商，1927年4月，"中国学术团体协会"与斯文·赫定达成了一项新协议：决定组成"西北科学考察团"：设中国及外国团长，参加的中外科学家各占一半，禁止将文物带到海外，采集品留在中国；凡直接或间接对于中国国防国权上有关系之事物，一概不得考查；本协议办法之解释，应以中文为准等等。新协议的签订，使中国学术界异常兴奋，人们奔走相告。

"这个协定可以说是中国现代科学史上第一个平等条约。"这标志着中国学者开始积极地投身于实地考察,外国人随便劫走文物的时代结束了。

中瑞西北科学考察团的参加者有中方团长徐炳昶(旭生)、瑞方团长赫定以及袁复礼、黄文弼、贝格曼等。1930年,黄文弼在罗布泊获得木简71枚,这是我国学者第一次发现的简牍。1930—1931年,瑞典团员贝格曼在额济纳河流域(居延旧地)发掘出土1万余枚汉简,是为新中国成立前出土最多的一次,"居延汉简"因此闻名中外。1931年5月,居延汉简被运到北京,在中国学者的力争之下,简牍实物继续留在中国。瑞典提出让瑞典人高本汉、法国人伯希和参与研究;中国提出由马衡、刘复(半农)参与研究,向达、贺昌群、劳榦也参加工作。但整理工作尚未结束,抗日战争就全面爆发,在上海的简牍照片毁于战火。原简由沈仲章、徐森玉等从北京经天津、青岛转至香港大学图书馆,沈仲章又开始拍照、剪贴、编号、排版。1941年,太平洋战争爆发,香港沦陷,简牍照片第二次毁于战火。原简由香港大学校长蒋梦麟等协助运到美国国会图书馆封存。1949年以后,在胡适的交涉下,原简由美国运交台湾当局,现存于台北南港"中研院"历史语言研究所(黄文弼所获简牍、1944年夏鼐在敦煌所获48枚简亦均存于此)。据悉,台湾方面仅公布了其中的一部分。可见,今天所能看到的资料,无论是大陆的,还是台湾的,都不是居延汉简的全部。随着祖国的统一,居延汉简必将以全貌展现于世人面前。

在我国,从近代简牍的出土至今已经整整100年了。就学术和科研价值来说,它的出土是分水岭、里程碑,是令人振奋的大事。简牍学早已成为国际性的"显学"。但在积贫积弱的旧中国,国家的不幸同样也落到出土简牍身上。大量简牍或者被盗出国门,或者为了躲避战火而辗转流离。罗振玉、王国维根本无法见到实物,只是依据照片才写成《流沙坠简》的。值得欣慰的是,著名的居延汉简终究回到了祖国的土地上,它的命运与下落不明的第一个北京猿人头盖骨化石的命运相比,真有天壤之别。中华人民共和国成立后,简牍的发现与研究又发生了天翻地覆的变化,这是后话。

——原刊于《收藏》,2001年第9期

甘肃玉门花海出土的汉武帝遗诏

吴浩军

　　1977年8月，在甘肃省玉门县花海公社一座汉代烽燧遗址中出土了一些木简和其他文物。经嘉峪关市文物保管所清理，发现有字木简91枚，无字素简12枚，和一件七面棱形觚。经专家鉴定，这批汉简当属汉代酒泉郡北部都尉的文书档案。原简现藏嘉峪关市长城博物馆。

　　这批简牍中最引人注目的，是那件被削制成七面形的红柳木棒——"觚"。这件觚长37厘米，每面都有用墨写成的隶字，共212字。文字分两部分：前半部分为笔录的一篇诏书，计133字；后半部分为书信，79字，与前半部分的内容无关。诏书不是原件，是后人的转抄，错别字和假借字较多。从结尾看，尚未抄全，还应有其他内容。下面是经过初步整理以后相对完整的一段：

　　　　制诏：

　　　　皇太子，朕体不安，今将绝矣！与地合同，终不复起。谨视皇天之嗣，加曾朕在。善遇百姓，赋敛以理；存贤近圣，必聚谞士；表教奉先，自致天子。胡亥自圮，灭明绝纪；审察朕言，终身毋已。

　　　　苍苍之天不可得久视，堂堂之地不可得久履，道此绝矣！

　　这篇诏书不见于任何史书。同批出土的木简中有"元平元年十月享字□实卒"的文字。元平是汉昭帝年号，元平元年是公元前74年，距汉武帝去世13年。有专家推测，此很可能是后元二年（前87年）武帝临终时的遗诏。因为西汉前期皇帝因病临终遗诏托孤的，只有武帝一人。并且，这篇诏书文风豪壮而带悲凉伤感，语调执着又直言不讳，和汉武帝晚年所作《秋风辞》及著名的《悔轮台诏》非常一致。

汉武帝晚年，行政苛烦，为法严厉，而且迷信方士神巫，偏执多疑，喜怒无常。又因疾病缠身，常常怀疑自己身边的人用"巫蛊"之术咒他。征和二年（前91年）春，有人举报丞相公孙贺的儿子公孙敬声与阳石公主私通，并派人用巫术诅咒皇上，公孙贺父子因此而死于狱中，并遭灭族。数月后，诸邑公主和阳石公主也都因"巫蛊"而被处死。秋天，直旨绣衣使者江充，利用汉武帝父子之间的矛盾，捏造了太子"巫蛊"冤案。武帝因病在甘泉宫中避暑，太子刘据无法见到父皇，就矫诏起兵，诛杀江充。汉武帝令左丞相刘屈牦严厉镇压。太子军及数万市民与政府军在长安城中大战五天，死伤数万人。最后太子兵败自杀。

事变之后，"巫蛊"冤案逐渐显现于世，汉武帝有所悔悟。他族灭江充全家，将江充的同党苏文焚死在横桥上，又"怜太子无辜"，在刘据自杀的地方修筑"思子宫"与"归来望思之台"，以寄托自己的哀痛和思念（《汉书·武五子传·戾太子刘据》）。

这时，西域战事接连失利，国内农民起义此起彼伏，汉武帝经过反思，于征和四年（前89年）宣布："朕即位以来，所为狂悖，使天下愁苦，不可追悔。自今事有伤害百姓，靡费天下者，悉罢之！"（《资治通鉴》卷22）并正式颁布了被誉为"仁圣之所悔"的轮台诏。诏书中深陈既往之悔，表示"当今务在禁苛暴，止擅赋，力本农"。又封丞相田千秋为富民侯，"以明休息，思富养民也"（《汉书·西域传下》）。

后元二年（前87年）二月，重病的汉武帝立年仅8岁的刘弗陵为太子，托孤于大将军霍光等。不久，汉武帝驾崩于五柞宫。太子刘弗陵即位，就是汉昭帝。

联系这一特殊的历史背景，玉门花海出土的这篇诏书为武帝遗诏是极有可能的。那么，这样一篇重要的诏书又为何被史书所漏载呢？它又是如何传到如此遥远的边塞之地的呢？对此，又有人推测，可能与昭帝年间平定那场内外勾结的燕王旦篡立事件有一定的联系。

占戍苍凉，一段红柳木棒，给我们留下了无尽的遐想。

——原刊于《文史知识》，2005年第10期

河西汉晋简牍及其学术价值

高　荣

　　河西走廊地处古丝绸之路的交通咽喉，自汉代以后（尤其是汉唐时期），始终是中原王朝重点经营的地区。当地特殊的气候条件，使许多珍贵的简牍材料得以保存下来。自20世纪初发现敦煌汉简以来，在河西各地发掘出土的简牍已有54000多枚，其时间上自西汉，下迄西夏，前后延续一千二三百年，其中主要集中在汉晋时期。这些材料内容丰富，涉及政治、经济、军事、文化、科技、邮驿交通和民族关系等诸多领域，对于研究中国古代尤其是汉晋时期的历史具有极其重要的学术价值。经过几代中外学者的共同努力，以简牍帛书研究为内容的简牍（帛）学已发展成为一门独立的学科，堪称继甲骨学和敦煌学之后的又一国际显学。而中国近代的简帛研究，则以敦煌和居延汉简为嚆矢。其中1949年前，仅限于尼雅、楼兰、敦煌、居延等西北边塞烽燧和古城遗址出土的一万余枚汉晋简帛文书，内容主要属于屯戍行政文书档案，所以研究的广度和深度均有较大的局限性。1949年以后，特别是从20世纪80年代以后，这种局面才发生了根本性的转变。①现将一个世纪以来河西简牍的发掘整理及其主要内容和学术价值作简要介绍。

一、河西简牍的发现及其主要内容

　　河西简牍的发现始于1907年。是年，英籍匈牙利人斯坦因第二次中亚探险时，在敦煌西北的汉代烽燧遗址中掘得汉晋简牍708枚，其中纪年简166枚，最早者为汉武帝天汉三年（前98年），最晚的是汉顺帝永和

---

① 谢桂华、沈颂金、邬文玲：《二十世纪简帛的发现与研究》，《历史研究》2003年第6期。

二年（137年）。

1913—1915年，斯坦因第三次中亚考察时，先在疏勒河流域敦煌汉塞烽燧遗址中掘获汉简84枚。随后又在安西（今瓜州）、酒泉等地的汉代边塞城障和烽燧遗址中掘得汉简105枚。陈梦家先生将其称为"酒泉汉简"，但一般在习惯上仍称其为"敦煌汉简"。

1920年，周炳南在敦煌西北古玉门关城（即小方盘城遗址）外的沙滩中上掘得汉晋简牍17枚，所记内容为屯戍事务，且均为残册，具体地点、方位不详。

1927年10月，西北科学考察团中方成员黄文弼在额济纳河畔的葱都尔获得汉简3枚。

1930—1931年，西北科学考察团第二次进入额济纳河流域进行考察期间，瑞典人贝格曼在大湾、地湾、破城子等地的汉代烽燧遗址中先后掘获10200枚，其中大部分是木质简牍，也有少量竹简。因其数量巨大，内容繁多，轰动了学术界。

1944年，由向达、夏鼐、阎文儒等组成的西北科学考察团历史考古组对敦煌小方盘城及其以东的汉塞遗址进行考察发掘，共获有字汉简49枚。图版和释文见夏鼐《考古学论集》（科学出版社1961年版），汉简出土情况见阎文儒《河西考古杂记》（载《社会科学战线》1986年第1期，1987年第1期）。

1957—1959年，甘肃省博物馆在武威磨嘴子清理发掘了37座汉墓，其中1959年发掘的一座属于新莽时期的小型单室双棺墓（即6号墓）中出土了600多枚竹木简，多数为木简，只有少量竹简。木简有长简和短简两种，均以松木制成。长简内容为《仪礼》，简背均书有顺序号，可分为甲、乙、丙三种版本，共有9篇。其中甲本7篇所署篇题和篇次与今本、两戴本和刘向《别录》均不尽相同，很可能是当时已立于学官的后仓、庆普本。该简本是墓主人生前习诵教授用的抄本，抄写时间不晚于西汉成帝河平年间（前28—前25年）。同墓出土的短简共有9枚，内容为日忌杂占之类，其中一枚上书"河平□年四月四日，诸文学弟子出谷五千余斛”。由此推测墓主人可能是传授礼经的专家。①②

1959年秋，甘肃省博物馆还在18号汉墓出土了一枚鸠杖和10枚“王杖简”，称为“工杖十简”。简文隶体墨书，字迹清晰，设有三道编绳，内容为王杖诏书册。③1981年9月，甘肃省武威县文物管理委员会从当地农民手中收得一份被认为与“王杖十简”出于同一墓区的“王杖诏书令”简册共26枚，有两道编绳痕迹。册书用汉隶书写，每简背面都有编号，除“第十五”号缺佚外，其他均保存完整，故可推知原册书应有27枚简组成。该简册内容包括5个关于尊敬高年、抚恤鳏寡孤独废疾者的诏书令。册书所录诏令，最晚为成帝元延三年（前10年），其书写时间当在元延三年或稍后的成、哀之际。④

1972年，甘肃省文物工作队在武威汉滩坡汉墓中清理出竹木简牍共92枚，其中木简78枚，木牍14枚。其内容为医药方，故称“武威汉代医简”。现存比较完整的医方有30多个，多为一病一方，包括现在意义上的内科、外科、妇科、五官科和针灸科等，如“治伤寒遂风方”“治金创止痛方”“治妇人膏药方”“治目痛方”等，内容涉及今之临床医学、药物学和针灸学等。所记药物近百味，其中有69种见于《神农本草经》，11种见于《名医别录》。这批医书简牍是研究我国古代医药卫生和医学理论的重要资料。⑤1975年，甘肃省博物馆和武威县文化馆将其整理编为《武威汉代医简》，由文物出版社出版。

1972—1974年，甘肃居延考古队对额济纳河流域三处汉代不同类型的遗址进行发掘，共掘得汉简19637枚。除少数采自地面和扰土中者外，大多都有出土方位或层位。其中甲渠候官第四燧遗址共出土木简195枚，简文主要有诏书、囚律、爰书、历书和有关天文的内容。从所出封检、簿检和文书中多有第四燧、第四候长某某治所等情况，可推知其地即甲渠候官第四燧所在，同时也是第四部候长的治所。其所出纪年简，上限

① 甘肃省博物馆：《甘肃武威磨嘴子6号汉墓》，《考古》1960年第5期。
② 甘肃省博物馆：《武威汉简在学术上的贡献》，《考古》1960年第8期。
③ 甘肃省博物馆：《甘肃武威磨嘴子汉墓发掘》，《考古》1960年第9期。
④ 武威县博物馆：《武威新出土王杖诏令册》，甘肃省文物工作队等《汉简研究文集》，甘肃人民出版社，1984年，第34—49页。
⑤ 甘肃省博物馆、武威县文化馆：《武威旱滩坡汉墓发掘简报——出土大批医药简牍》，《文物》1973年第12期。

不早于汉昭帝始元年间（前86—前81年），最晚者到西晋武帝太康四年
（283年）。这些简牍可编联的册书达340多册，其中有46册完整的文书。
在肩水金关遗址，共掘获简牍11577枚。甲渠候官和第四燧出土的简牍
经甘肃省文物考古研究所、甘肃省博物馆、文化部古文献研究室和中国
社会科学院历史研究所整理，分别由文物出版社（1990年）和中华书局
（1994年）出版。前者名为《居延新简——甲渠候官和第四燧》，仅有释
文，无图版；后者名为《居延新简——甲渠候官、甲渠塞第四燧》，不
仅公布了甲渠候官和第四燧遗址出土简牍的释文和图版，而且增加了
1972—1982年间在居延地区复查时所获简牍的释文和图版。肩水金关遗
址所出近12000枚简牍的释文整理也已结束，但尚未正式公布、出版。

　　1977年8月，嘉峪关市文物保管所在酒泉西北约70多公里的玉门花
海农场汉代长城烽燧遗址中掘得木简91枚，另有无字素简12枚。较为重
要的有"武帝遗诏"和《苍颉篇》。这批简的发现，为研究汉代历史和
文字学，提供了新的材料。

　　1979年7—9月，甘肃省文物工作队与敦煌县文化馆组成的汉代长城
调查组，在敦煌西北95公里的马圈湾汉代烽燧遗址发掘出土了1217枚简
牍，绝大多数为木简，竹简极少。纪年最早者为宣帝本始三年（前71
年），最晚的是王莽始建国地皇二年（21年），其中平帝至王莽时期的简
占一半以上。[①]

　　1981年3月，敦煌县文化馆得知当地农民在酥油土以北的汉代烽燧
遗址发现4枚汉简的消息后，即派人赶赴现场调查，又采集到汉简76枚。[②]
这批汉简均为木质，且多以当地所产的胡杨、红柳为材料。内容大致有
诏书、律令、檄书、屯戍簿、字书、兵书、历书、私人信件等，按形制
可分为简、牍、觚、符、封检、削衣等。只有一枚西汉昭帝始元七年
（前80年）的纪年简，但据其他简牍的朔闰干支推算，其下限可至王莽
时期。

---

　　① 甘肃省博物馆、敦煌县文化馆：《敦煌马圈湾汉代烽燧遗址发掘简报》，《文物》1981年
第10期。
　　② 敦煌县文化馆：《敦煌酥油土汉代烽燧遗址出土的木简》，甘肃省文物工作队、甘肃省博
物馆：《汉简研究文集》，甘肃人民出版社，1984年，第1页。

1984年，甘肃省文物考古研究所在武威市韩佐乡五坝山发掘3号汉墓时，出土一枚长25厘米、宽7厘米的木牍，两面书写，内容为墓主死事文告。

1985年，甘肃省文物考古研究所在武威市松树乡上畦大队汉滩坡19号晋墓中，出土了5枚木牍。其中有"升平十三年"纪年简，"升平"为晋穆帝年号（357—361年），则该简亦当在此时（时河西为前凉张氏所据）。简中内容有墓主纪事文书和随葬物清单。

1986年，高台县文化馆在本县罗城乡常封村晋墓中，获得木牍1枚，木牍长23.6厘米、宽4.5厘米。其上残存文字甚少，或为书信之类。同年，甘肃省文物考古研究所在居延肩水候官治所地湾城（A33）遗址发掘出土1000多枚汉简。

1979—1989年，敦煌市博物馆在敦煌地区进行文物普查过程中，先后在12个地点陆续采集得汉代简牍147枚。[①]

1989年8月，甘肃省武威地区文物普查队在武威柏树乡下五畦大队旱滩坡东汉墓中，获残简17枚。其中有"建武十九年"纪年简，故可断定其时间在东汉初。简文所记为诏书令的若干条款，内容为优抚高年和残疾人的诏令，也涉及度田、户口管理和保护农耕等，其主旨与武威磨嘴子汉墓所出《王杖十简》和《王杖诏书令》大致相类。

1990—1992年，甘肃省文物考古研究所在敦煌汉代悬泉遗址发掘出土汉代简牍35000余枚，其中有字者23000余枚。以木质简牍为主，竹简很少，另有帛书、纸文书和墙壁题记。这是继30年代和70年代两次发掘居延汉简之后河西边塞的又一次重大收获，被评为1991年度全国十大考古发现之一和"八五"期间全国十大考古发现之一。就其形制而言，悬泉置所出简牍也包括简、两行、牍、觚、封检、楬、削衣等类型。简牍所见册书约有50多部，用两道或三道编绳编联。或先编后书，或先书后

---

① 敦煌市博物馆《敦煌汉代烽燧遗址调查所获简牍释文》（《文物》1991年第8期）作137枚，李均明《古代简牍》（文物出版社2003年）第93—96页在介绍"敦煌后期汉简"时，亦作137枚。但何双全先生认为《文物》1991年第8期所载释文和甘肃省文物考古研究所编《敦煌汉简》（中华书局1991年），吴礽骧、李永良、马建华校释《敦煌汉简释文》（甘肃人民出版社1991年），二书收录时均有遗漏，且出土地点和时间错乱，释文也欠妥。说见何双全《敦煌新出简牍辑录》，李学勤主编《简帛研究》第一辑，法律出版社1993年，第221—235页。故此处采用后说。

编；有以简札编联成册者，也有用两行编册者；有简札、两行合编为一册者，也有简札与木牍混编成册者。纪年简中最早者为汉武帝"元鼎六年"（前111年），最晚者为汉安帝"永初元年"（107年）。简牍内容非常丰富，其中有大量诏书律令、各级官府的往来公文（包括司法文书和簿籍等）、私人信件和文化典籍等。

二、河西简牍的学术价值①

河西简牍不仅数量繁多，分布地域广泛，而且其内容也极为丰富，涉及政治、经济、军事、法律、科技文化、邮驿交通、丝路贸易和民族关系等各个方面，可以补充和纠正文献记载的缺漏和错误，具有十分重要的学术价值。现择其要者，略述如下。

第一，利用河西简牍材料，有助于校正和订补传世文献的讹误。我国古代文献浩如烟海，在长期的流传过程中，由于传抄、刻写或其他因素的影响，许多传世文献都存在一些错误和缺失。流传于今的"十三经"本《仪礼》，由于"文古义奥，传习者少，注释者亦代不数人，写刻有讹，猝不能校"，②故最为难读，错误亦多，给阅读和研究带来极大不便。借助武威磨嘴子汉墓出土的《仪礼》简，不仅可校订今本的错讹衍漏，而且为研究汉代经学和古文字学提供了许多珍贵的新材料。如今本《士相见之礼》之"非以君命使则不称寡，大夫士则曰寡君之老"句，上下文矛盾，难以训释。清代学者解释各异，均未得其要领，今以简本校之，知"士"为衍文，问题始得以解决；至于简本与今本在字、词和词组方面的歧异，更多达305处之多。其中的有些字，既不同于今文，也不同于郑注中所说的古文，这对于研究古文字学尤其是汉代通用的隶书，提供了绝好的材料。③还有，简本《服传》颇异于今本，是两

---

① 学者论及河西简牍学术价值者颇多。相关研究可参阅《甘肃汉简的学术价值》（见薛英群等编注《居延新简释粹》，兰州大学出版社1988年）、王锷《甘肃简牍述论》（载《西北师大学报（社会科学版）》1994年第2期）和张德芳《简论悬泉汉简的学术价值》（载2000年1月5日《光明日报》）等文。

② 永瑢等：《四库全书总目》卷20《经部·礼类二》，《仪礼注疏十七卷》，中华书局，1965年，第159页。

③ 王锷：《武威汉简本〈仪礼〉与"十三经"本〈仪礼〉比较研究》，《社科纵横》1994第3期。

汉时期《礼经》全经别行，又与《丧服》单经并行的单传本。马融初入东观典校秘书时，把它与单经合编，成《丧服经传》一卷，并撰注单行，晚年撰《三礼》全注，合于17篇之中，以后郑玄等相继撰注，郑本流传至今。①因此，武威《仪礼》简的发现，对研究汉代礼经传习和古书形成十分重要。

《淮南子·天文训》云："斗杓为小岁，正月建寅，月从左行十二辰；咸池为太岁，二月建卯，月从右行四仲，终而复始。"对于其中的"二月建卯"之说，几乎所有的注疏家都未提出异议。但裘锡圭先生认为："斗杓正月建寅，咸池建卯不言正月而言二月，颇为可疑。"他根据《淮南子·天文训》中"大时者，咸池也；小时者，月建也"之说和敦煌汉简中"正月大时在东方舍卯，小时并在东方舍寅"②的记载，指出："斗杓所指之辰即月建。所以简文与上引《天文》篇讲的是一件事。简文说正月大时舍卯，可证《天文》篇'二月建卯'之误。大概后人不明大时小时之说，以为正月建寅与正月建卯矛盾，所以把第二个'正月'改作'二月'。"③此说甚确。

第二，可订正许多史书记载的错误，补充文献记载的不足，为某些含混不明或相互矛盾的记载提供有力的证据，具有补史、正史和证史的功用。如《墨子·备水》《韩非子·八说》等篇中屡见有"有方"一名，但其究为何物则不详。清人孙诒让认为"有方"当为"酉矛"之讹，洪颐煊则以"方"为"刃"之讹，今人或将"有方"释为执军旗者，或径将"方"字改作"弓"字，④⑤都是错误的。王国维先生将《墨子·备水》《韩非子·八说》的记载与敦煌汉简相结合，认为有方与弩、矛等并举，故亦为兵器，"唯其形制则不可考矣。"⑥劳榦先生对文献记载和简牍材料进行综合研究，得出了有方为戈戟

---

① 沈文倬：《汉简〈服传〉考》，《文史》1985年第24、25期。
② 本简见《流沙坠简》之"术数类"，《敦煌汉简释文》中标号为1691。其中的两处"舍"字，二书均作"害"；"小时并在东方"之"并"字，二书皆作"丑"字，裘锡圭先生改作今释，细审图版，当以裘释为是。此外，对于"舍"字之释读，饶宗颐先生已经指出："'害'字应作'舍'，'舍'为天文上用词，《淮南子·天文训》有所谓'阴阳刑德七舍'是其比。"说见饶宗颐《饶宗颐二十世纪学术文集》第5册，新文丰出版股份有限公司2003年10月，第451页。
③ 裘锡圭：《考古发现的秦汉文字资料对于校读古籍的重要性》，《裘锡圭自选集》，河南教育出版社，1994年，第105页。
④ 陈其猷：《韩非子集释》，上海人民出版社，1974年，第982—983页
⑤ 毕沅校注，吴旭民标点：《墨子》，上海古籍出版社，1995年，第223页。
⑥ 罗振玉、王国维编著：《流沙坠简》，中华书局，1993年，第179页。

之类兵器的结论。①其说颇可采信，前述裘锡圭先生文对此已有论述，故不再赘言。

文献中关于汉代法制史的资料非常缺乏，至于"爰书"为何物？其内容、格式如何？更无从知晓。河西出土的汉简有许多"爰书"，正可填补这一领域的资料空白。如居延新简中建武三年《候粟君所责寇恩事》册，是当时居延地区一件民事诉讼案的原始卷宗，其中详细记述了案件始末和验问判决过程，对补充、研究汉代的法律和司法程序等具有重要价值。该册不仅阐明了汉代治狱鞫讯制度的具体内容与诉讼辞的格式，而且初步解决了过去存在争论的汉代边郡地区民政与军事两大系统的职权关系问题。②再如，关于汉代边塞防御系统和组织管理、烽燧布局与烽火制度、邮驿机构及其职能和相互关系、邮书传递方式、汉朝与羌族及西域各国的关系等，在河西汉简中都有反映，其中有许多是不见于文献记载的新材料，如敦煌悬泉简中有《康居王使者册》《归义羌人名籍》《案归何巫言驴掌谋反册》等，即为其例。在悬泉置汉简中不仅记载了西域都护所属诸国，而且还有西域都护以外的中亚各国与汉朝的往来情况，其中祭越、钧耆、披垣三国不见于传世文献。此外，河西简牍中还有很多比文献记载更为详细、具体的材料。如边塞地区在太守、都尉以下，还设有候官（长官为候）、部（长官为候长）、燧（长官为燧长）等，构成了严密完整的边塞防御和组织管理系统；驿、置、邮、亭等边塞邮驿机构虽带有军事性质，但又不同于长城烽燧，是一个相对独立的专门系统，在行政体制上受所在郡县两级政府领导。尤其是敦煌悬泉置遗址大量传置文书的发现，为汉代邮驿制度的研究提供了大量实物资料；其中许多行政公文的相关记载，不仅对于说明长期以来史学界颇有争议的乡亭里的性质、作用及相互关系等，提供了极为重要的原始材料，而且对了解乡里的设置，特别是河西四郡各县乡里的建置增加了新资料。敦煌悬泉所出西汉武、昭时期的纸文书见有药名"薰力"。有研究表明，"薰力"即"薰陆"，是一种外来药，主要用于止痛长肉、调气活血和治跌打损伤。传世文献对该药的最早记载见于魏晋时期佚名撰

① 劳榦：《居延汉简考证》，（台北）"中研院"历史语言研究所，1960年，第51页。
② 俞伟超：《略释汉代狱辞文书——一份治狱材料初探》，《文物》1978年第1期。

《名医别录》，悬泉纸文书的发现，说明至迟在西汉早期"薰力（陆）"就从西域输入我国，药物的流通输入也是当时对外交流和对外贸易的内容之一，"外来药输入史看来应当重写"。①

第三，利用简牍材料，有助于解决疑而未决的历史悬案，使许多千古之谜得以重解。如关于汉代玉门候官治所及其管辖范围，长期以来一直没有一致的结论。利用敦煌马圈湾汉代烽燧遗址出土的大量有关玉门候官的各种官文书，基本上可以断定马圈湾烽燧遗址即汉玉门候官治所。其管辖范围东起显明燧西至仓亭燧，东西直线距离约34公里，现存烽燧17座；南自小方盘城北至南湖墩墩山，南北直线距离约50公里，现存烽燧5座。关于玉门关址，更是学界长期争论的问题，利用马圈湾所出简牍资料，大致可断定玉门关在临要燧东侧，即候官燧与临要燧之间。②

关于汉张掖郡属县骊靬是否因安置罗马战俘而设的问题，亦颇有争议，并一度成为国内新闻界关注的热点。居延和敦煌悬泉汉简的发现，为澄清这一历史悬案提供了真实可靠的新资料。研究表明，汉西域副校尉陈汤击败北匈奴郅支单于在建昭三年（前36年），罗马军队与波斯人的卡尔莱战役发生在甘露元年（前53年），但简牍资料则显示，骊靬县早在神爵二年（前60年）以前就已设立。由此足证骊靬县之设与所谓安置罗马战俘毫无关系。③④

还有关于汉代边郡农都尉的设置问题，一直存有争议。但根据新出悬泉汉简中"神爵二年……使领护敦煌、酒泉、张掖、武威、金城郡农都尉"（91DXT0309③4）和"十一月丁巳，中郎安意使领护敦煌、酒泉、张掖、武威、金城郡农田官，常平籴调，均钱谷，以大司农丞印封下敦煌、酒泉、张掖、武威、金城郡太守，承书从事，下当用者……"（Ⅱ90DXT0114②293）的记载来看，至迟在汉宣帝神爵初，河西五郡均已设置了"农都尉"等"农田官"。

第四，河西简牍为研究汉代特别是河西的科技文化提供了弥足珍贵

---

① 张显成：《简帛文献学通论》，中华书局，2004年，第422页。

② 甘肃省博物馆、敦煌县文化馆：《敦煌马圈湾汉代烽燧遗址发掘简报》，《文物》1981年第10期。

③ 刘光华、谢玉杰：《骊靬是西汉安置罗马战俘城商榷》，《西北第二民族学院学报》1999年2期。

④ 胡平生、张德芳：《敦煌悬泉汉简释粹》，上海古籍出版社，2001年，第222—229页。

的新材料。在武威、敦煌和居延汉简中，有大量历谱、医方、九九术和日书等资料，在敦煌悬泉汉简中还发现有葬书。其中武威旱滩坡汉墓中发现的一批医简，保存了30多个比较完整的医方，所列药物约百味。简文内容涉及内科、外科、妇科、五官科等，还有针灸记录。这些医简大多是当地医疗实践的记录，有些则是从同时代其他医书中抄来的方剂。这说明，内地传统的医学知识已在河西广泛传播和应用，医学人才也已崭露头角。[①]罗振玉先生对敦煌汉简"九九术"残简的研究则证实，乘法术始于九九而迄于一一，故称"九九术"。初为"二三而六、二二而四、一一而一"的形式，后来才改为自"一一如一"始而至"九九八十一"终。"改'而'作'如'始于宋代也。《孙子算经》亦作'二二如四''三三如九'，殆唐以后刊本所追改，非原书之旧矣。"[②]居延和敦煌汉简中的很多医方是关于兽医学方面的。所有这些，都为研究汉代医学的发展提供了珍贵资料。至于日书，虽然存在着浓厚的迷信色彩，它却形成了一个复杂而庞大的文化体系，记录了人们对天地、宇宙、社会和人类本身等的认识过程，对于研究和认识汉代文化和社会生活都具有重要价值。

第五，河西简牍为研究汉代简牍制度提供了实例和原型。汉代简牍有特定的制度。由于文书的性质和重要性不同，简牍所用的材质、长短、宽窄、书写格式、编连形制等也有别。如简牍的刻齿，往往见于与时间和数字有关的文书中，而且都是涉及非常重要或需要保密的事件。居延和敦煌等地所出汉简中提供的大量翔实的材料，为研究解决刻齿形式、内涵、性质和种类等问题具有决定性作用。对此，罗振玉、王国维、劳榦、陈梦家、陈直、李均明等众多学者都作了大量探讨。如对觚的形制，向来众说纷纭。应劭认为觚为八棱有隅之木，颜师古认为觚形或六面或八面，徐锴则认为三棱为觚，也有释觚为方者，罗振玉先生根据敦煌所出觚的实物，对照汉画像石等资料，断定觚初由方剖分为二，故为"三面之中二狭而一广，又观觚上有穿，明为联属之用。""方"又可训为"并"，"盖并则为方，析则为觚，本是一物，然不由目验，

---

① 中医研究院医史文献研究室：《武威汉代医药简牍在医学史上的重要意义》，《文物》1973年第12期。
② 罗振玉、王国维编著：《流沙坠简》，中华书局，1993年，第92—93页。

则千余年之疑未由取决也。"①不过，就敦煌、居延等地所出觚的实物来看，既有两面、三面、四面者，也有五棱、六棱以至七棱、八棱者，而其长度则自20多厘米到近90厘米不等。王国维先生曾据文献记载，在《简牍检署考》一文中论述简牍之制云："常牍之广，大抵三分其袤而有其一。"但对照敦煌、居延所出简牍实物来看，其长度受到材料、加工工具、书写习惯乃至使用者社会地位的制约。简牍长度多在14厘米至88厘米之间，用于书写典籍及文书的简牍多为23厘米左右，符、封检、木楬通常较简牍为短，其长短大小也不一致。可知简牍之宽狭，并无固定的程式，而是因人、因事而异。②还有，如日本学者籾山明就是通过对汉简材料的长期研究，解决了表示数字的券书刻齿的释读问题。从河西汉简中许多表示出入、取予钱物粮食的合同券书的形制来看，那些一式两份或多份的文书的分割（即破别）方式除了左右各写一份文字相同的文书然后对剖外，还有在正背两面书写相同的文字后从侧面劈分的，这在居延和敦煌汉简中均有反映。其中敦煌汉简中就有在正背面对剖后，故意留下劈开时凹凸不平的痕迹的木简实例。如需查验真伪，正背相对，如合符契。正是由于借助这些实物材料，才得以认识其破别方式，改变了以往在简牍整理中只注重简面文字，而极少留意简背、简侧的形态特点和变化的倾向，从而更有利于对简文内容的正确理解和简牍制度的深入研究。③

第六，河西简牍作为汉晋时期的墨书真迹，为研究汉晋时期文字和书体的渊源流变提供了实物证据。敦煌、居延等地所出简帛内容，许多可与文献记载相互参证。而且还保存了大量的俗体字、通假字和省别字，是研究古文字、古汉语的难得资料，对于研究古音韵学也有可借鉴之处。通过简帛文字与文献对照比勘，不仅可纠正文献中的某些错误，也可了解文字的假借替代与书体变化情况。如罗振玉就通过对敦煌所出《急就篇》残简的研究，发现汉代有以别字代正字者，也有以"同音相假借"者，进而得出结论："由是观之，知古人写书，多随意用世俗通

---

① 罗振玉、王国维编著：《流沙坠简》，中华书局，1993年，第80—81页。

② 李均明：《古代简牍》，文物出版社，2003年，第137—141页。

③ 胡平生：《木简券书破别形式述略》，《简牍学研究》第2辑，甘肃人民出版社，1998年，第52—57页。

行之字，虽字书且然，不似后人点画之严矣。"书法研究以墨迹为主，河西各地的汉简文字作为最早的墨迹之一，更是研究书法历史和书法艺术不可多得的宝贵资料。关于我国书体的形成与演变，传统认为章草始于汉章帝，但罗振玉发现在敦煌所出以章草书写的汉简中，则有建武三十一年（55年）和永平十一年（68年）的纪年简，可知此前已出现章草。在神爵四年（前58年）简中有楷体之迹，至永和二年（137年）简中已楷七而隶三，魏景元四年（263年）简中已全为楷书。由此看来，"昔人疑钟太傅诸帖为传橅失真或赝作者，以此卷证之，确知其不然也。"就书体而言，秦灭六国后，统一文字，公文书写用隶书，但在敦煌等地出土的西汉简中，仍然发现有用篆书文字或偏旁者，足证汉代"隶法尚未备也。"①从云梦秦简和银雀山汉简的笔法来看，秦及西汉前期的隶书确实还不成熟稳定，结体很不方整，无明显的波势和挑法，但在西汉中期以后的河西汉简中，原来带有篆书遗意的古隶已发展为波势、挑法具备的成熟的分书（今隶），并呈现出众多流派，而且在同一文书中往往是篆、隶、草诸体混杂并用。河西汉简中的书体主要有小篆、古隶、汉隶、草书、行书和真（楷）书六大类。除少量小篆和古隶外，绝大多数是从古隶演变而来的汉隶、章草、今草、行书、楷书和各种变化中的过渡性书体，真实地再现了汉代书体孕育、变革和发展的过程。其中草书主要用于低级官文书和一般奏牍的草稿，其用笔和结体已呈现章草的特点，为后世章草的发展和走向成熟奠定了基础。虽然西汉时的真书还不成熟，在汉简中也不多见，但真书的萌芽，为魏晋两代楷书的发展奠定了基础。"综观竹木简书法，不仅使我们窥见到书体演变的历史痕迹，同时也使我们领略到简牍书体的艺术特色。突出表现了汉代书艺简练、率意、奔放的书法意境。"②③

——原刊于《河西学院学报》，2007年第1期

---

① 罗振玉、王国维编著：《流沙坠简》，中华书局，1993年，第79—80、240—241、215—216页。

② 黎泉：《简牍书体浅析》，甘肃省文物工作队、甘肃省博物馆：《汉简研究文集》，甘肃人民出版社，1984年，第417页。

③ 秋子：《甘肃汉简中的书体》，《甘肃日报》2003年5月23日。

"天田"义源及具体制度

——简牍研究的一点初步想法

侯丕勋

　　"天田"是汉代敦煌、居延等地以长城为主体的军事防御工程体系的组成部分，由于它是"塞（即长城）"的附设工程，故又称作"塞天田"。

　　"塞天田"是较为平坦、上面铺设有细沙或细土的带状地带，大多修造于长城外侧和关口，主要用来侦迹，即用来留存入侵塞下敌人的足迹，以便判断敌情并及时采取御敌措施。

　　"塞天田"有着一整套具体修造和管理制度，但我国简牍学界尚未对其进行专门研究。本文意在前人研究基础之上，着重探明"天田"义源，梳理"天田"具体制度与相关御敌设施。不当之处，请行家指正。

一、"天田"义源

　　古今学者，对"天田"含义曾做了一定阐释，但对其义源并未能够真正揭示出来。

　　三国曹魏时，苏林注《汉书·晁错传》之"中周虎落"说："作虎落于塞要下，以沙布其表，且视其迹，以知匈奴来入，一名天田，"在这里，苏林把"虎落"与"天田"完全等同起来了。然而，先于此时的简文所说，却与苏氏之见明显相左。如《居延汉简释文合校》（上）"☐来南渡临莫隧彊落天田"（239·22）简文明确指出"彊落"（即"虎落"）与"天田"是分设的两种御敌工程。据此，苏林之说不仅有误，而且与"天田"义源也相去甚远。

　　"天田"的形状，一般呈长条形，其中长城墙垣外侧"天田"很长。《敦煌马圈湾出土汉简》简文"六人迹，八月丁亥尽·廿九日，四百五十五里八十步，其五人二行八十里"，"一人五十五里六十步迹"（1706）

和《居延新简》简文"日迹行廿三里"（EPT51：411），是"天田"呈长条状的重要证据。当然，在边境地区的一些关口、要道处地面，由于地理条件限制和实际需要，也有修治得较短的"天田"。唐代的"土河"，是位于关口、要道处的典型"天田"，它仅"阔二丈，深二尺，以细沙、散土填平"地面，其状犹如田块。

然而，为何将古代边境地区"鉏治""耕画"得如同种庄稼的田块一样的侦迹设施，不称作别的什么名称，而却称作"天田"？据考，这与我国古代天文学中的"星官"有关。在古代，为了便于认识和观测恒星，天文学家曾把恒星编组为若干组，这样，一组恒星就称为一个星官。三国时的陈卓，把他之前的石申、甘德、巫咸三家之星官合并成为283官。在此同时，古代天文学家，还以地上的事物为每一组星官命名，其中有的星官就以地上的"田"命名，正由于星官高悬天空，故称之为"天田"。如《隋书·天文志》"角北二星曰天田"、《星经》"天田九星，在牛东南"就是最好的说明。至于古代边境地区，经"鉏治""耕画"而形成田块状，并用于侦迹的军事设施，它虽位于地上，但因同作为星官的"天田"一样，也是不种庄稼的，故喻称为"天田"。这可能是"天田"的真正义源。

二、"天田"制度梳理

"塞天田"并非是一种单一的制度。如果对河西地区汉简资料中有关记载予以辨析，即可将其梳理为以下若干具体制度。

1. "鉏治"与"耕画"天田

"鉏治"天田与"耕画"天田，是两种既有区别，又有联系的制度。敦煌马圈湾所出土汉简中，有"天田不耕画，不鉏治"（1552）和"亭卒□（一人候望缴迹，画治天田，人力不足□"（2017）简文，《居延汉简释文合校》（上）中（☑移檄明画天田"（203·29A）简文，《居延新简》中有"候长等各循行部，严告吏卒明画天田，谨迹候常☑"（EPT5：59）简文。这些简文表明，汉代戍边吏卒，有时既"耕画"天田，又"鉏治"天田；有时则仅只是"画天田"，尚未"鉏治"天田。看来，"鉏治"与"耕画"天田，二者明显有别。

至于"耕画"天田与"鉏治"天田的具体区别，通过一定考辨即可明白。

《说文》释"耕"云："耕，犁也。"段氏注曰："犁，耕也。人用以发土，亦谓之耕。"①如果我们仔细揣摩段氏之注，便可得知"耕"不是指用于耕作的农具犁；同时在汉简中，与"天田"有关者也无牛拉犁、人拉犁的简文。可见，"耕"是指"耕画"天田的一种方式或行为。"画"字之意，简文有着具体而明确的记载。《居延汉简释文合校》（下）"□所持木杖画灭迹"（336·32）和《居延汉简释文合校》（上）"欲渡天田以杖画之"（112·10A、B、C）简文表明，"画"天田实际上是用"杖"与"木杖"等工具，对现有"天田"进行疏松。"耕"与"画"二者之意合起来，便是戍边吏卒使用"杖"与"木杖"等工具对现有"天田"进行疏松与整平，以利侦迹。

"鉏"，《说文》以为"立薅斫也。从金，且声"。段氏注曰："薅者，披去田草也；斫者，斤也，斤以斫木，此则斫田草也。云立薅者，古薅草坐为之，其器曰槈，其柄短；若立为之，则其器曰但，其柄长。槈之用浅，但之用可深，故曰斫。"②这表明，"但"是用于深锄、深挖的一种工具。

"治"，《说文解字注》释为"按今字训理，盖由借治为理"③。"治"，犹今之"治理"之意。

本来，在西汉修筑河西长城之前，当地是不存在"天田"的，而当长城筑成之后，戍边吏卒便在长城外侧始造"天田"。可是，始造"天田"之地，有些地段不平坦，有些地段地面较硬，因此就使用能够锄得较深的"鉏"来造"天田"。由此可知，简文中的"鉏治"天田，实际上是指用锄头一类工具，在本无"天田"之地始造"天田"。"鉏治"天田之地，若在沙漠地段，可能若干年只进行一次；若在黄土地段或在易被洪水冲积地段，"鉏治"的次数可能较多。

2.**"迹"、"日迹"与"举薰"**

"迹"、"日迹"和"举薰"，是与"塞天田"密切相关的三种具体制度。前二者名称虽异，但其实质相同，它们同指戍边吏卒在边防戍守

---

① 《说文解字注》"耕"字条。
② 《说文解字注》"但"字条。
③ 《说文解字注》"治"字条。

中，按规定在每日的白天巡视本燧、部辖区内"天田"，主要察看在前一天夜间，是否有入侵塞下之敌人留在"天田"上的足迹，借以判断敌情，以便采取御敌措施。"举薰"主要在于向邻近烽燧和上级机关传递与报告敌情。

戍边吏卒的"日迹"活动，一般以月为时间单位轮流进行。每轮到一次，一般要连续进行"十日"，除遇小月，无大变化。居延旧简简文云："十月戊寅，卒董益迹尽，丁亥十日；十月戊子，卒王相迹尽，丁酉十日；十月戊戌，卒王偃迹尽，丁未十日。凡卅日迹，毋越塞出入迹"①。这类简文还有若干，它们无不表明，戍边吏卒于一月内，以"十日"为限的"日迹"，是带有一定普遍性的制度。

当然，戍边吏卒的"日迹"活动，并不如此单纯。就有关简文资料看，戍边吏卒"日迹"活动的内容是多方面的：如"第六迹梼"（EPT48：21）说的是吏卒"日迹"时带着"日迹梼（即值勤的筹牌）"；"（☐所持木杖画灭迹"②说的是吏卒"日迹"时带着"木杖"，若发现"天田"上有足迹时要顺便画抹平；"候史见天田皆画，县索完，枱柱完"（EPT59:23）说的是吏卒巡视"天田"时，还要察看向敌人示警用的"县（悬）索"和"枱柱"是否完好等等。

戍边吏卒进行"日迹"活动的目的，并非完全在于发现"天田"上敌人留下的足迹，以及把它"画灭"。《居延新简》中有关"举薰"的简文，对此有着很好的说明。如"匈奴人渡三十井，县索关门外道上隧天田失亡，举一薰，坞上大表一，燔二积薪。不失亡，毋燔薪，它如约"（EPF16：6）和"☐☐☐头死罪敢言之，辅备边竟。以迹候设兵"（EPT51:468）简文，明确记载到，当"天田"上敌人足迹"失亡"后，就"举一薰"报警；必要时还要"以迹候设兵"，采取紧急御敌措施，确保边境地区的安宁。

3."日迹簿"及其"封移"

"日迹簿"，是记录戍边吏卒每日察看"天田"情况的簿册。从现有简文资料看，两汉时期的"日迹簿"，一般是以戍边机构为单位，按月、

---

① 谢桂华、李均明、朱国炤：《居延汉简释文合校》，文物出版社，1987年，第257页。
② 谢桂华、李均明、朱国炤：《居延汉简释文合校》，文物出版社，1987年，第336页。

按参加"日迹"人员分别进行记录，从而使"日迹簿"形成了多样性。在《居延新简》中，有一则出自"日迹簿"的、颇为典型的简文，有着如下记录：

> 甲渠候史公乘徐惠倩日迹簿
>
> 神爵四年二月丙申视事初迹尽晦廿九日
>
> 七月廿九日
>
> 三月廿九日　八月卅日枲
>
> 四月甲午迹尽丁未十四日　九月廿九日
>
> 四月戊申疾尽五月丙子廿九日不迹
>
> 凡迹积二百六日
>
> 五月丁丑有廖视事迹尽晦十六日
>
> 六月卅日（EPT53:38）

以上简文所载，既有戍边机构"甲渠"塞名称，又有从事"日迹"的具体人员职务名称"候史"及姓名"徐惠倩"。其中所记"日迹"活动，从汉宣帝神爵四年二月至九月，按月依次记载了八个月的情况，共涉及时间"二百六日"。这一记载，无疑显得具体、系统和全面，而且很好地反映了"日迹簿"所记录的内容及其特点。

"日迹簿"虽然是戍边吏卒日复一日的近乎相同活动的真实记录簿，但簿册种类却并非单一。仅就简文资料看，大致有"部日迹簿"（EPT58：105）、"卒日迹簿"（EPT51：13）、"吏卒日迹簿"（EPT59：28）、"道里簿"（《敦》1035B）、"吏日迹簿"（EPT58:92）等。以上情况，不仅反映了"日迹簿"的多样性，同时又反映了戍边吏卒在保卫边疆过程中忠于职守的情况。

"日迹簿"一般是分两步完成，先是将每日的"日迹"情况记录在册，当满一月，一册"日迹簿"完成。这便是"日迹簿"的草稿。然后清抄一份作为正件。"日迹簿"一旦清抄完成，就要按规定进行"封移"，即将草稿封存于本机构，将正式抄件密封后报送上级机关。《居延新简》中，"□候史尚以月旦封移迹簿候官远者□"（EPT59：190）和"永光四年八月戊申朔丁丑临木候长□谨移吏日迹簿"（EPT48：1）

简文，所载正是这一情况。

4."不日迹"和对失职吏卒的处罚

"塞天田"在以长城为主体的边境军事防御工程体系中，虽不占十分重要地位，但在军事技术不发达的古代社会，其所具有的侦迹作用却是不可替代的。要使"塞天田"有效发挥侦迹作用，仅仅有其本身显然是不够的，实际上戍边吏卒日复一日、月复一月、年复一年的"日迹"和"鉏治""耕画"天田，才是其真正发挥侦迹作用的关键所在。

然而，据简文资料分析，并非所有边防吏卒都能忠于职守。事实上，在边疆戍守吏卒中，玩忽职守和渎职者绝非仅见，而"不日迹"（EPT59：548A）、"匿不言迹"（EPT51：411）和"天田不耕画不鉏治"（《敦》1552）等简文就证实了这一点。

在《居延新简》中，有一《候史广德坐罪不循行部檄》简册。据认为，这是"对候史广德处罚的通报"。这一檄文，列举了广德在职期间玩忽职守，致使所属十三至十八隧"戍务败敝的事实"①，其中与"日迹"即察看"天田"有关者如：第十五隧长得"天田不画县索缓，毋深目，天田不画县索缓"；第十六隧长宽"天田不画县索缓"；第十七隧长常有"天田不画"；第十八隧长充国"天田不画"（EPT57：108B）。由于候史广德渎职，所以他属下的部分隧长也玩忽职守。当广德渎职问题被揭发后，上级将他"督五十"，即给予打五十杖的处罚②。这至少从一个方面看出，汉代对戍边和"葆（保）天田"问题的重视。

三、与"天田"相关的若干御敌设施

在古代敦煌、居延等边境地区，用以御敌的军事设施，不限于长城及其附设工程"天田"，而是还有用以阻遏敌人的"虎落""虎路"与"彊落"，用以警示敌人的"枪柱"与"县索"，以及用于通水和戍边吏卒出入塞的"水门"。这些具有不同特点、起着不同御敌作用的军事设施，在御敌这一点上与"天田"相关联。

---

① 甘肃省文物考古研究所编，薛英群、何双泉、李永良注：《居延新简释粹》，兰州大学出版社，1988年，第18页。

② 甘肃省文物考古研究所、甘肃省博物馆等编：《居延新简》，文物出版社，1990年，第108页。

"虎落"，又称"虎路"①。"虎"本指猛兽老虎；"落"，《广雅》谓之"居也"。据此，"虎落"就是"虎居"。至于"虎落"这种军事设施的建筑材料、形状等，古代史家也有说明。郑玄说："虎落者，外蕃也，若今时竹虎也"②。颜师古也说："虎落者，以竹篾相连遮落之也"③。现代史家劳榦解释得更为明白："木栅：又称作虎落或彊落。"④这就是说，"虎落"是古代修建在险关、要塞、营寨周围、长城外侧的竹木栅栏，其势威武，犹如虎踞，坚不可摧。

"彊落"数见于简文：

　　☒来南渡临莫㜺彊落天田☒（《合校》上239·22）。
　　五月壬辰乘隧，戍卒许朔望见隧北彊落，上有不知何（EJT：613）。
　　四百廿人代运薪上转薪立彊落（EPT59：15）。

这些简文所载，把汉代居延等地"彊落"的基本特点反映出来了，即："彊落"与"天田"并存；"彊落"建置于各燧管辖区域之内，有的还在"隧北"；"彊落"以"薪"建成，并属吏卒"日迹"的对象。

"彊落"的遗存，在考古发掘中也有发现。初师宾先生曾指出：在居延金关遗址坞堞西北、北侧曾发现用柳枝编的篱笆墙。又在金关、甲渠候官及第四燧基脚周围，曾发现了尖木桩，"多为四行。行、株距离均60~70厘米，呈三角或方形布局。每桩上端多砍削成三棱锐尖，垂直埋筑地下，在建筑物周围形成一道宽三米的'保护带'。可防止近攻，扎伤人马，阻挠对工事的破坏"⑤。

从上述来看，文献中的"虎落""虎路"与简牍中的"彊落"，确系名异实同，且与"天田"分设，也不与"天田"等同。同时，"虎落""虎路"与"彊落"并无固定模式，实际上竹木尖桩、柳枝篱笆或

---

① 《汉书·扬雄传》上："尔乃虎路三嵏，以为司马。"《汉书》卷87《扬雄传》，中华书局，1962年，第3543页。
② 《汉书·晁错传》注。
③ 《汉书·晁错传》注。《汉书》卷49《爰盎晁错传》中华书局，1962年，第228页。
④ 劳榦：《释汉代之亭障与烽燧》，《历史语言研究所集刊》第19本，江苏古籍出版社，2018年。
⑤ 初师宾：《汉边塞守御器备考略》，《汉简研究文集》第198页。

竹木栅栏等皆可称之为"虎落""虎路"与"彊落"。

"县索"与"枔柱"的记载多见于简文，且与"天田"有着一定关系。《居延新简》有以下简文：

> 天田索北行，去墜一里，所入塞折□□（EPT58：66）。
> 第三隧长见卒　一人见　天田皆画县索完、枔柱完□候史见（EPT59：23）。
> 匈奴人渡三十井，县索关门外道上隧天田失亡举一薰，坞上大表一，燔二积薪。不失亡，毋燔薪，它如约（EPF16：6）。

若从以上简文看，在险关、要塞和某些隧辖境内，设有"县索"和"枔柱"，且与"天田"临近、走向一致；察看"县索""枔柱"，也是戍边吏卒"日迹"的基本任务。但从根本上说来，"县索"与"枔柱"是临近"塞天田"，用以警示敌人的设施或标识，不可能是"塞天田"的组成部分。

"水门"是河西汉长城跨越河道（常年有水和季节性有水河道）的特殊建筑的一部分。据《居延汉简释文合校》（下）简文称：吏卒"□所持木杖画灭迹，复越水门"（336·32）。这一仅见的"水门"资料表明，居延地区汉长城的一些段落，因河道阻隔而造成长城墙垣中断，从而给匈奴入侵长城之内留下了通道。汉长城的这一严重缺陷，势必导致其御敌作用的降低以至丧失。然而，汉王朝当时就曾很好地解决了这一缺陷，至于是如何解决的尚缺乏可供研究的具体资料。不过，从汉代河西"虎落"和"彊落"是用木料建成的木栅栏这一史实可以得知，其解决办法当是在河道中用木料修建栅栏式长城，且在栅栏上留一"水门"。这种建在有水或无水河道中的栅栏式长城，既把河流两岸用土夯筑的长城连接成了一个整体，堵住了河道中的长城缺口，又因在木栅栏长城上留有"水门"，从而便利了"画天田"吏卒往返长城内外的活动。这种有"水门"的河道中栅栏长城，既不能被流量不大的河水所冲毁，又可起到很好的御敌作用。看来，有"水门"的河道中栅栏长城，是与"天田"有关的重要御敌设施，同时又是汉代人民所创造的一种特殊的长城景观。

——原刊于《西北师大学报（社会科学版）》，1996年第1期

"西晋建兴元年临泽县廷决断孙氏田坞案"简册文书经济问题考略

周银霞　李永平

2010年6月至8月，为配合兰新铁路第二双线（甘肃段）新改线路建设工程，南京师范大学文博系受甘肃省文物考古研究所委托，对位于甘肃省张掖市临泽县城西南约4.5公里处的黄家湾滩墓群进行了考古发掘，共发掘汉至西晋时期戈壁洞室墓90座，其中在编号为M23的墓葬中发现保存较为完好的木质简牍一批，杨国誉先生称之为"田产争讼册"。①我们将之命名为"建兴元年临泽县廷决断孙氏田坞案"册。②"建兴元年临泽县廷决断孙氏田坞案"与汉代简册文书的比较，其所反映的法律制度以及可以反映西晋政治和社会制度的河西乡里制度，我们将专文述及，这里只就该简册反映的经济问题进行探讨。

一、"建兴元年临泽县廷决断孙氏田坞案"校释

1. 十二月四日故郡吏孙香对："薄祐九岁丧父母，为祖母见养。年十七祖丧土，香单弱，时从兄发、金龙具（俱）偶居城西旧坞。（杨国誉编号6300，下同）

2. 以坞西田借发、金龙耩佃。发、金龙自有旧坞在城北，金龙中自还居城北，发住未去。发有旧田坞卖与同县民苏腾（?），今因名香所（6301）

3. 借田，祖母存时与买，无遗令及讬子姪券书以田与发之文。

---

① 杨国誉：《"田产争讼爰书"所展示的汉晋经济研究新视角——甘肃临泽县新出西晋简册释读与初探》，《中国经济史研究》2012年第1期。

② 赵莉、周银霞：《西晋建兴元年临泽县廷决断孙氏田坞案册"所反映的河西乡里制》，《敦煌研究》2013年第4期。

祖父母存时为香父及叔季分异，各有券书，发父兄弟分得城北田（6303）

4.坞二处。今自凭儿子强盛，侮香单弱，辞诬祖母，欲见侵夺。乞共发、金龙对，共校尽，若不如辞，占具牡二具入官，对具。"（6313）

5.十二月六日，老民孙发对被名（召？）："当与从庶弟香了所居坞田土。父同产兄弟三人，庶叔三人共同居同籍，皆未分异。荒毁之中，俱皆土没，唯祖母（6298）

6.存在，为发等分异。弟金龙继从伯得城北坞田，发当与香（6296）

7.共中分城西坞田。祖母以香年小，乍（？）胜（？）田，二分，以发所得田分少，割金龙田六十亩益发坞。与香中分临（？）薰坞，各别开门，居山作坝塘，种桑榆杏椋。（6309）

按："椋"当为"梓"。"梓"为树，适应性较强，喜温暖，也能耐寒。土壤以深厚、湿润、肥沃的夹砂土较好。不耐干旱瘠薄。抗污染能力强，生长较快。可利用边角隙地栽培。生于海拔500~2500米的低山河谷，分布于我国长江流域及以北地区、东北南部、华北、西北、华中、西南。居延旧简中有"梓杜"，可见汉代河西走廊已栽种梓树。可作行道树、绿化树种。嫩叶可食，根皮或树皮、果实、木材、树叶均可入药剂，木材亦可作家具。可见汉晋时期在河西地区当为一种经济林木。居延汉简日书中有"荆棘杏梓不吉"（居新5:165B）。[①]

8.会皆民盛，论列黄籍，从来四十余年。今香横见诬言，云发借田寄居，欲死诬生，造作无端。事可推校，若不如对，占人马具牡入官。（6305）

9.对具。"到应，下重，自，里令分割。（6319）

10.十二月七日民孙金龙对被名（召？）："当了庶从弟香所争田。更遭荒破，父母土没。唯有祖母存在，分异，以金龙继养上从

---

① "居新"引文据编号指甘肃省文物考古研究所、甘肃省博物馆、文化部古文献研究室、中国社会科学院历史研究所：《居延新简》，文物出版社，1990年。以下同。

伯，復得城北田，祖（6307）

11.母割金龙田六十亩益发。分居以来四十余年，今香、发诤，非金龙所知。有从叔丞可问，若不如对，占人马具牡入官，对具。"（6315）

12.建兴元年十二月壬寅初十一日壬子，临泽令髦（？）初（？）："孙司马，民孙香、孙发、孙金龙兄弟共诤田财，诣官纷云，以司马为证写（6294）

按："令髦"当为"令长毛"，"初"当为"移"。

13.辞在右。司马是宗长，足当知。书移达，具列香兄弟部分券书，会月十五日，须得断决如律令。"（6292）

14.建兴元年十二月壬寅十五日丙午户民孙丞敢言之，临泽逢被壬子书："民孙香、孙发讼田，丞是宗长，足知尽。香、发早各（6288）

按："逢"当为"廷"。

15.自有田分。香父兄弟三人孙蒙、孙弘、孙翘，皆已土没。今为平史，使香自继其父蒙。祖母存时命发息为弘后，无券，香所不知。（6290）

按：细观简文，我们推测"平史"当为"平决"，这样上下文意通，平决的意思是孙辈们在继承规则下，都能平等地分得田坞，祖母也是公心分家。

16.翘独无嗣，今割香、发田各四十亩及坞舍分命亲属一人以为翘祠（嗣）。平史巳卩，请曹理遣，敢言之。"（6311）

按："史"当为"决"。"平决巳卩"意思是分户后，为户主的各从兄弟已经在券上画押。

17.户曹掾史王匡、董惠白："民孙香、孙发、孙金龙共诤田坞相 (6323)

18.诬冒。未问从叔丞，移丞列正，今丞移报：'香、发早自有田 (6327)

19.分。香父兄弟三人，孙蒙、孙翘、孙弘皆土没。今为平史 (6325)

按："史"当为"决"。

20.使香自继其父蒙。祖母存时命发息为弘后，无券 (6321)

21.书，香不知。翘无嗣，今割香、发田各卌亩及坞舍，分命亲 (6286)

22.属一人为翘继。香、发占对如丞所断，为卩。香、发兄弟 (6317)

23.不和，还相诬言，不从分理，诣官纷云，兴长讼，请求 (?) 官法 (6281)

24.请事诺，罚香、发鞭杖各百五十，适行事一用听如丞。 (6280)

25.移使香、发人出田卌亩及坞舍分与继者。又金龙未相 (6284)

26.争，田为香所认，前已罚卌，养不生 (?) 谨问如用。 (6282)

27.教诺田钱但五十（不满）教迷…… (6283)

按：该简下部约有10个字被墨迹涂抹。"但"存疑，可以肯定不是"但"。"教迷"当为"鞭断"。这样就与简4"请事诺，罚香、发鞭杖各百五十，适行事一用听如丞。6280)"相对应，是临泽县廷对案件的决断结果之一。被涂抹字或为孙氏不服判决，觉得冤枉，在陪葬时并冤案似乎未决。

"建兴元年临泽县廷决断孙氏田坞案"简册反映的田地租佃和买卖，

见于第1、2、3、5、6、7、8、10等简记载。细读简文，可以明确：西晋河西地区，实行了占田制度；汉代以来"分户析产"的财产中包括田产；田地可以买卖；田可以租佃；农户耕种的土地与其"住坞"毗邻；田地买卖要"论列黄籍"。

二、孙氏家族家庭成员的社会身份

孙氏家族在未分家之前是一个人口数较多的家族，即"父同产兄弟三人，庶叔三人共同居同籍，皆未分异"。从"今自凭儿子强盛，侮香单弱，辞诬祖母，欲见侵夺"看，孙发可能儿子多，而孙香儿子可能少。

孙香为"古郡吏"，孙发为"老民"。魏晋十六国时期的"吏"属于社会底层。西晋的"吏"是由秦汉时期的低级官吏演变而来的特殊服役者，黎虎认为：魏晋南北朝时期的行政系统的"吏"与军吏、营户等不同，"吏"又称"吏卒"，可用于行政系统，则其含义变为"吏"（州吏、郡吏、县吏）、"卒"（州卒、郡卒、县卒）的合称，而与军事系统"吏卒"含义有别。如东汉安帝延光三年（124年），"济南上言，凤凰集台县丞霍收舍树上。赐台长帛五十匹，丞二十匹，尉半之，吏卒人三匹"（《后汉书》卷五《孝安帝纪》）。此县长、县丞、县尉等长官之下为县吏、县卒。曹魏嘉平元年（249年）高平陵事变后，曹爽被软禁在家，司马懿"发洛阳吏卒围守之"（《资治通鉴》卷七五《魏纪》嘉平元年）。北魏太延元年（435年）十二月下诏整顿吏治，其中有云："州、郡、县不得妄遣吏卒烦扰民庶。"（《魏书》卷四上《世祖纪上》）。以上这些都是指地方政府所辖之"吏"和"卒"。①

一种观点认为魏晋的"吏"有单独的户籍——"吏籍"，其身份地位是较一般平民低贱的依附民。这种"吏户"形成于三国，发展于两晋南朝。吏的身份地位，显然远较编户齐民要高。但由于政府各部门有许多杂务由低级吏承担，加以法律规定可以对小吏加以鞭杖等惩罚，使之失去尊严和人格，因而促使低级吏的身份地位逐渐卑微化。东汉时低级吏已被世俗所贬抑，《后汉书》卷五十七《来巴传》载其为桂阳太守，

① 黎虎：《魏晋南北朝"吏户"问题再献疑》，《史学月刊》2007年第3期。

"为吏人定婚姻丧纪之礼，兴立学校，以奖进之。虽斡吏卑末，皆课令习读"。但黎虎怀疑"吏户"的存在，他认为：从长沙走马楼吴简可以看到，户主栏所登记的户主身份，地方行政系统的"吏"（州吏、郡吏、县吏）、"卒"（州卒、郡卒、县卒）与军事系统的"军吏"是显然有别的。魏晋南北朝虽然是一个军事化的时代，然而军事系统成员，尤其是中下级军吏和广大士卒的身份、地位却是比较低贱的，他们往往被编制于"军户"（或称"兵户""营户"等）之中，除了作战之外，还要从事繁重的生产及其他役使。他们的种种境遇均被论者移植到了所谓"吏户"身上，"吏户"论基本上是在将"军吏""士卒"与行政部门的"吏"相糅合基础上而塑造出来的。魏晋南北朝史籍中关于"军户"（"兵户""营户"）的记载比比皆是，相当明确，唯不见"吏户"的明确记载，不会是一种偶然的现象。①

汉晋时期行政系统的史，普遍从民间征召。曹魏时期，东来曲城人王基"年十七，郡召为吏"（《三国志》卷二十七《王基传》）。西晋石苞，"县召为吏，给农司马"（《晋书》卷三十三《石苞传》）。三国两晋时期，牧羊童等贫寒家庭出身者，是"吏"的主要来源。西晋时期，由"吏"而转为"民"，当事者有自由选择的权利，易雄，长沙浏阳人，"少为县吏，自念卑贱，无由自达，乃脱帻挂县门而去。因习律令及乡里故事，交结豪右，州里稍称之"（《晋书》卷八十九《易雄传》）。

孙香为"古郡吏"，在临泽县廷断案之前，已经恢复"民"籍。孙发自称"老民"，当为民籍。敦煌一棵树遗址出土"侦候符信"中，"将"与"民"明确区别，"今遣将张鲜、民吕狸子至煎都南曲，将张廖、民赵靖至"，吕狸子与赵靖均为"民籍"。②

朱大渭先生将魏晋南北朝时期的阶级结构分为二十五种类，三个等级，六个阶级，两个阶级营垒。孙香、孙发均可归为编户的个体农民。这一个阶层可大致分为三个阶层，一种是自耕农，有比较充足的土地和生产工具，主要靠自己经营生产为生，生活略好些；一种是半自耕农，

---

① 黎虎：《魏晋南北朝"吏户"问题再献疑》《史学月刊》2007年第3期。
② 李永平：《敦煌出土西晋"元康三年侦候符信"考略》，载张德芳主编《甘肃省第二届简牍学国际学术研讨会论文集》，上海古籍出版社，2012年。

多少有点土地和生产工具，还要靠出卖一部分劳动力为生，生活不如自耕农好；还有一种是贫农，几乎毫无土地和生产工具，全靠出卖劳动力艰难度日，生活极端贫困。①

我们认为，孙氏家族属于编户农民中的自耕农阶层。孙发、孙香、孙金龙等均拥有土地和"坞"，并从事经营和种植。

三、西晋时期占田制和田产继承、买卖和租佃等情况

汉晋时期，河西自耕农所住坞舍与耕种田地的布局，自耕农居址与乡里的关系，在史籍和考古资料中并没有具体详尽的资料。"建兴元年临泽县廷决断孙氏田坞案"简册中，孙氏家族所居住的"坞"，在6311简中称"坞舍"。此类建筑，酒泉嘉峪关魏晋十六国时期壁画墓题记称为"坞"。建筑形制是：在院内建一顶部高于四周院落些许的碉楼，楼内有"臧内""炊内"，院子内有水井、"牛马厩"、车庑。这类建筑，有高大的雕刻砖门楼显示气派，院子内可饲养六畜、骆驼等，甚至有便面、滤醋、宰牲的作坊，在院落楼内，可宴享宾客，歌舞娱乐。豪族拥有私人武装，宅院有守门犬，有奴婢进行田间和作坊劳作，并伺候主人的日常生活。一个院落几乎是一个自给自足的生活实体。这种状况，与汉代以来乡里各民户相对集中居住的状况已经不同。②孙氏家族家长身份均为"民"和"吏"，与嘉峪关酒泉壁画墓中反映的坞堡"大族"相比，经济实力以及居住状况的差距还是相当大的。世家大族拥有"部曲"和从事家务、农业劳作雇佣者，坞堡壁垒森严，产业规模庞大，生活豪华奢侈。因此，魏晋十六国时期，河西的坞舍、坞堡当与主人身份、势力相匹配，有大，有小，情形各异。秦汉到魏晋时期乡里聚落的

---

① 朱大渭著，戴卫红编：《朱大渭说魏晋南北朝》，上海科学技术出版社，2009年，第20—23页。

② 何双全对汉代河西乡里居住状况进行了研究探讨，他认为：汉代的里建筑布局整齐划一；有外围墙，至少有4座门，里中舍井然有序，每家的门向东或者向南。河西地区的里，很可能就建在城堡内，为方形或长方形，城墙上开门，能战能守。见何双全：《汉简·乡里志》及其研究》，载甘肃省文物考古研究所编《秦汉简牍论文集》，甘肃人民出版社，1989年，第185—186页。嘉峪关酒泉壁画墓中，一个坞堡是一个独立封闭的家族宅院。

变迁等有关情况，侯旭东有较为全面的论述。①我们认为，侯氏所论也与同时期河西乡里聚落情况以及所发生的变化大体相符。

"建兴元年临泽县廷决断孙氏田坞案"简册中，孙氏家族居住的旧坞在城北，新坞在城西，这里的城当为西晋临泽县城。魏晋十六国河西出土文献中，"里"均为都乡及东、西乡所辖。很可能，河西乡里应当是围绕县城周围而分布，城内及近郊的"里"属于都乡管辖，周围的"里"户居民，依县城的方位分属东、西、南、北乡管辖。孙氏家族所在的乡当为临泽县所辖都乡。孙氏家庭分户由城北向城西的迁徙说明，乡里对民户的控制已经松懈。

西晋时期，宗族势力在乡里的地位加强。秦汉以来，管理乡里事务的是里正、典正以及啬夫。西晋时，"宗长孙丞"这类兼有家族背景和乡里官吏双重身份的人物在乡里事务中发挥着作用，前述孙丞的身份也是"民"，但孙氏兄弟的田产纠纷的判决最初是由他来判定的，临泽县廷在最终"决断"时，也充分地吸收和参看了孙丞的判决意见。可见，宗长一职，具有处置乡里同族法律纠纷的功能。

"建兴元年临泽县廷决断孙氏田坞案"册中，涉及占田制、田产继承、买卖和租佃的有以下条：

1. 西晋占田制及占田数额

西晋时期，关于一般编户齐民的占田规定是：男子一人，占田七十亩，女子三十亩。其外，丁男课田五十亩，丁女二十亩，次丁男半之，

---

① 侯旭东在《汉魏六朝的自然聚落——兼论"邨""村"关系与"村"的通称化》一文中认为："大体说来，自先秦至秦汉，百姓居住场所经历了由集中在封闭有围墙的聚落（城居）到逐渐以城居与生活在无围墙聚落（散居）并存的变化。早先这种有围墙有门定时开闭的封闭聚落多位于规模较大的城邑内，出现乡里编制后，这种聚落则成为'里'。……随着时间的推移，这种新型聚落（按：指无围墙聚落）不断增加。它们就应是文献中所见到的'某某聚'，走马楼吴简所见三国初年长沙地区的'某某丘'以及宫川尚志文与本文所研究的'某某村'一类，其名称应是由聚落居民自发选定的。不过，这些散居聚落尽管是自发形成的，拥有自己的名称，却也不会脱离官府的控制，亦应被编入'乡里'体系而隶属于'某乡'，且具有'某某里'的称呼。按照汉初法律的规定，分家、移徙都要受到官府的监管，这种由于日常生活的积累而出现的新聚落自然不会逸出官府的管辖。因此，汉代的聚落总体上看，应分为带围墙的城居与无围墙的散居两种，相应地，'里'大致也有位于城内与城外无墙的两类。前一种聚落只有'某某里'的名称；后一种自发形成的散居聚落则往往既有居民自己赋予的聚落名称，又有官府赋予的乡里编制下的某乡某里的名称。相应地，前一种'里'是聚落，而后一种则主要体现为行政编制。"

女则不课。所谓占田，是土地拥有者在政府登记的土地数额，课田是农民向政府交纳赋税的土地数额。具体执行，各地当有不同的情况，占田、课田的数额或有适当的上下浮动。孙氏家族孙辈从祖母为户长的家族"析户"后，均分得了一定数额的田，祖母"割金龙田六十亩益发"，以及"翘独无嗣，今割香、发田各四十亩及坞舍分，命亲属一人以为翘祠（嗣）"。六十亩的田额大体或为一人所占，孙翘的继嗣得田八十亩，也当是一人占田数额。孙氏家族及分户后各家田地，当为走马楼吴简中称为"民田"者，有研究者指出："占田、名田就是经国家法律允许的私人占有田地，这些田地便成为民田，西晋的占田制是中国古代王朝对土地私有权的又一次法律承认。"①简册文书内容说明，占田制的范围是全国性的，包括距离上相对较远的河西走廊地区。

2. 田产的继承

王彦辉认为：不断"别为户者"仅靠政府的直接授田是满足不了实际需要的，即人口增长的无限性和开垦荒地的有限性之间的矛盾，是汉政府无法回避的难题。如何解决不断立户者对田宅的需求，汉代统治者可谓绞尽脑汁，相继采取了一系列相应对策，诸如鼓励狭乡之民徙处宽乡、徙民实边、假民公田、组织屯田等等，但这些措施多属于灾荒之年的荒政举措，不是经常性的政府行为，作为民间的自我处理机制一般是采用"分户析产"的形式。②

祖母去世后孙氏家族的分户，说明民间自我满足土地需求的这种机制，在西晋得以延续。孙氏家族的"分户析产"，是按祖母先令券书而进行的，兄弟或从兄弟分宅异居。"先令"即遗嘱，《汉书》卷五十三《赵敬肃王刘彭祖传》，师古注曰："先令者，预为遗令也。""券书"称"傅别""质剂""质要"，是民间达成财产权变动、转移的约束形式，相当于后世的契约，具有法律效力，故《二年律令·户律》第334、335简规定："民欲先令相分田宅、奴婢、财物，乡部啬夫身听其令，皆参辨券书之，辄上如户籍。有争者，以券书从事；毋券书，勿听。"

孙香告发孙发，及凭借"券约"："祖父母存时为香父及叔季分异，

① 陈明光：《六朝"民田"的产权及交易方式》，《河北学刊》，2010年第2期。
② 王彦辉：《论汉代的分户析产》，《中国史研究》2006年第4期。

各有券书，发父兄弟分得城北田坞二处。"可见，祖父在世时已经为儿子辈的分户进行了立券。自耕农的田产作为私人财产自然可世代继承，《南齐书》卷五十五《吴达志传》记载，南齐建元三年（481年），朝廷表扬吴达志"让世业旧田与族弟，弟亦不受，田遂闲废"。吴与族弟共让的田，当为自耕农世代相耕。

3. 西晋时期土地的买卖和耩佃

根据册书简文，孙氏家族内，孙香曾经把土地耩佃给孙发和孙金龙，孙发曾将土地卖给同县苏腾。汉代居延地区，土地可以自由买卖，见于居延汉简：

> 置长乐里乐奴田卅五伏，贾钱九百，钱毕已。丈田即不足，计伏钱数环钱。旁人淳于次孺、王充、郑少卿，古酒旁二斗，皆饮之。 居557.4①

三国时期，河西走廊地区也出现了豪族大户屯聚土地的现象，《魏书》卷十六《仓慈传》："慈到，抑挫权右，抚恤贫赢，甚得其理。旧大族田地有余，而小民无立锥之土；慈皆随口割赋，稍稍使毕其本直。"至西晋时期，河西地区豪族兼并土地的势头并未得到遏制，酒泉嘉峪关出土魏晋十六国壁画反映出，豪族大户的势力进一步增强。西晋占田制的实行，目的之一自然是限制豪族大户兼并土地，扩大其军事政治影响力。土地的买卖和耩佃，应该是受到河西郡县政府鼓励和支持的。

孙氏家族买卖土地的程序，当如汉代土地买卖，要对土地进行丈量和评估，并签立相应协议。出土的汉代买地券提供了这方面的资料。东汉建初六年（81年）武孟子买地券："建初六年十一月十六日乙酉，武孟子男靡婴买马熙宜、朱大弟少卿冢田。南广九十四步，西长六十八步，北广六十五步，东长七十九步，为田廿三亩奇百六十四步。直钱十万二千。东陈田比介，北、西、南朱少比介。时知券约赵满、何非，沽酒各半。"此券向来被认为是最真实的土地买卖文书。"南广九十四步，

---

① "居"指：谢桂华、李均明、朱国炤著《居延汉简释文合校》，文物出版社，1987年。以下凡注明为"居"的简牍，均引自该书。

西长六十八步，北广六十五步，东长七十九步，为田廿三亩奇百六十四步。"《司马法》：六尺为步，步百为亩。秦田二百四十步为一亩。以汉制二百四十步为一亩，以加减乘除法算之，则得二十四亩奇八十四步又四分步之一；以方田求面积法算之，则得二十三亩奇八十七步，皆与此券不合。研究者认为：此必其地有凹形。武氏父子所买冢田，四至明白，合计为二十三亩有奇，似无可怀疑。然由其田东与陈氏田连界，北、西、南三面均毗连朱氏田观之，当为尽买马氏田，兼买朱氏田。①

三国时期买地券，考古发现也有出土，如南京北郊郭家山东吴纪年墓6号墓所出东吴永安四年（261年）买地券谓所买冢地"雇（当即'贾'）钱三百"；7号墓所出买地券则谓所买冢地"雇钱五百"。②南京幕府山两座五凤元年（254年）墓葬所出砖地券也都说所买冢地"雇钱三百"。③显然，这里的五百、三百都是虚数，不能因为其数目较少即视为实数。同是东吴时期的买地券，安徽南陵县麻桥东吴墓所出赤乌八年（245年）铅地券即称"萧整从无湖西乡土主叶敦买地四顷五十亩，价钱三百五十万"④。

裴成国对北凉赀簿研究后认为，北凉时期，"在土地登录时首先登录自上次造簿以来到此次造簿时没有发生转移的田地类型和数量，再登录异动的情况。每一块土地的登录都详细标注田地所在的位置，田地类型和具体数量"⑤。

西晋时期，纸张恐还未普遍使用，买卖土地的契券，我们推测可能仍为木质。唐代买卖契券格式，见于吐鲁番出土高昌延寿五年（628年）赵善众买舍地券，共12行，首尾完整，存187字。是年三月十八日，赵善众从得回伯等二人处，买舍地各十步，付银钱各四文，并记买地之方

---

① 资料和考证参看刘志：《汉代土地制度与农业经济组织研究》，郑州大学硕士学位论文，2011年。

② 南京市博物馆：《江苏南京市北郊郭家山东吴纪年墓》，《考古》1998年第2期。

③ 南京市博物馆：《南京郊县四座吴墓发掘简报》，《文物资料丛刊》第8辑，文物出版社，1983年，第1—5页。

④ 安徽省文物工作队：《安徽南陵县麻桥东吴墓》，《考古》1984年第11期。

⑤ 裴成国：《吐鲁番新出北凉计赀、计口出丝帐研究》，《中华文史论丛》2007年第4期。

位分垣及约定事宜，后署签署人、时间、临坐者（当为见证人）名。①

四、西晋时期的黄籍制度

"建兴元年临泽县廷决断孙氏田坞案"中有两处是关于户籍的。

> 5.十二月六日，老民孙发对被名（召？）："当与从庶弟香了所居坞田土。父同产兄弟三人，庶叔三人共同居同籍，皆未分异。荒毁之中，俱皆土没，唯祖母（6298）
>
> 8.会皆民盛，论列黄籍，从来四十余年。今香横见诬言，云发借田寄居，欲死诬生，造作无端。事可推校，若不如对，占人马具牡入官。（6305）

上述两条简文中的"父同产兄弟三人，庶叔三人共同居同籍，皆未分异"和"荒毁之中，俱皆土没，唯祖母……会皆民盛，论列黄籍，从来四十余年"。几条简文传达出这样的几个信息，一是黄籍制度在西晋时期的河西地区得到施行；二是大家庭在"合户"时"同居同籍"；三是黄籍登列的项目中包括家庭的"户丁"（兄弟六人）；四是黄籍具有连续性，可以看出孙氏家庭"从来四十余年"的变化情况。

西晋黄籍的材质，学界存在不同看法。池田温对《太平御览》卷六〇六，"文部"二十二"札"所引《晋令》中的"郡国诸户口黄籍，籍皆用一尺二寸札，已在官役者，载名"一句进行分析，认为："在西晋，木札还被用于郡国的黄籍。纸的发明可上溯至西汉，直到东汉才稍稍扩大其使用，而当时书写材料的主流，依然是简牍布帛。"池田温认为：一尺二寸札是木札。②张荣强倾向于《晋令》中的"郡国黄籍"是纸本户籍，他认为"户籍是公文书中较早使用纸本的领域"③。我们同意池田温的观点，即西晋黄籍仍然使用木质载体。

① 季成家等主编：《丝绸之路大辞典》，红旗出版社，1995年，第929页。录文见《吐鲁番出土文书》第三册，文书编号69TAM135：2。
② ［日］池田温：《户籍与身份制》，《中国古代籍帐研究》，中华书局，1984年，第80页。
③ 张荣强：《〈前秦建元二十年籍〉与汉唐间籍帐制度的变化》，《汉唐籍帐制度研究》，商务印书馆，2010年，第248页。

西晋黄籍的登录内容，可参考走马楼吴简与前秦户籍的登录内容。走马楼吴简中户籍的登录形式是：每户首先登户主（户人）的里名、爵位、姓名、年龄、身体状况、给役情况；其次登记家庭成员（包括奴婢）与户主的关系、身份（丁中）、姓名、年龄、身体状况、给役情况；最后是"口""事""算""赀"的总计。①2006年在吐鲁番洋海一号墓出土了《前秦建元二十年（按：384年）高昌郡高宁县都乡安邑里籍》，存数十行，每户除记载丁、中、老、小、妻、女名年外，还登录了田亩、房宅、牛畜、资产的出入状况。②从孙香诉讼的文辞中可以看出，孙氏家族的田、坞变异情况在黄籍中得到了反映。这说明，西晋黄籍中应当登列田、宅的数目和增减数目，应与《前秦建元二十年（按：384年）高昌郡高宁县都乡安邑里籍》的登录田亩、房宅、牛畜、资产的出入状况近似。西晋时期，自耕农的爵位已与享受特权无关，所以三国吴简中的爵位项当也随之消失。自然，除黄籍外，其他的财产也许还有专门的籍帐，如吐鲁番出土北凉赀簿。裴成国认为：北凉时期的《计赀出献丝帐》，应征收的是户调，而其依据就是赀簿。北凉时期的赀簿确实是只计土地的情况而不及其余的资产，这也是北凉的户调征收的特殊之处。《计口出丝帐》征收的则是一种口税，当时的北凉政权具备严格掌握当地户口和土地情况的能力，客观上使得口税的征收成为可能。北凉时期的田租也纳丝。这一时期的租调、口税征收都以丝为主，这是由纺织品本位的货币形态和丝绸之路的贸易形势所决定的。北凉政权统治，制度沿袭西晋，所以西晋籍帐情况不应是唯一依赖黄籍。③

通过比较《前秦建元二十年籍》和《北凉高昌郡赀簿》，荣新江认为：十六国时期，户籍和赀簿之间关系密切，两者都记录有同样的土地转移情况，但又都有不同的内容，因而具有不同的功能。从地方政府的管理体系来看，户籍的目的是对乡里人口的掌控，赀簿则是对每户人家所占土地的统计并折合该户的资产，推测还有作为财产登记的专门奴婢名籍。户籍、赀簿再加上征收赋税的《计赀出献丝帐》《计口出丝帐》

---

① 李晨：《从出土材料看汉唐间户籍档案的变迁》，山东大学硕士学位论文，2011年。
② 荣新江：《吐鲁番新出〈前秦建元二十年籍〉研究》，《中华文史论丛》2007年第4期。
③ 裴成国：《吐鲁番新出北凉计赀、计口出丝帐研究》，《中华文史论丛》2007年第4期。

《按赀配生马帐》等，才构成十六国时期高昌郡的籍帐体系，而这种籍帐制度是从秦汉魏晋演变而来。[①]马雍指出："可以看出这个时期契券的程式还比较简朴，不像后来高昌国时期的契券中有许多条件苛刻的套语。"[②]

我们推测，西晋黄籍，很可能是一种登记项数多，可以总括田地、房产、财产变动的总账目。

五、西晋河西地区自耕农私营水利事业

7简"居山作坝塘，种桑榆杏梾"，即拦截祁连山雪水，修建贮水设施（当为小水库）。这反映了西晋时期河西自耕农兴修水利，种植经济作物的史实。汉代、三国魏、西晋时期，河西郡县官吏都十分重视农桑，五凉割据政权的统治者对农牧业发展也十分重视。对于汉唐之际河西走廊农牧业生产的发展取得的成就和技术进步问题，张泽咸先生认为："西汉在河西设郡以迄东汉末的百多年中，河西社会由戎夷诸族人长期从事游牧为生，在统一帝国的军屯启动下，官私农作迅速发展。从畜牧转向田作，开垦耕田，兴修水利，铸造农具，农业管理的变革，如此等等，使河西发生了翻天覆地的变化。受自然地貌的制约，在沙、砾、草原、绿洲相错其间的高原山原地带，不可能尽变为农田。因地制宜，且照应河西长期是民族杂居的传统，农牧兼作便成为汉代以及后世在河西进行农业经营的重大特色。……在魏晋南北朝几百年乱世里，如果说，西晋灭亡以前，河西地区由魏晋政权控制，乱世影响较小，田作仍在持续进行……"[③]水利事业的经营是汉晋时期河西田作农业发展的重要因素。孙氏家族所在的西晋临泽县，地处黑河流域，经过两汉三国数百年的经营，这一流域的农业水利灌溉已经积累了较为成熟的经验。西汉朝廷兴修水利的热潮也影响到河西地区，《汉书》卷二十九《沟洫

---

① 荣新江：《吐鲁番新出土〈建元二十年籍〉的渊源》，载孟宪实等主编《秩序与生活：中古时期的吐鲁番社会》，中国人民大学出版社，2011年，第475页。
② 马雍：《吐鲁番出土高昌郡时期文书概述》，《文物》1986年第4期。
③ 张泽咸：《汉唐间河西走廊地区农牧业生产述略》，《中国史研究》1998年第1期。

志》载："用事者争言水利，朔方、西河、河西、酒泉皆引河及川谷以溉田。"河西走廊地势高峻，高山终年积雪，夏日融化，水聚以成井渠，或流行于地面，或通流于地下，成为山麓地区农田灌溉的主要水源。汉光武帝时，武威郡守任延，以河西旧少雨泽，乃为置水官吏，修理沟渠，皆蒙其利。正是依赖水源灌溉，严重缺水的河西绿洲才能生意盎然，建成丰收良田。根据居延汉简的记载，窦融治理河西时期，曾多次下达文书，要求保护牲畜，勿要滥伐树木。汉代河西走廊的农作物有麦类、粟类、胡麻、胡豆等二十五种。①《三国志》卷三十六《仓慈传》记载："至嘉平中，安定皇甫隆代基为太守。初，敦煌不甚晓田，常灌溉蓄水，使极濡洽，然后乃耕。又不晓作耧犁，用水，及种，人牛功力既费，而收谷更少。隆到，教作耧犁，又教衍溉，岁终率计，其所省庸力过半，得谷加五。又敦煌俗，妇人作裙，挛缩如羊肠，用布一匹；隆又禁改之，所省复不訾。故敦煌人以为隆刚断严毅不及于慈，至于勤恪爱惠，为下兴利，可以亚之。"徐邈在凉州，"广开水田，募贫民佃之，家家丰足，仓库盈溢"（《三国志》卷二十七《徐邈传》，第740页；《晋书》卷二六《食货志》）。少雨的河西居然开辟出了少量水田耕作，取得了良好成绩。可以看出，三国时期，农业生产技艺的推广和灌溉田地技术仍然是农业生产中一个相当重视的问题。有学者认为：到西晋十六国时期，河西地区农牧相结合的经济格局已经确立。②这一点也被墓葬壁画材料所印证。嘉峪关酒泉壁画墓中，耕犁、耧、耙、连枷、木叉等用于播种和收获的生产工具已普遍使用。③世族大户的田园中种植桑树，生产蚕丝。与河西走廊中部地区相同，魏晋十六国时期，在敦煌党河绿洲以及吐鲁番地区的屯田和农业生产中，对水源的保护和水利设施的管理都是日常重要的事务。敦煌一棵树遗址出土元康三年西晋"元康三年侦候符信"中有："今遣将张鲜、民吕狸子至煎都南曲，将张廖、民赵靖至且□五亭，诸水泉要道南北，贼所过之处，鲜等当兼道速行。"当兼道速行。颁发该符信的大煎都侯官位于敦煌榆树泉盆地东侧，榆树

① 薛英群等：《居延新简释粹》，兰州大学出版社，1988年，第8—9页。
② 赵向群：《五凉史探》，甘肃人民出版社，1996年，第6页。
③ 孙彦：《试论魏晋十六国时期的农具与农业生产——以河西走廊墓葬壁画为例》，《农业考古》2008年第4期。

泉盆地为疏勒河下游的终点盆地，盆地内部的隔壁边缘被切割成马迷兔、吐火洛、天桥、湾窑等四个小盆地，盆地内，地势平坦，水源充足。凡有水泉处，均为屯田和防御的要害处，当为"诸水泉要道南北"。前凉政权重视农田水利，仅在敦煌便开凿了阳开渠、北府渠、阴安渠等。其中北府渠全长45里，质量上乘，工程浩大。敦煌本《沙洲都督府图经》："前凉时，刺史杨宣以家粟万斛买石修理，于今不坏，其斗门垒石作，长四十步，阔三仗，高三尺。"①魏晋十六国时期河西水利事业状况，可借助新疆出土文献更加详细了解。魏晋西域水利因屯田灌溉而兴起。西晋时期的西域长史下就设有水曹，见于以下简牍：

> 使君营以邮行
> 书一封水曹督田掾鲍湘张雕言事泰始三年二月二十八日辛未言②

楼兰出土文书中，有"大涿"，应当与涝坝性质相同；有"守堤"，说明三国西晋屯田，有戍边士卒来日常维护堤堰。③

吐鲁番文书中有北凉"兵曹下八幢为屯兵置夜守水事"，前三行正文："右八幢，知中部屯，次屯之日，幢共校将一人，选兵十五人夜往守水，残校将一人，将残兵，值狗还守，兵曹掾张预，史左法强百。明当引水溉两部。"后三行为司马、功曹史、典军主簿、录事参军、五官等押署。可见十六国时期的吐鲁番地区，官府对水利设施的管理是非常重视的。④吐鲁番出土文书中的"高昌义和三年（616年）屯田条列得水滴麦斛都奏行文书"，内容记某某渠破，水溉某主名下之田亩数，得水滴麦斛都数。渠破水入某主田，官府收取麦类实物以充补偿，称"水滴麦"。⑤吐鲁番出土《北凉高昌郡功曹白请溉两部葡萄派任行水官牒》是北凉官府

---

① 蒋福亚：《魏晋之际河西走廊经济主体的演变》，《魏晋南北朝经济史探》，甘肃人民出版社，2004年，第58页。

② 初世宾主编：《中国简牍集成》第20卷，敦煌文艺出版社，2000年，第2245页。

③ 王炳华、刘子凡：《汉晋西域所见汉文简牍透视》，载《西域文史》第6辑，科学出版社，2011年，第95页。

④ 季成家等主编：《丝绸之路大辞典》，红旗出版社，1995年，第927页。录文见《吐鲁番出土文书》第一册，文书编号75TKM91：33（a）、34（a）。

⑤ 季成家等主编：《丝绸之路大辞典》，红旗出版社，1995年，第929页。录文见《吐鲁番出土文书》第三册，文书编号67AM364：14。

派遣官吏监督葡萄园灌溉事宜的文书。①西晋时期，塔里木铺地还出现了称作"涿池"的较大型蓄水池。②

六、西晋河西地区的林木果业

"种桑榆杏梓"是概述性语言，可以明证，除种植作物外，西晋河西自耕农还种植果树、经济树和其他树种。梓树，在前边校释中已经述及，在河西走廊地区是一种耐种的经济林木。

杏树为经济类作物，在汉代已经种植，居延汉简日书中有"荆棘杏梓不吉"。我们推测，河西杏树的广泛种植或许在魏晋十六国时期，或由西域传播而来。至今，敦煌等地是河西李广杏的重要产地，而民间的李广信仰正是萌芽于这个时期（敦煌佛爷庙湾出土一西晋砖室墓中，李广骑马射猎的彩绘砖置于画砖图像的中央）。考古工作者在塔里木盆地的尼雅楼兰田野考古中，发现汉晋时期，这里已开始种植桃、杏、桑、沙枣、葡萄等。③榆木种植，我们认为与榆树榆钱可喂养牲口有关。榆树坚硬，并不适合制作家具，但耐干旱，适合西北干旱地区种植。汉代边塞已普遍开始种植，居延简中有"高榆来槐榆驰蝉木者口因事政为"，"侯官谨案亭踵榆桃十树主谒"。汉晋时期，河西走廊种植树木有柏、松、柳、榆、槐、楸等。④

桑树的种植，我们认为与西晋实行"户调制"，要求民户纳绢有关。嘉峪关酒泉魏晋早期壁画墓的画像砖上，多幅是绘"采桑"和"丝绢"图像。有学者认为：魏晋时期的河西走廊曾有一定规模的蚕桑丝织品生产。⑤

孙氏家族兼种果木，除现实利益外，与汉以来重视农桑的传统在西晋时期的河西走廊得以继承相关。敦煌出土《四时月令五十条》是汉代

---

① 柳洪亮：《吐鲁番出土文书中所见十六国时期高昌郡的水利灌溉》，《中国农史》1985年第4期。

② 张艳：《魏晋南北朝简纸文书词语考略》，浙江大学硕士学位论文，2010年，第62页。

③ 刘文锁：《沙海古卷释稿》，中华书局，2007年，第98页。

④ 刘丽琴：《汉代河西林木探究》，《甘肃社会科学》2011年第1期。

⑤ 李并成：《古代河西走廊桑蚕丝织业考》，《敦煌学辑刊》1992年第2期。

朝廷颁发的国家法规，其中关于林木保护和重视水利的条文，在河西地区都长期得到贯彻。诏书条文首是太皇太后诏文，次为下发郡守的例言，主体部分是月令五十条，按春、夏、秋、冬四季顺序布告令文，分上、下两栏，上栏是纲目，下栏是具体解释，其中春季二十条，夏季十二条，秋季八条，冬季十条。五十条内容均是四季禁忌和需注意的事项，与《礼记·月令》《淮南子·时则训》《四民月令》有相同之处，可互为补充。

综上，"西晋建兴元年临泽县廷决断孙氏田坞案"简册，提供了研究西晋劳动力制度、占田制、土地买卖等的第一手资料，有关经济制度的实施，反映了西晋时期在上承两汉，下达北朝隋唐经济转型中的重要作用和地位，十分值得重视。

——原刊于《湖南省博物馆馆刊》，2014年第10辑

居延汉简中的"秋射"与"署"

薛英群

　　新旧居延汉简中都有一些涉及"秋射"与"署"的记载，前人很少论及或稍有论及又略而不详。征之于文献史籍，几乎缺佚，难明原委。而居延汉简却给我们保留下了较为详尽的记录，这就为我们了解汉代边郡军事防御系统中的"秋射"制度与"署"的性质、作用等，提供了极为珍贵的可靠依据。

　　"秋射"与"署"本属二事，似无关联，然"秋射"有"署功劳"，署虽同字，原具二意，所指不同，今分别论述，明其原旨，不可混同。

　　居延汉简中事涉"秋射"者凡百数十枚，有关"署"者达九十八枚，这就使我们有可能将"秋射"与"署"的全部简牍进行分层次的、系统的比较、分析与研究。探索西汉时期"秋射"制度的具体内涵与活动程序；剖析"署"是否为边郡防御线上的一级基层组织，它的特定含意是什么，有哪些职能与方面，这些将是本文讨论的范围。

一

　　署，《玉篇》："置也，书检也，部署也。"《说文》："各有所网属也，从网，者声。"段注："网属犹系属，若网在纲，故从网。者声，者，别事警也，此举形声包会意，五部。"署，从网在纲，纲网延伸，引有署置、官署、表识、签署、署理之意。居延汉简中的"署"，概言之，可分为两类，其含意略如上述引申各意。

　　所谓两类，就其词性而言，一类作为动词用，另一类是代名词。作为动词用的，多见于"秋射""署功劳"。例如：

　　五凤二年九月，庚辰朔已酉，甲渠候汉强敢言之，府书曰："侯长、士吏、烽燧长以令秋射，署功劳，长吏杂试□□（6·5）。"①

　　□长安世自言：常以令秋射，署功劳，□中帚矢□于课也如得□（227·15）。

　　"秋射"，史书称为"都试"，汉简多称"秋射"。内郡，特别是京师"都试"，以典仪为主，骑射多属余兴；而边郡，重在"秋射"考核，检验训练成绩，有明确的考核时间、地点和规则，赏罚严格。西汉之世，有"立秋貙膢"②之制，乃国家大典，十分隆重，伏俨认为："膢，音刘。刘，杀也。"苏林说："膢，祭名也。貙，虎属，常以立秋日祭兽王者，亦以此日出猎，还，以祭宗庙，故有貙刘之祭也。"师古则说："《续汉书》作貙刘。膢、刘义各通耳。腊者，冬至后腊祭百神也。"③注释家虽有歧异，但都承认"立秋貙膢"乃国之大典。是日除天子领百官祭宗庙、祭百神，进行肃穆的典礼外，还要进行"田猎""都试"等活动，因有"以九月都试日"④的规定。按规定要"试骑士"⑤"都试郎、羽林"，⑥比弓弩骑射之技，如《汉光禄挈令》所要求的那样："诸当试者"优以赏。⑦其规定参加考核的人员，较为广泛，上自"太守、都尉、令长、丞尉"，⑧下至"郎、羽林、骑士"及一般士卒。考核成绩"赐劳""署功劳"，记录在案，以资升迁参考，其重要性超过了一般物质赐赏。

　　东汉时期貙刘大典更为隆重，"自夏至数四十六日，则天子迎秋于西堂，距邦九里，堂高九尺，堂阶九等"，迎秋之日，"白税九乘，旗旌尚白，田车载兵，号曰助天收"，同时"唱之以商，舞之以干戚，此

---

　　① 文中凡此类符号，均引自中国社会科学院考古研究所编《居延汉简甲乙编》之释文编号。

　　② 《汉仪注》《续礼仪志》《文献通考·兵部》及《周礼》注。

　　③ 《汉书》卷6《武帝本纪》，中华书局，1962年，第200页。

　　④ 《汉书》卷84《翟方进传》附《翟义传》，中华书局，1962年，第3426页。

　　⑤ 《汉书》卷76《韩延寿传》，中华书局，1962年，第3214页。

　　⑥ 《汉书》卷68《霍光传》，中华书局，1962年，第2756页；《汉书》卷63《武五子传》，中华书局，1962年，第2756页。

　　⑦ 《汉书》卷63《燕剌王传》（张宴、师古注），中华书局，1962年，第2756页。

　　⑧ 《汉书》卷84《翟义传》（如淳注），中华书局，1962年，第3427页。

迎秋之乐也。"①立秋之日，先举行"白郊礼"，斩牲于郊东门，祭陵庙。然后开始田猎，以飞禽走兽为活靶子，"乘舆御戎路，白马朱鬣，躬执弩射牲。牲以鹿麛，太宰令、谒者各一人，载以获车，驰送陵庙"②。同时进行都试，首先"武官肆兵，习战阵之仪"，"兵官皆肆孙吴兵法六十四阵，名曰乘之"，然后较最"射御、角力""蹋鞠之属"以及"五兵""骑士"等。对优胜者，由天子"遣使者赍束帛以赐武官"，最后，"歌西皓、八佾舞育命之舞"，不论歌者或舞者，均白衣白饰，礼毕衣绛。

汉代西北边郡地区每年举行"秋射"，上应貙膢之典仪，下考士吏训练之成绩，是为边郡军事定制。然而，一般历史文献中很少记述，难得其详，居延汉简却为我们保留下了难得的较为详细的记载，这无疑是十分珍贵的原始记录。"秋射"考核，最迟到武帝太初时已基本上形成了一套完整的制度，定为每年举行一次，时间在秋季，故曰秋射。由"太守亲躬其事"、各都尉具体负责。考核之前，先将"秋射"的时间、地点、规定和要求等，由太守府以"府书"形式下达到各塞、部、亭、燧，令其作好充分准备，届时参加考核，如上列两简就是甲渠候汉强和谊向下级转发都尉府关于举行秋射考核的文件。文件规定：候长、士吏和烽燧长都要参加秋射比试，对参加考核人员依成绩优劣署功或负算；有关考核的主持人是都尉及县承尉；长吏要进行杂试，并不仅限于弓弩射技。文件还要求将准备和执行情况"封移都尉府"，以书面形式正式汇报。每年骑射考比的时间，似有一个演变的过程，西汉武帝时在三月举行。《汉书·武帝纪》："太初二年春三月，令天下大酺五日，膢五日。"西汉中期以后，如《汉仪》注所云："立秋貙刘。"《周礼》："射人射牲"，郑注："今立秋有貙刘。"东汉明帝永平元年以"六月，初令百官貙刘分。③《后汉书·顺帝纪》载永建元年十月"令教习战射"。《魏书》亦有十月之说，《续礼仪志》注引其文曰："建安二十一年三月，曹公亲耕籍田，有司奏，四时讲武于农隙，汉承秦制，三时不讲，唯十月车驾幸长安小南门，会五营士，为八阵进退，名曰乘之。今兵革

---

① 《后汉书》卷98《祭祀志》引《皇览》，中华书局，1965年，第3183页。
② 《后汉书》卷95《礼仪志中》，中华书局，1965年，第3123页。
③ 〔元〕马端临：《文献通考》卷157《兵考九》，中华书局，2011年，第4694页。

未堰，士民素习，可无四时讲武，但以立秋择吉日，大朝车骑，号曰治兵，上合礼名，下承汉制也。"居延汉简所记秋射，都在秋季举行，如：

> 五凤元年秋以令射（312·9）。
> □凤二年秋以令射（202·18）。
> 甘露元年秋以令射（34·13）。

上列诸简虽是宣帝时的规定，但可以认为西汉后期并无大的改变。西汉近两百年间，有近一半的时间是在秋季举行考核，东汉与曹魏多在十月。总之，随着时间的推移，每年进行秋射的时间更趋于合理，利用秋收农闲时间进行。

秋射的比赛地点，从居延汉简的"诣官射"可知应在"候官"所在地进行，如甲渠候官下辖各部燧，均在破城子举行，卅井候官下辖各部燧应在博罗松治举行，珍北候官下辖各部燧应在宗间阿玛举行等。为什么在候官所在地举行，而不搞大规模的考核活动呢？一是不致使戍守吏卒离开驻地过远过久，不利边防守卫；二是不使参加考核人员往返疲劳，徒增负担，第三，不使考核者过分集中贻误军情，如有紧急情况，便于分头行动；第四，较易解决食、宿、行等问题，最后一点，可以节约时间，缩短考核会期。那些人必须参加秋射，这从"府书，要求和边郡防御系统设置可以有一个大体的了解。据居延汉简记载，额济纳河流域防线有两都尉分管，即居延都尉和肩水都尉《盐铁论·复古》作扇水都尉，误），都尉府属官有都尉丞、候、千人、司马及其他僚属，尉驻地称城，城有城尉，其下属有司马、仓长、仓丞等；都尉府的下级机构是候官，首长是候，候官驻地称鄣，故汉简中亦称鄣候，候官的属吏有候丞、掾、令史、士吏、尉史等；候官的下一级机构是塞，一塞之长是塞尉，其属吏有尉承、士吏、尉从史、尉史等；塞的下一级是部，一部之长称候长，属吏有候史；部的下一级即燧（亭），燧有燧长，属吏有燧史、助吏、吏、五百等，一燧之戍卒多则三十余人，少则六七人不等。按太守府的命令，候长、士吏、烽燧长等要"以令秋射"，就是长吏也要进行"杂试"，这就是说二百石以下都要参加考比，实际上包括了都尉以下的所有武职人员。居延地区秋射考比的总负责人是张掖郡太守，一切有关秋射的命令、规定、要求及处理善后事宜，均出自太守府，"右二千石令，诣书秋射"（39·45），各都尉依令而行。各考区的具体考比诸事，则由都尉及县令、长负责，这就是府书所要求的"令尉及县试"。

所谓"秋射"，当然以"射"为主，因为在边郡烽燧防御线上，弓弩等射器位于烽燧城郫之上，居高临下，杀伤面大，确有强大威力，是防御性战斗中的主要武器。很自然，"射"技就成为考核的主要项目。弩，在汉简中有具弩、承弩之分。所谓具弩，指配件完备的弩；承弩，指备用弩。刘熙对汉弩的形制作了形象的描绘："弩，怒也，有势然也。其柄曰臂，一似人臂也。钩弦者曰牙，牙似牙齿也，牙外曰郭，为牙之规郭也，下曰悬刀，其形然也。今名之曰机，言如机之巧也，亦言如门户之枢机，开合有节也。"①茅元仪在其《武备志》中，标出了弩机各部件的大小尺寸，虽系明尺，但不难折合计算。《宣和博古图》和《西清古鉴》亦载明详细尺寸，其比例大同小异，基本上仍是汉弩形制。目前全国各地出土汉弩较多，形象资料丰富，可资比较。

按居延汉简记述，当时考核均用"具弩"，计算弩的强度单位曰"石"共分一、三、四、五、六、七、八、十等八级，以六石具弩为标准射器，射程以"步"为单位，标准考核射程为"百廿步"。所用的矢，分虻矢（短矢）、稿矢（长矢）分别记成绩。矢镞为三棱形，青铜合金，表面光亮，多短关，系实战矢镞。考核开始之前，先由令承检查"幡"（盛弩的袋子）和"服""兰"（盛矢的袋子）是否整齐及完损情况，如"不如制"，也要"负算"。考核时，除标准的六石具弩外，还可比赛其他弩种，如：大黄刀十石弩（82·15）、八石具弩（52·17），以及小弩、四石弩（341·3）、三石具弩（515·64）等。考核规则规定：弩射的距离为一百廿步，每人发十二矢，：中六矢算及格，如简文所载："功令第卅五候长、士吏、燧长皆试射，射去埻帯"（45·21）；"功令第卅五候长、士吏皆试射，射去埻帯，弩力如发，弩发十二矢，中帯矢，六为程，过六矢，赐劳十五日"（45·23）；"居延甲渠候官，当曲长、公乘关武，建平三年以令秋试射，发矢十二，中沿矢□□"（133·14）以

---

① ［东汉］刘熙：《释名》卷第七《释兵》，中华书局，1985年，第109页。

及"□烽燧长，常以令秋试射，发矢十二，以六为程，过六□"（142·16），"□建昭二年秋射，发矢十二，中帮矢，以令赐劳"（145·37）等。所谓"埻帮"，就是射击目标，"帮"，是靶子，以红、白色丝织品相间缝制而成，悬挂于木板之上，目的是醒目易识，便于瞄准。然后将帮板立于埻上，此即"埻帮"。秋射比试，除弩射之外，还有弓射，1973年居延曾出土弓箭，箭杆长约55公分，镞同弩镞，系边防实用之物。其比试规程同弩，不再赘述。对低级军官还要进行杂试，所谓杂试包括瞭望测试、信号辨别、《品约》熟悉程度以及刀剑骑技等。瞭望考核是指边郡防御线上所设烽燧军情通信系统之信号的识别水平，其作用与今天的军事通信相同，当时是通过各个烽燧发出不同的信号传递军情的。①按当时由太守府颁布的《塞上烽火品约》，要求戍边吏卒都要准确无误的传递和识别信号，经过定期考核，分别予以奖惩。如居延汉简记载：

> 坞上望火头三不见所望负三算。
> 坞上望火头二不见所望负二算（52·17）。

这是瞭望考核不合要求而受到的处罚。所应输算钱要按规定"以时交"，不能拖欠。凡参加秋射考核者，如因故不能参加在规定时间内的比赛，经允许可以另择日期，"诣官"补射。将考核成绩据实记录，并报上级予以承认，如："吞远候长放，昨日诣官上功，不持射具，当会月二十八日，部远不及到部，谨持弩诣官射，七月丁亥蚤食入"（203·18），"临木候长□，昨日诣官上功，不持射具，□会□□□远不及到部，谨持弩诣官射，七月丁亥早食入"（203·24）。上列简文属"致籍"，但它却真实而具体地记述了由于"远不及到部"必须"诣官射"的规定。

秋射盛典，认真而隆重，不容有任何差错，在考核中如发现有"射不如制"、是否中程、"蔽贤"等问题，皆可申诉，爰书自言，陈述曲衷。"初元三年九月，壬子朔辛巳，令史充敢言之，爰书□□辟丈埻道帮皆应令即射，行候事塞尉□□"（甲附16），这是"埻道""帮"皆不如制，就令"即射"，影响了成绩，而提出的申诉；"□十月甲□□元行

---

① 薛英群：《居延〈塞上烽火品约〉册》，《考古》1979年第4期，第361—364页。

候事，敢言之，都尉□□劳谨移射爰书，名籍一编□（485·40），这是都尉府在比赛后，赐劳不当的吏卒名籍，请求复查，要求改正。凡参加考核者提出申诉，候官都要上报下查，搞清事实真相，究竟"□□中程不中程"（246·4），如果己难查清，还可重新试射，这称为"校射"。"□校射，发矢十□□□以□"（264·24），经校射核对，以新成绩为准。凡在秋射考核中，有弄虚作假，"中程不实"等情况，各级考核官吏都要如实上报，详列这些人的职务、爵位、年龄、姓名以及所犯情节，以"秋射爰书"（175·1）形式正式呈报都尉府，由都尉府调查核实后，决定取消其成绩，如"右秋射，二千石以令夺劳名籍及令"（206·21），然后以郡太守名义公布被取消者名单。或经复查确认被复查者，所取得的成绩没有问题，那就要与其他考核优胜者一起受劳，由郡太守"右以令秋射，二千石赐劳名籍及令"（267·11），正式公布秋射获胜者受劳名单。受劳者被"赐劳"，要记载在案，这就是"署功劳"（227·15）。"署"者，签署也，由官方正式签署承认。所谓"劳"，指劳绩，《管子·地图》云："论功劳，行赏罚，不敢蔽贤。"功劳大小依次第赏罚，《战国策·韩一》："子尝教寡人循功劳，视次第。"汉代对"秋射"劳绩，不限于物质奖励，赐以钱帛，更重要的是"升迁"的重要依据，正如"夫执艺事上者，必揆日时，计劳绩，而后进爵秩，以旌服勤"之说。劳绩或曰功劳，即因劳得功，是对工于事者的勉励，《国语·越语下》所谓"劳而不矜其功"正是此意。对秋射中胜优者要署劳绩于功令（285·17），所谓功令，是国家考核和选任官吏的法令及与此有关的人员档案文书。《汉书·儒林传序》载："文学掌故，补郡属备员，请著功令。"注曰："新立此条，请以著于功令。功令，若今选举令。"是擢升吏员的根据。

二

署，作为代名词，指官署、署衙或某一官方机构。在居延汉简中虽然更多的是指候官以下的塞、部、燧，特别是燧等基层军事防御单位，但它决非"燧"的代名词。如居延新简中有："·居延甲渠候官神爵四年边吏署所"（74·E.P.T51：121）①题签简。这是甲渠候官辖下各塞、部、燧边吏署所的登记簿，应依人名、职务、署所位置以及距候官距离（里数）分别记载。很清楚，据此难以认为"署与燧关系密切"，②而应是对各级边吏戍所的泛指，再如：

> 九月乙亥，觚得令延年、丞置敢言之：肩水都尉府移肩水候官告尉谓：东西南北都□□□义等补肩水尉史、燧长、亭长、关佐，各如牒遣，自致。赵候、王步光、成敢、石香成皆□书牒署从事，如律令，敢言之（97·10）。
>
> □得毋为候、塞尉、令史、尉史、士吏、侯长、侯史、燧长私归□□□署领以来尽五年三月得毋□候、塞尉、令史、尉史、士吏、候长（74.E。P.T56：241）。
>
> □□戊辰朔戊子，居延都尉谊、丞谊、居延鄣候延□□辞，行道卅余日死，不以时遣。遣吏卒又私留，不诣官署，以证为解□□（74·E.P.T52：410A）。

尉史、令史、士吏均候官属吏，其遣补牒发至候官，"书牒署从事"，故"候官得言署。而吸署领"对象包括了候及其属吏，至于"不诣官署"，更进一步证实官可言署的史实。所以"署"是官方办事机构的泛称，也就是署衙的简称或代名词，而非专指某一级机构，更不是"燧"的又一称谓。

怎样理解简文中的"不在署"、"去署"以及"未敢去署"呢？我们还是通过对具体简文的分析，不难明白"署"的真正含义：

> 第二燧长景褒不在署（194·17）。
> 第廿三燧长李忠不在署（30·5）。
> 甲渠第廿七燧长张德不在署（194·7）。
> 甲渠第卅五燧长王常不在署（206·16）。

---

① 文中凡此类符号，均系新获居延汉简之原始编号。
② 蔡慧英：《释居延汉简中之"署"》，见（台湾）台北市简牍学会编辑部：《简牍学报》第7期，1980年，第275页。

甲渠万岁燧长刑商不在署□（8·6）。

□不在署（（244.9）。

当曲燧长关武□□去署（46·34）。

初岁宜当奔走，至前，迫有行塞者，未敢去署，叩头覆肯（495·4A）。

从上列各简来看，似乎"燧"多称"署"。是的，燧作为一级军事防御基层单位，可以称署，但其他机构亦可谓"署"，如前列简文，这并不矛盾。所谓"不在署""去署"，实际上是一个意思，就是人不在署中，离开了燧。但从新旧居延汉简简文的排比情况来看，"不在署，与"去署"仍略有差异。这点差异虽说在个别简文中也不是绝对的，但就其绝大多数而言，"去署"，简牍多称"私去署"。这是因私事离署，或者未经上级许可而离署，事属"毋状"，在"验问"、追查、"举报"之列。如简载："□去署，乏候望，不忧事边，谨验问第四候长□"（74.E.P.F2：627）。所以"迫有行塞者，未敢去署"这一情节正好说明："去署"是指未经上级同意的错误行为。而"不在署"，多数是因公外出或经上级允许离署，因之，不在"行塞者""举"的范围。所谓"行塞者"，主要系指边郡军事系统的监察人员，府设都吏，汉简称"府都吏"，主都尉辖下监察事；候官设候史，①主候官辖下监察事，塞、部以下毋设。此外，太守、都尉、候官、尉史吏员皆可巡部察举，如四月君行塞举"（168·6）、"尉史报行塞举"（285·4）、以及"五月以来太守君行塞举及部报书"（74.E.P.T52：284）等。各级"行塞者"在其负责的范围内专职监察各候官以及塞、部、燧中吏卒的失职、犯律、违令、不如品约等行为。

①第十二燧长张宣，乃十月庚戌，擅去署，私中部辟，买榆木不置宿（82·2）。

②月□一戊口泉案私去署买□□（95·9）。

---

① 任步云：《居延汉简候史广德坐罪行罚檄》，《文物》1979年第1期，第70—71页。

③私去署，之它亭聚会奉识饮□□（403·10）。

④□坐去署饮君□（126·37）。

⑤□长张褒，坐去署，候长乐持候史李宗，部至久（261·43）。

⑥□孟对曰：吏乃□夜，擅去署，私□□（74.E.P.F.2：718）。

⑦诣官往来积私去署八日，除往来积，私留舍六日，辞具（74.E.P.F22：387）。

⑧辛五夜昏，后乘第十七燧长张岑私去署，案岑□（74.E.P.F2：527）。

⑨吏去署举（145·5）。

⑩燧长候仓、候长樊隆，皆私去署，诚教敕吏毋状，罪当死，叩头死罪死罪，敢言之（74.E.P.F22：424）。

上列各简向我们揭示了一个"去署""毋状"而被"验问"，追查其责任的司法程序。第①至第③简为"举书"，第④⑤为"报书"，⑥⑦为"爰书"，⑧是"验问"记录，⑨系封签，即吏去署举"文书的题签，⑩为"应书"。凡吏卒"私去署"，一经"举书在案，便即追查，由上级将"举书"下移，肇事者所在各塞、部、亭燧立即核实犯事详情，以"报书"司法文书形式迅呈，然后，由上级依情节轻重派员"案验"，或责当事吏卒"诣府""诣官"甚至"诣庭"接受"验问，将口供写成司法文书，此即"爰书"。"爰书"形成过三日不言请"，即以"辞具"处罚，此谓"坐罪檄"或"坐罪牒"下移所在单位执行，然后再由所在署所首长以"应书"上闻。"署"的性质已明，可知并非"一官方机构"，更没有分为"两部门"，所谓"一为办公处所，一为宿舍"①的判断，根据不足，事实上是不可能的。边郡各级署所，均属军事防御性战斗、候望机构，事涉军情和机密。因而，任何庶民百姓都不得居住其内，即使是城郭坞燧附近也不得停留，何况署内，可想而知。这一点"诏书""府书"已多次重申："□得、仓丞吉兼行丞事，敢告部都尉卒人。诏书：清塞下，谨候望，督烽火，虏即入，敕吏方□中，毋远追，为虏所

---

① 蔡慧瑛：《释居延汉简中之"署"》，见台北市简牍学会编辑部：《简牍学报》，第7期，1980年，第275页。

诈。书已前下，檄到，卒人遣尉、承、司马，数循行，严教□禁止行者，便战斗具，驱逐田牧畜产，毋令居部界中。警备，毋为虏所□利。且课毋状，不犹者劾，尉、承以下，毋忽，如律令，敢告卒人。/橡延年、书佐光、给事□"12·IA、B。严令"清塞下""禁止行者"，甚至"驱逐田牧畜产，毋令居部界中"。请想，来塞省亲的吏卒家属，怎么可能允许住于亭燧中，因之，"一为办公处所，一为宿舍"之说似难成立。那么，省亲家属究竟住于何处？据居延汉简有关省亲簿籍记载，书为"见署""居署"以及"在署"等，如：

> ·右卒家属见署名籍□□（194.3）。
> 戍卒家属居署名籍（74.E.P.T65：134）。
> 戍卒家属在署廪名籍（191·10）。

·第廿三部建平三年七月家属妻子居署省名籍（74.E.P.T40。：18）。显然，这里的"署"是概言之，并非指某一级军事单位，更非指具体部、燧，而只是边郡署所的通称而已。因此，所谓"居署""在署""见署"谨是说随军居住之意，并不能证明家属一定是住在军事设施内部；再从遗址发掘现场情况来看，更无家属可以居住的地方，这一点是十分清楚的。那么，家属在哪里住呢？据简文记述，居于"舍"中，"舍"在何处？"私去署，之邑中舍，因诣□□"（74.E.P.T68：51）、"私去署，之邑中舍，因诣督烽，周橡所自言，后不欲代诣，愿□"（74.E.P.T68：208）。"邑"，"九夫为井，四井为邑，四邑为丘，四丘为甸，四甸为县，四县为都"，①注曰："四井为邑，方二里。""邑"还是庶民编制单位，"制五家为轨，轨有长；六轨为邑，邑有司"。②"邑"是乡民居住区，所以，来塞上省亲之家属均应住在距署所不太远的乡民居住区。这样，就使我们对一些"擅去署""私留舍"的简文，可以作出较为合理的解释。"邑中舍"多是乡民的私人产业，如省亲家属来住，需要"就居"，付一定数量的"就费"。居延汉简中有不少"责

---

① [清] 孙怡让：《周礼正义》卷19《地官·小司徒》，中华书局，1987年，第736页。
② 黎翔凤撰、梁运华整理：《管子校注》卷8《管子·小匡》，中华书局，2004年，第400页。

就钱"的记载，如"责就舍钱"若干，"不可得"而引起诉讼。这类记载不少，兹不赘述。

据我们对新旧居延汉简中有关省亲的22条简文分析统计，可知，凡来探亲的家属，包括其父、兄、弟、妻、子、女，"居署"的时间一般为三十日，多是自月"旦尽晦"，其□粮按大男、大女、未使男、未使女、小男、小女分年龄等级供应，大男约在三石至二石六之间，大女约在二石九升至二石一升之间，其余数各有差，未见统一的定量标准，这是否与爵秩、在署年限有关，还难以肯定。凡省亲家属，如逢腊居署，可按例领取腊钱，以示同庆佳节。对长期"署边州士卒，还可有物质奖励，如："戍卒居延昌里石恭，三年署居延代田亭，四年署武成燧，五年因署受絮八斤"（74.E.P.T4∶5）。可知，戍边士卒超期服役大有人在，据简文记载不在少数。因而，《汉书》及注释家们所谓"践更""过更""三日"或"一年"之论，事实上很难实行，史实上少有根据，这也是值得我们深思的问题。

——原刊于《史林》，1998年第1期

居延里程简所记高平媪围间线路的考古学补证

刘再聪

问题的提出

一、研究回顾及新资料发现

今人讲丝绸之路西安至武威段，均认同经宁夏固原、海原及甘肃靖远、景泰等地的线路最为便捷。严耕望《唐代交通图考》对从固原过海原、西安州、盐池等地的线路有详实、明确的论证，但同时也讲："原州至会州中途所经不详。"[①]至于从会州至会宁关、乌兰关（今靖远县北部）之间的路程则限于资料而没有提及。新发现的居延汉简中，有一枚（E.P.T59：582）[②]（以下简称居延里程简）记载了从长安至河西的路线走向，刚好也缺载这一段：

> 长安至茂陵七十里，　　　　　　月氏至乌氏五十里，
> 茂陵至茯置卅五里，　　　　　　乌氏至泾阳五十里，
> 茯置至好止七十五里，　　　　　泾阳至平林置六十里，
> 好止至义置七十五里，　　　　　平林置至高平八十里。
> （以上第一栏）　　　　　　　　（以上第二栏）
> 媪围至居延置九十里，　　　　　删丹至日勒八十里，
> 居延置至角乐　里九十里，　　　日勒至钓著置五十里，

---

① 严耕望撰：《唐代交通图考》第二卷《河陇碛西区》，上海古籍出版社，2007年，第412页。

② 甘肃省文物考古研究所等编：《居延新简》，文物出版社，1990年，第396页。

角乐 里至腒次九十里，　　　　钧著置至屋兰五十里，

腒次至小张掖六十里，　　　　屋兰至氏池五十里

（以上第三栏）　　　　　　　（以上第四栏）

　　四组简文各自内容连贯，但相互独立，地名不相衔接。可见，缺载部分因木简散失而致。根据参加挖掘及资料整理的何双全先生介绍：该简"松木制作，长22.9厘米，宽2.1厘米，通简从上至下分四栏，每栏从右至左分四行（列）抄写，计16行，置名20个，根据上下文和所属郡县考之，该简仅是《甲簿》册书中第一枚，其左当缺失两简"①，"从地名排列顺序和书写格式推测，所缺佚部分计地名应与现存者相等，即地名应是四〇处，里程应是二千余里"②。本文关注的是高平至媪围段即第二栏与第三栏之间缺失部分，主要依据考古学资料探讨该段路程的走向。

二、两汉时期有悬泉至高平的线路

　　居延里程简所记是目前能见到的最早的有关长安西行线路里程的记载，时间当在西汉昭、宣时期，最迟不晚于成帝时期。③媪围是汉县，属武威郡，位于今天景泰境内，县城大致在芦阳附近。④高平也是汉县，属安定郡，治所在今固原。《汉书·地理志》记：安定郡有县二十一，包括高平、祖厉、鹑阴等。⑤汉祖厉、鹑阴等县域主要在今甘肃会宁、靖远、平川一带。

　　媪围至高平应该有线路可通。新出土的敦煌悬泉简中也有一枚里程简，记载从苍松至渊泉的线路。同样是每一栏内容连贯，相互间各自独立。另外，有一简记载去各地的路程⑥：

---

　　① 何双全：《汉代西北驿道与传置——甲渠候官、悬泉汉简〈传置道里簿〉考述》，《中国历史博物馆馆刊》1998年第1期。

　　② 何双全：《两汉时期西北邮政蠡测》，原刊于氏之《双玉兰堂文集》下，现参见西北师范大学编《西北史研究》（第二辑），甘肃文化出版社，2002年，第603页。

　　③ 何双全：《两汉时期西北邮政蠡测》，《西北史研究》（第二辑），甘肃文化出版社，2002年，第603页、第534页。

　　④ 李并成：《河西走廊历史地理》，甘肃人民出版社，1995年，第48页。刘再聪：《媪围古城今何在》，《丝绸之路》1997年第1期。

　　⑤《汉书》卷28下《地理志下》，中华书局，1962年，第1615页。

　　⑥ 胡平生、张德芳编撰：《敦煌悬泉汉简释粹》，上海古籍出版社，2001年，第59页。

61　张掖千二百七十五一，冥安二百一七，武威千七百二，安
定高平三千一百五十一……（A）

金城允吾二千八百八十里，东南。天水平襄二千八百卅，东
南。东南去刺史□三□……一八十里……长安四千八十……（B）
（V1633③：39）

简牍所记路程的出发点当是悬泉。从记载顺序看，武威下来接着是
安定高平。据此可以认为，当时有从悬泉通过武威直达高平的线路。同
样，从居延过武威也有直达高平的线路。另外还有一枚简牍，也记载相
关路程走向：①

221　□府，一诣御史，一诣左冯翊府，一诣武威府，一诣京
兆尹府，一诣安定，一诣赵相府，一诣金城，一诣南河尹府，一诣
□□，一诣护羌，一诣鱼泽，一诣□□，一诣渊泉，一诣宜禾护
蓬，一诣宜禾，一诣□曹护蓬，一诣定（?）汉尉。

（Ⅵ91F13C①：25）

这里提到了安定郡，安定郡治即高平。同时，简文中也提到了武威，
而且也排在了"安定"的前面。可见，从媪围至高平是有线路存在的。
翻检《敦煌悬泉汉简释粹》，知悬泉简中的确切记年开始于西汉武帝元
鼎六年（前111年），止于东汉安帝永初元年（107年）。由于纪年简仅占
少数，因而可以认为，居延简、悬泉简所记反映的当是东、西汉两朝的事。

居延里程简显示，该条路线的出发点是长安。从长安一带西行，这
条线路上最有代表的践行者就是秦始皇、汉武帝等。《史记·秦始皇本
纪》记："二十七年（前220年）始皇巡陇西、北地，出鸡头山，过回
中。"应劭注曰："回中在安定高平。"②颜师古注曰："回中在安定高
平，有险阻，萧关在其北。"③《括地志》记载："回中在原州平高县，

① 胡平生、张德芳编撰：《敦煌悬泉汉简释粹》，上海古籍出版社，2001年，第155页。
② 《史记》卷6《秦始皇本纪》，中华书局，1959年，第241页。
③ 《资治通鉴》卷212"汉武帝元封四年（107年）冬十月"条，中华书局，1956年，第691页。

有险阻，秦置宫于此。"看来，回中在固原境内。《汉书·武帝纪》记：汉武帝"元鼎五年（前121年）冬十月，行幸雍，祠五畤。遂踰陇，登空同，西临祖厉河而还"①。祖厉河名沿用至今，河水流经今会宁等地，在今靖远县城西入河。汉武帝等出巡安定郡为以后长安至凉州道路的形成奠定了基础。另外，班彪《北征赋》也写到："跻高平而周览，望山谷之嵯峨。"②班彪出行的目的地是武威。可见，当时，从长安出发，经高平到达武威再至悬泉的路线确实已开通。

三、武威与安定郡的关系

两汉时期，武威、金城、安定三郡成三足鼎立之势。历史上，交通往往以京师为中心。因此，与兰州地区相比，从交通路线的重要性而言，靖远一带与武威的联系要密切得多。从行政区划上讲，在好几个朝代，靖远一带属于武威地区。如《后汉书·郡国志》记，租（祖）厉、鹯阴两县属于武威郡。③敦煌文书P.4506《金光明经》是北魏时期的写经，题记："皇兴五年，岁在辛亥，大魏定州中山郡卢奴县城内西坊里住。原乡凉州武威郡租厉县梁泽北乡武训里方亭南卫亭北，张土巢主，父宜曹讳昺，息张保兴。"④

高平媪围间线路的考古学论证

高平至媪围之间的站区（经过站的大致区域）主要在今宁夏回族自治区固原市、中卫市的海原县及甘肃省白银市的靖远县、平川区、景泰县一带。现以考古资料为主将该条路线所经的大致站区按居延里程简所记走向串联如下。

固原：1981年，固原西郊发掘北魏墓葬，出土一枚波斯萨珊王朝卑路斯时代银币。1983年，固原南部发掘北周李贤夫妇墓，出土波斯萨珊

---

① 《汉书》卷6《武帝纪》，中华书局，1962年，第185页。
② ［梁］萧统编，［唐］李善注：《文选》卷9《班叔皮北征赋一首》，中华书局，1977年，第114页。
③ 《后汉书》卷23《郡国志》，中华书局，1965年，第3520页。
④ ［日］池田温编：《中国古代写本识语集录》，东京大学东洋文化研究所，1990年，第91页。

王朝鎏金银壶一把、产于阿富汗的青石金戒指一枚、产于伊朗的碧玉色玻璃碗一只。[①]至今，固原至少发现北魏、北周至隋唐时期的粟特人两个家族六座墓葬。粟特人的迁徙路线也是从武威至固原。[②]

第一站区：西安镇、干盐池堡

西安镇菜园村新石器时代窑洞式房屋：1988年，宁夏文物考古研究所和中国历史博物馆考古部在宁夏海原县西安乡菜园村南林子梁东坡中部，发现距今4000多年的新石器时代营造的窑洞式房屋遗址。清理出窑洞式房屋4座，半地穴式房屋4座，袋形灰坑6个，筒形灰坑8个，锅底形灰坑4个。其中袋形灰坑有4个曾被用作窖穴，另有陶窑一座，墓葬两座。同时，出土石器、骨器、陶器等各类遗物300余件。经过挖掘展露出原始面貌的窑洞式房屋，不是在自然垂直断崖上掏挖的横穴，而是在黄土阶地的陡坡上人工削出一段崖壁后向斜下掏挖而成。其中，保存较完好的第3号居址由半圆形场院、长条形门道、过洞式门洞和椭圆形居室4部分组成。居室又由居住面、凹弧形周壁和穹窿顶构成。居住面平整坚硬，最大使用面积17平方米，并设有火塘和室内小窖穴。场院与门道相连，用建筑垃圾掺合小石子铺垫而成。入口有缓冲空间处理，并有入口掩闭设置，入口前有铺垫的门前场地。由于它保存了塌落顶部的自然土拱，从而有力地证实它确是原始横穴。初步推论，这一横穴具有世代营造和居住使用的基础，是原始横穴的实物例证，是黄土地带窑洞式房屋的直系祖先。[③]窑洞内墙上布满当时插木条壁灯照明的痕迹，这是四千多年前人类照明灯的最早形式。[④]

西安镇园河村汉代古城：2009年，在西安镇园河村发现一处汉代古城遗址，整个城址为长方形，面积约200余亩。因年代久远，且受山洪冲刷、人为等原因，城内形成大小冲沟数条，现仅残留南面一段城墙，高约1米至2米。散见的陶片及建筑物表明，这里当为汉代的民众聚

---

① 宁夏回族自治区博物馆：《宁夏固原北周李贤夫妇墓发掘简报》，《文物》1985年第11期。吴焯：《北周李贤墓出土鎏金银壶考》，《文物》1987年第5期。

② 荣新江：《北朝隋唐粟特人之迁徙及其聚落》，《中古中国与外来文明》，生活·读书·新知三联书店，2001年，第76页。

③《海原县发现新石器时代窑洞式房屋》，《光明日报》1988年6月24日。

④ 陈斌：《灯具的鼻祖——四千年前窑洞的壁灯》，《文物天地》1989年第2期。

居地。①

西安州城遗址：位于宁夏海原县城西北，有城址遗存，目前认为是西夏时期所筑。有资料记载，城"周长9里3分（4.6公里），东、西两面开门，南、北无门"。城内散见五铢钱，证明这一带在汉代就有人居住。2005年10月，笔者实地考察时，见到州城遗址基本完整。

干盐池堡子：《重纂靖远卫志》记载：宋定戎堡，明干盐池堡。东至西安州墙区十里，西至打拉池五十里。

第二站区：打拉池村、老庄村

打拉池堡城：距离甘肃省白银市平川区政府所在地长征约20公里，在共和乡政府东北约400米处。遗址分为新旧两城，1976年当地文物部门有调查数字（《打拉池城堡遗址平面示意图》）。《明建设打拉池堡碑记》："城东距西安州八十里，西去靖远七十里。"《打拉池县丞志》："打拉池堡城周3里2分"，"东至狼山20里，至乾盐池50里，至海城140里，至固原340里……至靖远70里。"可见，海原至固原200里。2008年笔者考察情况：城墙仅存北、东、西三面，南墙残损严重。城内及城东为居民区，城北为农田，城西为大道。

打拉池城堡北墙遗址（北墙外侧，摄于2008年8月19日）

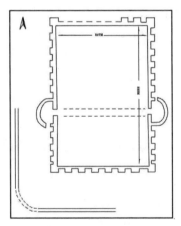

打拉池城堡遗址平面示意图（采自《定西文物概况》，1976年铅印本，第65页）

---

① 《海原发现汉代古城遗址》，《中卫日报》2009年9月4日。

老庄汉墓：位于共和乡老庄村西北，1978年发现。墓为长方形土坑木椁墓，分两层。外层为圆木桩并排竖立，内层方木接榫平叠，上面平铺方木椁榫盖。墓建造方法相当于黄湾汉墓（见下文），唯此墓为单室，规模较小。清理出五铢钱22枚，陶器5件，小木器8件，小铜器7件。该墓为夫妇合葬墓，时代与黄湾汉墓同期。[1]初步判定，该墓属东汉时期墓葬。

另外，打拉池村附近有寺名红山寺。据寺内石碑记载，寺始建于北魏，明弘治年间扩建，修大雄宝殿。万历十二年（1584年）再扩建。乾隆二年（1734年）创修窟前木建筑。道光二年（1822年）再修，1983年恢复修建。

第三站区：法泉寺、大坝村古粟州城址

法泉寺石窟位于靖远县东湾镇杨梢沟口，西距离靖远县城约15里，沟内有清泉泻出。据传石窟寺为北魏建造，宋、明各朝有修建。《重纂靖远卫志》卷之一《礼部》记载，法泉水系列包括法泉水、杨梢儿水、朵儿水、泖孩水、磨合水等。法泉寺距离打拉池约55华里。2008年7月考察情况：造像重塑很多，有水源。

大坝村今属靖远县东湾镇，西距离黄河约1公里，地势平坦。1999年，大坝村出土贺国瑞夫妻合葬墓志等4块，其中贺国瑞妻墓志记："国子监副榜贡生种廷璋拜撰。贾氏出会州望族，生于崇祯辛未年二月二日，殁于康熙癸酉年二月七日……今卜葬于大坝渠古粟州址傍。"[2]其中，粟州即唐会州。唐贞观八年，改西会州为粟州，同年又改为会州。[3]2014年8月考察情况：田野长满韭菜、玉米，城荡然无存。在当地老人带领下，找到陶片数十块，同行人员初步判定为汉代遗物。[4]

第四站区：缠州城、柳州城

缠州城、柳州城位于白银市平川区水泉乡水头村南。1976年，当地

---

① 平川区地方志编纂委员会编：《白银市平川区志》，中华书局，2000年，第309页。

② 苏志存编著：《白银史地沿革考述》，白银兴银贵印务有限公司，2003年，第31页。苏文讲碑存靖远县博物馆，然笔者联系查看无果。

③ 李吉甫撰，贺次君点校：《元和郡县图志》卷4《关内道四》会州条，中华书局，2005年，第97页。

④ 学界对唐会州城的位置多有关注，多有争论，大坝村出土贺国瑞等墓志所记可为判定唐会州位置提供新的线索。从大坝村所处方位，联系相关史实，定会州城位置于此较之其他诸说似更为合理。

在大坝村发现的陶片（摄于2014年8月14日）　　在大坝村考察现场（摄于2014年8月14日）

文物部门有调查报告，并绘制示意图（见《缠州、柳州城遗址平面示意图》）。2008年8月、2009年2月（农历正月）笔者与刘再明、刘生祥曾两次考察该遗址。第二次考察时用GARMINGPS60测量了两古城的位置（N36°44′，E106°41′；N36°44′887″，E104°42′366″）及各边长度，并现场绘制《缠州、柳州城遗址规模示意图》。

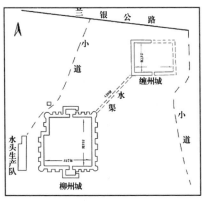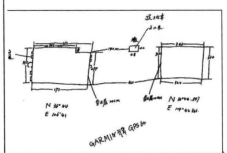

缠州、柳州城遗址平面示意图（采自《定西文物概况》，1976年铅印本，第63页）　　缠州、柳州城遗址规模示意图（绘制于2009年考察现场）

西城叫柳州城，城垣保存比较完好。当地文物部门分析称可能为宋代遗址。①笔者调查情况：城中有水源，目前能看见的是一坎儿井水源。西墙门洞上有碗口大的石头，也发现大量灰烬，有石条砌筑的门墩。北面不见门的痕迹，有两个马面。南面不见马面痕迹，墙基外有水渠，水渠在一定程度上起到了保护城墙的作用。西城的东南墙墩已经毁坏，其余三处现存，西北和西南的保存较好。东墙有瓮城，瓮城北面有两个马面。南面因墙体损坏严重不好确定马面数量，估计也有两个。西墙有瓮城，南北两侧各有两马面。

东城叫缠州城，2009年，我们的调查情况是：城毁坏十分严重，全部为农田，已经难见城的轮廓。但是，在西、北、东三面各残留一处断墙，隐约可以判断城的大小。南墙已经开为水渠，不见墙的痕迹。在北墙残留处，我们发现一些砖瓦，有线纹和绳纹。当地文物部门1976年的调查是：②

> 该城略呈长方形，东西长305m，南北宽274m。南城墙中央设一门。城墙底宽11m，顶1.6m，斜高10m。城北墙东部残毁，中部原先可能有门，因城墙残破看不出痕迹。东墙中间一段较完整外，两边都残毁。城内现全为耕地，地面暴露大量绳纹板瓦，又有少量的绳纹夹砂粗黑陶片及绳纹灰陶瓮。绳纹板瓦中有一块残长20cm，残宽31cm，据分析可能为汉代遗物。

顾祖禹《读史方舆纪要》记："史略：初陇西鲜卑乞伏述延居于苑川。归刘曜。曜亡，述延惧，迁于麦田。"自注"在今靖虏卫北"。③日关尾史郎认为麦田在今靖远县东北一带。④有学者认为该城为麦田城，城北面的水为万马泉水。

缠州、柳州城距离法泉寺约50华里。

---

① 定西地区文化局编：《定西地区文物概况》，1976年铅印本，第10页。

② 定西地区文化局编：《定西地区文物概况》，1976年铅印本，第12页。

③ ［清］顾祖禹撰，贺次君、施和金点校：《读史方舆纪要》卷3《历代州域形势》（晋十六国），中华书局，1955年，第145页。

④ 关尾史郎：《南凉统治下的汉族和少数民族》，《西北民族研究》1992年第1期。

第五站区：黄湾

黄湾汉墓：位于白银市平川区水泉乡中村。该村地处黄河岸边，与下村、上村（又名一碗泉、玉湾泉）、小黄湾通被称为黄湾。这一带迟至明代以迭烈逊（山名，或渡口名、或堡名等）之名载于史籍。①但据散见文物、古墓葬遗迹反映，这一地区自汉代就已获得充分开发，为丝路古津、文化发达之乡，发展程度不逊于内地。1976年，在中村东不到1公里处（现为居民区）发现土坑葬，系长方形土坑木椁墓。墓椁分为两层，外层四周圆木并排竖立，上面圆木平摆。内层方木接榫联合，中间架一方木横梁，梁头设有燕尾槽接榫，上面平铺方木接榫椁盖。木椁底部以卵石铺地。墓室规模较为宏大，分墓道、前室、后室，前后室各设门一道（见《黄湾汉代木椁墓平面示意图》）。后室中有残朽棺木二具，骨架两具，男女各一。女性口含石蝉，并有石鼻塞二枚。墓中出土大小陶瓮、陶壶、陶罐二十三件，小陶鼎一件，夹砂红陶豆一件及五铢钱、铜棺饰等。初步断定为汉代夫妇合葬墓②，时代至迟应在东汉中叶以前。2013年春，在中村再次发现4座汉墓。新发现的4座汉墓位于1976年发现的汉墓的西南，两处汉墓相距不到1公里。汉墓外有两层木椁，内有木棺，其中1号墓的木椁保存得比较完整，外椁长7米、宽3米、高2米，犹如一个"小木屋"（附图2《黄湾汉墓1号墓挖掘现场》）。经过抢救清理，4座墓葬出土了40多枚五铢钱、10多件灰陶罐及一枚虎钮铜印③，另外还有铜镜、织物、木俑、漆器、琉璃、车马饰件、骸骨等。实地考察发现，木椁所用木料较大，表明当地林木繁茂、环境优美。④迭烈逊渡口应为汉代鹯阴渡口。⑤黄湾距离缠州、柳州城约20华里。黄湾一带有泉数眼。⑥

---

① 谭其骧主编：《中国历史地图集》第7册《(至顺元年) 甘肃行省政局图》标有迭烈逊，中国地图出版社，1996年，第21页。

② 西北师范大学古籍整理研究所编：《甘肃古迹名胜辞典》，甘肃教育出版社，1992年，第46页。参见定西地区文化局编《定西地区文物概况》，第12页。

③ 杜永强：《白银市平川区黄湾汉代木椁墓清理简报》，《居延遗址与丝绸之路历史文化国际学术研讨会论文集》，2013年8月23日。

④ 2013年5月14日，笔者随同李并成教授等一同实地考察墓葬挖掘现场。

⑤ 刘再聪：《关于迭列逊渡口的几个问题》，《中国历史地理论丛》2004年第1期。

⑥ 刘再明：《漫谈黄湾坎井泉》，《甘肃文史》2010年第3期。

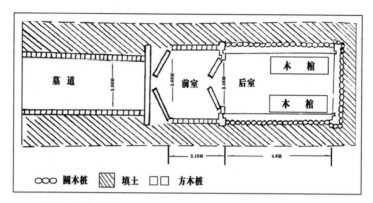

黄湾汉代木椁墓平面示意图（采自《定西文物概况》，1976年铅印本，第66页）

第六站区：三角城遗址

三角城遗址位于平川区水泉乡砂流水村西二公里甲盔山下，背山面水，城墙呈三角形，城池较小，易守难攻。原为控制阳武下峡及索桥之堡寨。2010年8月考察时，发现一些汉代瓦片，城下有水泉。三角城距离黄湾约50华里，至索桥渡口60华里。

第七站区：北滩、双龙、石门

鎏金银盘：1988年，在甘肃靖远北滩乡北山东街庄出土的一件银盘，一般名为东罗马鎏金银盘。这件银盘内底錾酒神巴卡斯，周围为宙斯十二神，外圈为16组缠枝葡萄纹图案。初仕宾认为是4—6世纪意大利、希腊或土耳其的产品①（附图1《东罗马鎏金银盘》）。法国史蒂文森（M. P. T′serstevens）认为是3—4世纪东罗马产品，制作地在意大利或希腊。②石渡美江认为是2—3世纪罗马东方行省北非或西亚的产品。③1997年，林梅村释读出盘上的一行大夏文铭文，意为"价值490金币"，并认定它是一件大夏银器④。大夏立国于中亚希腊人长期居住的巴克特里亚，

---

① 初仕宾：《甘肃靖远新出东罗马鎏金银盘略考》，《文物》1990年第5期。

② 史蒂文森（M.P.T′serstevens）：《外部世界文化对中国的贡献——交流与融合》，北京大学赛克勒考古艺术博物馆"迎接二十一世纪的中国考古学"国际学术讨论会论文，1993年。

③ ［日］石渡美江：《甘肃靖远出土鎏金银盘の图象と年代》，《古代オリエント博物館紀要》第13册，1992年。

④ 林梅村：《中国境内出土带铭文的波斯和中亚银器》，《文物》1997年第9期。

这里的工艺风格之主流是希腊罗马式的，但也杂有波斯的乃至斯基泰的影响。①

北城滩汉墓群：位于靖远县双龙乡仁和村西约四华里，黄河南岸第一台地上。多数墓早期被盗。1976年，当地文物部门在该地清理了两座汉墓，属砖券拱墓，内有木棺。一号墓中出土红陶仓、井、博山炉、瓶及五铢钱，二号墓中出土釉陶灶、案、钟、博山炉、灰陶罐及五铢钱等随葬品。该墓可能是东汉初期墓葬②，附近还有唐代墓葬和城堡遗址（见《北城滩古城墓葬烽燧长城分布示意图》）。

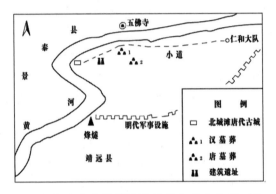

北城滩古城墓葬烽燧长城分布示意图（采自《定西文物概况》，1976年铅印本，第64页）

另，石门乡路庄村庙屲山新石器时代遗址处同时有汉代砖墓遗存。索桥渡口遗址在石门乡小口子村西，③过河后约20华里至媼围城遗址。

几点认识

一、固原至索桥渡口间站区及距离估算

按照以上记述，各站点间隔距离大致如下（华里）：

---

① 孙机：《建国以来西方古器物在我国的发现与研究》，《文物》1999年第10期。
② 定西地区文化局编：《定西地区文物概况》，1976年铅印本，第12页。
③ 刘再聪：《试论景泰境内黄河渡口的两个繁荣期》，载颜廷亮主编《景泰与丝绸之路历史文化》，甘肃人民出版社，2008年，第98页。

固原—200—海原—40（90）—西安州（盐池）—100（50）—
打拉池—55—法泉寺—50—缠州城、柳州城—20—黄湾、迭烈逊渡
口—50—三角城—60—索桥。

按照行程计算，固原至索桥之间距离为535华里。根据地图位置计
算，两地直线距离在440华里以上。①两组数字远远超过居延里程简任何
一栏所记路程的总长度——最长一段媪围至小张掖段为330（汉）里
（根据简牍所记计算），几乎是最短一段——删丹氏池段237（汉）里的
两倍之多。但是，从路线上看，高平至媪围间的走向应该肯定。这就使
我们对简牍残缺部分产生了更大的想象力，有可能是并排三枚以上。学
者认为，居延里程简"其左当缺失两简"的说法很有道理。

二、站点确定的说明

由于资料奇缺，笔者目前没有找到一件践行这条路线的实例。因
此，本文的论证推论成分较多。顾祖禹云："大都邮驿之设，以京师为
向背，而夺其径易之路，示以划一之途，亦制驭疆索者所有事也。"②旨
在强调交通主要以通向都城为目的地，而且道路要径直，捷便。范晔论
到："立屯田于膏腴之野，列邮置于要害之路。驰命走驿，不绝于时
月；商胡贩客，日款于塞下。"③则讲邮置站点的设置都必须在重要的交
通要道上。基于上述认识，本文中站区的确定，把握以下原则：

第一，有汉代或者汉代以前的遗址（如：墓葬）或遗物（如：瓦
片）。其中，汉代遗址是判定汉代邮置站点位置的关键性因素。如果没
有汉代遗址，则须考虑是否有早期人类生活的遗迹。靖远、平川一带地
处边地，历来荒芜，人烟稀少。若有远古文化遗迹，就表明这里具备基
本的生活条件。如海原县西安州城，平川区打拉池堡附近老庄汉墓、缠
州城、黄湾汉墓、三角城，靖远县石门乡路庄村庙山遗址、双龙乡永和
村遗址、北城滩汉墓、北滩东街庄等均有汉代或汉代以前的遗址或遗物。

① 甘肃省地图集编纂办公室：《中华人民共和国甘肃省地图集》，上海中华印刷厂，
1977年，第15页。
② ［清］顾祖禹撰，贺次君、施和金点校：《读史方舆纪要》卷113《云南方舆纪要
序》，中华书局，2005年，第5026页。
③ 《后汉书》卷88《西域传》，中华书局，1965年，第2931页。

第二，具备提供人马往来基本所需的地理条件，如水源问题等。对西北地区而言，水源是设置驿站的首要因素。法泉寺、缠州城、黄湾、三角城、石门等地均有泉眼存在，泉水至今惠及乡民。

第三，居于交通要道或交通主线附近。古往今来，信息传播的首要追求是安全、快捷。因此，邮置线路不一定与交通主线完全吻合，但一般不会相距太远。西安州城、打拉池堡、缠州城、黄湾渡口等均处于交通要道或主线附近。

第四，居于两站中间位置。法泉寺附近至今没有发现有汉代或汉代以前的遗址或遗物，但却居于打拉池站区与缠州城站区中间位置，而且有互通的记载。法泉寺也有通往西安州的道路。明朝开城（固原县境）景云寺碑记："宋崇宁五年（1106年）尝钦赐度牒五百纸至会州大红山岔法泉禅寺，遣僧党真巴赴西安隶下景云而给之。"①可见法泉寺与固原方向有道可通，季节河杨梢沟即是通道。

三、关于路线的说明

本文所列线路，当属于高平媪围间的主要通道。在这条主线之外，还有支线，如：

从今靖远县城附近渡黄河，过石板沟、经吴家川、石岘入景泰县界，历尾泉、西番窑最后到达一条山。

从固原、海原北上灵武过黄河至武威。

从黄湾渡口（迭烈逊渡口）过黄河，经车道沟入景泰县界，历脑泉、营盘沟翻老虎山至武威；或从黄湾起始沿黄河冰道直至媪围等。

四、史事论证说明及文物资料的时代断定

本文略去了汉魏南北朝时期在靖远、平川一带的战事论证。文中所用文物资料的时代断定，除去标明出处者，其余仅仅是请教个别学者的初步断定。

---

① 靖远县志编纂编委会编纂：《靖远县志》，甘肃文化出版社，1995年，第632页。

——本文曾提交"甘肃省第二届简牍学国际学术研讨会"（甘肃兰州，2011年8月24—26日）、"开拓与守护：'丝绸之路上的白银'学术研讨会"（甘肃白银，2014年7月5日）。此次补充了部分材料。

附图：

图1　东罗马鎏金银盘　　　　图2　黄湾汉墓1号墓挖掘现场

（原刊于《吐鲁番学研究》，2014年第2期）

汉简中的大宛和康居
——丝绸之路与中西交往研究的新资料

郝树声

　　张骞通西域，开创了中西官方外交和丝绸之路的先河①。张骞最先所到之地有大宛、康居、大月氏、大夏等，"传闻其旁大国五六"。这些地区包括今天的中亚五国和西亚地区的阿富汗、伊朗等国以及南亚次大陆。公元前6世纪—公元前4世纪，这里曾被强盛一时的波斯帝国统治长达200年之久，后又被亚历山大希腊化，是重要的文化交汇之地。20世纪90年代，在敦煌悬泉置汉晋遗址出土了近20000枚汉代简牍。作为当时中西交通要道上的一处邮驿接待机构，悬泉置留下了大量西域（主要指今天的新疆）以及中亚、西亚、南亚等各国国王、质子、使者、商客等东来朝拜、受封、纳贡、通使、经商、学习，以及中原王朝派往上述各国的使节、商贩经过此地的记录，为研究中西文化交流和丝绸之路的状况提供了新资料。下面就汉简中关于大宛和康居的材料作一分析研究。

一、汉简中的大宛

　　大宛是两汉时期的中亚古国，所处费尔干纳盆地为大陆性气候，适宜农业耕作。大宛东北至西南约为370千米，南北宽约为200千米，总面积约为7800平方千米。如果把山口以外的苦盏（Khujand）和乌拉秋别（Wulaqiubie）包括在其中，它的疆域面积更大。这一地区现在分属于乌兹别克斯坦和塔吉克斯坦。

　　在费尔干纳盆地发现的时代在公元前9世纪—公元前7世纪的楚斯特

_____

① 在此之前，丝绸之路上的民间来往和转手贸易早已存在。

（Chust）文化，调查发掘过80多处遗址，其中发现有原始的灌溉系统和发达的手工业，显示了当时绿洲城邦国家逐渐形成的过程。其后公元前6世纪—公元前4世纪的埃拉坦（Eylatan）①遗址是该时期费尔干纳盆地最大的城堡遗址。公元前3世纪—公元4世纪，有明特佩（Mingtepa）②和阿赫斯克特（Akhsiket）遗址③，以其具有坚固城防的古代城市成为大宛绿洲国家城市遗址的代表④。

关于公元前2世纪下半叶张骞到来之前大宛的基本状况，雅诺什·哈尔马塔主编的《中亚文明史》第二卷有这样的描述：

> 在公元前最后一个世纪和公元第一个世纪内，咸海和锡尔河地区的农业主要在花剌子模和大宛（费尔干纳）这样的独立政权境内发展，尽管它们在短期内部分地属于亚历山大帝国、塞琉古王朝、希腊—巴克特利亚人和贵霜人。公元前290—160年，苏对沙那与俱战提似乎成了希腊—巴克特里亚王国的一部分。这些政治变化影响了它们的物质文化。考古发掘显示了苏对沙那、俱战提和费尔干纳西部的希腊成分，俱战提的发掘物清楚地揭示出中亚文化形成中的希腊影响。
>
> 公元前160年前后，苏对沙那与俱战提（作者按：即乌拉秋别和苦盏）独立于希腊—巴克特里亚人，而费尔干纳似乎从未隶属于他们，希腊人的控制权似乎从未超越亚历山大曾经征服的范围。然而，斯特拉波的一个注释却导致许多学者认为费尔干纳曾经归入希腊—巴克特里亚王国。诚然，在此发现了希腊—巴克特里亚君主的钱币，但是这可能只是贸易交往的结果。公元前2世纪中叶，月氏部落经过费尔干纳和苏对沙那南下，随后征服了巴克特里亚。十分可能的是，幅员辽阔，经济富庶和人口众多的大宛政权便在此同时兴起。⑤

① 该遗址位于安集延北部的哈库拉巴德（Hakkulabad）东部埃拉坦村附近。
② 位于安集延省马哈马特东郊。
③ 位于纳曼干西南25千米。
④ 郭物《费尔干纳的考古发现与研究》，中国考古网：http://www.kaogu.cn/html/cn/xueshuyanjiulyanjiuxinlun/bianjiangjizhongwai/2013/1025/33499.html.
⑤ [匈] 雅诺什·哈尔马塔：《中亚文明史》（第2卷），徐文堪等译，中国对外翻译出版公司，2001年，第365—366页。

张骞眼中的大宛，中国史籍中如此记载：

> 大宛在匈奴西南，在汉正西，去汉可万里。其俗土著，耕田，田稻麦。有蒲陶酒。多善马，马汗血，其先天马子也。有城郭屋室。其属邑大小七十余城，众可数十万。其兵弓矛骑射。其北则康居，西则大月氏，西南则大夏，东北则乌孙，东则扜罙（拘弥）、于窴。①

从考古资料和文献的记载看，张骞所看到的大宛，同当时周边的匈奴、康居、大月氏不同，虽受到北方游牧文化的影响，但主体还是农业定居之国，水利灌溉和农业比较发达，除适宜稻麦耕作外，葡萄和葡萄酒是其特产。苜蓿是天然的马嗜之物。畜牧业中的汗血马，曾是汉天子出兵大宛的攫取目标。境内大小城邑七十余座。到后来班固写《汉书》时，这里已有"户六万，口三十万，胜兵六万人"②。从人口规模看，仅次于乌孙、康居和大月氏。基层社会以五口之家为单位，老百姓过着定居农耕的生活。家出一兵，拥有大约六万人的军队。大宛人的祖先应该属于塞人的一支，所谓"自宛以西至安息国，虽颇异言，然大同，自相晓知也"，说明他们同属于印欧语系的伊兰语族；其相貌特征是"皆深目，多须髯"，亦即塞人的特点；"善贾市，争分铢"，说明商业较发达，生活中的日常需要得靠商贸交换来满足；"贵女子。女子所言，丈夫乃决正"，这正是希腊文化的影响。

张骞到大宛，沟通了中西方经济文化的大规模交往，但汉王朝与大宛关系进入实质性交往阶段则在李广利伐大宛之后。得知大宛有汗血马，汉武帝便心有惦记，于是想派使者以财帛换取金马。可大宛以为汉廷遥远，路途艰险，不仅不答应使者的要求，还杀了汉使，掠了财物。被激怒的汉武帝立即派贰师将军李广利远征大宛，历四年之久，捐十几万将士之躯，最后借大宛贵族之手杀了国王毋寡，订了城下之盟，获天马数十匹，中马三千余。随后，又跟即任国王蝉封订立盟约，"质子来

---

① 《史记》卷123《大宛列传》，中华书局，1959年，第3160页。
② 《汉书》卷96上《西域传》，中华书局，1962年，第3894页。

汉，岁献天马二匹"。

大宛之战，威震西域，确立了汉帝国在西域各国人民心目中的大国地位，"而汉发使十余辈至宛西诸外国，求奇物，因风览以伐宛之威德"。再加上在此之前张骞出使乌孙时派往大宛、康居、大月氏、大夏、安息、身毒、于寘、扜罙（拘弥）及诸旁国的副使亦同出使国的使者一同回到汉朝，从而开启了两汉时期中西交通的繁盛局面。史书记载：

> 因益发使抵安息、奄蔡、黎轩、条枝、身毒国。而天子好宛马，使者相望于道。诸使外国一辈大者数百，少者百余人，人所赍操大放博望侯时。其后益习而衰少焉。汉率一岁中使多者十余，少者五六辈，远者八九岁，近者数岁而反。①
>
> …………
>
> 初，汉使至安息，安息王令将二万骑迎于东界。东界去王都数千里。行比至，过数十城，人民相属甚多。汉使还，而后发使随汉使来观汉广大，以大鸟卵及黎轩善眩人献于汉。及宛西小国欢潜、大益，宛东姑师、扜罙、苏薤之属，皆随汉使献见天子。天子大悦。②

自此以后的一百多年中，汉与大宛一直保持着良好的交往关系，甚至在神爵二年（前60年）设立西域都护府后汉王朝所辖西域诸国中，大宛也是其中之一。敦煌悬泉置出土的关于大宛来汉的汉简就是在这种背景下汉王朝与大宛关系的档案记录。

简一：

> 元平元年十一月己酉，□□□使户籍民迎天马敦煌郡，为驾一乘传，载奴一人。御史大夫广明下右扶风，以次为驾，当舍传舍，如律（Ⅱ90DXT0115④：37）

木简，长23厘米、宽1.3厘米，柽柳，存字52。这是御史大夫田广明

---

① 《史记》卷123《大宛列传》，中华书局，1959年，第3170页。
② 《史记》卷123《大宛列传》，中华书局，1959年，第3173页。

下发给朝廷使者的传信，持信人路过悬泉置的抄件。元平元年十一月己酉为公元前74年12月28日。从右扶风到敦煌，"以次为驾，当舍传舍"。简上的年月日是开具传信的时间，至于何时路过悬泉置，不得而知。"乘传"为驾四马的传车，朝廷官员出使，都要坐这种规格的车子。

按《汉书·百官公卿表》记载，田广明任御史大夫在元平元年至本始二年（前74—前72年），其上任是蔡义，下任是魏相。元平元年（前74年），昭帝驾崩，先立昌邑王贺，后立武帝曾孙病已，是为宣帝。当时虽霍光秉政，朝政动荡，但汉与西域尤其是同大宛的关系尚处正常状态。

天马，先指渥洼水中所得神马，后指乌孙马。李广利伐大宛后专指大宛汗血马。《汉书·张骞李广利传》："贰师既斩宛王，更立贵人素遇汉善者名昧蔡为宛王。后岁余，宛贵人以为昧蔡谄，使我国遇屠，相与共杀昧蔡，立毋寡弟蝉封为王。遣子入侍，质于汉，汉因使使赂赐镇抚之。又发使十余辈，抵宛西诸国求奇物，因风谕以伐宛之威。宛王蝉封与汉约，岁献天马二匹。汉使采蒲陶、目宿种归。天子以天马多，又外国使来众，益种蒲陶、目宿离宫馆旁，极望焉。"①

此简有纪年，时在元平元年，距李广利伐大宛，已过26年。在这20多年中，大宛"岁献天马二匹"的约定在一直践行中，简文内容与此有关，说明李广利伐大宛以后的相当一段时间里，汉与大宛始终保持了贡使来往关系。另外，简中所记内容说明，每年迎取天马，朝廷要派人赶到敦煌郡，从敦煌郡迎接贡使和天马再到京师长安，沿途所过，要提供车驾和食宿安排，表明汉朝廷对此事的高度重视。

简二：

> 以食使大宛车骑将军长史。（Ⅰ90DXT0112③：30）

梜片，长5厘米、宽0.6厘米，存字11。出土该梜片的探方层位中，有15枚纪年简，其中14枚是宣帝时期的。从本始二年（公元前72年）到甘露二年（公元前52年），本始、地节、元康、神爵、五凤、甘露六个年号连续出现，所以该简内容反映的史实当为宣帝

---

① 《汉书》卷96上《西域传》，中华书局，1962年，第3895页。

时期。

这是一份悬泉置接待过往官员和使者的记录，内容是朝廷派车骑将军长史出使大宛，路过悬泉置时悬泉置为之提供了膳食。

车骑将军不常置。宣帝时任车骑将军者有张安世、韩增、许延寿和乐陵侯史高。据《汉书·百官公卿表》记载：元平元年，右将军张安世为车骑将军、光禄勋。地节三年（前67年）四月戊申，车骑将军、光禄勋张安世为大司马车骑将军。七月戊申更为大司马卫将军。神爵元年（前61年），前将军韩增为大司马车骑将军。五凤二年（前56年），韩增薨，强弩将军许延寿为大司马车骑将军，甘露元年（前53年），延寿薨。黄龙元年（前49年）十二月，侍中乐陵侯史高为大司马车骑将军。可见，从前74年到前67年，车骑将军为张安世；前67年到前62年，空缺；前61年到前53年，先后是韩增和许延寿，前53年到前49年，空缺；前49年后是刘史高。除张安世之外，其他三位都是以大司马兼领车骑将军。张安世在最后一年亦如此。所以简中只记"车骑将军"而未冠"大司马"字样，说明简文所记"车骑将军"，当指张安世。

《汉书·冯奉世传》记载："先是时，汉数出使西域，多辱命不称，或贪污，为外国所苦。是时乌孙大有击匈奴之功，而西域诸国新辑，汉方善遇，欲以安之，选可使外国者。前将军增举奉世以卫候使持节送大宛诸国客。至伊修城，都尉宋将言莎车与旁国共攻杀汉所置莎车王万年，并杀汉使者奚充国。……奉世与其副严昌……以节谕告诸国王，因发其兵，南北道合万五千人进击莎车，攻拔其城。莎车王自杀，传其首诣长安。诸国悉平，威振西域。奉世乃罢兵以闻。宣帝召见韩增，曰：'贺将军所举得其人。'奉世遂西至大宛。大宛闻其斩莎车王，敬之异于它使，得其名马象龙而还。"此事，《资治通鉴》系之于元康元年（前65年）。从上述记载中可以看出，在冯奉世出使大宛之前，汉朝曾多次派使节出使西域及大宛各国，只是"多辱命不称"或"为外国所苦"。上述简文印证了这一事实。

简三：

使大宛车骑将军长史尊使□侯张行在所以令为驾一乘（Ⅱ

90DXT0314②：121）

木牍，残长9.8厘米、宽1.8厘米，柽柳，下部和左侧残，可释者只有两段残文，24字。是一份使大宛车骑将军长史尊和□侯张某等人所持传信，字迹比较潦草，显为路过悬泉置时抄录登记的内容，而非原件。第二行"行在所"之前当有"诣"字，可见出使已经结束，这是返回朝廷途经悬泉置的记录。"为驾一乘传"之后，按此类文件格式，当有"当舍传舍，如律令"的套语。

出土该简的地层中共出纪年简主要为宣、元、成三朝的年号，最早为宣帝元康二年（前64年），最晚为成帝元延四年（前9年），时间跨度达半个多世纪。但是前文说过，自张安世之后，车骑将军一职均由大司马兼任，位居三公。该简只提车骑将军而未冠"大司马"者，亦当在张安世任车骑将军时期，即元平元年（前74年）到地节三年（前67年）之间。

此两简都是汉朝使者出使大宛的记载，说明当时汉朝对与大宛的外交关系极为重视，使节来往频繁，关注度极高。

简四：

　　客大月氏大宛疏勒于阗莎车渠勒精绝扞弥王使者十八人贵人□人（Ⅰ91DXT0309③：97）

木简，长23.2厘米、宽0.8厘米，柽柳，存字28，有一字不清。内容为接待西域诸国使者的记录。同层所出纪年简61枚，除昭帝元平元年1枚外，其余都属宣帝时期。其中元康8枚，神爵47枚，五凤5枚。所以此简当为宣帝时期之物。简中有西域八国使者18人，贵人若干人。而八国之中，大月氏和大宛远在中亚，其余六国均为丝路南道城郭诸国。六国中，疏勒、于阗、莎车、扞弥，有15000~20000人口，而渠勒和精绝只有2000~3000人。从东到西，有精绝、扞弥、渠勒、于阗、莎车、疏勒，再加上大月氏和大宛这两个葱岭以西大国，路途更加遥远。八国使者从不同的地方不期而遇，同时路过悬泉置，不仅说明上述各国同中原汉朝关系友好，而且也说明当时丝绸之路盛况空前。"驰命走驿，不绝于时月；商胡贩客，日款于塞下"①，言之不虚。

简五：

大宛贵人乌莫塞献橐他一匹黄乘须两耳絜一丈，死县泉（Ⅱ
90DXT0214②：53）

木简，长20.3厘米、宽0.9厘米，柽柳，下部残断，但文字完整，存
字24。从正规的隶书字体和内容看，此简当为悬泉置向上级汇报的一份
正式报告。大宛贵人向朝廷贡献的骆驼死在了悬泉置，当是一件重大的
事件。死因如何，责任在谁？要逐级上报。简文上下当有其他内容，此
简只是其中之一。同层所出纪年简97枚，最早者为神爵年间（前61—前
58年）简，自神爵后到西汉末年的年号，几乎是连续的。所以此简的年
代最早在神爵年间，下限不可知，自然可判为宣帝以后之物。此简说
明，自宣帝以后，大宛给汉朝的贡献不仅有天马，还有骆驼。这一峰死
在悬泉置的骆驼随贵人而来，当然不是一般的商贸行为和交换之物。

简六：

酉使送大宛□
□收责过所趣遣（Ⅱ90DXT0113②：88）

木简，长4.5厘米、宽1.1厘米，松木，上下部残断，存字两行，左
行存字5，右行存字6。第一行当为年月日干支，"使送大宛"使者某人
到某地，乘何等车，"以次为驾，当舍传舍"之类，第二行文意不明。
但从仅有的文字信息看，仍可判定为朝廷派人送大宛使者路过悬泉置的
记录，与大宛和汉朝的来往有关。出土此简的地层，最早的纪年简是宣
帝五凤四年（前54年），此后至西汉末年的纪年简都有，只能说此简内
容是宣帝以后之物，同样反映的是宣帝以后大宛与汉朝的关系，至于下
限则难以判断。

① 《后汉书》卷88《西域传》，中华书局，1965年，第2931页。

简七：

大宛贵人食七十一凡三百一十八人（Ⅴ92DXT1311③：216）

木牍，长10厘米、宽1.2厘米，松木，左、右两侧和下半部分均残缺，存字两行，15字。左、右两侧应当还有文字，不得而知。其内容仍然是西域贵人、使者路过悬泉置时为之提供膳食的记录。大宛贵人之外，当有其他西域诸国的贵人和使者，惜已残缺。悬泉汉简记载人数，往往以人次相加。如果是106人三食，亦可作食318人；如果是53人食六食，亦可作食318人。所以简中三百一十八人，不能直接理解为一次就接待了如此之多的客人。当然，据《汉书·张骞李广利传》记载：自汉武帝伐大宛后，"而天子好宛马，使者相望于道，一辈大者数百，少者百余人，所赍操大放博望侯时"。如此看来，西域诸国一次来数百人，也是正常的。出土该简的地层中共出纪年简45枚，其中甘露3枚、黄龙2枚、初元35枚、永光5枚，所以该简当为宣、元时期之物，内容反映该时期大宛及其西域诸国同汉朝的关系。

简八：

使大宛卫候建叩头叩头（Ⅱ90DXT0216②：193）

木牍，长12.2厘米、宽1.1厘米，松木。左右两侧和下部残，存字10，而前5字仅存右半，释文是根据字形判读的。木牍两侧和下半部分当有其他内容。书体用规整的八分隶写成。从内容和语气看，当是出使大宛的卫候给朝廷的上书。

出土该木牍的地层共出纪年简147枚，除有宣帝甘露年间（前53—前50年）的2枚外，都是元、成时期的。其中永光、建昭年间（前43—前34年）共125枚，时间最晚的1枚在鸿嘉五年（即永始元年，前16年）的1枚。所以该木牍的时代当在元、成时期，其反映的内容当为元、成时期大宛与汉朝的来往关系。

《汉书》记载，以卫候出使大宛者只有冯奉世，时在元康元年（前65年）。简中的"卫候建"可能是冯奉世之后又一次以"卫候"身份出使大宛的汉朝使节。建昭三年（前36年），西域副校尉陈汤矫诏发戊己校尉屯田吏士和城郭诸国兵四万余人，分两路西进康居，消灭北匈奴郅支单于，成为汉匈关系史上的大事，也是西域史上的大事。当时能够调发西域诸国兵四万余人（戊己校尉屯田吏士不过两千多人），说明汉朝对西域诸国的管理已相当有效。当时三校军队西越葱岭经大宛到康居，三校军队经温宿（即今阿克苏）越天山，从北道入赤谷城过乌孙，涉康居界，至滇池（伊塞克湖）西。前者过大宛，似应得到大宛的欢迎和支持。从该简的记载看，永光、建昭年间，大宛和汉朝的关系是友好的。

简九：

居大宛北道城伏地（Ⅵ92DXT1122③：9）

木牍，长10.4厘米、宽3.7厘米，松木，上下残甚，能释者不过数字。从语气和行文看，当为一封书信的内容，与出使大宛有关。与该木牍同层共出的纪年简11枚，都是元帝时期的，其中初元年间7枚，永光年间4枚。所以该木牍内容当为元帝（前48年—前33年在位）及其前后的记载。

简十：

建平五年十一月庚申，遣卒史赵平送自来大宛使者侯陵奉献，诣在所以（Ⅱ90DXT0114④：57）

木简，长18.8厘米、宽1.3厘米，松木，下部残断，存字29。悬泉置过往接待记录，有明确纪年。建平五年即元寿元年（前2年）。十一月丙申朔，庚申为二十五日。公元前2年12月21日。卒史是太守府的文职官员，受过正规教育，至少通一经，秩百石。三辅各郡卒史有秩二百石者。简中"卒史赵平"，是敦煌太守下属的官员，因为所谓"送"，乃送往京师。菀、宛相通。全文意思是：大宛使者侯陵，要到京师朝贡，是大宛自己所派，非汉朝邀请。路过悬泉置的时间是公元前2年12月21日。

此时汉室衰微，董卓用事，哀帝昏弱，外戚专权，朝政一片黑暗。但是周边国家包括匈奴、乌孙以及西域诸国由于长期的经营管理，此时正处于效益期和收获期，然而"思汉威德，咸乐内属"，这说明汉朝的向心力和内聚力并未减弱，"匈奴单于及乌孙大昆弥伊秩靡皆来朝，汉以为荣。是时西域凡五十国，自译长至将、相、侯、王皆佩汉印绶，凡三百七十六人；而康居、大月氏、安息、罽宾、乌弋之属，皆以绝远，不在数中，其来贡献，则相与报，不督录总领也"①。大宛是西域都护府管辖的国家，当在佩带汉印之列。简文所见，就是大宛自来朝贡的事例。

上引10条汉简，并非汉与大宛关系的全部，以斑窥豹非全豹也。但是，它从出土文献的角度足可证明，李广利伐大宛后的一百年里，汉帝国与远在中亚的费尔干纳盆地大宛国始终保持着频繁而亲密的来往关系。

二、汉简中的康居

康居是紧邻大宛西北、分布在锡尔河北岸、哈萨克斯坦南部草原的游牧民族，其势力繁盛时可能达到泽拉夫善河流域（今布哈拉河）。至于其族源，至今尚不清楚，"古代的波斯记载和希腊史家都忽略了他们"②。唯一留下来的史料就是《史记·大宛列传》和《汉书·西域传》。2004年7月，哈萨克斯坦考古人员曾在南哈萨克斯坦州首府希姆肯特市以西25公里处，发现一处保存完好的康居国将军墓。这是哈学者在对康居古国20多年的考古调查中首次发现的未经盗掘破坏的康居古墓③。2006年10月，在南哈萨克斯坦州奥尔达巴辛区库尔托别遗址发现了刻在黏土砖上的古康居国文献，仅6行44字，主要信息是：古代康居国时期布拉哈绿洲的首府是诺沃阿克梅坦，意即"新居处"。文献中提到的一些古老的城市，如恰奇、纳赫沙布、撒马尔罕和克什，都位于今天的乌兹别克斯坦境内④。其他一些墓葬因被盗掘破坏而基本失去了研究价值。张骞在公元前2世纪到来时，这里已俨然大国。后来《汉书》记载，有

①［宋］司马光：《资治通鉴》卷35"汉哀帝元寿二年（前1年）正月"条，中华书局，1956年，第1123页。

②［美］麦高文：《中亚古国史》，章巽译，中华书局，2004年，第43页。

③陈俊锋：《哈考古学家发现古康居国将军墓》[EB/OL].http://news.xinhuanet.com/newscenter/2002-07/19/content_489835.htm.

④魏良磊：《哈萨克斯坦发现刻在黏土砖上的古康居国文献》[EB/OL].http://news.xin-huanet.com/tech/2006-10/13/content_5197426.htm.

"户十二万，口六十万，胜兵十二万人"，其人口、户数、胜兵正好相当于大宛的两倍。

康居与汉朝的关系有一个发展的过程。张骞初次来此，曾得到康居的友好款待。"康居传致大月氏"，就是派车把张骞送到大月氏。其后太初年间（前104—前101年）李广利伐大宛，康居怕唇亡而齿寒，曾为大宛后援。北匈奴郅支单于西逃塔拉斯河（今江布尔州），康居曾与之结盟，互为翁婿。建昭三年（前36年）陈汤伐郅支，康居又暗地里支持郅支。成帝时，西域都护郭舜有一个上奏：

> 康居骄黠，讫不肯拜使者。都护吏至其国，坐之乌孙诸使下，王及贵人先饮食已，乃饮啖都护吏，故为无所省以夸旁国。以此度之，何故遣子入侍？其欲贾市为好，辞之诈也。匈奴百蛮大国，今事汉甚备，闻康居不拜，且使单于有自下之意，宜归其侍子，绝勿复使，以章汉家不通无礼之国。①

但是，朝廷并未采纳郭舜的意见，"汉为其新通，重致远人，终羁縻而未绝"。敦煌悬泉置出土的汉简，主要是公元前半个世纪汉与康居关系的记录，反映的就是这种"羁縻而未绝"的情况。

简一：

> 甘露二年正月庚戌，敦煌大守千秋、库令贺兼行丞事，敢告酒泉大守府卒人：安远侯遣比胥鞬罢军候丞赵千秋上书，送康居王使者二人、贵人十人、从者六十四人。献马二匹、橐他十四。私马九匹、驴卅一匹、橐他廿五匹、牛一。戊申入玉门关，已阅（名）籍、畜财、财物。（Ⅱ90DXT0213③：6+T0214③：83）

这是一件完整的木牍，长23厘米、宽2.8厘米，松木，存字100。背面还有49字，其内容与正面不同，不赘引。这块木牍出土时断成两片，散落在不同的探方里，后来整理时才发现两者可以缀合在一起。这是敦

---

① 《汉书》卷96上《西域传》，中华书局，1962年，第3893页。

煌太守府发往酒泉太守府的平行文书，是悬泉汉简中较早记载汉朝与康居来往的纪年简。这次康居王所派使团从使者、贵人到从者，一共76人，随行大牲畜78头。这在当时中西交通的大道上不能不说是一支浩大的队伍。要接待这样一支庞大的使团，沿途如敦煌、酒泉等地的地方官员必须认真办理，否则要受到朝廷的追责。因此敦煌太守提前移书酒泉太守，要其做好接待准备。同样，按照常规，酒泉太守也要移书张掖，以此类推。从简文记载看，除了沿途地方官必须出面接待外，西域都护府的最高长官还要派专人把他们陪护到京师。此时的西域都护是第一任西域都护郑吉。军候丞赵千秋，就是奉都护之命陪同康居客人的。军候相当于比六百石官员，同驻扎在河西边防的候官同秩。丞是军候的属吏，官阶不高，而且是"罢军候丞"。"罢"者，更尽回返。按照西汉的兵役制度，戍边的戍卒一年一更，官员三年一更。赵千秋属于军官戍边，可能早在五凤三年就到了西域的戍所。此次更尽回返，顺便受都护指派，陪同康居使团到京师长安。再有，康居使团所带78头大牲畜中，有贡献的马匹和骆驼若干，有私马、驴、驼、牛若干，前者是给朝廷的贡献之物，后者可能是使团人员自己的乘驾。至于牛，或可为沿途遇到困难时，以供宰杀食用。这里特别提到的是给朝廷的贡献。从这条简文看，至迟在宣帝甘露年间（前53—前50年），康居与汉朝就有了贡使关系，所以《汉书·西域传》载："至成帝时，康居遣子侍汉，贡献。"显然不准确。如果我们编写丝绸之路编年史或者汉朝与康居的交往史，公元前53年3月6日，有76人的康居使团带着78头牛马、骆驼等贡物浩浩荡荡开进玉门关并得到沿途官员的热情接待，不能不说这的确是一件需要特别记述的事。

简二：

　　　　□送康居诸国客卫候臣弘副□池阳令臣忠上书一封　　黄龙元年（Ⅱ90DXT0214③：109）

简三：

　　黄龙元年六月壬申使主客给事中侍谒者臣□

制诏侍御史曰使送康居诸国客卫候盖与副□

为驾二封轺传二人共载 （Ⅱ90DXT0114④：277）

简二残长18.7厘米、宽1.3厘米，柽柳，存字26，可释者24字，有纪年。简三残长8.5厘米、宽1厘米，柽柳。按正常尺寸，下半部尚有大约14.5厘米缺失。存字三行，可释者46字。虽属残简，但内容尚可研读，亦有准确纪年。

以上两简，都有纪年。黄龙元年，即公元前49年，是汉宣帝最后一个年号，只用过一年。前简未记日月干支，不知具体时日。简中使送康居诸国客的卫候，卫尉的属吏，大概为六百石或者比六百石秩级的官员。《汉书·百官公卿表》卫尉条下有："又诸屯卫候、司马二十二官皆属焉。"《元帝纪》师古注曰："卫尉有八屯，卫候、司马主卫士徼巡宿卫。"冯奉世在元康元年（前65年）出使大宛时，就是以卫候身份奉使的。池阳，汉县，治今陕西泾阳县北。池阳令在此上书，可能是临时奉使。卫候臣弘和池阳令臣忠一起上书，不知在护送康居诸国客的过程中发生了何事？至于护送了多少人，除康居客人外还有哪些国家的？简文残断，尚不得而知。但仅从残断的文字中，我们能感受到康居与汉朝在当时的来往情况。

简三有月日干支，六月壬申，初二日，公元前49年7月12日。简文是一封以制诏形式传达的诏书内容。简中"主客给事中侍谒者"尚不知是一个官衔还是两个官衔？《汉旧仪》有"主客尚书主外国事"，顾名思义，"主客给事中"亦即主办外交事务的给事中。《汉书·百官公卿表》载："给事中亦加官，所加或大夫、博士、议郎，掌顾问应对，位次中常侍。""侍谒者"亦皇帝身边近臣，《史记·滑稽列传》载："（东方）朔任其子为郎，又为侍谒者，常持节出使。"《汉书·韩延寿传》载："延寿代萧望之为左冯翊，而望之迁御史大夫。侍谒者福为望之道延寿在东郡时放散官钱千余万。"综合起来看，简中"主客给事中侍谒者"当解释作一个职衔较为合适。上两简中，朝廷派出护送康居等外国客人的官员都是卫候，前者是卫候弘，后者是卫候盖，可见两简所记之事虽都发生在同一年，但分别是两件事，而非一事。后简第三栏的内容，类似常规的传信，即要求各地为之提供车马住宿。

以上两简分别记载了黄龙元年朝廷派官员护送康居王使者路过敦煌悬泉置的史实，是汉朝与中亚地区以及康居诸国关系的原始记录。

简四至简十：

> 康居王使者杨伯刀、副扁阗；苏王使者姑墨、副沙围即贵人为匿等，皆叩头自言：前数为王奉献橐佗，入敦煌 [简四] 关，县次购食至酒泉，昆□官大守与杨伯刀等杂平直肥瘦。今杨伯刀等复为王奉献橐佗入关，行道不得 [简五] 食，至酒泉，酒泉大守独与小吏直畜，杨伯刀等不得见所献橐佗。姑墨为王献白牡橐佗一匹，牝二匹，以为黄。及杨伯刀 [简六] 等献橐佗，皆肥，以为瘦。不如实，冤。 [简七]
>
> 永光五年六月癸酉朔癸酉，使主客谏大夫汉侍郎当，移敦煌大守，书到验问言状。事当奏闻，毋留如律令。 [简八]
>
> 七月庚申，敦煌大守弘、长史章、守部候修仁行丞事，谓县：写移书到，具移康居苏王使者杨伯刀等献橐佗食用谷数，会月廿五日，如律令。／掾登、属建、书佐政光。 [简九]
>
> 七月壬戌，效谷守长合宗、守丞敦煌左尉忠谓置：写移书到，具写传马止不食谷，诏书报，会月廿三日，如律令。／掾宗、啬夫辅。 [简十] （Ⅱ90DXT0216②877–883）

总共7简，连缀为一个册子，出土时编绳尚存。长度均在23厘米左右，前4简各宽1厘米，后3简统宽1.5厘米，中间成脊形，俗称两行。两种不同形状的简编为一册。木质为柽柳。

全简293字，内容可分为四部分，主要记录康居王使者和苏薤王使者及贵人前来贡献，在酒泉评价贡物时发生了纠纷，朝廷责令敦煌郡和效谷县调查上报的事情。前4简为第一部分，143字，叙述康居使者及贵人到敦煌入关后，一般要对贡品即奉献的骆驼进行评估，评估内容涉及牝牡、毛色、肥瘦、口齿、价值等等。对方当事人5人：康居王使者杨伯刀、副使扁阗、苏薤王使者姑墨、副使沙围、贵人为匿。他们此次来奉献骆驼不是第一次，而此前曾有过多次，他们每次从敦煌入关东往酒泉，沿途食宿要有人解决，到酒泉后，太守及下属官员要会同朝贡者一起对贡物进行评估。（至于评估后交由郡县上转，抑或继续由朝贡者带往京师，尚不得而知。）而此次的情况不同了。第一，他们入关后，从敦煌到酒泉，一路缺乏食物供应；第二，到酒泉后，酒泉太守和手下人对其奉献的骆驼进行评估时没有让当事人杨伯刀等人现场参加，单方面作出了评价；第三，评价的结果有问题，杨伯刀带来的骆驼本来是膘肥体壮，可酒泉太守及其下属却定为赢瘦；第四，姑墨奉献三匹白骆驼，一牡二牝，可酒泉方面却定为"黄"，"不如实，冤"。因而上告到朝廷的有关衙门。

第二部分1简41字，乃永光五年六月初一日（前39年7月21日），朝廷主管对外交往和蛮夷事务的使主客谏大夫行文敦煌，要求敦煌太守接到文件后对此进行查询并按时上报中央，不得留迟。

第三部分1简62字，永光五年七月庚申（七月十八日，前39年9月6日），敦煌大守弘、长史章以及兼行丞事的守部候修仁联署文件，下发效谷县，要求县廷接到文件后，将康居王使者路过境时为之提供的谷物数量在七天之内，于本月二十五日上报太守府。后面有发文时掾、属、书佐的具名。从京师行文到敦煌，中间相隔48天。

第四部分1简47字，永光五年七月壬戌（七月二十日，前39年9月8日），效谷守长合宗、守丞忠（时为敦煌左尉）联署文件，下发悬泉置，要求在三天之内，于本月二十三日将传马食谷情况上报县廷。最后是掾、啬夫的具名。简文中的当事人除康居使者外，还有苏薤王使者。苏薤王地在何处，牵扯到康居五小王的具体位置。《汉书·西域传》载："康居有小王五：一曰苏薤王，治苏城，去都护五千七百七十六里，去阳关八千二十五里；二曰附墨王，治附墨城，去都护五千七百六十七里，去阳关八千二十五里；三曰窳匿王，治窳匿城，去都护五千二百六十六里，去阳关七千五百二十五里；四曰罽王，治罽城，去都护六千二百九十六里，去阳关八千五百五十五里；五曰奥鞬王，治奥鞬城，去都护六千九百六里，去阳关八千三百五十五里。凡五王，属康居。"迄今为止，确指康居五小王具体位置者，唯《新唐书·西域传》，具体记载如下：

---

① 《新唐书》卷221下《西域传》，中华书局，1975年，第6247页。

苏薤城："史，或曰佉沙，曰羯霜那，居独莫水南，康居小王苏薤城故地。"①地望在今乌兹别克斯坦东南部卡什卡塔尔里亚省的沙赫里夏波兹（Shahrisabz）。中心在北纬39°03′，东经66°49′左右。

附墨城："何，或曰屈霜你迦，曰贵霜匿，即康居小王附墨城故地。"①唐朝的何国在今天乌兹别克斯坦纳沃伊，中心在北纬40°5′，东经65°22′。西南距布哈拉100千米，东南距撒马尔汗80千米。

窳匿城："石，或曰柘支，曰柘折，曰赭时，汉大宛北鄯也。去京师九千里。东北距西突厥，西北波腊，南二百里所抵俱战提，西南五百里康也。圆千余里，右涯素叶河。王姓石，治柘折城，故康居小王窳匿城地。西南有药杀水，入中国谓之真珠河，亦曰质河。东南有大山，生瑟瑟。俗善战，多良马。"②唐朝石国，即今乌兹别克斯坦首都塔什干。就是说，康居小王窳匿城即在今天的塔什干附近。

劂城："安者，一曰布豁，又曰捕喝，元魏谓忸蜜者。东北至东安，西南至毕，皆百里所。西濒乌浒河，治阿滥谧城，即康居小君长劂王故地。大城四十，小堡千余。"③唐朝安国都城阿滥谧城，即今天乌兹别克斯坦的布哈拉。

奥鞬城："火寻，或曰货利习弥，曰过利，居乌浒水之阳。东南六百里距戊地，西南与波斯接，抵突厥曷萨，乃康居小王奥鞬城故地。"④唐朝的火寻国，都城急多飓遮城，具体地望在今乌兹别克斯坦西部阿姆河下游花拉子模州首府乌尔根奇（Urgench）附近。余太山认为，奥鞬即喝汗，即东安⑤。其地在那密水之阳。备一说。

康居是游牧行国，"与大月氏同俗"，活动范围主要在锡尔河以北今哈萨克斯坦南部草原。但上述五小王的位置除窳匿王在塔什干一带外，其余四地均在乌兹别克斯坦泽拉夫善河（今布哈拉河）流域索格底亚那（Sogdiana），这里是粟特人的发祥地，属于农耕定居之地。因此，

---

① 《新唐书》卷221下《西域传》，中华书局，1975年，第6247页。
② 《新唐书》卷221下《西域传》，中华书局，1975年，第6246页。
③ 《新唐书》卷221下《西域传》，中华书局，1975年，第6244页。
④ 《新唐书》卷221下《西域传》，中华书局，1975年，第6247页。
⑤ 余太山：《两汉魏晋南北朝正史西域传研究》，中华书局，2003年，第134页。

有人认为《新唐书·西域传》中关于康居五小王的具体位置靠不住，理由是"由汉迄于唐代，其间相距过长，故对于该地种种情形所报告之来源，殊难信任。吾人亦只能断定若辈之确认显为杜撰及幻想耳"[1]。但唐人去汉数百年，固然"相距过长"，我们今天去唐一千多年，较之唐人，远之又甚。再说在中国历史上，巴尔喀什湖以西到咸海地区，再沿阿姆河上溯南到阿富汗北部，曾经是唐朝安西都护府的统治范围。当时在这块土地上留下的遗迹遗物以及文物典籍必定比我们今天所能看到的多得多。当时的文人学者来此观光游历，也比我们今天所能看到的多得多。所以欧阳修等人修《新唐书》必定参照了上述材料和见闻，他们比定的这些地点，在没有发现新的确凿证据之前，不能指为无稽之谈。合理的解释应该是，当时的康居虽然主体上属于游牧行国，但在一度繁盛之时，曾经征服了泽拉夫善河流域的城郭定居部落。上述五小王就是类似情况。他们虽然自己有国王，并能独立地对外交往，正如汉简中康居王与苏薤王使者同时来汉朝贡。但他们又附属于康居大国。在康居这个以游牧为主的政权之内，包纳了索格底亚那的定居部落。所以五小王分布在上述地区，并不难理解。

此外，简文记载的是永光五年（前39年）之事，其中有两个特别值得关注的地方，一是说康居王、苏薤王使者"前数为王奉献橐佗"，二是说"今杨伯刀等复为王奉献橐佗"。至少说明不光汉宣帝时期，正如简一至简三所呈现那样，康居和汉帝国保持了大规模交流交往的关系，而且到元帝永光年间，仍然保持着频繁来往。这就是简四至简十这份2000多年之前的完整简册给我们提供的主要信息。

简十一：

> 阳朔二年四月辛丑朔，甲子，京兆尹信、丞义下左将军、使送康居校尉，承书从事下当用者，如诏书。四月丙寅，左将军丹下大鸿胪、敦煌大守，承书从事下当用者如诏书。[2]

---

[1] ［日］白鸟库吉著，傅勤家译：《康居粟特考》，商务印书馆，1936年，第20页。
[2] 原简藏敦煌市博物馆，简影见杨永生主编《酒泉宝鉴》，甘肃文化出版社，2012年，第73页。

简形两行。长23.5厘米、宽2.4厘米，存字65，内容是一份逐级下达公文的批转文字。"承书从事下当用者，如诏书。"是当时公文传达的惯用语。阳朔二年为公元前23年，四月辛丑朔，甲子为二十四日，阳历6月18日。丙寅为后两日，四月二十六日，6月20日。具体内容是：公元前23年6月18日，有一封朝廷公文，先由京兆尹信、丞义下达左将军和使康居校尉。6月20日，又由左将军下达给大鸿胪和敦煌太守。公文什么内容，不得而知。此件只是一个下达文件的运行过程。

简文中"京兆尹信"指逢信。此人在阳朔元年（前24年）由弘农太守调任京兆尹，任期三年后升任太仆，在太仆任上六年，转任卫尉。由于跟翟方进争夺御史大夫一职，被得手后的翟方进劾罢免官，时在永始三年（前14年），能查到的为官履历有十一年，在担任弘农太守及其以前的情况不得而知。

左将军丹，即史丹。此人的渊源可以追溯到武帝时期的史良娣，宣帝的生母。史丹的祖父史恭就是史良娣之兄。史丹之父史高即史良娣之甥。宣帝驾崩时史高以大司马车骑将军领尚书事，又在元帝即位后辅政五年。由于这种特殊的渊源关系，史丹早在元帝做太子时（地节三年，前67年）就以中庶子，侍从多年。元帝即位（前48年），又改任驸马都尉，"出常骖乘，甚有宠。"成帝即位（前32年），又为长乐卫尉。建始四年（前29年）为右将军，河平三年（前26年）迁左将军，在左将军任上十三年而薨（前14年），前后在朝半个多世纪。阳朔二年（前23年），正是史丹在左将军任上。简中提到的大鸿胪，名勋，阳朔二年至四年（前23—前21年）在位。敦煌太守为贤，河平元年至阳朔二年（前28年—前23年）在任。简文中明言，文件在下达给左将军的同时也下达给了"使送康居校尉"。那么此时的"使送康居校尉"究在路途抑或在京师，不得而知。但不言自明的是，这条简文留下了成帝时期（前32—前7年）汉朝与康居关系的真实记录。

上引11条汉简，是公元前半个世纪里宣、元、成三朝与西域康居等国来往关系的记录，为研究丝绸之路和中西交通提供了具体生动的原始资料。

结语

公元前后几个世纪的大宛、康居，包括了今天阿姆河、锡尔河之间、费尔干纳盆地以及哈萨克斯坦南部草原的辽阔土地，是丝绸之路贸易往来与中西文化交流的重要地区。此外，汉简中记载的大月氏，主要反映两千多年前今天的土库曼斯坦南部以及阿富汗一带与汉朝的来往关系；汉简中记载的罽宾等地，主要反映印度西北以及克什米尔等南亚次大陆同汉王朝的来往关系；汉简中记载的乌弋山离，主要反映阿富汗西部和伊朗东部地区同汉王朝的来往关系。当时的这些地区，是民族、人种、文化碰撞、交流和融合的历史舞台。波斯文化、希腊文化、本地农耕文化以及北方塞人的游牧文化，都曾在这里发生深刻影响。丝绸之路的开通，把东西方连接在一起，为人类文明的进步和世界历史的发展作出了重要贡献。敦煌悬泉置出土的这些汉简，对研究上述历史弥足珍贵。

——原刊于《中原文化研究》，2015年第2期

从睡虎地秦墓竹简看秦的土地制度

潘 策

关于秦的土地制度，历来被史家所重视。从文献上看，《战国策》以后的各代著述，虽有论及，但都是商鞅"废井田，开阡陌"的不同说法。到了现代，历史学家虽对此作了不少的研究，取得了一定的成绩，但由于史料的缺乏，真相并不十分清楚。

1975年12月，湖北云梦睡虎地秦墓竹简的出土，给我们提供了研究秦的土地制度的新资料，如果再结合有关文献的记载，就能使我们较为清晰地看出秦的土地制度的基本面貌。本文试就此问题谈点肤浅的看法，敬希史学界的同志们不吝指教！

秦国是春秋时期一个后起的诸侯国，地处西陲，发展比较迟缓。根据《史记·秦本纪》的记载：秦文公四年（前762年），秦人来到"汧渭之会"（今陕西眉县附近）前，秦国的经济还处在以游牧经济为主的阶段，所以王静安先生论断说："其未逾陇以前，殆与诸戎无异。"[①]

秦国的势力达到"汧渭之会"后，农业便成为主要的生产部门，奴隶制经济也得到了发展。但秦立国后，其土地制度是否实行过井田制的问题，目前史学界还有争论。过去大家认为：秦立国后到商鞅变法前，秦奴隶社会中的土地制度是井田制，其主要根据是《汉书·食货志》记载董仲舒向汉武帝所说的："至秦则不然，用商鞅之法，改帝王之制，除井田，民得卖买。富者田连仟伯，贫者亡立锥之地。"以后史家皆沿其说，如崔寔在《政论》中说："昔在圣王立井田，分口耕耦地……始暴秦隳坏法度，制人之财，既亡纪纲，而乃尊奖并兼之人。"杜佑在其《通典·食货一》中说：商鞅"废井田，制阡陌，任其所耕，不限多少"。

---

① 王国维：《观堂集林》卷12《秦都邑考》，中华书局，1959年，第531页。

马端临在其《文献通考·田赋考》中说："秦废井田之后，任民所耕，不计多少。"综观这些论述，我们归纳起来，不外两个方面：其一是说秦国在商鞅变法前所实行的土地制度是井田制；其二是说商鞅变法后秦国封建社会的土地制度是私有制。对此，史学界有不同的看法：如范文澜先生不仅否认秦国有井田，而且还根本不相信中国历史上存在过井田制[1]。徐中舒先生主张"秦无井田"[2]。林剑鸣同志还进一步论证了秦国实行的是爰田制[3]。我们认为：秦国当时实行的无论是井田制或是爰田制，它都属于奴隶社会的土地国有制的性质。至于进入封建社会后的土地制度，根据《史记·六国年表》载：秦简公七年（前408年）"初租禾"，这是秦国第一次按土地亩数征收租税。它反映了秦国封建土地私有制已经产生，国家为了赋税的收入，不得不宣布"私田"的合法性，而一律收税，于是土地私有权便被确定了。秦献公即位后，为了适应这种变化的趋势，又实行了一些改革措施，如一即位就宣布"止从死"[4]，这是明令废除人殉制度；接着又公布"初行为市"[5]的法令，这对商品货币关系的发展提供了更为有利的条件。虽然马克思曾经指出："什么样的新生产方式会代替旧生产方式，不取决于商业，而是取决于旧生产方式本身的性质"[6]，但它无疑会在一定程度上加速旧生产方式的解体，对此，恩格斯曾经指出："现在商人来到了这个世界，他应当是这个世界发生变革的起点。但是，他并不是自觉的革命者；相反，他与这个世界骨肉相连。"[7]因此，秦献公的"初行为市"加速了奴隶制在秦国的进一步瓦解。后经秦孝公任用商鞅进行大规模的改革，才使秦国的奴隶制终于被封建制所代替。

商鞅变法后，秦国实行的何种土地制度，《汉书》以前的各种古籍，均无明确记载。后来班固在撰写《汉书·食货志》引用董仲舒的限民名田疏："至秦则不然，用商鞅之法，改帝王之制，除井田，民得卖

---

① 范文澜：《中国通史简编》（修订本），人民出版社，1964年，第234页。

② 徐中舒：《试论周代田制及其社会性质》，《四川大学学报》1955年第2期。

③ 林剑鸣：《秦史稿》，上海人民出版社，1981年，第71—80页。

④ 《史记》卷5《秦本纪》，中华书局，1959年，第201页。

⑤ 《史记》卷6《秦始皇本纪附列秦之先君》，中华书局，1959年，第289页。

⑥ 马克思：《资本论》第3卷，人民出版社，1975年，第371页。

⑦ 马克思：《资本论》第3卷，人民出版社，1975年，第1091页。

买。富者田连仟伯，贫者亡立锥之地。"睡虎地秦墓竹简给我们提供的材料表明：秦国除了存在地主土地私有制外，还存在封建的土地国有制。

如《秦律十八种·田律》：

> 雨为澍〈澍〉，及诱（秀）粟，辄以书言澍〈澍〉稼、诱（秀）粟及狠（垦）田畹毋（无）稼者顷数。稼已生后而雨，亦辄言雨少多，所利顷数。早〈旱〉及暴风雨、水潦、畲（螽）蚰群它物伤稼者，亦辄言其顷数。近县令轻足行其书，远县令邮行之，尽八月□□（之）。

这条秦律简文正是秦封建国家直接控制的国有土地的反映。因此它才在法律上明确规定：凡是国有土地所在县的官吏，都要及时向中央政府报告田地播种的面积、禾稼的生长情况，以及旱、涝、风、虫等自然灾害。如果这些土地不是国有土地，《田律》绝不会作这样的规定，也不会设置专门官吏进行管理。

事实正是这样，秦简中确有不少专门管理封建国有土地的官吏。

《秦律十八种田律》：

> 百姓居田舍者毋敢酤〈酤〉酉（酒），田啬夫、部佐谨禁御之，有不从令者有罪。
>
> 乘马服禀，过二月弗禀、弗致者，皆止，勿禀、致。禀大田而毋（无）恒籍者，以其致到日禀之，勿深致。

这里的"田啬夫""部佐""大田"无疑是管理封建国有土地的大小官吏。他们对国有土地，不仅要掌握土地播种的面积和自然灾害的情况，而且对于不同的土地在播种时，每亩应下多少种子，也要过问。如《秦律十八种·仓律》规定：

> 种：稻、麻亩用二斗大半斗，禾、麦亩一斗。黍、荅亩大半斗，叔（菽）亩半斗。利田畴，其有不尽此数者，可殹（也）。其有本者，称议种之。

同时，为了保证有足够的畜力用于农业生产，这些官吏对于耕牛的保护，也十分注意。如对耕牛的饲养与繁殖的好坏，国家定期进行考课，好的予以奖励，坏的予以处罚。如《秦律十八种·厩苑律》规定：

> 以四月、七月、十月、正月肤田牛。卒岁，以正月大课之，最，赐田啬夫壶酉（酒）束脯，为旱（皂）者除一更，赐牛长日三旬；殿者，谇田啬夫，罚冗皂者二月。其以牛田，牛减絜，治（笞）主者寸十。有（又）里课之，最后，赐田典日旬；殿，治（笞）卅。

又如《秦律杂抄·牛羊课》规定：

> 牛大牝十，其六毋（无）子，赀啬夫、佐各一盾。

此外，为了保持生态平衡，防止有人在农忙季节脱离农业生产，这些官吏对在春季繁殖季节到山林砍伐木材、堵塞水道，割草和捕捉幼兽、幼鸟等活动都要严加禁止。如《秦律十八种·田律》规定：

> 春二月，毋敢伐材木山林及雍（壅）隄水。不夏月，毋敢夜草为灰，取生荔、麝□（卵）鷇，毋□□□□□□毒鱼鳖，置穽罔（网），到七月而纵之。唯不幸死而伐绾（棺）享（椁）者，是不用时。

从以上我们所引的几条秦律简文，就完全可以证实：商鞅变法后的秦国，不仅存在封建土地国有制，而且还设置了管理封建国的大小官吏，其管理制度也是相当严密的。

根据秦律简文，我们还可清楚地看出，秦为了组织封建的国有土地的生产，一是利用了官府奴隶进行耕种。《秦律十八种·仓律》云：

> 隶臣妾其从事公，隶臣月禾二石，隶妾一石半，……隶臣田者，以二月月稟二石半石，到九月尽而止其半石。

这里的"隶臣田者",就是在封建的国有土地上进行生产的官府奴隶。假如不是的话,秦律绝不会规定在农忙季节的二月至九月,每月提高对"隶臣田者"口粮的供应标准。秦律所以要作如此的规定,是为了使奴隶有足够的体力从事农业生产。由此以见,秦为了组织封建的国有土地生产,确实利用了官府奴隶进行耕种,这是毫无疑义的!

二是利用授田与民的形式,让农民占有一定的土地,驱使他们进行耕种。这批农民实质上便成为国家的佃农。《秦律十八种·田律》云:

> 入顷刍稾,以其受田之数,无垦(垦),不垦(垦),顷入刍三石、稾二石。

这说明秦将封建的国有土地授与农民后,然后按所授之田,不管是否垦种,每顷土地必须向国家缴纳刍三石、稾二石。

此外,在《法律答问》中还有条简文云:

> 部佐匿者(诸)民田,者(诸)民弗智(知),当论不当?部佐为匿田,且可(何)为?已租者(诸)民,弗言,为匿田;未租,不论○○为匿田。

这条秦律答问简文又反映了管理封建的国有土地的官吏部佐直接负责向耕种国有土地的受田农民收取田租,如发现部佐向受田农民收取来的田租不向国家上报而隐藏私吞,就要以"匿田"罪论处。

这样,我们便明白无误地知道,秦自商鞅变法后,作为封建国家政权的秦国,曾将直接控制的国有土地利用官府奴隶进行耕种外,大部分则以"授田"的方式,让农民进行耕种,然后按"授田"面积征收租赋。这种租赋,就是秦简《仓律》《淮南子·氾论》以及《史记·秦始皇本纪》所载的菽粟刍稾[1]。这些菽粟刍稾[1],每年征收后,就地入仓,然后各地将入仓的数量上报中央政府的主管官吏。正如马克思所说:"国家

---

[1]《秦律十八种·仓律》:"入禾稼、刍稾,辄为廥籍,上内史。"《淮南子》卷13《氾论》:"秦之时,……入刍稾,头会箕赋,输于少府。"《史记》卷5《秦始皇本纪》:"二世皇帝元年,……当食者多,度不足,下调郡县转输菽粟刍稾。"

既作为土地所有者，同时又作为主权者而同直接生产者相对立，那么，地租和赋就会合为一体"①。对这样的历史事实，有人竟加以否认，而将我国封建社会的国有土地制定于汉武帝时期开始②，这是很难令人信服的。

当然，秦的土地制度，除上述的封建的国有土地制外，还有地主土地私有制。商鞅变法时，曾明令规定："明尊卑爵秩等级各以差次，名田宅、臣妾、衣服以家次。"③这样在秦便随着赐爵而出现了私有土地。这种因赐爵而得的土地数量，《商君书·境内》就有明确记载，他说："能得爵④首者，赏爵一级，益田一顷，益宅九亩。"由于秦政权不断地把国有土地赏赐给立有军功的爵位获得者，于是他们便成为"垄断一定量的土地，把它作为排斥其他一切人的、只服从自己个人意志的领域"⑤的地主了。随着地主土地私有制的发展，就使封建的国有土地，日益被地主土地私有制所兼并蚕食，因此，在我国封建社会很快便出现了"富者田连阡陌，贫者亡立锥之地"的现象。金宝祥先生十分中肯地指出："中国历史上的封建国家土地所有制，实则也只是在隐蔽形式下的一种地主所有制而已。"⑥侯外庐先生则认为："中国中古封建是以皇族地主的土地垄断为主要内容，而土地私有权的法律观念是没有的。这里所谓法律观念是指所有权的法律上的规定。"侯先生还说："马克思和恩格斯也曾经提示过，自由的土地私有权的法律观念缺乏，土地私有权的缺乏，甚至可以作为了解'全东方'世界的真正的关键。"⑦侯先生所引马恩的这些论断，马克思在1853年6月2日致恩格斯的信，和恩格斯在同年6月6日致马克思的信都曾提到："没有土地私有权的存在，这是甚至可以打开东方天国的真正钥匙。"⑧后来恩格斯在《反杜林论》中又

① 马克思：《资本论》第3卷，人民出版社，1975年，第695页。
② 贺昌群：《汉唐间封建的国有土地制与均田制》，上海人民出版社，1958年。
③《史记》卷68《商君列传》，中华书局，1959年，第2230页。
④ 朱师辙《商君书解诂定本》："爵，緜眇阁本程本吴本冯本范本，皆作甲，是甲首谓甲士之首，盖纵兵之官长。"
⑤ 马克思：《资本论》第3卷，人民出版社，1975年，第695页。
⑥ 金宝祥：《唐史论文集》，甘肃人民出版社，1982年，第86页。
⑦ 侯外庐：《中国封建社会土地所有制形式的问题》，载《中国封建社会史论》，人民出版社，1979年，第6—10页。
⑧ 马克思：《马克思恩格斯论宗教》，人民出版社，1955年，第55页。

说："在整个东方，公社或国家是土地的所有者，在那里的语言中甚至没有'地主'这个名词。"①马、恩的这些论断，据我的体会，首先从地区上来讲，正如恩格斯自己所说的，是指"从撒哈拉横贯阿剌伯、波斯、印度、鞑靼而直抵最高的亚洲高原的辽阔的沙漠地带"②；其次，结合我国的具体实际来说，却与我国奴隶社会的"溥天之下莫非王土"的特点正相吻合。因此，侯先生把马恩的这些论断运用到中国封建社会，得出的："土地私有权的法律观念是没有的"，和"我们丝毫也看不出什么'自由的私有权'来"③的论说，是与中国封建社会的实际不相符合的。

《睡虎地秦墓竹简》表明秦封建政权对国有土地和地主私有土地，同样采取法律措施加以保护。秦简《语书》给我们提供了可贵的材料。《语书》是秦王嬴政二十年（前227年）四月初二南郡守腾领给各县、道的一篇文告。他在内中提到："故腾为是而修法律令、田令及为间私方而下之，令吏明布，令吏民皆明智（知）之，毋巨（距）于罪。"从这中我们可以断定，秦政权在前227年前确实颁布过保护土地所有制的"田令"。因此才会有南郡守腾在前227年把"田令"重新整理出来，再次公布，望吏民遵守。虽然《语书》没有涉及"田令"的具体内容，但从秦墓竹简整个内容看，内中有不少是保护国有土地和地主私有土地的法律条文。《史记·秦始皇本纪·集解》记载：秦始皇三十一年（前216年）"使黔首自实田"。后来马端临认为：秦始皇"使黔首自实田"的目的，在于"以定赋"④。但在实质上远非如此。因为它的出现，标志着在战国以来封建土地私有制发展的基础上，进一步在统一的全国范围内确认了封建土地私有权。但是近来有人却持不同的看法，认为："使黔首自实田"，"有鼓励劳动力与土地结合之意"，"不能据之得出保护、推广封建土地私有制的结论"⑤在这里，我们不禁要问：如果土地纯属国有或未与劳动力结合，那末"使黔首自实田"，岂不是成了无源

---

① 恩格斯：《反杜林论》，人民出版社，1956年，第181页。

② 马克思：《马克思恩格斯论宗教》，人民出版社，1955年，第55页。

③ 侯外庐：《马克思列宁主义论封建制和全东方的封建主义》，载《中国封建社会史论》，人民出版社，1979年，第49页。

④ 《文献通考》卷1《田赋考一》："始皇三十一年，始令黔首自实田以定赋"。

⑤ 李大生：《"使黔首自实田"辨析》，《史学集刊》1981年复刊号。

之水和无本之木吗？结果黔首也没有田可自实，国家也无法以定赋；同时作为地主阶级的秦王朝不用国家权力保护地主阶级的利益，岂不成了咄咄怪事！秦简《法律答问》有条简义规定：

> "盗徙封，赎耐。"可（何）如为"封"？"封"即田千佰。顷半（畔）"封"殴（也），且非是？而盗徙之，赎耐，可（何）重也？是，不重。

这明确规定凡是擅自改变田界的人，是要受到国家法律的制裁。这表明秦用法律保护田界不受人破坏，它在实质上是保护土地所有权不受侵犯。当然这里受到法律保护的既有属于国有制的土地，也有属于私有制的土地。可见秦的统治区内，不但存在着地主土地所有制，而且国家还用法律保护他不受任何侵犯。因此有人认为在我国的封建社会里"土地私有权的法律观念是没有的"说法，是值得商榷的。

关于土地所有权及其法律观念，马克思曾作过科学的论述。他说："土地所有权的前提是，一些人垄断一定量的土地，把它作为排斥其他一切人的、只服从自己个人意志的领域。"[1]法律观念本身只是说明，土地所有者可以像每个商品所有者一样去处理土地？[2]。秦的封建土地私有的确立和发展，除了因军功行田它而外，其中一个更为主要的途径就是通过"民得卖买"使一些人成为拥有土地的地主，这就是司马迁所说的："以末致财，用本守之。"[3]这种通过买卖土地而成地主的途径，在当时已被人们誉为高尚的行动。[4]

秦的地主土地私有制的发展，秦墓竹简又给我们提供了不少的无可辩驳的材料。如《封诊式·告臣》：

> 爰书：某里士五（伍）甲缚诣男子丙，告曰："丙，甲臣，桥（骄）悍，不田作，不听甲令。谒买（卖）公，斩以为城旦，受贾

---

① 马克思：《资本论》第3卷，人民出版社，1975年，第695页。
② 马克思：《资本论》第3卷，人民出版社，1975年，第696页。
③《史记》卷129《货殖列传》，中华书局，1959年，第3281页。
④《史记》卷129《货殖列传》："是故本富为上，末富次之，奸富最下。"

（价）钱。"

这条惩罚奴隶的案例说明：某里士伍甲的奴隶丙，骄横强悍，拒不去田里干活，又不听甲的使唤。士伍甲请求将奴隶丙卖给官府，送去充当城旦。这说明士伍甲不仅是一位拥有土地而无爵位的地主，而且在他的土地上还采用奴隶劳动。

又如《秦律十八种·金布律》：

> 有责（债）于公及赀、赎者居它县，辄移居县责之。公有责（债）百姓未赏（偿），亦移其县，县赏（偿）。

《封诊式·封守》

> 乡某爰书：以某县丞某书，封有鞫者某里士五（伍）甲家室、妻、子、臣妾、衣器、畜产。

《秦律十八种·仓律》：

> 妾未使而衣食公，百姓有欲段（假）者，段（假）之，令就衣食焉，吏辄被事之。

从上所引的两条律文和一个查封的案例又可看出：这些"百姓"和士伍甲，他们既有钱借给官府；又拥有男女奴隶以及房屋、衣物、畜产；甚至还向官府借用年幼的女奴。像这样的人不是地主又是什么呢？

同时有的地主还有不小的权势。如《封诊式·黥妾》：

> 爰书：某里公士甲缚诣大女子丙，告曰："某里五大夫乙家吏。丙，乙妾殴（也）。乙使甲曰：丙悍，谒黥劓丙。"

从这一黥妾的案例中，我们可以看出：这位爵至九级五大夫的地主乙，他的家里不但有奴隶，而且还有公士爵的家吏甲。当他决定要把强悍的女奴丙处以黥刑时，他自己却不出面而叫他的家吏甲到县里去办理行刑手续。像这样的地主不是董仲舒所揭露的秦时"豪民"，又是什么呢？

综上所述，睡虎地秦墓竹简表明：秦自商鞅变法后，秦的土地制度是封建的国有制和地主土地私有制同时并存。同时他们在商品货币关系的冲击下封建的国有土地却不断遭到地主土地私有制的兼并蚕食，这是我国封建社会地主土地所有制螺旋式上升的客观规律，不少仁人贤士曾采用各种手段，阻止它的发展，结果总以徒劳而告终。无怪司马迁在他所写《货殖列传》的结束语中，非常感慨地说："由是观之，富无经业，则货无常主，能者辐凑，不肖者瓦解。"这是阶级社会的规律！

——原刊于《历史教学》，1983年第2期

走马楼简牍所见"私学"身份探析

李迎春

长沙走马楼简牍材料的陆续公布，为秦汉三国史的研究提出了许多新问题，其中有关"私学"的简牍引起了学术界的充分重视。在"私学"身份的界定上，更是众说纷纭。胡平生、王素、侯旭东、于振波、王子今、张荣强等都有专文论述，宋少华、秦晖等在相关论文中对此也有涉及。①诸位的研究解决了许多具体问题，取得了很大成绩。但笔者觉得对"私学"身份的界定，除诸位的理解外，还可从另外的角度得出另一种解释，故不揣鄙陋，提出走马楼简牍中的"私学"其实是一种"吏"的观点，以就教于方家。

一

目前已公布的走马楼简牍材料中涉及"私学"的有将近二百条，其中大部分是关于私学向政府交纳限米的记录。此外则有几条性质并不十分明确的材料，由于学界围绕这几条材料有较大争议，故将其罗列如下：

---

① 胡平生：《长沙走马楼三国孙吴简牍三文书考证》，《文物》1999年第5期。胡平生：《读长沙走马楼简牍札记（二）》，《光明日报》2000年4月7日。王素：《长沙走马楼三国孙吴简牍三文书新探》，《文物》1999年第9期。王素：《"私学"及"私学弟子"均由逃亡户口产生—长沙走马楼简牍研究辨误（二）》《光明日报》2000年7月21日。王素：《长沙走马楼三国吴简研究的回顾与展望》，《吴简研究》（第一辑）崇文书局，2004年。侯旭东：《长沙三国吴简所见"私学"考——兼论孙吴的占募与领客制》，《简帛研究二〇〇一》，广西师范大学出版社，2001年。于振波：《走马楼吴简之"私学"身份考述》，《大学教育科学》，2005年第5期。王子今、张荣强：《走马楼简牍"私学"考议》《吴简研究》（第二辑），崇文书局，2006年。宋少华：《大音希声——浅谈对长沙走马楼吴简的初步认识》，《中国书法》1998年第1期。秦晖：《传统中华帝国的乡村基层控制：汉唐间的乡村组织》，《农民与中国：历史反思与现实选择》，河北人民出版社，2003年。下文引用诸家观点，不做特殊说明者均出于上述论文。

(1) 南乡劝农掾番琬叩头死罪白被曹敕发遣吏陈晶所举私学番（一行）倚诣廷言案文书倚一名文文父广奏辞本乡正户民不为遗脱辄（二行）操黄簿审实不应为私学已曹列言府琬诚惶诚恐叩头死罪（三行）死罪诣功曹（四行）十二月十五日庚午白（五行）（J22—2695）

(2) 私学长沙刘阳谢达年卅一居临湘（一行）都乡立沂丘（二行）十一月十五右郎中窦通举（三行）（J22—2617）①

(3) 私学弟子南郡周基年廿五字公业任吏居在西部新阳县下嘉禾二年十一月一日监下关清公掾张阊举②

对于"私学"身份的理解，当前学术界主要是从分析上述三条材料中"私学"和"举"的含义入手的。胡平生认为"举"为举荐之意，"私学"是与官办学校学生相区别的"私学生"或"私学弟子"，他们需要通过举荐方能步入仕途。王素反对胡平生的观点，认为此处的"举"不是"举荐"，而有"没入"之意，"私学"是由逃亡户口产生的非国家正户，在当时可能已成为地方豪强的依附人口。侯旭东同意"举"为"举荐"的观点，认为私学的起源"当和学业传授分不开"，孙吴时期的私学交纳限米但享受免役待遇，与举主是一种官府承认的带有依附倾向的私人关系。秦晖则认为侯旭东对"举"和"私学"的理解存在着矛盾，主张私学应属于带有"违法恶行"性质的遁逃人口，是与官方文化统治相对抗的异端。于振波对吴简和文献中出现过的"私学"一词做了全面分析，重视"私学"与"限米"的联系，认为"举"有"引见"之义。他反对将私学视为依附或逃亡人口，提出了私学是儒者以私人身份招收的学生以及虽游学于学官但不属于正式员额的学生的观点。王子今和张荣强在《走马楼简牍"私学"考议》中，提出了把"举"理解为"登录"的可能性，突破了"'私学'一词是与官学相对而存在"的成见。认为"'私学'称谓指代的社会身份，是民间儒学教育体制下的受教育者"，其身份的正式确认，需要一定等级官吏的

① 例（1）（2）据长沙市文物工作队、长沙市文物考古研究所：《长沙走马楼J22发掘简报》，《文物》，1999年第5期。

② 据胡平生：《读长沙走马楼简牍札记（二）》，《光明日报》2000年4月7日。"掾"原释为"扬"，据王素、王子今意见修改。

登录方可入籍①。

由于出土文献与传世文献在语言使用上有一定差异，且古代史书对"私学""限米"记载较少，所以学术界对此问题存在着上述争论是十分正常的。总体来说，目前对"举"的理解主要有"举荐""引见""检举""没入""登录"几种观点，对私学身份的理解则有"依附人口"和"非依附人口"的争论。

对于"举"字的理解，我们认为"举荐说"和"引见说"都存在难以克服的弱点，不能合理地解释例（1）。例（1）中"奏辞"的主语不管是番倚还是其父番广②，这条简文都能反映出被举为私学者想否认、摆脱私学身份的迫切心情。并且正如秦晖所言："简文用的是传讯疑犯的口气，而不是接见被举荐人才的口气。而被传讯者所言被称为'辞'（简文中特指疑犯口供），并以'本乡正户民，不为遗脱'来自辩显然也并非求荐，而是自诉无辜。"③在这种情况下我们不能理解"举"为"举荐"和"引见"之意。而"检举说""没入说"，由于分别需要先证明私学是"逋逃"或"依附人口"方能成立，所以也未能得到大家的认可。相比较而言，我们觉得王子今和张荣强二位在周一良"魏晋南北朝文献中，举字又有承认其身份地位之意"④的论断基础上得出的"举"有"登录"之意的观点，较符合简牍原义。

在对私学身份的理解上，视私学为由逃亡产生的依附人口的观点显然缺乏说服力，这点于振波在《走马楼吴简之"私学"身份考述》一文

---

① 王子今、张荣强：《走马楼简牍"私学"考议》，载《吴简研究》（第二辑），崇文书局，2006年。

② 大部分学者都认为"奏辞"的主语是番倚或其父番广，只有于振波认为"'奏辞'一语并非指官府审讯当事人的口供，而是指劝农掾番琬向功曹汇报情况"，笔者认为于振波的观点不妥。首先，这里的"辞"指口供，是包括胡平生、侯旭东等持"举荐说"的学者都承认的观点；其次，"奏"虽然可以指下级官吏向上级的汇报，但似乎不能武断地认为就一定不能指当事人在接受讯问时的回答，尤其当这种回答需要由下级官吏转述给上级时，使用"奏"就非常恰当了；最后，例（1）为南乡劝农掾给功曹的上行文书，整condition简文都是番琬的报告，如果"本乡正户民，不为遗脱"是他个人见解的话，好像没有再加"奏辞"二字，破坏内容连续性的必要。

③ 秦晖：《传统中华帝国的乡村基层控制：汉唐间的乡村组织》，载《农民与中国：历史反思与现实选择》，河北人民出版社，2003年。下文引用诸家观点，不做特殊说明者均出于上述论文。

④ 周一良：《魏晋南北朝史札记》，中华书局，1985年，第153页。

中已有辨析，本文不再赘述。但私学不是依附人口，并不意味着其就是完全同于编户齐民的正常户口，由于其所纳"限米"的特殊性，笔者认为将其视为一种特殊人群的观点当大体不误。

上述诸位学者，在私学身份的认定上虽有分歧，但除王素外，其余学者却有一个共同点，即认为私学与学生、儒生是有联系的。有认为其是非官办学校学生的，有认为其为异端邪说的，有认为其是儒者以私人身份招收或虽游学于学官但不属于正式员额的学生的，也有认为其起源当和学业传授分不开的。王子今和张荣强二位虽对"私学一词是与官学相对"的成见有所质疑，但仍认为其应是民间儒学教育体制下的受教育者。从学生、儒生的角度对私学身份进行界定，是讨论这一问题时的一种重要思路。但当用这一思路很难继续推进对此问题的研究时，我们其实可以尝试换一种思考角度。通过对出土和传世文献的分析，笔者认为从私学与吏的关系入手对私学身份进行探讨，也许是可行的。

二

"私学"与"吏"存在着紧密联系，甚至其本身就是"吏"的一种①，这些现象在走马楼简牍和传世文献中都有所体现。

首先，走马楼简牍中"限米"的交纳者大部分都与"吏"这一身份有关。"限米"的具体性质，目前学术界还存在争论，但通过对已公布简牍资料的分析，我们不难发现其与"吏"的紧密联系。交纳限米者，除了私学，主要有吏帅客、新吏、佃吏、佃卒、邮卒、叛士、吏子弟等。除此之外，已公布的简牍材料中还存在着部分"县吏""乡吏"交

---

① 秦汉三国时期，"吏"是一种泛称，其包括文书吏、服役吏等社会地位有一定差别的群体，但社会地位有差别，不代表两者没联系。对于部分学者所持的文书吏与服役吏是两种没任何关系的社会身份的观点，笔者不敢苟同。关于当时服役吏的性质问题，我们认为应重视赵世瑜的观点，赵先生认为："魏晋南北朝时期的服役吏，从最初的制度规定上来说，应与掾史、书佐等一样，同归于诸色执掌的范围之内……正是因为他们同属于广义的晋吏集团，所以其地位虽低，却依旧具有'吏'的名号和较僮隶为高的身份地位……他们只是国家公务人员的一种特殊变体，而非制度上有什么根本的变化。"见赵世瑜：《吏与中国传统社会》，浙江人民出版社，1994年，第42—43页。基于这种认识，本文第二部分在论述私学与吏的关系时，以证明私学与"吏"这一身份存在联系为主要目的，未着意区分文书吏与服役吏之别。在第三部分讨论私学地位从东汉到三国的变化时，再分析文书吏与服役吏的地位差别。

纳限米的记录。"入平乡县吏限米二"（4791）①"入乐乡嘉禾二年县吏限米十三斛"（4669）②"右平乡入乡吏限米十七斛八斗"（4426）③等材料都反映了这个现象。《三国志·吴书·三嗣主传》载孙休永安元年（258年）诏书，"诸吏家有五人三人兼重为役，父兄在都，子弟给郡县吏，既出限米，军出又从，至于家事无经护者，朕甚悯之"，是传世文献中仅见的关于"限米"的材料，其明确指出了限米与吏身份的联系，值得我们注意。当然通过以上材料，我们并不能认为所有吏都要交纳限米，也不能确定"私学"就一定是一种"吏"。但这些材料足以说明有一部分"吏"是要交纳限米的，为我们推测私学与吏的关系提供了可能性。

其次，走马楼简牍中有"给私学"的材料，联系到吴简中常见的"给吏"，我们有理由相信所谓的"私学"可能就是一种"吏"。吴简中存在大量关于"给吏"的材料，韩树峰在《走马楼吴简中的"真吏"与"给吏"》④一文中已有详细论证。但吴简中"给私学"的材料，却尚未被学界重视。《长沙走马楼三国吴简·竹简（二）》第1972号简载："□弟……给私学"，此简虽有残断，但意思是明确的。将其与《长沙走马楼三国吴简·竹简（一）》第8400号简"露妻笋年廿露男弟头年廿给县吏"进行比照，我们似可看出私学与某种吏在社会身份上的一致性。

再次，将私学身份与吏联系起来，在传世文献中也有依据。《太平御览》卷685引曹魏董巴《汉舆服志》说："进贤冠，古缁布冠，文儒者之服也。前高七寸，后三寸，长八寸。公侯三梁，中二千石已下至博士两梁，千石已下至小史私学弟子皆一梁。宗室刘氏亦两梁。"晋司马彪《续汉书·舆服志下》也说："进贤冠，古缁布冠也，文儒者之服也。前高七寸，后高三寸，长八寸。公侯三梁，中二千石以下至博士两梁，自博士以下至小史私学弟子，皆一梁。宗室刘氏亦两梁冠，示加服也。"同时，《续汉书·舆服志下》还说："佩双印，长寸二分，方六分。乘

---

① 走马楼简牍整理组：《长沙走马楼三国吴简·竹简（一）》，文物出版社，2003年，第994页。
② 走马楼简牍整理组：《长沙走马楼三国吴简·竹简（一）》，文物出版社，2003年，第994页。
③ 走马楼简牍整理组：《长沙走马楼三国吴简·竹简（二）》，文物出版社，2007年，第807页。
④ 韩树峰：《走马楼吴简中的"真吏"与"给吏"》，《吴简研究》（第二辑），崇文书局，2006年。

舆、诸侯王、公、列侯以白玉，中二千石以下至四百石皆以黑犀，二百石以至私学弟子皆以象牙。"

这三条关于汉代舆服制度的材料中包含有"私学弟子"与"吏"关系的信息。前两条关于"进贤冠"的材料，虽指出此冠是"文儒者之服"，但其后来列的公侯、中二千石、千石、博士、小史等称谓皆指官吏，而并非儒生。宗室与官吏虽有区别，但在汉代其本身具有任吏资格，也是可以被当作官吏看待的。因此我们认为这里的"私学弟子"不是指儒生，而是指一种与"小史"地位差不多的低级吏员。且《太平御览》在引述董巴《汉舆服志》后，又说："蔡邕《独断》曰：'进贤冠，文官服之'"，指出了只有官吏方有戴进贤冠的资格，似乎也是对"文儒者之服"的进一步说明。如果要根据字面意思将"私学弟子"理解为一种非官学的学生，那么问题就来了，官办太学的生员弟子尚未有可以戴"进贤冠"的资格，我们有什么理由认为非官学的弟子会如此受政府青睐而可以戴进贤冠？

至于"印"的材料则更能说明问题。《续汉书·舆服志下》记载，乘舆、诸侯王、公、列侯、中二千石以下至四百石、二百石以下再至私学弟子可以"佩双印"，这里除了我们正讨论的"私学弟子"外，其他皆可确定为官爵称谓，所以其指的肯定是官印。作为国家权力象征的官印，怎么可能会让普通的儒生佩戴呢？"私学弟子"既然可以佩戴官印，就已证明了其是国家的低级吏员。

最后，"私学"身份与"吏"密不可分，这与秦汉时期的"学吏制度"是有关的。说"私学"是一种吏，面临的最大问题即是从字面上看"私学"与"吏"没什么联系。但如果我们能考虑到秦汉时期的学吏制度，这个问题就迎刃而解了。秦始皇三十四年（前213年）颁布"焚书令"的同时规定"若有欲学法令，以吏为师"[1]。张金光在《论秦汉的学吏制度》一文中有"汉代，除在学官学吏外，当然还可以直接向长吏去学，亦即先去做小吏"，"其实自斗食之下皆兼具学徒吏性质"的论断[2]。指出了汉代斗食以下的小吏与"学吏"的关系，为我们正确理解

① 司马迁：《史记》卷6《秦始皇本纪》，中华书局，1959年，第255页。
② 张金光：《论秦汉的学吏制度》，《文史哲》1984年第1期。

"私学"称谓中"学"字的来源提供了重要线索。

在《续汉书·百官志》对九卿下属官吏的介绍中，可以多次看到小吏中有"学事""守学事"等名目，其性质可能与本文讨论的"私学"一样，都是来源于"学吏"的低级小吏。张金光还注意到了秦汉简牍中关于"守书私卒""吏私从者"的记录，认为这些称谓与学吏制度存在一定联系①。"守书私卒""吏私从者"等称谓中皆有"私"字，与吴简中"私学"在称谓上的一致性，恐怕也不仅是巧合。当然，说三国时期"私学"中的"学""私"字与"学吏制度"有关，只是为了证明"私学"这一称谓的来源。至于这时期的"私学"作为一种低级小吏甚至服役吏，是否还有"学吏"的性质就另当别论了。

三

我们认为走马楼简牍中"私学"的真正身份是一种"吏"，其实也与大多数学者做出的私学是一种特殊人口，但并不是豪强大族的依附人口的论断具有一致性。

从东汉后期到三国是中国吏制发展史上的一个重要时期，这一时期吏的身份地位非常复杂。一方面，汉代那种有品秩的吏职掾史，在社会上仍广泛存在，他们部分掌握着地方的行政权力，有较高的社会地位和较好的仕进前途；另一方面，汉代就已存在的服役吏在三国时期队伍急剧膨胀，且地位比起汉代更是大幅下降，已有了身份化的趋势。从社会上对吏的整体评价来说，这一时期无疑是吏的社会地位急剧下降的时期，某些服役吏的地位已在普通民户以下，甚至出现了"吏僮""吏客"等社会称谓。

据前引《太平御览》和《续汉书·舆服志》的材料我们发现，在东汉时期"私学"虽然地位低下，但毕竟与官府中负责文书工作的"小史"等属吏，还处于一个行政层次。他们拥有戴"进贤冠"和"佩双印"的资格，在一定程度上还是国家权力的执行者。但到了三国时期，在"吏"的社会地位急剧下降的大潮中，"私学"受到的影响似乎更

---

① 张金光：《论秦汉的学吏制度》，《文史哲》1984年第1期。

大，已完全沦落为地位低下的服役之吏，成为与普通编户齐民在身份地位上有所区别的特殊群体。这在走马楼简牍中有明确体现。

第一，其要交纳远比正常税额高的限米。据蒋福亚、于振波等的研究，吴简中普通民户所种"常限田"的税额一般为每亩1.2斛左右，而限米则为每亩2斛，比普通民众的赋税负担明显高出不少①。据《后汉书·仲长统传》"今通肥饶之率，计稼穑之入，令亩收三斛，斛取一斗，未为甚多"的记载，我们可以知道汉末肥饶之田的亩产量不过3斛。而吴初粮食产量不会有大的提高，再考虑到稻谷的去壳情况，则私学交纳的限米，已占自己收获物的绝大部分②。将如此多的收获物皆上交国家，这绝非正常的赋税。合理的解释只有一种，即"私学"当为国家的服役吏，而为国家生产粮食正是其所服之役。

第二，作为"吏"群体的一员，私学不从事政府的日常行政事务，而以耕种"限田"，为国家交纳"限米"为主要职责，这本身就反映了其社会地位比起东汉时已有大幅下降。

第三，本文前面举的"南乡劝农掾番琬"文书正反映了私学地位下降的事实。在那份文书中，番倚（或其父番广）极力向政府辩解，以自己是"本乡正户民，不为遗脱"为依据证明自己"不当为私学"。这至少说明了两个问题，一是普通民户不愿做私学，避之唯恐不及，这反映了私学地位的低下，也暗示了私学的负担远高于正户民；二是私学当时主要从"遗脱"人口中产生，政府对"遗脱"人口象征徭役似的无条件征发，这与我们常说的魏晋时期的"吏役制"一词恰有异曲同工之妙，正反映了三国时期服役吏地位急剧下降的事实。而前引走马楼简J22—2695、J22—2617和"私学弟子南郡周基"的材料，也反映了地方官吏为保证服役吏的数量，不顾当事者意愿，强行登录某人为私学的现象。

综上所述，我们可以认为"私学"其实就是"吏"的一种。其产生与秦汉时期的学吏制度有着密切联系。在东汉时，其主要是作为一种低级吏员而存在，负有一定的行政责任。但到三国时期，随着服役吏群体的扩大和吏社会地位的急剧下降，其已沦落为一种大家唯恐避之不及的

---

① 蒋福亚：《〈嘉禾吏民田家莂〉中的诸吏》，《文史哲》2002年第1期。于振波：《走马楼吴简中的限米与屯田》，《中国社会科学院研究生院学报》2004年第1期。

② 于振波：《走马楼吴简中的限米与屯田》，《中国社会科学院研究生院学报》2004年第1期。

服役吏，需要为国家交纳数额庞大的限米，生活境遇可能已在普通编户齐民之下。关注其地位的变化，对我们理解以行政职责为主的秦汉属吏制度向以职役为主的魏晋南北朝吏役制度的演变，无疑有着重大参考价值。

——原刊于《考古与文物》，2010年第4期

窦融保据河西与东汉王朝的关系

王震亚

　　西汉末年，统治集团的繁苛征敛和地主阶级的疯狂兼并，使广大自耕农不断破产，贫民沦为奴婢，社会危机日趋严重。王莽上台后，虽然实行了一系列改革，但这些改革不仅没有解决问题，反而激化了日益尖锐的阶级矛盾，农民起义连绵不断，社会危机进一步加深。当时一些豪强大姓乘机兴兵割据，地处西北的甘肃"隗嚣据天水自称西州上将军，卢芳据安定自称平西王，窦融据河西自称五郡大将军"①。他们建王称号，守持一隅，在于维护豪强地主阶级的利益，"据保图存"，进而觊觎天下。然而，窦融与隗嚣、卢芳等虽在政权性质上同属割据势力，但在政权归属问题上却截然不同。窦融系"先后末属、蒙恩为外戚"②，他"假历将帅"，割据河西则是为复兴刘汉业基，"尽忠贞之节"。因此，当光武建政洛阳后，他便归政光武，完成了统一大业，成为东汉初年光武中兴的重要功臣之一。

一

　　窦融（前16—62年）字周公，东汉初扶风平陵（今陕西咸阳西北）人，世代河西为官，子弟多蒙封赐，正如《后汉书·窦融传》记载："窦氏一公，两侯，三公主，四二千石，相与并时，自祖及孙，官府邸第相望京邑，奴婢以千数，于亲戚、功臣中莫与为比。"窦融七世祖窦广国，是文帝皇后的弟弟，被封为章武侯，祖居清河观津（今河北清

---

① 慕寿祺：《甘青宁史略·正编》卷一，兰州俊华印书馆印本，1936年，第42页。
② 《后汉书》卷23《窦融列传》，中华书局，1965年，第800页。

河、枣强县一带），其姊窦房猗被立为皇后以后，得"厚赐田宅金钱"①，开始徙居长安，一直到窦融五世祖窦尝时才迁居扶风平陵。宣帝时，窦氏一家已成为关中"出入贵戚，连结闾里豪杰"②的高门望族了。

窦融早年丧父，家贫孤弱，青年时为骠骑将军王舜令史，王莽居摄二年四月在强弩将军赵恢军中充任司马，因"东击翟义，还攻槐里"③有功，被封为宁武男。王莽天凤五年（18年）青州（山东德州市、齐河县以东）、徐州（山东南部、苏北一带）爆发了农民起义，太师王匡请窦融为助军，率部东向镇压农民起义，结果在成昌（山东东平县）被起义军大败，使王莽在东方的统治完全崩溃。地皇四年（23年）二月湖北一带的绿林起义军在清水（今河南白河）拥立刘玄为帝，改元更始，起义队伍迅速壮大，人数多达数万。四月，由刘秀、王凤、王常领导的一支起义军攻城略地，势如破竹，先后攻占了昆阳（今河南叶县）、定陵（今河南舞阳）、郾城（今河南郾城）等地，给地方豪强以沉重的打击。起义军节节胜利，使王莽统治集团惶恐不安，五月，王莽令大司空王邑率各郡兵四十多万向农民军反扑，窦融跟随王邑，兵至昆阳被起义军大败。此后，形势急转直下，王莽政权陷于土崩瓦解之中，起义军乘胜进军，长驱直入，很快逼近武关。这时，王邑又荐窦融为波水将军，"赐黄金千斤"④，让他率兵去新丰（今陕西潼关东北）阻击起义军。然而，形势的发展已无法挽救王莽政权覆灭的命运，地皇四年（23年）十月起义军攻入长安，推翻了王莽的统治，取得了反莽斗争的胜利。

王莽政权瓦解后，窦融率众投降更始政权，深得大司马赵萌的器重，初为校尉，后迁升为钜鹿（河北平乡）太守。但窦融认为"更始新立，东方尚扰"⑤，不宜过早取信，就职钜鹿，加之窦融先祖窦尝、窦况等"累世在河西，知其土俗"，他便与兄弟等商量："天下安危未可知，河西殷富，带河为固，张掖属国精兵万骑，一旦缓急，杜绝河津，足以自守，此遗种处也。"⑥得到大家的赞同，于是他求助赵萌，愿"辞

---

① 《史记》卷49《外戚世家》，中华书局，1959年，第1973页。
② 《后汉书》卷23《窦融列传》，中华书局，1965年，第795页。
③ 《后汉书》卷23《窦融列传》，中华书局，1965年，第795页。
④ 《后汉书》卷23《窦融列传》，中华书局，1965年，第796页。
⑤ 《后汉书》卷23《窦融列传》，中华书局，1965年，第796页。
⑥ 《后汉书》卷23《窦融列传》，中华书局，1965年，第796页。

让钜鹿，图出河西"①，结果得到更始允许，改封为张掖属国都尉。窦融就任河西后"抚结雄杰，怀辑羌虏，甚得其欢心"②。建武元年（25年）十二月，酒泉太守梁统，金城太守库钧，张掖都尉史苞、酒泉都尉竺曾、敦煌都尉辛肜等与窦融共同计议"今天下扰乱，未知所归。河西斗绝在胡羌中，不同心戮力，则不能自守，权钧力齐，复无以相率，当推一人为大将军，共全五郡，观时变动。"③经过商议，共推窦融为河西五郡大将军，建立起了河西保据政权。但是窦融认识到要结束"天下纷乱"的局面，只有建立一个统一的政权才有可能，区区河西几郡，是无法完成这一历史重任的。所以，当他听到光武鄗南（今河北柏乡县南）称帝，决心京向归附东汉。建武五年（29年）四月派长史刘钧"奉书献马"向光武表示臣服。当时，光武正准备西进击灭隗嚣、公孙述割据势力，完成国家统一，得知窦融等的东归，"深知其厚意"，立即赐窦玺书，赞扬他"劳镇守边五郡，兵马精强，仓库有畜，民庶殷富外则折挫羌胡，内则百姓蒙福"④。多年经营治理河西的政绩，并赐黄金二百斤，嘉封窦融为凉州牧。光武接纳窦融归汉，不仅取得了河西上层人士的拥护和支持，而且有利于统一战争向西推进。建武八年（32年）五月，光武率部西征隗嚣，窦融率五郡太守以及小月氏等步骑数万人，辎重五千多辆，与光武会于高平第一（今宁夏固原东），大败隗嚣，"于是嚣大将十三人，属县十六，众十余万皆降"⑤。为酬谢窦融的功劳，把阳泉（安徽丘县西）、蓼安（河南固始县蓼城冈）、安丰（河南固始县南）、安凤（安徽霍丘县西）赐给窦融，封他为安丰侯，并遣还所镇，管理河西五郡。直到建武十三年（37年），光武帝消灭了最后一个盘踞在四川的割据势力公孙述之后，由于窦融多次上书要求纳还河西五郡，才被诏征入朝。窦融归汉，相当荣耀，据史书记载"融等奉诏东行，官属宾客相随，驾乘千余辆，马牛羊被野"，"尝赐恩宠，倾动京师"⑥，先拜为冀

---

① 《后汉书》卷23《窦融列传》，中华书局，1965年，第796页。
② 《后汉书》卷23《窦融列传》，中华书局，1965年，第796页。
③ 《后汉书》卷23《窦融列传》，中华书局，1965年，第797页。
④ 《后汉书》卷23《窦融列传》，中华书局，1965年，第799页。
⑤ 《资治通鉴》卷42《汉纪》，中华书局，1956年，第1357页。
⑥ 《后汉书》卷23《窦融列传》，中华书局，1965年，第807页。

州牧，十数日又迁大司空，位列三公，参预廷政，成为东汉初年爵位显赫的重要人物。

光武帝如此器重窦融是有其原因的。一是窦融在"天下分裂，刀兵四起"的局面下能"执志忠孝，扶微救危"，辅助自己完成了国家统一，有一定的功劳和贡献。一是封建的姻戚关系在一定程度上起了作用。因为孝景帝是窦后所生，景弟之子长沙定王刘发又是光武帝的五世祖，这种特殊的宗族关系不仅促使窦融一心归汉，而且也是光武嘉封窦融的主要原因。明帝永平五年（62年），窦融病故洛阳，时年七十八岁，谥号戴侯，"赗送甚厚"。

窦融有子数人，长子窦穆，娶内黄公主为妻①，封为城门校尉，窦穆生性顽钝，"不能修尚，而拥富资，居大弟"，"交通轻薄，属托郡县，干乱政事"②，结果被免官遣回故里，后因作奸犯科被系狱中而死。其子窦勋娶东海恭王刘强之女阳泚公主为妻，也因犯律被韩纡刻考而死。勋子窦宪，是东汉章、和帝时期举足轻重"威震朝廷"的人物，在东汉后期外戚专权的政治舞台上扮演了重要角色。

章帝建初二年（77年），窦宪的妹妹被立为皇后，拜窦宪为郎，后迁升为侍中、虎贲中郎将。其弟窦笃为黄门侍郎。从此，"兄弟亲幸，并侍官省，尝赐累积，宠贵日盛，自王、主及阴、马诸家，莫不畏惮"③，成为当时权势煊赫的豪强贵戚。他们倚仗皇亲之势，巧取豪夺，强占民田，肆意兼并土地。如，建初八年冬（83年），窦宪竟"以贱直请夺沁水公主园田"④，沁水公主是章帝的姐姐，面对窦宪的枉夺，连章帝也无可奈何，只得感叹地说："今贵主尚见枉夺，何况小人哉！"⑤可见，窦氏熏灼权势已达到了何等地步。章帝死后，其子刘肇即位，是为汉和帝，因他年仅十岁，由窦太后临朝称制，这为窦氏擅权提供了更加方便的条件。这时窦宪身居侍中，"内斡机密，出宣诰命"⑥，掌握着东汉

---

① 内黄公主不见于皇后纪，汉制王女亦称公主，惟封乡亭，不封县，内黄县名，东平王苍传，旧典，诸王女皆封乡主，独封苍五女为县公主，内黄公主可能指仓五女。
② 《后汉书》卷23《窦融列传》，中华书局，1965年，第808页。
③ 《后汉书》卷23《窦融列传》，中华书局，1965年，第812页。
④ 《后汉书》卷23《窦融列传》，中华书局，1965年，第812页。
⑤ 《后汉书》卷23《窦融列传》，中华书局，1965年，第812页。
⑥ 《后汉书》卷23《窦融列传》，中华书局，1965年，第813页。

王朝的实权，成为左右政局的重要人物。他的弟弟窦笃充任虎贲中郎将，窦景、窦环皆为侍中，窦氏一门"皆居亲要之地"①，永元元年七月（89年），击破北匈奴后，窦宪拜为大将军，"封武阳侯，食邑二万户"②，"威名大盛"，他以耿夔、任尚等为爪牙，以郭叠、郭璜为心腹，以班固、傅毅等为幕僚，更加专横武断，骄纵跋扈。如，尚书仆射郅寿、乐恢因与窦宪意见不合，竟被迫自杀，"由是朝臣震慑，望风承旨"③。他的弟弟窦笃位比三公，窦景任执金吾，窦环任光禄勋，叔父窦霸任城门校尉，窦褒任将作大将，窦嘉任少府，"窦氏父子兄弟并居列位，充满朝廷"，"刺史、守令多出其门"④。窦氏权势的不断膨胀，与皇权发生了尖锐的矛盾，永元四年（92年），和帝与宦官郑重合谋，诛灭了窦氏势力，从而拉开了东汉后期外戚与宦官斗争的序幕。

二

建武元年（25年）十二月，窦融在河西"州郡英杰"的拥戴下就任河西五郡大将军，建立了地方保据政权。这个政权建政初期，"为政严猛，威行邻郡"⑤，在河西一带影响颇大。如，更始派驻武威太守马期，张掖太守任仲等因"并孤立无党"⑥，弃官而逃了。于是，窦融封梁统为武威太守，史苞为张掖太守，竺曾为酒泉太守，辛肜为敦煌太守，库钧为金城太守，自己"居属国，领都尉职如故"⑦。为进一步发展势力，扩大政治影响，窦融在建立统治机构的同时，在政治、经济和军事等方面实行了一系列有利于发展生产，巩固统治的措施。

其一，"置从亭，监察五郡"。河西地区土壤肥美，地域广大，"外通哈密，内接关辅"⑧，是通往西域和中亚欧洲地区的交通要道，也

---

① 《后汉书》卷23《窦融列传》，中华书局，1965年，第813页。
② 《后汉书》卷23《窦融列传》，中华书局，1965年，第817页。
③ 《后汉书》卷23《窦融列传》，中华书局，1965年，第819页。
④ 《后汉书》卷23《窦融列传》，中华书局，1965年，第819页。
⑤ 《后汉书》卷34《梁统列传》，中华书局，1965年，第1165页。
⑥ 《后汉书》卷23《窦融列传》，中华书局，1965年，第797页。
⑦ 《后汉书》卷23《窦融列传》，中华书局，1965年，第797页。
⑧ 钟庚起：《甘州府志》卷4《地理疆域》。

是汉、羌、匈奴等少数民族杂居之地，王莽末年，天下纷乱，刀兵四起，"河西斗绝在胡羌中"，窦融政权建立后，为安定社会秩序，促进封建经济的发展，在各州县设置别驾、治中等从事史，巡察州郡官吏，管理户籍文书，主持军事训练等工作。结果使各州郡之间"上下相亲"，实现了比较安定团结的政治局面。另外窦融针对"河西殷富，民俗质朴"的现状，还任用了一些为官比较清廉的人管理地方事务。如，建武五年（29年）七月，他起用曾经避难武威的官吏孔奋出任姑臧（今甘肃武威）议曹掾，孔奋在任期间，为官清正，生活简朴，"身处脂膏不能以自润，徒以苦辛耳"①。在他就任的几年里，尽管天下扰乱，"唯河西独安，而姑臧称为富邑，通货羌胡，市日四合"②，封建经济和商业交换呈现出一派繁荣景象。这说明窦融政权实行的政策对河西地区社会经济的发展，政治局势的稳定是起了一定积极作用的。

其二，"修兵马，习战射，明烽燧之警"，在军事上实施了"保境安民"的政策。河西地区是汉、羌和匈奴等民族人民杂居之区，西汉末年，由于王莽执行了错误的民族政策，引起羌族、匈奴人民的不断反抗。因此，这些民族的上层统治集团也就乘机进行骚扰和掠夺，致使河西地区的人民生命财产以及社会经济受到严重地威胁和破坏。窦融政权建立后，一方面让张掖属国的数万精骑整军养马，习射备战，提高战斗力，加强对边郡的防守能力；另一方面，把汉武帝以来在河西设置的边防障塞、烽火台加以整修，派戍卒瞭望，一旦遇有敌情，点燃柴禾，苇矩警报。并组织五郡兵力肩负起保卫地方的任务。如，建武六年（30年）十二月，窦融与五郡太守率兵，大破了一度占领金城郡并与隗嚣结为联盟的先零羌何封，"斩首千余级，得牛马羊万头，谷数万斛"③。这些措施不仅在军事上加强了防御力量，使窦融政权成为"兵马精强"的保据势力，而且使河西一带的"羌胡皆震服亲附"④因此，"安定、北地、上郡流入避凶饥者，归之不绝"⑤，河西五郡俨然成了一个富庶

---

① 《后汉书》卷31《孔奋列传》，中华书局，1965年，第1098页。
② 《后汉书》卷31《孔奋列传》，中华书局，1965年，第1098页。
③ 《后汉书》卷23《窦融列传》，中华书局，1965年，第804页。
④ 《后汉书》卷23《窦融列传》，中华书局，1965年，第797页。
⑤ 《后汉书》卷23《窦融列传》，中华书局，1965年，第797页。

的边塞小国，在当时许多割据势力中是最安定的一处。

其三，"设立田官，广拓土田，修治渠陂"，发展封建经济。河西地区土地辽阔，适于耕牧，窦融建政后，为促进社会生产的发展，解决军粮及其他物质上的需要，让各州县设立田官，组织人民开垦荒地，由政府发给官牛、农具和种子。同时在敦煌、酒泉一带，督戍卒屯田。另外还针对"河西旧少雨泽"①的现象，鼓励人民修理沟渠，发展灌溉事业。如，动员敦煌人民整修了鱼泽漳，引泽水灌田使麦谷丰收。另外还组织武威，张掖一带人民在祁连山麓修筑渠道，引雪水灌溉农田。这些措施大大地推动了河西地区农业生产的发展。使河西五郡出现了"仓库有蓄，民庶殷富"的繁荣景象。

总之，上述措施使窦融政权成为西北地区"国富政修，士兵怀附"的一支强大的保据力量。他之所以能够在河西地区建立保据政权，并能推行比较宽和的政策，这是有阶级、社会和思想根源的。

首先从阶级根源上看。河西地区至武帝元狩二年（前121年）设置河西四郡以来，打开了通往西域和中亚以及欧洲的通商道路，生产发展，经济繁荣，商业贸易兴旺发达。如，当时的姑臧城不仅是"丝绸之路"上的闹市，而且是河西地区人民商业经济交流的中心，"每居县者，不盈数月辄致丰积"②。因此，在这一带拥有一批掌握雄厚经济实力的商人地主。另外，王莽末年，关中、陇右一些豪强地主因政局紊乱也避居河西，这些人为维护自身的利益，希望有一个代表他们利益的政权，以便据保图存。窦融出身世家大族，世代河西为官，"知其土俗，人所敬向"，他本人又与河西上层人士"皆与为善厚"，因此，在这里建立保据政权，自然就有一定的阶级基础，就能够得到各阶层人士的拥护和支持。

其次，从社会根源上看。王莽末年，天下纷乱，群雄各据土宇，称王建号，转相攻击。河西地处西北边陲，虽然较少兵事，但它"地接陇属"，受隗嚣、公孙述割据政权的威胁很大，加上河西民族成分复杂，阶级矛盾尖锐，因此这里的豪强地主、富商大贾很需要割据自保，观时

---

① 钟庚起：《甘州府志》卷4《地理疆域》。
② 《后汉书》卷31《孔奋列传》，中华书局，1965年，第1098页。

变动。当时窦融虽置身更始营中，但他感到更始政权"皆庸人崛起，志在财币，争用权力"[①]，没有多大前途。所以，他选择了先人累世仕宦过的河西，在那里建立起保据政权，这一行动，不仅适应了河西各阶层人士的需要，而且为他以后归政光武也创造了条件。

再次，从思想根源上看。窦氏从文帝时窦太后开始就"好黄老之言"，以后窦氏子弟多"读黄帝、老子、尊其术"[②]。但是，到了汉元帝以后，儒家思想成了统治阶级用来统治人民的正统思想，窦氏后裔多系朝廷命官，他们也都笃信儒术，如，窦融的祖父窦秀，父亲窦敷都非常尊崇儒学。至于窦融本人更是如此，他常以经艺诗书教训子弟，讲究伦理道德。因此，儒家"修成淑德，继统以正"的思想便成了他立身处世的根本思想。他希望汉室复兴、历数延长，在这种思想支配下，当天下扰乱政局不稳时，他去河西建立保据政权，以观时变。东汉政权建立后，他毅然东归赞助光武的统一事业，从这一点看，窦融保据河西志保存实力，伺机完成国家统一。他在河西也推行奖励耕织，减省刑罚，稳定秩序，恢复和发展生产的各项政策，正说明他与隗嚣、公孙述割据有着本质上的不同。

三

窦融图出河西，建立保据政权，并非他的真正愿望，因为他认识到在"天下扰乱、雌雄未决"的局势下，河西一隅，地处边疆，仅能自保，不具备完成统一全国的条件，只有建立起一个统一的政权，才能结束纷乱局面，医治好国家的"伤愈之体"。因此，当他听到光武在洛阳建立东汉政权，政治清明，兵强士附，他便决心东归，专意事汉。除派长史刘钧、司马席封和弟窦友多次去洛阳上疏表示"不背真旧之主"的"忠贞之心"外，在实际行动上积极辅助光武完成了国家统一。

首先，与光武联合平定隗嚣割据势力。隗嚣政权是陇右豪强地主在西北地区的最大割据势力。它与公孙述南北呼应，与先零羌豪互为勾

---

① 《后汉书》卷16《邓寇列传》，中华书局，1965年，第599页。
② 《史记》卷49《外戚世家》，中华书局，1959年，第1975页。

结，成为光武西进道路上的最大障碍，严重地破坏了国家的统一，加上隗嚣集团及其地方豪强地主阶级乘机兼并掠夺，战争频繁，致使关中陇右地区"城郭皆为丘墟，生人转于沟壑"①社会生产受到巨大损失和破坏。东汉政权建立后，窦融站在维护国家统一，人民免于战乱的立场上，先是规劝隗嚣，希望他"改节易图"，"承事本朝"②，然而，隗嚣至建武后，觊觎天下的野心膨胀，对窦融的劝告，置若罔闻，根本不理，建武六年十二月，公然背汉事蜀，称臣公孙述，并与之联合企图割据西北、西南，顽抗到底。在这种情况下，窦融与五郡太守共同出兵，首先大破隗党先零羌何封，占领金城郡，切断隗嚣与先零羌豪的联系，接着他建议光武立即出兵西进，"国家当其先，臣融促其后，缓急迭用，首尾相本，嚣势排迮，不得进退，此必破也。"光武采纳了窦融的建议，于建武八年（32年）四月车驾西征隗嚣，窦融也与五郡太守率小月氏等部骑四万多人，汇合一起，大败隗嚣，扫清了统一道路上的障碍，有力地支援了东汉王朝的统一战争。

其次，实行"保境安民"政策，营建河西基地支援统一战争。窦融初到河西"以豪侠为名，抚结五郡豪杰"，推行"习武修文，保境安民"政策，使河西五郡成为"兵马精强、民庶殷富"的边疆基地，为后来光武帝统一西北打下了基础。为稳定河西的秩序，发展封建经济，他还任用了一些贤明的官吏担任各州郡太守。如，武威太守梁统就是一个"为政严猛，威行邻郡"③的好太守，他在任期间，减轻刑罚，兴修水利，奖励耕织，通货胡羌，使武威成了当时河西最富庶，经济繁荣，交通方便的城市，正如《读史方舆纪要》所载："姑臧不特为河西之根本，实秦、陇之襟要矣！"因此，平定隗嚣政权后，仅金城郡避难武威的人达四千三百多口，足见窦融经营河西是有成绩的。建武十三年秋（37年）当东汉政府消灭最后一个盘踞益州（今四川）割据势力公孙述后，河西归入东汉帝国版图，实现了全国统一，从这一点说，窦融对东汉王朝统一事业是有很大贡献的。

---

① 《后汉书》卷23《窦融列传》，中华书局，1956年，第801页。
② 《资治通鉴》卷42"汉光武帝建武六年（30年）十二月"条，中华书局，1956年，第1348页。
③ 《后汉书》卷34《梁统列传》，中华书局，1965年，第1165页。

此外，身居高位，不贪功建谋。窦融出身世代仕宦之家，是深知封建时代道德礼仪的。建武八年夏，当他与五郡太守会光武于高平第一时，当时光武营垒"军旅代兴，诸将与三公交错道中，或背使者交私语"①，他却派身边从事寻问会见礼仪，光武得知后，深感高兴，立即"宣告百僚，置酒高会，待以殊礼"②。隗嚣政权覆亡后，因窦融平叛有功，被封为安丰侯，"兄弟并受爵位"，这时他已感到不安，多次上书求代。全国统一后，光武又召他进京"赏赐恩宠，倾动京师"③，先为冀州牧，十余日后拜为大司空，他更以为自己"非旧臣，一旦入朝，在功臣之右，每召会行见，容貌辞气，卑恭已甚。久不自安，数辞让爵位"④。上述可见，窦融保据河西最后归汉，完全是出于重建刘氏基业，维护国家统一。在中国封建社会里，正当时局处于动荡，官僚地主、豪强大姓争相称霸，贪功建谋的时候，窦融竟有此作为，确属难能可贵，因此，历代政治家都认为他是有识之士，把他当作通时达变的典范。

——原刊于《西北师大学报（社会科学版）》，1984年第4期

---

① 《后汉书》卷23《窦融列传》，中华书局，1965年，第806页。
② 《后汉书》卷23《窦融列传》，中华书局，1965年，第806页。
③ 《后汉书》卷23《窦融列传》，中华书局，1965年，第807页。
④ 《后汉书》卷23《窦融列传》，中华书局，1965年，第807页。

从悬泉汉简看楼兰（鄯善）同汉朝的关系

张德芳

一个多世纪来，中外学术界关于楼兰史的研究，可谓成果丰硕，成就辉煌。除了传世文献外，更多的则得力于大量的考古发现——简牍、帛书和纸文书的出土以及相当数量的非汉语文献的发现。20世纪30年代的居延汉简中有少量有关楼兰、鄯善的汉简，黄文弼先生在土垠遗址掘获的71枚汉简、70年代的敦煌马圈湾汉简、90年代的悬泉汉简以及甘肃、新疆出土的一些零星汉简中，都有关于楼兰、鄯善的记载，这对研究楼兰、鄯善在两汉时期的历史极为重要。本文就悬泉汉简中有关这方面的内容，作一些介绍和考述，以供学术界进一步研究。

简一（见文后附图）

楼兰王以下二百六十人当东传车马皆当柱敦　　（Ⅱ 90DXT0115②：47）

木简，长18、宽0.8厘米。柽柳。下残，存19字。简文中"楼兰王以下"，当包括了楼兰王。"当东"即东行，可能是进入汉地朝拜天子。"柱"即住、驻的通假字，《释名·释宫室》："柱，住也。"王先谦曰："住、驻、柱皆取止而不动之意。""敦"或为敦煌某地，后文残缺了。全文文意，似为楼兰王及其所属260人要东来汉地，为做好接待工作敦煌太守或效谷县廷事先给悬泉置下达的接待通知。

观《汉书·西域传》，在元凤四年（前77年）楼兰改为鄯善前，楼兰王曾有过两次来汉的记载。一次是太初四年（前101年），"贰师军击大宛，匈奴欲遮之，贰师兵盛不敢当，即遣骑因楼兰候汉使后过者，欲绝勿通。时汉军正任文将兵屯玉门关，为贰师后距，捕得牲口，知状以闻。上诏文便道引兵捕楼兰王。将诣阙，簿责王，对曰：'小国在大国间，不两属无以自安。愿徙国入居汉地。'上直其言，遣归国。"看来这次是成行了。一次是征和元年（前92年），"楼兰王死，国人来请质子在汉者，欲立之。质子常坐汉法，下蚕室宫刑，故不遣。……楼兰更立王，汉复责其质子，亦遣一子质匈奴。后王又死，匈奴先闻之，遣质子归，得立为王。汉遣使诏新王，令入朝，天子将加厚赏。楼兰王后妻，故继母也，谓王曰：'先王遣两子质汉皆不还，奈何欲往朝乎？'王用其计，谢使曰：'新立，国未定，愿待后年入见天子'。"这次未能成行。

该简的内容可能与上述史实有关。因为全部悬泉汉简的年代集中在宣帝以后，而武帝元鼎、太始、征和三个年号的简只有7枚，都是后来追述，不是当时之物。昭帝始元、元凤、元平三个年号的简有26枚，属悬泉汉简中较早的记录。而该简所出探方中，最早的简是昭帝元平元年（前74年）的。当然这只是一个可供参考的坐标，不排除一些无纪年的简实际年代远早于此。因为纪年简只是其中的少数，只占全部简文的12%，大量的汉简无法判断其准确年代。元凤四年（前77年），傅介子斩楼兰王尝归，悬首北阙下，立尉屠耆为王，改国号为鄯善。此简所记应该是元凤四年以前之事。反映了楼兰改国号前与汉代的关系。

居延汉简303.8简，出土于大湾遗址即汉代肩水都尉府遗址，《居延汉简甲乙编》释为"诏夷虏候章发卒曰持楼兰王头诣敦煌留卒十人女译二人留守证"。《居延汉简释文合校》改释为"诏伊循候章□卒曰持楼兰王头诣敦煌留卒十人女译二人留守□"。

此事当指傅介子轻骑刺杀楼兰王，时在元凤四年，《汉书》有明确记载。但傅介子刺杀楼兰王"轻将勇敢士"，"不烦师众气而且"驰传诣阙，悬首北阙下"，即是当时立竿见影之事。"伊循侯"何从而来，颇为费解，所以《甲乙编》的释文似更为妥当。

简二

    出粟一斗六升   以食鄯善王□赐妻使者□□□□二人□再食□四升（I90DXT0116②：41）

木简，长21、宽1.0厘米。柽柳。虽下部略残，但文字完整。全简包括重文号共29字。有几个字漫漶不清，但仍可理解大意：出粟一斗六升。以食鄯善王、王赐妻使者□□、□□二人，人再食，食四升，西。鄯善王和王妻所派使者二人，路过悬泉置用饭两次，每饭每人四升，用粟一斗六升。由东向西，从汉地回国。这是一份典型的接待记录，内容包括被接待者的身份、姓名、人数、用饭次数、接待标准、开支情况以及客人去向。该简出土的探方，从宣帝五凤到王莽居摄，各年号的纪年简都有，大致可定在宣帝晚期以后。

元凤四年（前77年），傅介子斩楼兰王，更其国名为鄯善，立曾在汉为质子的尉屠耆为王。汉朝"为刻印章，赐以宫女为夫人，备车骑辎重，丞相将军率百官送至横门外，祖而遣之。"尉屠耆不仅受到汉文化熏陶，而且带着汉朝的宫女回国，鄯善和汉朝的关系发展到一个新的阶段。来汉朝贡，不仅有国王的使者，而且有王妻的使者。这个王妻，很可能就是汉朝的宫女。这枚汉简虽文字简单，却透露了汉朝与鄯善以宫女和亲后的历史信息。

简三（见文后图）

以食守属孟敞送自来鄯善王副使者卢□等再食西（I90DXT0116②：15）

木简，长16.2、宽0.9厘米。柽柳。上部残断，存字21个，其中一字模糊，原释"卢匿"，恐不确，今存疑。其余20字，清晰可辨，隶书写成，书体优雅而庄重。依文例，前半残断1/5，内容应是：出粟若干。大意是：守属孟敞送鄯善王副使卢某等返回鄯善，路过悬泉置，悬泉置出粟若干，供膳两次，西行而去。鄯善王副使属于"自来"而非朝廷正式邀请。同前简一样，是一份招待过往使节以及开支情况的登记文件。时代当在宣帝以后。因为该探方所出，从宣帝五凤年间到王莽居摄时期各个年代的纪年简都有。

简四

二月甲午以食质子一人鄯善使者二人且末使者二人莎车使者二

人扜阗使者二人皮山使者一人踈勒使者二人渠勒使者一人精绝

□斗六升使者一人使一人拘弥使者一人—乙未食渠勒副使二人扜阗副使二人贵人三弥副使一人贵人一人莎车副使一人贵人

一人皮山副使一人贵人一人精绝副使一人—乙未以食踈勒副使者一人贵三人凡卅四人 （U90DXT0213③：122）

木牍，长21.4、宽1.4厘米，上部残，胡杨。抬头记"出粟"若干，后三栏记接待的各国使者及其人数。标点断句，全文应是：

……斗六升。二月甲午，以食质子一人，鄯善使者二人，且末使者二人，莎车使者二人，扜阗使者二人，皮山使者一人，踈勒使者二人，渠勒使者一人，精绝使者一人，使一人，拘弥使者一人。

乙未，食渠勒副使二人，扜阗副使二人，贵人三人，拘弥副使一人，贵人一人，车副使一人，贵人一人，皮山副使一人，贵人一人，精绝副使一人。

乙未，以食踈勒副使者一人，贵三人。凡卅四人。

木牍文字细密，多有讹夺。每一段之间用一粗横线隔开。第一段"质子"之前未交代是哪一国质子。于阗的"于"写作"扜"疏勒的"疏"写作"踈"。"精绝使者一人"后，又有"使一人"，漏写了国名和"者"字。第二段，"车副使"之前可能脱一"莎"字。

该探方第三层所出纪年简主要是地节、元康、神爵、五凤、甘露等宣帝年号的简。另有元帝初元和成帝河平年间的简。推测上述木牍的年代大致在宣帝时期。简文内容仍然是悬泉置接待西域使者的记录。所不同的是，国家之多，达到10个，使节人数之众有34人，身份也各不相同，有质子、有使者、有副使、有贵人。甲午、乙未两天之内接待了10个国家的各类使节，不仅说明这些国家同汉朝的关系密切，而且也说明，这些国家相互之间的关系也比较融洽。还有一个值得注意的现象，就是这10个国家都是南道诸国，简文内容反映的史实当在安远侯郑吉都护西域前后，北道诸国尚未进入或者刚刚进入都护的管辖，对汉朝的朝贡使节还没有南道诸国那样频繁。

简五

　　永光元年二月癸亥敦煌大守□属汉刚送客移过所县置自来焉耆
危须鄯善王副使
　　匹牛□车七两即日发敦煌檄到豫自办给法所当得都尉以下逢迎
客县界相　（V92DXT131O③:162）

木简，长13、宽1.0厘米。柽柳。简体发黑，借助红外线方能看清。
因下部残断，两行文字不连属，仅存两段残文。第一行37字，第二行30
字，共存67字。加标点句读，应是：

永光元年二月癸亥，敦煌大守守属汉刚送客，移过所县置，自来焉
耆、危须、鄯善王副使……匹、牛、牛车七两，即日发敦煌，檄到，豫
自办给，法所当得。都尉以下逢迎客县界。相……

这是一份敦煌太守派员迎送西域使者的过所抄件。永光元年二月癸
亥，即二月十六日，公元前43年4月3日。三国使者及马若干匹，牛车七
辆，从敦煌出发，沿途所需自行采买，都尉以下要在县界迎接。从行文
看，三国使者由西向东，刚刚入境，前往京师途中。

根据《汉书·西域传》，焉耆国，王治员渠城，去长安7300里，约为
今3035千米。户4000，口32100，胜兵6000人。西南至都护治所400里，
约今166千米。南至尉犁100里，约为今41.5千米。北与乌孙接。近海水
多鱼，当指博斯腾湖。危须国，王治危须城，去长安7290里，约为今
3031千米。户700，口4900，胜兵2000人。西至都护治所500里，约为今
208千米。至焉耆100里，约为今41.5千米。

焉耆、危须、尉犁三国邻近，曾是匈奴西边日逐王僮仆都尉所驻之
地。"赋税诸国，取富给焉"，是匈奴统治西域的中心地区。神爵二年
（前60年）日逐王降汉，汉设西域都护管理西域。此时已有17年时间。
在这段时间里，鄯善、焉耆、危须三国，地域相近，关系敦睦，同时与
汉朝保持了经常的使节往来和朝贡关系。一方面接受西域都护的节制，
一方面又作为特殊地区常来京师朝天子，保持着政治上的羁縻关系和丝
绸之路的畅通。

简六（见文后图）

　　鸿嘉三年正月壬辰遣守属田忠送　　　　敦煌长史充国行大守
事丞晏谓敦煌
　　自来鄯善王副使姑丽山王副使鸟不豚奉献诣　为驾当舍传舍郡
邸如律令
　　行在所为驾一乘传六月辛酉西　　（Ⅱ90DXT0214②：78）

　　木牍，长23.6、宽2.4、厚0.5厘米。松木。右下略残。上下两栏，
三行书写，72字，文义完整，草书清晰。如标点断句，全文当作：

　　鸿嘉三年正月壬辰，遣守属田忠送自来鄯善王副使姑丽、山王副使
鸟不豚奉献，诣行在所，为驾一乘传。敦煌长史充国行大守事、丞晏
谓：敦煌为驾，当舍传舍、郡邸，如律令。六月辛酉，西。

　　这是一封为西域使者提供食宿乘车的传信，类同于后世的官方介绍
信。但不是原件，只是抄录了主要内容。鸿嘉三年正月甲戌朔，壬辰为
十九日，公元前18年2月20日。此时，鄯善王副使姑丽、山王副使鸟不
豚到京师朝贡回国，朝廷派守属田忠护送，驾一乘传，即四匹马拉的
车。敦煌太守不在署，而以长史充国和丞晏的名义签发文件，要求境内
传舍和郡邸，按规定安排食宿。六月辛酉即二十日，公元前18年7月19
日西去，前后五个月时间。

　　根据《汉书·西域传》记载：山国，王去长安7170里，约等于今天
2980千米。有户450，口5000，胜兵1000。西至尉犁240里，约100千米；
西北至焉耆160里，约66.5千米；西至危须260里，约等于108千米。其地
当在今托克逊南部山区。

　　鄯善和山国，处西域东端，离敦煌最近，使者结伴同行，朝贡频
繁，简文中反映的就是此类情况。

　　简七

　　敦煌大守遣守属冯充国上伊循城都尉□印绶御史　五凤元年五
月戊午朔戊寅受敦煌大守常乐丞□谓部□
　　以令为驾二封诏传　　七月庚午食时□□　　　　□□□驾当

舍传舍如律令

（I91DXT0309③：193）

木简，长23.5、宽1.3厘米。柽柳。简文分两栏书写，每栏两行。标点句读应是：

敦煌大守遣守属冯充国，上伊循城都尉□印绶。御史以令为驾二封轺传。七月庚午食时□。五凤元年五月戊午朔戊寅，受敦煌大守常乐、丞□谓部□□□□驾，当舍传舍，如律令。

这是一份御史大夫开具的传信。文中要求为持传人提供驾两马的轺车，提供传舍住宿。都是一些格式化的文件。五凤元年五月戊午朔戊寅，乃是年五月二十一日，公元前57年6月30日。此时的伊循城都尉可能发生了变故，或者不称职被褫夺了印绶，或者因公殉职等等，所以敦煌太守派守属冯充国要把伊循都尉的印绶上交给朝廷。路过悬泉置的时间是七月庚午，十四日，公元前57年8月21日。离敦煌太守下达传信的时间50天左右。简中"伊循城都尉"后有一未释字，为人名，不可得知。"七月庚午食时"之后的两个未释字，一般为"过东"或者"过西"，记录客人的去向；"丞"后的未释字为人名，常乐任敦煌太守时，丞是"贤"，悬泉汉简中有两处"敦煌太守常乐、丞贤"一起合署的文件，因此该简"丞"后的未释字应是"贤"。"以令为驾，当舍传舍，如律令"是一般传信套语，所以，"驾"前三个未释字应补为"以令为伊循城都尉的印绶要由敦煌太守派人负责上交，证明伊循城都尉是由敦煌太守节制的。

简八

甘露三年四月甲寅朔庚辰金城大守贤丞文谓过所县道官遣浩亹亭长秦贺以诏书送

施刑伊循当舍传舍从者如律令　（Ⅱ90DXT0114④：338）

木简，长22.8、宽1.6厘米。柽柳，完整。全文两行48字，标点句读为：

甘露三年四月甲寅朔庚辰，金城大守贤、丞文谓过所县道官，遣浩壾亭长桼贺，以诏书送施刑伊循，当舍传舍，从者如律令。

这是金城太守贤和丞文合署开具的一份过所文件，事由是派浩壾亭长桼贺送刑徒到伊循。甘露三年四月甲寅朔庚辰乃是年四月二十七日，公元前51年6月1日。此时离元凤四年（前77年）已有26年时间。开始"汉司马一人、吏士四十人，田伊循以填抚之"。而到后来，规模扩大了，不仅设置了都尉，而且除吏士外，还派了弛刑徒。简文中"施刑"当为"弛刑"，"弛，式尔反"，同音字。《汉书·宣帝纪》李奇注曰："弛，废也。谓若今徒解钳钛赭衣，置任输作也。"师古曰："李说是也。若今徒囚但不枷锁而责保散役之耳。"既然金城郡按诏书要把弛刑徒送往伊循，那么河西四郡以及其他内地郡县送弛刑到伊循的情况，应该不是个例。

简九

敦煌伊循都尉臣大仓上书一封
甘露四年六月庚子上 　（Ⅱ90DXT0216③：111）

木简，长6、宽1厘米。胡杨。下部残断近3/4，存字22个。虽为残简，但文字可完整理解。这是一份公文传送记录，是伊循都尉给朝廷的上书路过悬泉置时所作的登记。有纪年，甘露四年六月庚子为是年六月二十四日，公元前50年8月15日。通过纪年简可以判定，大仓任伊循都尉的时间在宣帝时期。

简十（见文后图）

敦煌伊循都尉大仓谓过所县
传舍从者如律令 　（I90DXT0111②：73）

木牍，长7.8、宽2厘米。松木。上下均残，仅存残文两段。第一段留12字，第二段7字。从残文判断，这是一份过所抄件。过所者，所经过的地方，偏正词组，是通行证上的常用术语。但完整的句子一般应是"某官谓过所县道津关"之类，是指某人路途所经县道关津。但久而久之，"过所"由叙述语言变成了名词，成了通关文牒和一般通行证的代称，出入关津，都得有过所，否则不予放行。简中这一过所，是由伊循都尉大仓发的。大仓其人，悬泉简中数见，说明他担任伊循都尉的时间可能较长。"伊循都尉"之前有"敦煌"二字，可能伊循都尉如同敦煌玉门都尉、敦煌阳关都尉一样，是敦煌太守下属的一个部都尉。

简十一

      伊循城都尉大仓谓过所县
      舍传舍从者如律令   （V92DXT1312③：6）

木简，长6.7、宽1.2厘米。松木。上下残断，存残文两行。其内容与上简相同，是一份过所抄件。所不同的是，上简发掘时出自一区，而此简出自五区。简九有大仓任职在甘露年间的记载，此简亦当在此时期。

简十二（见文后图）

      伊循城都尉大仓上书   （H90DXT0114④：349）

木简，长5.8、宽0.9厘米。松木。下部残断。同前简一样，是伊循都尉大仓给朝廷上书经过悬泉置的记录。

简十三

      七月乙丑敦煌大守千秋长史奉嘉守部候脩仁行丞事下当用者小
     府伊循城都尉守部司□马□官候移县置广
      校候郡库承书从事下当用者如诏书/掾平卒史敞府佐寿宗
     （V92DXT1312③：44）

木牍，长23.4、宽1.3厘米。胡杨。两面呈脊形，完整，文字两行存69字，包括2个重文号。句读标点应是：

      七月乙丑，敦煌大守千秋、长史奉熹、守部候脩仁行丞事，下当
     用者：小府、伊循城都尉、守部司马、司马官候，移县置、广校候、

郡库。承书从事下当用者。如诏书。掾平、卒史敞、府佐寿宗。

　　出土该简的探方，所出纪年简主要是宣帝时本始到甘露年间的，还有元帝初元时期的。"敦煌大守千秋、长史奉憙、守部候脩仁"一起签发的文件有"初元二年四月"的。"敦煌太守千秋、长史奉憙"两人合署的文件有五凤、甘露、黄龙、初元的。所以该简所记内容当在宣、元时期，更可能在元帝初元（前48—前44年）年间。

　　太守下文，要有太守、长史、丞三个人或者至少有两个人一起合署，这是当时的定制。如果其中一位不在，就由就近的下属兼行或摄行。此外，具体办事人员也要在文件落款处具名，以示负责，如同现在文件后面的起草、校对人之类。该简最后的掾、卒史、府佐就是三位办事人员。

　　根据劳榦先生《居延汉简考证》，小府即少府。"小府者供太守用度之府藏，《汉书·文翁传》：'省小府用度，买刀布蜀物，赍计吏以遗博士。'师古注：'小府掌财物之府以供太守者也。'盖小府虽供太守私用，而官则郡官，故太守犹以诏书下之。"

　　这次下文的范围较大，除了伊循城都尉以外，敦煌太守以下的军政、仓储、邮驿系统都包括在内。从时间上看，这一时期可能是伊循屯田最繁荣的时期。下达给伊循城都尉的官方文件是敦煌太守而不是西域都护，或可说明西域都护主要的职责是管理西域诸国，而汉朝派出的屯田机构除都护府自己在轮台一带举办的屯田外，其他如伊循屯田和车师屯田，其军事、行政可能并不直接隶属于西域都护。

　　简十四

　　　　史安世丞博德下郡县官伊循城承书从事下当用者□□
　　　　　令亡人命者尽知之期尽上赦者数大守府罪别之□□
　　□（I90DXT0110④：4）

　　木简，长17、宽1.4厘米。柽柳。简面呈脊形，上部残断，下部模糊，存残文两段。加句读应是：

史安世、丞博德下郡县官、伊循城，承书从事下当用者，……
令亡人命者尽知之，期尽，上赦者数，大守府罪别之。……

第一段能释者21字，第二段可释者20字。但从简牍通行文书可以看出，这是一份逐级抄录下达到伊循城的大赦诏书。悬泉汉简中，名叫"安世"的人很多，无法从这一线索找到发文机关。但一般来讲，给"郡县官、伊循城"下文应是敦煌太守府，而且第二段中有"太守府罪别之"一语。"史"应是敦煌"长史"之类，"史"前脱"长"字。是由长史和丞联名下发的文件。"承书从事下当用者如律令"或"如诏书"，是下行文的套语。"令亡人命者尽知之"，意即让那些有人命案而逃亡在外的人都知道。"期尽"是说大赦是有期限的。不同的赦罪和人数，应上报太守府备案。

此简的下文对象是"伊循城都尉"，是下给汉朝官员而不是下给鄯善的国王和百姓的。同样说明当时在伊循屯田的士卒中，有被流放的罪徒。也说明汉朝的政令和法律，此时已经延伸到了鄯善境内。

简十五正面

　□□□　　奉去迎子母五人廪五月十五日食三石八斗再八石四斗
至尉梨石一斗□□
　　　行到官旁奉书子母五人廪四月餔食三石五斗再为四石五斗至尉
梨廪六斗

简十五背面

　□□□　　　建昭元年十二月廿二日发□□□□二月廿九日至敦
煌积五十九日
　　□二十　　□阳关积三月
　□□□　　　三月五日发敦煌十九日至文侯积十五日留四日廿三
□□□□□□·闰月八日至□□□伊循积□□　　（II90DXT0115②：66）

木牍，长23、宽1.8、厚0.4厘米。松木。两面书写，文字细密，有些磨灭不清，难以认读。正面大意是：一位叫"奉"的人从伊循出发迎取家属，一路由官府廪食的记录。可作如下句读：

> □□奉去迎子母五人，廪五月十五日食三石八斗，再八石四斗，至尉梨石一斗□□行到官旁。奉书：子母五人，廪四月餔食三石五斗，再为四石五斗，至尉梨廪六斗。

奉能够带家属到伊循驻屯，并且由官府一路发放粮食，可见其身份不是一般的戍卒。还可看出，当时的伊循屯田，不仅有吏士、戍卒、刑徒，还有相当数量的随从和家属，持续时间较长，规模也比较可观，不是权宜之计。

背面主要是一路行程的记录。有残缺，途中一些停留的地方不连接，但总体上能看出从出发到到达的时间和路线。句读如下：

> □□□，建昭元年十二月廿二日发□□□□。二月廿九日至敦煌，积五十九日。□二十□阳关，积三月。□□□，三月五日发敦煌，十九日至文侯，积十五日。留四日，廿三□□□□□·闰月八日至伊循，积□□。

建昭元年十二月廿二日出发，至次年闰月八日到伊循。建昭元年十二月小，二年是正月大、二月小、三月大、四月小、五月大、六月小、七月大、八月小、闰八月大。一路旅程花了252天，8个月又12天。如此漫长的旅途，说明奉的家属是从内地而来，如果是河西五郡之人，用不了八个多月的时间。内地官员及其家属远屯伊循，可见伊循的开发，一开始就渗透着中原人民的劳动和汗水。

简十六（见文后图）

> 独属伊循毋邑子贫不赍（Ⅱ90DXT0213S：29）
> 财物伊循别居去府远恐得甚苦处为部吏及 （Ⅱ 90DXT0216 ② ：611）

这是两枚断简，发掘时分别出自不同的探方。一枚原编号为H90DXTO213S：29，一枚原编号为Ⅱ90DXT0216②：611。最近察看原物，才根据木质、纹理、书体、内容和断茬，缀合成完整一简。长23.5、宽1.2厘米，松木。全文28字。句读应是：

> 独属伊循，毋邑子，贫不赍财物。伊循别居，去府远，恐得甚苦处，为部吏及

书体浑厚规整，较典型的八分隶。简文中"毋邑子"或可释为"毋臣子"或"母臣子"，不敢断。"去府远"的"府"，当指敦煌太守府。前半段残简散落在别处，后半段所出探方，共出的纪年简主要是宣、元时期的，故此简的大致时间亦当在宣、元年间。简文不全，前后当有其他内容写在另简上，此简只是一册中的其中一简。叙述的内容与伊循有关。"贫不赍财物"，说明当时在伊循的驻军和屯田人员，物质生活比较匮乏。后面有"为部吏"的字样，说明这是一份官方文书而不是私人信件，也许是一份上给朝廷的上书。

简十七

……伊循都尉　　　　写传三　（Ⅱ90DXT0214③：251）

这是一枚1厘米见方的多面觚，胡杨，长7.5厘米，下部残断。形制比较特别，但可释之字不多。一面能释者只"伊循都尉"四字，另一面有"写传三"三字。出土该觚的探方，从宣帝元康（前65年）到汉末新莽时期的纪年简都有，无法再缩小其相对年代。

简十八

四月庚辰以食伊循候傀君从者二人　（Ⅱ90DXT0215③：267）

木简，长8.6、宽0.7厘米。柽柳。上下均有残断，仅留中间一段文字，存15字。这是悬泉置接待伊循官员及其随从人员的登记。按常见的记录格式，前面应有"出粟若干"的字样，而后面还应有"人几食，食

几升”以及“东”或“西”的记载，可惜上下都残断了。简文中的“傀君”是伊循都尉下属的候官，说明伊循都尉下属的军事建制是完整的。都尉是比二千石的官员，官秩仅次于二千石的太守，同“西域都护骑都尉”同级。

简十九

入上书一封车师己校伊循司臣彊　　　　九月辛亥日下餔时临泉
译汉受平望马登　（V92DXT1310③：67）

木简，长23.3、宽0.8厘米。柽柳。完整。简文31字。是一份给朝廷上书经过悬泉置下属有关驿站的交接记录。九月某日下餔时，即餔时到日入以前的一段时间里，临泉驿一位名叫“汉”的驿卒，从平望驿马登的手中接到一份西域官员给朝廷的上书。译、驿为同音相借。上书是重要公文，有传递的时间限制，交接手续极严，便于一旦延误滞留后逐一追查，所以该简把交接时间和交接双方人名写得很清楚。“伊循司”后当漏一“马”字，全称应为“伊循司马”。至于上书人，既是车师己校，又是伊循司马，颇为费解，或者抄录时有讹脱，遗漏了有关内容；或者车师己校和伊循司马有某种职务上的交叉，不敢遽断。同探方出土的纪年简多为宣、元时期的，故此简的年代亦当在此时。

简二十

出米六　正月乙丑以食伊循卒史邓卿程卿□　（V92DXT1411②：52）

木简，长23.5、宽1.1厘米。柽柳。可释者17字。这是一份程序化的过客登记。“出米六”后当漏一“升”字，一般过客每饭三升，看来邓卿程卿在悬泉置只吃了一顿饭，停留的时间不长，后文不清，不知他们去向如何，是往东走了还是往西去了。出土此简的探方所出纪年简最早是甘露（前53年）以后的，此简的年代亦当在宣、元之际。

西汉时期，楼兰、鄯善与汉朝的关系主要以汉与匈奴势力的消长和汉朝对西域的政策为转移。两者的关系曾出现过多种不同的形态。一是完全役属匈奴，受匈奴驱驰。当汉朝势力尚未进入西域时，匈奴在焉耆、危须、尉犁间设置僮仆都尉，"赋税诸国，取富给焉"。此时的楼兰受匈奴控制，为作耳目，遮杀汉使。二是依违于汉与匈奴两者之间。当汉朝用兵西域，远征大宛，大军声势辐射到沿途各国时，楼兰等国就不得不改变一边倒的态度，观察动向，依违其间。所谓"小国在大国间，不两属无以自安"。三是在汉朝帮助下建立亲汉政权，与汉朝形成合作关系。楼兰改为鄯善，就是亲汉政权的标志。傅介子斩杀楼兰王，护送其降汉的王弟尉屠耆为王；开启了鄯善与汉朝关系的新篇章，此后的两者关系通过通商、贡使和各种经济文化交流进入了友好交往的阶段。四是在政治上接受汉朝的领属，成为汉王朝管理下的地方政权。"宣帝时，（郑）吉以侍郎田渠黎积谷，因发诸国兵攻破车师，迁卫司马，使护鄯善以西南道。"此事《资治通鉴》系之于元康二年（前64年）。说明早在西域都护建立之前，鄯善就已在政治上接受了汉朝的管理。五是同汉朝和亲，从血缘上巩固两者的依附关系。尉屠耆回国时，"赐以宫女为夫人"，就属此类。六是接受汉文化的熏陶，在精神、文化和心理深层加强沟通、趋向一致。汉朝是当时的礼仪之邦、文化大国，对周边少数民族多有影响。尉屠耆留滞京师，不能不受到汉文化影响；宫女远嫁鄯善，如同龟兹王降宾夫人一样，汉朝的礼仪制度、物质文化、生活方式等等不能不随之西行；另外楼兰、鄯善还经常派子弟到京师学习。所谓"危须、尉犁、楼兰六国子弟在京师者"云云，说明楼兰子弟在京师游学，早在武帝时就已开始。七是屯田积谷，开发经济。而伊循屯田就是典型的范例。在今天米兰之东有一块35平方千米的土地上发现由一条总干渠、七条支渠和许多斗渠、毛渠组成的古代灌溉系统，很可能就是当时伊循屯田区所在。屯田活动不仅解决了驻屯军队的粮食供应，使得军队的长期驻扎成为可能，而且大量的屯边士卒、家属、流犯长期在此劳作、定居和生息，促进了汉与当地民族的交流融合，为汉王朝最终有效管理西域作出了贡献。

除了传世文献外，出土汉简有力地印证了上述过程和形态。

附图：

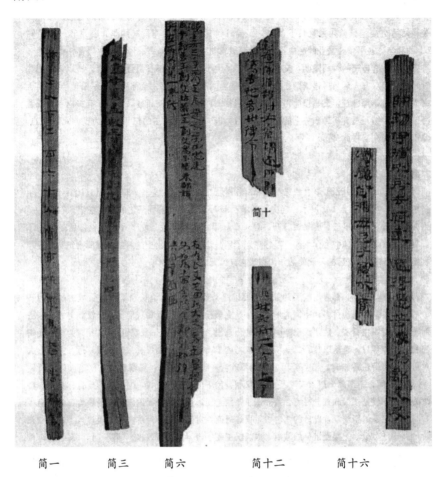

简一　　　简三　　　简六　　　简十二　　　简十六

——原刊于《西域研究》，2009年第4期

"都乡"考略
——以河西郡县为例

寇克红

　　汉朝设置河西四郡后，为巩固西北边防，实行了与内地基本一致的地方行政管理体制。《汉书·百官公卿表》记载：汉代的乡里"大率十里一亭，亭有长。十亭一乡，乡有三老、有秩、啬夫、游徼。"但出土文献资料进一步证明，"亭"不是一级基层政权机构，这一点现已成为学界共识。实际上河西边郡的地方基层行政机构的设置呈现出多样性与复杂性，并非都如传统史籍所说的那样规整。因此我们注意到了秦汉以来"都乡"这一特殊的乡制在基层行政组织中的作用。本文就"都乡"的起源、职能演变和消亡作简略考察，以求教于学界。

一

　　关于两汉以来河西的乡里制度，史籍记述简略，我们对其具体设置和运行情况的了解还不是十分明晰。20世纪以来，有赖于大量出土文献的发现，这种情况才有所改变。何双全、陈国灿和李并成等先生根据出土文献对河西乡里制作了卓有成效的探讨。但是这一领域留给我们的空间还比较大，尤其是"县—乡—里"和"县—里"不同的组织结构还未引起学界足够的重视。

　　在对汉代以来河西的乡里制度的研究中，学界总是自觉与不自觉地把其行政运行情况与内地相比较，根据内地的制度来推测河西边郡每县应该有几个乡，几个里。李并成先生通过考证认为："敦煌虽处边地，但在汉代亦实施了完整的一套郡、县、乡、里的行政建制，从而保证了中央政府的政令在这里得以顺利贯彻。"①这应该是中央王朝努力实现的方向和目标，但其运行情况究竟如何，我们还应作具体分析。

武帝在河西决胜匈奴之初，这里还是一片刚刚赶走游牧民族之后的空旷之地，既没有相当数量的土著居民，又没有移居大批农耕人口的条件，这是与内地建立地方政权的最大区别。据《史记·大宛列传》：

> 其明年（元狩二年），浑邪王率其民降汉，而金城、河西西并南山至盐泽空无匈奴。匈奴时有候者到，而希矣。②

武帝起初并没有占据河西的打算，只是想招乌孙东归故地，重返河西，做西汉王朝的"外臣"属国，共同抵御匈奴。所以在当时还是"蛮荒"之野的河西建立十分完备的地方乡里组织，对于好大喜功的汉武帝来说，只能是有其心而无其力：

> （浑邪王率众降汉）其后二年，汉击走单于于幕北。是后天子数问（张）骞大夏之属。骞既失侯，因言曰："臣居匈奴中，闻乌孙王号昆莫，昆莫之父，匈奴西边小国也……今单于新困于汉，而故浑邪地空无人。蛮夷俗贪汉财物，今诚以此时而厚币赂乌孙，招以益东，居故浑邪之地，与汉结昆弟，其势宜听，听则是断匈奴右臂也。既连乌孙，自其西大夏之属皆可招来而为外臣。"天子以为然，拜骞为中郎将，将三百人，马各两匹，牛羊以万数，赍金币帛直数千巨万，多持节副使，道可使，使遗之他旁国。③

当时"乌孙王既不肯东还，汉乃于浑邪王故地置酒泉郡，稍发徙民以充实之；后又分置武威郡，以绝匈奴与羌通之道"④。既然汉朝设置河西郡县是招归乌孙而不至的无奈之举，匈奴随时都有卷土重来的可能性，加之国家财力和人口资源都还没有为大规模地开拓疆土做好准备，

① 李并成：《汉敦煌郡的乡、里、南境塞墙和烽燧系统考》，《敦煌研究》1993年第2期。
② 《史记》卷123《大宛列传》，中华书局，1959年，第3167页。
③ 《史记》卷123《大宛列传》，中华书局，1959年，第3167—3168页。
④ 《资治通鉴》卷20"汉武帝元鼎二年（前115年）三月"条，中华书局，1956年，第658页。

所以在随后的几十年里向河西移民的规模也很有限：

> 自武威以西，本匈奴昆邪王、休屠王地，武帝时攘之，初置四郡，以通西域，隔绝南羌、匈奴。其民或以关东下贫，或以报怨过当，或以悖逆亡道，家属徙焉。①

这样的迁徙规模，相对于辽阔的千里走廊来说，实不足以建立起完备的地方行政组织。

逐步建立的河西地方军政组织又在不断地遭受匈奴及南羌的侵略和破坏。匈奴王朝当时还处在奴隶制社会初期，在战争中"所得卤获因以予之，得人以为奴婢。故其战，人人自为趋利，善为诱兵以包敌……"②在这种目的和利益的驱使下，民族矛盾十分尖锐，充满血腥的杀戮和劫掠使移居河西的农业民族处在人人自危的动荡之中。正史文献中有较为详细的记载：

> （太初三年）（前102年）秋，匈奴入定襄、云中，杀略数千人，行坏光禄诸亭障；又入张掖、酒泉，杀都尉。③
> （征和三年）（前90年）匈奴入五原、酒泉，杀两都尉。④
> （元凤三年）（前78年）单于使犁汙王窥边，言酒泉、张掖兵益弱，出兵试击，冀可复得其地。⑤

西汉王朝对于匈奴的大规模侵略给予了坚决的反击，战争结果有胜也有负。其中天汉二年（前99年）的汉匈战争使李陵在张掖、酒泉训练的精锐部队全军覆没。在征和三年的反击战中，李广利大败而降，"贰师七万人没不还"⑥。宣帝本始二年（前72年）秋，汉王朝发兵五十万出击匈奴，其中，"度辽将军范明友三万余骑，出张掖"，"后将军赵

---

① 《汉书》卷28《地理志》，中华书局，1962年，第1644—1645页。
② 《汉书》卷94《匈奴传》，中华书局，1962年，第3752页。
③ 《汉书》卷6《武帝纪》，中华书局，1962年，第201页。
④ 《汉书》卷6《武帝纪》，中华书局，1962年，第209页。
⑤ 《汉书》卷94《匈奴传》，中华书局，1962年，第3783页。
⑥ 《汉书》卷28《五行志》，中华书局，1962年，第1435—1436页。

充国为蒲类将军，三万余骑，出酒泉"①。这些频繁的战争使河西边塞战火遍地，河西军民时刻处于紧张的军事戒备状态下，这对完善地方行政组织的影响是显而易见的。有学者据对出土文献资料的研究，认为武威到宣帝地节年间才建郡②，这充分说明当时在河西建立地方政权难度很大。

现据河西汉简中有关"乡里简"资料的记载，以汉代张掖郡的觻得、居延二县为例（见附表1）来说明这一现象。

居延汉简所见能确定为张掖郡治所在地觻得县的里名有43个，而乡名只有1个。有"县—里"结构模式的"里"42个，而我们认为应该普遍存在的"县—乡—里"行政模式的"里"却只有1个。觻得县为张掖郡所在地，从其基层里制建设的规模上看，政府投入相当大：

> 觻得富里张公子所，舍在里中二门东入。（282·5）
> 觻得长杜里郭稺君所，舍里中东家南入。（EPT51·84）

同一里籍的民户聚集而居，并在不同方位多处开门，村落内部似有多重障碍，只允许住户按规定"东入"或"南入"，这种边郡封闭式的民居聚落一方面是出于对自身安全的考虑，服从于抵御外来侵略的需要；另一方面是便于管理辖区内的人口，落实中央王朝的移民政策。

汉代张掖郡居延县地处河西黑河下游两岸绿洲，中央王朝在此修筑了相当规模的边防设施，长期驻有朝廷精锐部队，是当时西北抗击匈奴的前沿阵地。在加强边防的同时，亦陆续移民屯戍，地方行政建制相对比较完备。但据出土文献资料，居延县地方政权设置的模式与觻得县大致一样。出土简文中能确定为居延县所属的里名有83个，其中"县—里"结构模式的"里"有81个，而"县—乡—里"行政模式的"里"只有2个。有"都乡"之名，在记述习惯上却不辖里。

简文所反映的地方建制中提供的乡名很少，而更多的里名前都没有乡名，其基本模式并非只有史籍所载的"县—乡—里"模式，更多的是

---

① 《资治通鉴》卷24"汉宣帝本始二年（前72年）五月"条，中华书局，1956年，第797页。
② 吴礽骧：《河西汉塞》，《文物》1990年第12期。

"县—里"组织结构。对这种比较普遍的现象，我们只能这样来理解：直到西汉后期，河西的地方建制仍普遍采用"县—里"组织形式，乡级政权还未起到应有的作用，或者说聚落式的移民社会还没有条件建立起相对完善的乡级政权组织。

汉置河西四郡及其属县，主要是出于对匈奴军事战略形势的考虑。我们需要认真思考，在刚开始迁入农业人口，又时常遭受匈奴、南羌侵扰的河西，是否像内地郡县一样，每县按定制来分置数乡。陈国灿先生在研究汉代敦煌县乡里建置时曾说："两汉时期的敦煌，究竟有无乡的建置？从人户数量看，无置乡基础。然而，当时却又存在'都乡'之名。"①此论对我们来说非常重要。居延汉简中有关于张掖郡居延县"都乡"的记载，元康二年（前64年）(213·28A)、元延二年（前11年）(181·2A)、建平三年（前4年）(81·10)、建武三年（27年）(E.P.F22：1)等多见而又历时近百年的"都乡"这一特殊建制为我们解开疑问开辟了一条新的思路。

二

"都乡"问题的提出是伴随着出土资料的新发现而开始的。

北宋欧阳修考证《（南朝）宋宗悫母夫人墓志》时这样说：

> 悫，南阳涅阳人，而此志云涅阳县都乡安众里人，又云窆于秣陵县都乡石泉里。都乡之制，前史不载。②

墓志在记述宗悫籍贯与卒葬地时都提及"都乡"，因此引起了欧阳修的注意。但是以欧阳修之博洽，在当时已不解都乡之制，所以后世对这一特殊乡制亦罕见深究者。

清代顾炎武对"都乡"进行了考证，《日知录》卷22引欧阳修考述之后说："都乡之制，前史不载。按：都乡盖即今之坊厢也。"③顾氏虽

① 陈国灿：《唐五代敦煌县乡里制的演变》，《敦煌研究》1989年第3期。
② 《欧阳修全集》（集古录跋尾），中国书店，1986年，第1140页。
③ 顾炎武著、黄汝成集释：《日知录集释》，岳麓书社，1994年，第783页。

未能对都乡进行详考，但为我们指出了一个应关注的目标，或者说切入点，那就是古代都乡制度与当时的"坊厢"制有关联。

关于"坊"，《唐六典》卷3"户部尚书"条记载：

> 两京及州县之郭内分为坊，郊外为村。里及村、坊皆有正，以司督察①

《旧唐书》记载：

> 百户为里，五里为乡。四家为邻，五家为保。在邑居者为坊，在田野者为村。村坊邻里，递相督察。②

古时之"坊"指城郭内有定居者的街区，是与村、里性质相仿的基层组织机构。"厢"指靠近城镇的地区。清代法式善《陶庐杂录》卷5记载：

> 明洪武十四年，令天下编黄册，在城曰坊，近城曰厢，乡都曰里。③

尽管顾炎武的都乡即坊厢的说法侧重于对都乡处所位置的讨论，几乎没有涉及都乡起源的社会基础和区别于其他离乡的行政职能，但是在都乡制度的讨论上仍然迈出了可喜的一步，为后人讨论古代乡里制度打下了基础。因此顾炎武的说法可以说是后来"城中之乡"或"城郊之乡"之说的滥觞。

陈直先生在研究居延汉简时同样注意到了都乡制度：

> 古代称城内街市则曰都乡，城内街亭，则曰都亭。④

---

① 《唐六典》卷3《户部尚书》，中华书局，1992年，第73页。
② 《旧唐书》卷48《食货上》，中华书局，1975年，第2089页。
③ 法式善：《陶庐杂录》，中华书局，1959年，第148页。
④ 陈直：《居延汉简研究》，中华书局，2009年，第77页。

　　孙钺先生在解释"都乡侯"时，对"都乡"作如是解："都乡指城市附近的乡"。学界较为一致的看法是："都乡"是区别于一县之内其他各乡（离乡）的城中之乡或城郊之乡。①

　　施蛰存先生在《水经注碑录》中对《水经注》著录的汉晋时期有关都乡的三通古碑进行了考释，其中对于都乡的考证颇多创见：

　　　　刘青藜《金石续录》云："《百官志》：凡州所监为都。都乡者，都邑之乡，若今之关厢也。故乡曰某乡，而都乡则无地名。"刘氏此解是也。都乡即在城区，不在农村，明清之关厢，即今之城厢镇也。此碑题名有"阳泉乡啬夫韩牧"，"唐乡啬夫张间"，"瞿乡啬夫庞□"，"都乡啬夫尹□"，此其证矣。②

　　《续汉书·百官志》云："凡州所监曰都。"故"都乡"者，谓州邑直辖之乡，即今之城厢镇也。③施蛰存肯定了清代金石学家刘青藜的见解，他认为一般的乡名是标识一个地名，而都乡则不是一个地名。施氏在刘青藜之"都乡者，都邑之乡"的基础上，提出了都乡乃州邑直辖之乡的创见。事实上，汉初在无条件设置离乡的县，都乡是一乡独大的"首乡"，由州郡直接委派乡有秩，有秩可能是州郡政府设在都乡的"专职"，都乡有秩或后来的啬夫直接对州郡负责是有可能的。

　　据出土资料和文献记载，都乡之制最迟在秦汉就已出现，魏晋南北朝时期已普遍设置。现据有关资料整理了都乡的设置情况（见附表2）。

　　从附表2可知，里耶秦简有秦始皇二十六年（前221）迁陵县都乡的记载［J1（16）9］，这是迄今所见文献记载最早的都乡。两汉时期，中央王朝大规模开拓疆土，边郡与内地都设置都乡。"都乡"之"都"应释为"凡共、统辖"之义。《汉书·地理志》载"常山郡"隶有"都乡县"："都乡，侯国。有铁官。莽曰分乡。"新莽时擅改地名，常取原名之反义，"都乡"改为"分乡"正是这种情况。

　　敦煌遗书P.2005《沙洲都督府图经残卷》载：

---

　　① 孙钺：《中国历代官制讲座》（连载之十五），《文史知识》1985年第4期。
　　② 施蛰存：《水经注碑录》，天津古籍出版社，1987年，第353—354页。
　　③ 施蛰存：《水经注碑录》，天津古籍出版社，1987年，第195页。

都乡渠，长廿里。右源在州西南一十八里甘泉水马圈堰下流，造堰壅水七里，高八尺，阔四尺。诸乡共造，因号都乡渠。①

"诸乡共造"指当时沙州西南各乡参与建造了该渠，于是取名"都乡渠"。这是唐代对汉晋以来"都乡"之义的沿袭。

魏晋以降，南北皆置都乡。"永嘉之乱，百姓流亡，所在屯聚"。②中原和山东著姓流亡江左，政府无奈以侨置州、郡、县来安置流民。东晋南朝时期王氏家族的"徐州琅邪郡临沂县都乡南仁里"，从《王兴之墓志》（341年）到北魏《王翊墓志》（528年）都有记载，历时180余年，是目前所知设置时间最长的都乡。十六国时期，地处河西的各割据政权普遍设置都乡。据《汉魏南北朝墓志汇编》，北魏时期，司州河南郡洛阳县隶有都乡是许多宗室的居住地。另据陈直先生考证，"《魏王涌墓志》，称琅邪皋虞都乡南仁里人；《李超墓志》，称陇西狄道都乡华风里人；《鞠彦云墓志》，称黄县都乡石羊里人"③。据现有材料可知，都乡制度始于战国后期，历经秦汉魏晋南北朝，存在了近800年。

三

由于正史提供的资料很少，因此我们只能根据出土文献的记载来考释都乡的行政职能和运行程序与一般乡制的差别。在《后汉书·百官志》中，关于一般乡制官吏的设置情况记载如下：

乡置有秩、三老、游徼。本注曰：有秩，郡所署，秩百石，掌一乡人；其乡小者，县置啬夫一人。皆主知民善恶，为役先后，知民贫富，为赋多少，平其差品。④

---

① 唐耕耦、陆宏基编：《敦煌社会经济文献真迹释录》（第1辑），书目文献出版社，1986年，第4页。
② 《晋书》卷100《苏峻传》，中华书局，1974年，第2628页。
③ 陈直：《居延汉简研究》，中华书局，2009年，第77页。
④ 《后汉书》卷118《百官志》，中华书局，1965年，第3624页。

这是秦汉以来乡制官吏的设置及其职掌的基本情况。那么都乡官吏的设置如何呢？先看以下两例简文：

扬州出土的西汉末年《先令券书》：

> 元始五年（5）九月壬辰朔辛丑亥（？），高都里朱凌（庐）居新安里。甚接（？）其死，故请县乡三老、都乡有秩、左、里、陈、田谭等为先令券书。①

居延汉简181·2A：

> 元延二年（前11）八月庚寅朔甲午，都乡啬夫武敢言□。襃葆俱送证女子赵佳张披郡中。谨案：户□留，如律令，敢言之。八月丁酉居延丞□□②

可见地处江淮的扬州所属都乡设有秩，还有乡佐（左），河西居延都乡设啬夫，与汉代一般乡制相同。

《汉官六种》云："乡户五千，则置有秩。"③有秩为郡署，啬夫为县置，有秩和啬夫的区别取决于乡辖户口。

安徽天长西汉墓出土的临淮郡东阳县的"户口簿"记载如下：

> 户凡九千一百六十九少前（1）
> 口四万九百七十少前（2）
> 东乡户千七百八十三口七千七百九十五（3）
> 都乡户二千三百九十八口万八百一十九（4）
> 杨池乡户千四百五十一口六千三百廿八（5）
> 鞠（？）乡户八百八十口四千五（6）
> 垣雍北乡户千三百七十五口六千三百五十四（7）

---

① 扬州博物馆：《江苏仪征胥浦101号西汉墓》，《文物》1987年第1期。
② 谢桂华、李均明、朱国炤：《居延汉简释文合校》（上），文物出版社，1987年，第290页。
③ 孙星衍等：《汉官六种》，中华书局，1990年，第8页。

垣雍东乡户千二百八十二口五千六百六十九（8）①

据出土资料记载，当时东阳县共辖6乡，其中都乡所辖户、口均比其他5个离乡超出很多，虽未达到设置有秩的户数，但在该县绝对居于"首乡"之位。西汉时东阳县都乡人口过万，超过了两汉之际河西诸县的平均人口数，由此可见内地的人口条件优于河西边郡。

乡级官吏的职掌权限有严格的规定。一乡之有秩或啬夫"掌一乡人"，主持一乡事务，不能越乡行事。但出土文献证明，都乡官吏往往越乡处理事务。以下两例简文可证：

里耶秦简J1（16）5背面记载：

三月丙辰，迁陵丞欧敢告尉：告乡司空、仓主，前书已下，重，听书从事。尉别都乡司空，［司空］传仓，都乡别启陵、贰春，皆勿留脱，它如律令。②

简文大意是：秦始皇二十七年三月，洞庭郡迁陵县丞告诉县尉，让他通知都乡司空和仓主，洞庭郡先前已下达文书，现在再次重申，按照文书要求办事。县尉另行通知都乡司空，司空转告仓主，都乡另行通知启陵乡和贰春乡，严禁扣留和脱漏，其他事宜按照相关律令执行。

这是迁陵县传达上级文书的执行过程。简文中的县尉、都乡司空、仓主等县乡官吏是郡文书通知要求的执行者。要强调的是，当迁陵县廷将执行要求下达都乡后，再未直接通知启陵乡和贰春乡，而是由都乡负责通知这两个乡。由都乡有秩或啬夫负责通知启陵、贰春两个离乡，说明其职掌已超出"掌一乡人"的范围。可以这样认为，在都乡与离乡同时存在的初期，都乡还在代行全县乡里事务的某些职责。

居延出土简册《建武三年十二月候粟君所责寇恩事（E·P·F22：1—36)》记载：

① 天长市文物管理所、天长市博物馆：《安徽天长西汉墓发掘简报》，《文物》2006年第11期。
② 王焕林：《里耶秦简校诂》，中国文联出版社，2007年，第104页。

> 建武三年十二月癸丑朔乙卯，都乡啬夫官以廷所移甲渠候书召恩诣乡。先以证财物故不以实，臧五百以上，辞已定，满三日而不更言请者，以辞所出入，罪反罪之律辨告，乃爰书验问。[①]

这部完整的出土简册记述了东汉建武三年，居延县廷接到甲渠候官状告一外地男子欠债不还的诉讼案后，将诉状移至都乡办理。都乡啬夫经过三次"验问"、四次爰书等程序，最后判甲渠候官"以政不直者"之罪败诉。

在这个案件中，原告是官阶与居延县长相当的现役军官，被告则是一个普通的外地移民，审理此案应与都乡啬夫无关。但在整个审理过程中，诉讼双方并未对其审理资格提出异议，说明都乡啬夫有代理县廷判案的职能。

都乡真正成为"城中之乡"是从周边设置离乡开始的。在有条件的地方设置离乡是实际发展的需要，以方位来命名乡名、移民实边的特征十分明显。河西出土的汉简中有很多例子：

> 姑臧北乡西夜里女子□宁死下世，当归冢，次□□□□□水社，毋□河留，□□［有天］帝教，如律令。[②]
> 姑臧西乡阖导里壶子梁之［柩］。[③]
> □奉葆，姑臧西（乡）比夜里□[④]
> □河津金关毋苛留□[④]
> 张掖西乡定武里田升宁今归黄过所毋留难也，故为□□□[⑤]

永始五年闰月己巳朔丙子，北乡啬夫忠敢言之，义成里崔自当自言为家私市居延。谨案：自当毋官狱征事，当得取传谒移肩水金关，居延县索关，敢言之。闰月丙子隧得丞彭移肩水金关，居延县索关，书到如

① 甘肃省文物考古研究所、甘肃省博物馆等编：《居延新简》，文物出版社，1990年，第475页。
② 甘肃省博物馆、中国科学院考古研究所：《武威汉简》，中华书局，2005年，第149页。
③ 甘肃省博物馆、中国科学院考古研究所：《武威汉简》，中华书局，2005年，第149页。
④ 中国社会科学院考古研究所：《居延汉简甲乙编》（下），中华书局，1980年，第69页。
⑤ 李均明等：《散见简牍合辑》，文物出版社，1990年，第25页。

律令。掾晏、令史建。①

> 出钱三百四，建平元年五月戊午，
> □止里王朗付西乡左忠。②
> 建平五年十二月辛卯朔丙寅，东乡啬夫护敢言之，嘉平□□□
> □□一乘，忠等毋官狱征事，谒移过所、县邑一序，河津关所欲
> □敢言之。十二月辛卯禄福狱丞博行丞事移过所如律令。掾海齐，
> 令史众。③
> 效谷西乡高议里贾破虏燧长按（A）
> 破虏燧贾按效谷西乡高议里贾按□（B）④

这些简文中有武威郡姑臧县北乡、武威郡姑臧县西乡、武威郡张掖县西乡、张掖郡觻得县北乡、张掖郡居延县西乡、酒泉郡禄福县东乡、敦煌郡效谷县西乡，由此可了解汉初河西诸郡县以都乡为中心来分置离乡的命名原则。前述天长西汉墓出土的临淮郡东阳县"户口簿"亦有东乡、垣雍北乡和垣雍东乡等以方位命名的离乡，与河西郡县属同一情况。正是在这些不同方位的离乡的拱卫下，都乡才成为名副其实的"城中之乡"。

四

为什么都乡这样一个基层行政建制有如此大的生命力呢？

都乡之设，源于战国后期实行的郡县制。据《史记·商君列传》记载，当时秦国率先"集小（都）乡邑聚为县，置令、丞，凡三十一县"⑤。这是对乡邑等聚落的整合，进一步提升其政治地位，把不同类型的乡村聚落变为县级政权控制下的基层组织。秦汉时期，一些新置县因人户限制，其行政组织机构的设置并非都是传统史籍中所谓的县下统乡、乡下

---

① 中国社会科学院考古研究所：《居延汉简甲乙编》（下），中华书局，1980年，第10页。
② 中国社会科学院考古研究所：《居延汉简甲乙编》（下），中华书局，1980年，第191页。
③ 中国社会科学院考古研究所：《居延汉简甲乙编》（下），中华书局，1980年，第254页。
④ 吴礽骧、李永良、马建华释校：《敦煌汉简释文》，甘肃人民出版社，1991年，第131页。
⑤ 《史记》卷《商君列传》，中华书局，1959年，第2232页。

统里，以县统里的情况反而更普遍。没有了置乡的条件，在这些原为"小乡邑"、后来成为县治的所在地，很有可能设置了统辖该县诸里的乡，称之为都乡。都乡设置的初衷并非在县治内（或附近）设了一个乡那样简单，与其说它是一个乡级行政机构，还不如把它看作是代行全县乡里事务的一个部门，或者是主管该县移民事务的部门，户口达到相当数量的都乡由郡委派有秩等官吏。也许，都乡和基层诸里之间并没有我们所理解的那种行政上的隶属关系。如附表2第1—8栏所述，直到东汉中后期，出土资料中并不见有都乡辖里的记载，这说明在地方行政运行形式上，实行的是"县—里"行政模式。随着社会发展和开边规模的扩大，有条件在都乡周围设置部分离乡，以管理辖区内最基层的村里聚落，逐步打破都乡一统全县基层乡里的局面，形成了"县—乡—里"的运行模式。在河西边郡地区，两种行政模式并行的情况一直与都乡制度相始终。正因为有了离乡，都乡才因其地理位置成为"城中之乡"，其行政职能也相应地发生了变化。

都乡出现在封建社会前期拓展疆土的历史背景下。秦并六国，汉拓河西，使原有的政治格局发生了翻天覆地的变化，新的社会变革骤然来临，人们虽然接受了现实，但并没有做好适应现实的准备。"县—乡—里"这一地方行政模式虽是当时经过实践后被人们普遍接受的社会组织形式，但由于各种因素的制约，新的权力集团来不及在新拓疆域内完全实行这一政治制度，使得本该完整的链条缺少了环节。都乡的出现正是顺应了这种社会现实。两汉时期的河西，由于军事和政治等方面的原因，拓展疆土是积极防御外族侵扰的主要方式，而取得绝对性的胜利则又在统治阶级的意料之外。西汉王朝大规模地迁徙移民，设置了郡县政权，但受历史、自然和经济条件所限，基层乡村组织的差异很大。在传统的乡邑聚落村社结构里，豪族、著姓等大家族令部曲、荫户和宗人完全依附于自己，使盘根错节的宗族关系与基层乡里组织合二为一。三老、有秩、啬夫、游徼等基层官吏正是通过宗族关系选举出来的，宗族关系成为凝聚底层社会的基础。而在拓展疆土的移民社会里，维系社会基本结构的宗族势力受到了极大的冲击，人们的社会依附关系比较松散，通过宗族关系来建立完备的乡里基层组织的难度相当大。所以，带有管理全县基层乡里事务的都乡制度是在特殊时期对"县—乡—里"行政模式的一种补充。

都乡的设置反映了人口与所居土地不协调的关系。陈国灿先生从人户数量上来判断有无置乡基础的做法很正确，但是无置乡基础又不能不置乡。汉代酒泉郡共辖9县，据《汉书·地理志》，平帝元始二年（2年）时全郡有18137户，76726人，平均每县只有2015户，8525人。不足万人之县其垦成规模肯定十分有限，没有条件在短时间内扩大屯成规模，地多人少的现实不允许分置太多的离乡。所以，像内地郡县一样按"定制"来分置离乡的做法并不适合河西边郡。永嘉之乱后，大批流民被迫迁徙，黄河流域的世家大姓流徙江南，也有相当一部分逃亡河西，政府以侨置州、郡、县来安置流民，都乡则担负起管理外来人口的特殊职能。这时的都乡大部分有了直辖的里，成为安置流亡豪族的特殊行政组织。据附表2，东晋南朝时期，王氏家族家居的"琅耶郡临沂县都乡南仁里"和谢氏世家之郡望的"豫州陈郡阳夏县都乡吉迁里"都是侨置地名。据墓志资料记载，北魏司州河南郡洛阳县都乡下辖"延贤里""光穆里""照洛里""照文里""照明里""宁康里""寿安里""敷义里""洛阳里""安武里""光里"等，是北魏宗室元简、元详、元茂、元侔、元灿、元略等的居地。《晋书·地理志》载，西晋太康年间（280—289年），酒泉郡共9县，仅有4400户，平均每县不足500户。当时县治在今高台骆驼城遗址的表是县，属酒泉郡管辖，地处河西黑河流域的绿洲，具备大规模开垦和移民的条件。335年，张骏主政前凉时在表是县治增置建康郡，直属凉州，是前凉统治集团移植东晋都城建康（今南京）之名、为安置流民而设的侨民郡。据高台骆驼城、许三湾遗址出土简帛资料，建康郡表是县都乡辖有杨下里、□府里，所居高氏和鞠氏家族为河西著姓。《晋书·凉武昭王传》记有义熙元年（405年）发生在河西建康的史事：

> 且渠蒙逊来侵，至于建康，掠三千余户而归。玄盛大怒，率骑追之，及于弥安，大败之，尽收所掠之户。[1]

---

[1] 《晋书》第87卷《凉武昭王传》，中华书局，1974，第2263页。

仅百余年，建康郡（表是县）在河西地方政权更迭、民族矛盾尖锐的形势下户数由原来不足500户增至3000户（实际应不止3000户），这恐怕不是人口自然增长所致，很大程度上是流民大规模迁徙的结果，这给统治者管理流入人口所造成的困难可想而知。为解决有民无土这一矛盾，同时也为了达到招募士人、张扬国势的目的，相继统治河西的各割据集团在建康郡表是县设置了都乡，集中管理侨民。

隋唐以来，大一统的安定局面逐步形成，随着基层行政组织的不断完善，都乡这一特殊乡制宣告终结。

附表 1　汉代张掖郡觻得县、居延县乡里组织形式一览表 ＊

县名	县—乡—里组织形式	县—里组织形式
觻得县	北乡义成里（15.19）	成汉里（13·7）、石成里（15·21）、市阳里（32·11）、广昌里（37·35）、千秋里（37·57）、富贵里（45·7B）、安成里（EPT51·209）、常利里（62·26）、敬老里（62·43）、寿贵里（75·1）、常乐里（253·5）、道安里（75·3）、万岁里（77·7）、万年里（77·39）、定安里（146·98）、定国里（183·6）、利处里（149·17,511·31）、传圭里（192·25）、广宛里（203·33）、益昌里（214·126）、高平里（170·7）、伤□（97·2）、富里（82·5）、武安里（284·12）、安国里（287·24，EPT65·497）、都里（336·35）、延寿里（EPT48·17）、安世里（334·13）、新都里（334·36）、宜水里（433·23）、平利里（EPT51·498）、加德里（564·12）、临地里（560·29）、安定里（560·12）、步利里（EPT51·104）、安昌里（334·29）、安汉里（EPT5·146）、□胡里（387·8）、广汉□（340·33）、长杜里（EPT51·84）、长秋里（160·11）、博厚里（228·11）
居延县	西乡止里（267·18）、广明乡善居里（505·37A）	平明里（55·6）、平里（37·50）、市阳里（14·13）、始至里（38·21）、鞮汗里（EPT27·19）、西道里（24·1A）、阳里（35·9）、孤山里（EPT51·9A）、累山里（35·16）、龙山里（3·19）、利上里（214·59）、广都里（75·23）、肩水里（456·4）、当遂里（16·2）、当远里（52·12）、昌里（38·13）、临仁里（45·12）、鸣沙里（36·3）、三泉里（EPT51·520）、万岁里（132·36）、安国里（224·28）、延年里（EPT65·445）、关都里（EPT48·5）、广地里（112·18A）、沙阴里（EPT7·5）、中宿里（89·24）、广里（174·5）富里、（EPT65·148）、全稽里（136·2）、魏华里（101·23）、魏武里（EPT52·638）、台里（EPT51·489）、金城里（43·4）、秋里（158·3）、宗里（61·2）、安乐里（393·11）、安平里（EPT56·155）、安故里（340·39）、安放里（214·125）、破房里（28·16）、收降里（173·22）、修武里（EPT48·120）、庶房里（EPT65·462）、通渭里（EPT43·18）、中都里（EPT51·392）、始道里（EPT52·645）、城南里（EPT56·384）、造昌里（482·11）、长乐里（《甲编》附29）、临利里（EPT4·60）、宜□里（EPT43·152）、步昌里（EPT52·269）、长亲里（EPT52·270）、□驾里（EPT52·270）、金□里（EPT57·83）、常贵里（EPT59·466）、西望里（67·8）、西土里（149·52）、完里（214·32）、通泽里（EPT17·27）、延寿里（34·26,214·125）、居富里（17·43）、东里（52·5）、北里（221·30）、河东里（212·34）、郭河里（178·22）、蓬里（218·31）、石里（562·15）、槐里（EPT48·22A）、竹里（EPT58·63）、如里（EPT59·555）、凤里（EPT61·12）、成安里（510·4）、长成里（EPT51·518）、平陵里（10·37）、千金里（7·14）、延乘里（38·2）、少壮里（EPT52·234）、当阳里（62·34）、朱华里（EPT56·18）、春舒里（62·1）

　　＊表中所列乡里名，皆引自居延出土的汉简，其中"13·7"编号，简文见《居延汉简甲乙编》，中华书局，1980年；"EPT51：209"编号，简文见《居延新简》，文物出版社，1990年。文中其他未注明的简文编号出处同上。

附表 2　秦汉魏晋南北朝文献与出土资料所见都乡一览表

序号	时代	都乡所在地	资料来源
1	秦 （前 221 年）	（迁陵县）都乡	湖南省文物考古研究所等：《湖南龙山里耶战国—秦代古城一号井发掘简报》，《文物》2003 年第 1 期
2	西汉 （前 64 年）	（张掖郡居延县）都乡（213·28A）	《居延汉简甲乙编》（下），中华书局，1980 年，第 141 页。
3	西汉 （前 16 年）	南阳新野都乡	班固《汉书》卷 99 上
4	西汉 （前 11 年）	（张掖郡居延县）都乡（181·2A）	《居延汉简甲乙编》（下），中华书局，1980 年，第 123 页
5	西汉 （前 4 年）	（张掖郡居延县）都乡（81·10）	《居延汉简甲乙编》（下），中华书局，1980 年，第 60 页
6	西汉	（临淮郡东阳县）都乡	天长市文物管理所、天长市博物馆：《安徽天长西汉墓发掘简报》，《文物》2006 年第 11 期
7	新莽	敦德都乡	陈国灿：《唐五代敦煌县乡里制的演变》，《敦煌研究》1989 年第 3 期
8	东汉（27 年）	（张掖郡居延县）都乡（E·P·F22:1）	《居延新简》，文物出版社，1990 年
9	东汉	宜阳都乡	范晔《后汉书》卷 7《孝桓帝纪》
10	东汉	平阴都乡市南里	张传玺：《中国历代契约会编考释》，北京大学出版社，1995 年，第 51 页
11	三国·吴	（长沙郡临湘县）都乡（5–1556）	王素、宋少华、罗新：《长沙走马楼简牍整理的新收获》，《文物》1999 年第 5 期
12	西晋	乐陵厌次都乡清明里	《石定墓志》，赵超：《汉魏南北朝墓志汇编》，天津古籍出版社，1992 年，第 17 页
13	东晋	琅耶临沂都乡南仁里	《王兴之墓志》，赵超：《汉魏南北朝墓志汇编》，天津古籍出版社，1990 年，第 18 页
14	东晋	西河界休都乡吉迁里	《王兴之墓志》，赵超：《汉魏南北朝墓志汇编》，天津古籍出版社，1990 年，第 18 页
15	东晋	豫州陈郡阳夏县都乡吉迁里	南京市博物馆，雨花区文化局：《南京司家山东晋、南朝谢氏家族墓》，《文物》2000 年第 7 期
16	前秦	建康郡表是县都乡杨下里	《前秦建元十八年高俣墓券》，牍藏高台县博物馆

续表

序号	时代	都乡所在地	资料来源
17	前秦	高昌郡高宁县都乡安邑里	荣新江:《吐鲁番新出〈前秦建元二十年籍〉研究》,《中华文史论丛》2007年第4期
18	西凉	敦煌郡敦(煌)县都乡里(M336:4)	戴春阳、张珑:《敦煌祁家湾——西晋十六国墓葬发掘报告》,文物出版社,1994年,第117页
19	西凉	高昌郡高(昌)县都乡孝敬里	《西凉建初十四年韩渠妻随葬衣物疏》,国家文物局古文献研究室等:《吐鲁番出土文书》(一),文物出版社,1992年,第5页
20	北凉	敦煌郡敦煌县都乡里(M312:5)	戴春阳、张珑:《敦煌祁家湾——西晋十六国墓葬发掘报告》,文物出版社,1994年,第119页
21	北凉	高昌郡高宁县都乡安邑里	游自勇:《吐鲁番新出〈冥讼文书〉与中古前期的冥界观念》,《中华文史论丛》2007年第4期
22	南朝·宋	青州平原郡平原县都乡古迁里	《刘(怀民)府君墓志铭》,赵超:《汉魏南北朝墓志汇编》,天津古籍出版社,1992年,第22页
23	南朝·齐	南徐州东莞郡莒县都乡长贵里。	镇江市博物馆:《刘岱墓志简述》,《文物》1977年第6期
24	南朝·齐	南阳郡涅阳县都乡上支里	湖北省博物馆:《武汉地区四座南朝纪年墓》《考古》1965年,第4期
25	南朝·梁	兰陵郡兰陵县都乡中都里	《萧融墓志铭》,赵超:《汉魏南北朝墓志汇编》,天津古籍出版社,1992年,第25页
26	北魏	司州河南郡洛阳县都乡照明里	《元(倪)君墓志铭》,赵超:《汉魏南北朝墓志汇编》,天津古籍出版社,1992年,第134页
27	北魏	陇西郡狄道县都乡和风里	《李(蕤)简子墓志铭》,赵超:《汉魏南北朝墓志汇编》,天津古籍出版社,1992年,第48页
28	北魏	燕州上谷郡俎阳县都乡孝里	《寇(猛)君墓志铭》,赵超:《汉魏南北朝墓志汇编》,天津古籍出版社,1992年,第49页
29	北魏	司州河内温县都乡孝敬里	《司马悦墓志》,赵超:《汉魏南北朝墓志汇编》,天津古籍出版社,1992年,第57页

续表

序号	时代	都乡所在地	资料来源
30	北魏	下邳郡下邳县都乡永吉里	《皮使君(演)墓志铭》,《洛阳新获墓志》,文物出版社,1996年,第11页
31	北魏	南阳苑县都乡白水里	《魏故元氏赵(光)夫人墓志铭》,赵超:《汉魏南北朝墓志汇编》,天津古籍出版社,1992年,第113页
32	北魏	秦州陇西郡狄道县都乡华风里	《李(超)君墓志铭》,赵超:《汉魏南北朝墓志汇编》,天津古籍出版社,1992年,第160页
33	北魏	黄县都乡石羊里	《鞠彦云墓志》,赵超:《汉魏南北朝墓志汇编》,天津古籍出版社,1992年,第139页
34	北魏	兖州高平平阳县都乡箱陵里	《檀(宾)府君之墓志铭》,赵超:《汉魏南北朝墓志汇编》,天津古籍出版社,1992年,第158页
35	北魏	徐州琅耶郡临沂县都乡南仁里	《王(诩)使君墓志》,赵超:《汉魏南北朝墓志汇编》,天津古籍出版社,1992年,第253页
36	北朝·齐	安次县都乡	《元(贤)使君墓志铭》,赵超:《汉魏南北朝墓志汇编》,天津古籍出版社,1992年,第386–388页
37	北朝·齐	齐郡益都县都乡营丘里	《处士(房周陁)墓志》,赵超:《汉魏南北朝墓志汇编》,天津古籍出版社,1992年,第430页

——原刊于《敦煌研究》,2014年第4期

论东汉对羌族的政策

杨秀清

　　自汉武帝设河西四郡，隔绝羌胡获得成功之后，在沉重打击了匈奴军事气焰的同时，也引发了汉朝同西羌的正面冲突。因之，在西汉时期就爆发大规模的羌汉战争。西汉政府在取得对羌战争的胜利后，设金城属国以处置内徙、降附的羌民。这一统治方式，对保障西汉时期西北边疆的长期稳定起了重要作用。东汉建立后，一方面，大批羌民聚居于东汉边郡境内，受东汉政府的直接统治；另一方面，塞外羌人部落仍叛服不常，并煽诱内附羌人反抗东汉政府。这一时期，羌族已发展成为西北各少数民族中人口最多的民族，且随着匈奴军事力量的逐渐衰落，羌汉关系在西北民族关系中的地位日渐突出，处理羌族事务成为关乎国家治乱兴衰的头等大事。因此，对羌政策成为东汉西北民族政策中首先要解决的问题。

一、设护羌校尉领护西羌

　　以河湟为中心的西羌地区，是羌人活动的根本之地，因此保证这一地区的稳定，是保证东汉西北边郡安定的关键。东汉初，隗嚣割据陇右，联络西羌豪酋，对抗东汉政府。隗嚣灭亡后，西羌豪酋并未屈服，"先零与诸种勾结，复寇金城、陇西"，严重威胁东汉西北地区的安定。建武十年（34年），东汉政府派来歙率盖延、刘尚与马援等进击西羌于金城、大规模羌汉战争爆发。从建武十年至十三年（34—37年），来歙、马援等，先后平定了金城、陇西的先零羌和武都的参狼羌①，确立了对

---

　　① 参见《后汉书》卷15《来歙传》、卷24《马援传》，中华书局，1965年，第588、856页。

西羌部落的政治统治，并将境内羌民置于郡县管理之下。这一时期，羌人部落在西北分布很广，安定、武威、武都、陇西、汉阳、金城郡县等都有羌人居住。一方面凉州刺史部特别是金城、陇西等郡内的降羌，受郡县统治，其生产、生活方式受到冲击，同东汉政府存有矛盾；另一方面是塞外先零、烧当、参狼诸羌部落不断向边郡发动进攻，并不时煽动内郡羌民反对东汉政府，给东汉西北边境造成威胁。

面对这种局势，早在建武九年（33年），在基本平定隗嚣势力之后，班彪就上书刘秀，指出："今凉州部皆有降羌，羌胡被发左衽，而与汉人杂处，习俗既异，言语不通，数为少吏黠人所见侵夺，穷恚无聊，故致反叛。"据此，班彪建议设护羌校尉。光武帝接受班彪建议，以牛邯为护羌校尉，但因陇道不通，羌人势盛，只是遥领虚号而已，而牛邯也不久即死去，卒后职省。直到明帝中元年间，武都参狼羌反，塞外烧当羌寇边，并煽动守塞诸羌反叛，边郡骚动不安，朝廷在平定烧当羌后，于永平元年（58年）重设护羌校尉，以窦融侄窦林充任，与陇西太守同治狄道①。

依班彪之言，护羌校尉的职责是：第一，"持节领护，理其怨结，岁时循行，问所疾苦"，这是针对凉州沿边郡县内的诸羌部落而言的。护羌校尉必须按时巡视羌族部落，处理羌人部落之间及其与郡县吏民之间的纠纷，解决他们的生产生活困难；第二，"遣使驿通动静，使塞外羌夷为吏耳目，州郡因此可得儆备"，这是针对塞外不服汉王朝的羌族部落而言的，护羌校尉要负责刺探侦察塞外诸羌的动态，及时通报沿边各郡县，以备不虞。护羌校尉秩比二千石，略低于郡太守，但不受金城太守管辖（护羌校尉治所令居在金城郡），二者分署治事，各成系统，是平行关系。护羌校尉驻节金城郡内，治事不辖地，领民（羌）不领县，内徙羌民仍属郡县体制管理之下。

护羌校尉的设置，是东汉政府根据河湟地区的特殊形势而设的，它的设置，对保证河湟地区的稳定有重要作用，因而成为东汉政府对羌政策的重要内容。大致说来，安帝永初以前，由于凉州郡县内的羌民相对比较稳定，护羌校尉的主要精力放在对付塞外羌人部落。特别值得一提

---

① 《后汉书》卷87《西羌传》，中华书局，1965年，第2880页。

的是邓训任护羌校尉期间，组织了以湟中月氏胡为主体的义从羌胡军，这支骑兵队伍后来成为镇压羌民起义的一支重要力量。永初元年（107），凉州郡县内爆发了大规模的羌人起义，朝廷穷于应付，始调护羌校尉出境作战，从此护羌校尉任务也随之改变，其地位作用亦日益突出，成为东汉政府镇压羌民起义所依赖的重要力量。

二、依郡县体制以处置降羌

随着秦汉时期统一的多民族的中央集权体制的建立，秦汉中央政府就开始了如何统治少数民族的探索。西汉时期对降附、内徙的少数民族部众，采用属国形式进行统治，是其探索的结果之一。以其对羌政策而论，自春秋时期秦穆公"霸西戎"，此后成为一项国策而后继者所奉行，势力不断西进。至秦始皇统一六国后，又使蒙恬将兵略地，北拒匈奴，西逐诸戎，筑长城以隔众羌，势力西达临洮、羌中[1]。临洮即今甘肃岷县，羌中则泛指河湟洮岷流域羌人活动的地区。秦政权西与羌人为邻，双方必然发生一定的政治经济联系，然由于史籍缺略，难以知其详情。西汉景帝时，羌人"研种留何率种人求守陇西塞，于是徙留何等于狄道、安故，至临洮、氐道、羌道县"[2]。这是史书第一次明确记载的西羌部落内徙接受汉朝统治的事件，但仍然没有说明汉王朝是怎样处置这些少数民族的。根据汉制："县主蛮夷曰道[3]。"对照史书所载陇西郡所属狄道、羌道的情况来看，汉初已对边郡地区杂居的少数民族实行了特殊的统治方式，但汉初国力尚弱，在处置少数民族问题上仍在探索之中。武帝时，随着汉朝国力强盛及对少数民族用兵的胜利，对边郡地区的特殊体制也变得制度化，明朗化。汉武帝在边郡设置属国，安置内徙少数民族。所谓属国，《史记正义》解释曰："各依本国之俗而属汉，故曰属国。"就是让内徙、降附的少数民族在不改变其组织结构、生产方式和生活习俗的前提下，使其接受汉朝统治。属国统治形式的确立，是秦汉中央政府的成功探索，是依据中原地区与边疆地区社会经济发展

---

① 《史记》卷6《秦始皇本纪》，中华书局，1959年，第253页。
② 《后汉书》卷87《西羌传》，中华书局，1965年，第2876页。
③ 《后汉书》志28《百官志》，中华书局，1965年，第3623页。

不平衡的实际而制定的特殊管理方式，因而它对边疆地区的稳定和社会经济的发展，起了很大的作用。西汉时期专门安置内附羌人的属国为金城属国，金城属国的设立，对于缓和羌汉关系发挥了重要作用，自西汉宣帝设金城属国以后，西羌同汉朝基本和平相处，西汉边郡相对稳定。

西汉时期对羌族的统治方式。随着汉代社会经济的演变，到东汉时期也发生了变化，东汉政府一改西汉时期对羌人的统治方式，将内徙羌人置于郡县体制管理之下，这是秦汉以来对少数民族统治方式探索的又一结果。

早在王莽当政时，就试图打破属国体制，把少数民族纳入郡县管理体制下，对塞外西羌"欲耀威德，以怀远为名，乃令译讽旨诸羌，使共献西海之地，初开以为郡，筑五县"，"又增法五十条，犯者徙之。徙者以千万数"，把版图扩大到鲜水海（今青海湖）、允谷盐池（今青海共和东南），这不仅导致金城属国的瓦解，而且也激起了羌人的极大反抗，及王莽末年，群雄四起，诸羌趁机"还居（西海）为寇。更始、赤眉之际，羌逐放纵，寇金城、陇西"①，并为割据陇右的隗嚣利用。及马援平定陇西、金城，恢复了对西羌的政治统治后，继续王莽之策，将降羌置于郡县管理之下，并且随着羌人的不断内徙，这一管理体制也推行到其他地区，如安定、北地、上郡、西河以至三辅等郡的羌人，都与汉民杂处，受郡县管理。

东汉政府将内徙羌人置于郡县管理之下，目的在于打破其原有的部落联系，强迫其接受中原王朝的生产生活方式，以削弱其势力，防止羌人形成统一的力量来对抗东汉政府。因此，处理羌胡事务就成为边郡行政长官的主要任务，而受郡县统治下的羌人则要承担沉重的徭役，有的甚至沦为奴婢。东汉时期羌人所承担的徭役，以兵役为主，兵役之外还有其他赋役，这一点史书记载颇多，此不赘述。沉重的徭役，往往成为东汉时期羌民起义的主要原因之一。可见郡县体制的实行，把羌人置于完全不同的社会环境里，打破了其原有的生产生活方式，这对广大的内徙羌民来说，无疑是非常痛苦的。

实际上，东汉政府对内徙羌人的统治并不是绝对地实行郡县管理体

---

① 《后汉书》卷87《西羌传》，中华书局，1965年，第2878页。

制，西汉以来的属国体制在东汉时仍然继续沿用，但其范围则相对缩小，主要是在羌胡杂居、情况较复杂的地区。马长寿先生指出，安定、北地、上郡、西河等地的羌族不一定都是新迁的西羌，有一部分羌民早在东汉以前或东汉初就已住在这些地区。早在西汉武帝以前，匈奴与羌人交通就十分频繁，许多羌人已加入了匈奴部落。特别是在昆邪王、休屠王占据河西走廊期，直接控制河湟北部的羌族，及昆邪王降汉，匈奴挟羌民俱来，汉置五属国以处其众，此五属国便包括了安定、上郡、西河三郡的塞外各地①。以至《后汉书》在讲到上述地区时往往"羌胡"并称。可见，五属国的设置是根据匈奴、羌、月氏、卢水胡等多民族杂居的特殊情况而设置的，它们之间既有共同的利害关系，各自之间又存在着矛盾，因此，东汉政府沿用属国制度，对保证这些地区的稳定，是非常必要的。东汉时统治羌胡的有西河、上郡、安定、张掖等属国，至于当时是否有金城属国，学界尚有争论，笔者是支持东汉无金城属国之说的。

三、强制迁徙以分其势

这是东汉时期一项重要的民族政策。西汉末年各割据势力中，西北地区的割据势力有三支：隗嚣据陇右，窦融据河西，卢芳据安定。三支势力在西北割据称雄，其共同特点是利用少数民族力量，尤其是隗嚣、窦融则主要是借助羌胡之力。针对这一实际，东汉政府对降羌实行强制迁徙政策，以达到分其势以削其力的目的。如建武十一年（35年）夏，"先零种复寇临洮，陇西太守马援破降之，后悉归服，徙置天水、陇西、扶风三郡"。永平元年（58年），中郎将窦固、捕虏将军马武击破烧当羌滇吾部，将降者"徙七千口置三辅"。永元十三年（101年），护羌校尉周鲔、金城太守侯霸率军打败烧当羌迷唐部，迷唐"降者六千余口，分徙汉阳、安定、陇西"②。东汉时期羌人内徙远不止此，黄烈先生列举了二十九件东汉时期西羌内移事件，并指出羌人内徙以强制迁徙为最多③。迁

① 马长寿：《氐与羌》，上海人民出版社，1984年。
② 《后汉书》卷87《西羌传》，中华书局，1965年，第2884页。
③ 黄烈：《中国古代民族史研究》，人民出版社，1987年。

徙的地区也不仅仅沿边郡县，安定、北地、西河、上郡乃至三辅地区都有迁徙的羌民，以至在安、顺二帝时出现了"东羌"和"西羌"的区分。由于迁徙政策的目的在于削弱羌人力量因而终东汉之世，都把这一政策作为重要的民族政策来执行。

四、占据羌人生存空间，"以逼群羌"

河煌地区水草肥饶之地，是西羌赖以生存发展的根本，湟水及黄河沿岸都是他们世代生息之地，沿河两岸有许多冲积河谷，缘山滨水，土壤肥沃，适宜农耕和畜牧，羌人因之发展了他们的农牧生产。不过，两汉时期农业虽有发展，但畜牧业在河湟羌中仍居主要地位。因此，早在西汉时就制定了屯田湟中，以逼群羌的政策。即迫使羌人离开其赖以生存的田畜空间，远徙他乡，使其不能再度复兴。这一政策在东汉时期为政府继续贯彻执行，且意图更加明显和具体。

早在东汉初年，由于西羌势力强盛，西北边郡动荡不安，朝廷内部有许多人就主张放弃金城郡破羌县（今青海乐都西）以西地区，陇西太守马援认为，"破羌以西城多完牢，易可依固；其田土肥，灌溉流通。如令羌在湟中，则为害不休，不可弃也"。光武帝刘秀接受马援建议，于建武十二年（36年）"诏武威太守，令悉还金城客民"，马援又"奏为置长吏，缮城郭，起坞侯，开导水田，劝以耕牧，郡中乐业"①。从而使自西汉以来汉王朝对湟水流域的统治得以巩固。不过，为东汉心腹大患的并不在湟中地区，而是在黄河南岸的大、小榆谷地区（今青海贵德至尖扎段），原居住在这一带的有先零、卑浦两个部落，东汉初年，居住于榆谷西北允川的烧当羌，联合附近部落，进攻先零、卑浦，占据大、小榆谷，成为最强盛的部落集团，因而也成为东汉初期对政府威胁最大的羌人部落。故从建初二年（77年），武威太守傅育代为护羌校尉用兵烧当，历张纡、邓训、聂尚、贯友、史充、吴趾、周鲔、侯霸八校尉，费时26年，才将烧当羌打败，"西海及大小榆谷无复羌寇"。烧当羌何以如此强盛，当时的陬糜（今陕西千阳东）相曹凤在给和帝的上书

① 《后汉书》卷24《马援传》，中华书局，1965年，第83页。

中指出："自建武以来，其犯法者，常从烧当种起，所以然者，以其居大、小榆谷，土地肥美，又近塞内，诸种易以为非，难以攻伐。南得钟存以广其众，北阻大河因以为固，又有西海渔盐之利，缘山滨水，以广田畜，故能强大，常雄诸种，恃其权勇，招诱羌胡。"依曹凤所言，烧当羌所以强大，主要是其占据大、小榆谷土壤肥美之地，并依黄河为固，西借青海湖渔盐之利，因此，占据其生存空间，是打败羌人的关键，故而曹凤建议东汉政府："复西海郡县，规固二榆，广设屯田，隔塞羌胡交关之路，遏绝狂狡窥欲之源，又殖谷富边，省委输之役，国家可以无西方之忧。"和帝接受曹凤建议，命其为金城西部都尉，在龙耆（今青海海晏）负责屯田。此后不断扩大规模，在河北归义、建威二城附近屯田二十七部，河南岸榆谷屯田二部，河东的邯水东西屯田五部，共三十四①。后凉州郡县爆发了大规模的羌人起义，河湟屯田因此作废，恢复西海郡的计划也宣告破产。东汉政府不遗余力屯田河湟，目的即在于占据羌人赖以生存的耕地牧场，逼其离开肥沃之地向更加高寒闭塞的地方迁徙，以削弱其势力，使其不能再度复兴，如烧当羌就是在东汉政府不断打击下，最终远徙青藏高原。同时又可以解决用兵西羌的粮食转输困难，巩固对河湟地区的统治，收到一箭双雕之效。但是这一政策同样引起了羌民的激烈反抗。

五、"以夷制夷"，坐收渔人之利

早在西汉文帝时，晁错就提出"以蛮夷攻蛮夷"的观点，认为这样可"不烦华夏之兵，使其同类自相攻也"②，以达到夷狄互相牵制无力对汉或乱夷安汉的目的。东汉章和二年（88年），烧当羌纠集其他羌族部落进攻东汉边郡，首先将矛头对准为东汉政府所收降的湟中月氏胡，当时有不少人建议护羌校尉邓训"羌胡相攻，县官之利，以夷伐夷，不宜禁护"③，这种观点代表了东汉政府处理羌胡关系的基本立场，就是利用少数民族的互相攻伐，互相残杀以弱其势，坐收渔翁之利，这便是东汉政府

---

① 《后汉书》卷87《西羌传》，中华书局，1965年，第2885页。
② 《汉书》卷49《晁错传》，中华书局，1962年，第2390页。
③ 《后汉书》卷16《邓训传》，中华书局，1965年，第609页。

的 "以夷伐夷" 之策。这一政策主要有三方面的内容。其一，限制打击羌
人酋豪，防止其势力增长。东汉初年，陇西太守马援在取得对羌作战的
胜利后，"悉奏复其侯王君长"，以后各代也有所分封，即给羌族酋豪
一定的官职封号，并通过他们来控制羌人部落。但东汉政府对羌人酋豪
的打击也是毫不留情的，如明帝时，烧何酋豪比铜钳率其众归附，后其
"种人颇有犯法者，临羌长收系比铜钳，而诛其种六七百人"。章和元年
（87年）护羌校尉张纡对羌人豪帅的杀害则更为残忍，此年，迷吾为张
纡所败，前来投降，"纡设兵大会，施毒酒中，羌饮醉，纡因自击，伏
兵起，诛杀酋豪八百余人"①。可见，对羌人酋豪，东汉政府采取了既
利用又打击的政策，而打击则更为严厉。其二，利用其他少数民族力量进
攻羌人，使其互相牵制。这一政策典型地体现在湟中月氏胡的问题上。
《后汉书·邓训传》记载，"先是小月氏胡分居塞内，胜兵者二三千骑，
皆勇健富强，……时迷吾子迷唐，别与威武羌种合兵万骑，来至塞下，
未敢攻训，先欲胁月氏胡。训……令开城及所居园门，悉驱诸胡妻子内
之，严兵守卫。羌掠无所得，又不敢逼诸胡，因即释去，由是湟中胡皆
言：'汉家常欲斗我曹，今邓使君待我以恩信，开门内我妻子，乃得父
母。'咸欢喜叩头旦：'唯使君命。'训遂抚养其中少年勇者数百人，以
为义从。"湟中义从胡始见于此，这就是以湟中月氏胡为主体的羌胡义
从部队。这支精锐的义从部队后来逐渐发展壮大，成为对羌作战的主
力，护羌校尉马贤、段颖镇压羌人起义，依靠的就是这支部队。其三，
以羌人攻羌人，令其自相残杀。永元九年（97年）秋，"迷唐率八千人
寇陇西，……遣征西将军刘尚、越骑校尉赵代副，将北军五营、黎阳、
雍营、三辅积射及边兵羌胡三万人讨之"。永元十三年，"迷唐复将兵
向塞，周鲔与金城太守侯霸，及诸郡兵，属国湟中月氏诸胡，陇西牢姐
羌，合三万人，出塞至允川，与迷唐战"②。诸如此类，都清楚地表明
了东汉政府的意图。当然，"以夷制夷"作为一项民族政策，并不单纯用
于对羌政策，对其他民族同样适用。并且由于这一政策的目的在于利用
"羌胡相攻"以取"县官之利"，故而这一政策为以后历代中原王朝所采

---

① 《后汉书》卷87《西羌传》，中华书局，1965年，第2882页。
② 《后汉书》卷87《西羌传》，中华书局，1965年，第2884页。

用，成为一项重要的民族政策。

六、对羌民起义残酷镇压

西羌的社会结构，史料记载甚少，难知其详。《后汉书·西羌传》云："其俗氏族无定，或以父名母姓为种号。十二世后，相与婚姻，父没则妻其后母，兄亡则纳𠻮嫂，故国无鳏寡，种类繁炽。不立君臣，无相长一，强则分种为酋豪，弱则为人附落，更相抄暴，以力为雄。杀人偿死，无他禁令。"从这一记载可以看出，西羌社会内部已出现了阶级分化现象，开始由原始社会末期向阶级社会过渡，掠夺战争仍然是其正常的职业，部落和部落联盟在战争中不断分化、组合，但直到进入东汉，西羌始终没有形成统一的政权。上述情况，主要是就西羌的社会结构而言的，东汉时期，由于羌人大规模内徙，其社会结构和西羌相比，已有很大不同。特别是东汉政府将内徙羌民置于郡县体制管理之下，使其与汉族交错杂居，这就为其接受汉文化创造了条件。黄烈先生就此指出："内徙诸羌，与汉族错居杂处，羌族社会已不可能保留原有状态。羌族社会与汉族社会已逐步形成内在结合的关系，羌族人民虽处于被剥削受压迫受歧视的地位，但汉族的政治经济文化仍然对羌族产生了深刻的影响。"①这样，一方面加速了羌族社会结构的发展；另一方面，提高了羌族同东汉王朝斗争的水平，因而，安帝永初年间，在羌民反抗东汉统治的大起义中，产生了羌族历史上第一个政权——滇零政权。起义者打破了氏族部落界限，抛弃解仇结盟的旧形式，颁授印信，建立称号，走上了军事政治的组织结合。

滇零政权控制的地区，北到安定、北地、上郡以至河西走廊，东面至河东、上党、河内地区，西面有陇西、汉阳二郡和金郡的东部，向南势力达汉中郡的西部以及武都、阳平二郡和蜀郡的北部。如此范围的羌民起义，使东汉统治集团惊慌失措，"二千石、令、长多内郡人。并无守战意，皆争上徙郡县以避寇难。朝廷从之，遂移陇西徙襄武，安定徙美阳，北地徙池阳，上郡徙衙。百姓恋土，不乐去旧，遂乃刈其禾稼，

---

① 黄烈：《中国古代民族史研究》，人民出版社，1987年。

发彻室屋，夷营壁，破积聚。"①就连朝廷派往镇压的大将军邓骘也为羌人所败。朝廷上下，一片惊慌，甚至出现了"欲弃凉州，并力北边"②的议论。正由于此，东汉政府确定了对羌民起义坚决镇压的方针，并开始调护羌校尉参与作战。这次羌民起义历时十余年，东汉为镇压起义损失惨重，史称："军旅之费，专运委输，用二百四十余亿，府帑空竭。延及内郡，边民死者不可胜数，并凉二州遂至耗。"③

此后，羌民起义此起彼伏，东汉政府都采取严厉的镇压措施。如并州刺史来机、凉州刺史刘秉及护校尉马贤、赵冲、段颎等都是残酷屠杀羌民的刽子手。顺帝永和四年（139年）朝廷以来机为并州刺史、刘秉为凉州刺史，临行之前，大将军梁商劝来机等人"统领之道，亦无常法，临事制宜，略依其俗，……其务安羌胡，防其大故，忍其小过。"但机等天性虐刻，"到州之日，多所扰发"④，于羌民尤甚，终于诱发了次年的羌起义。而段颎对待羌民起义的态度则更加赤裸裸，他扬言：（羌民）"狼子野心，难以恩纳，执穷虽服，兵去复动。唯当长予挟胁，白刃加颈耳。"⑤段颎之言，将东汉政府的意图暴露无遗。

东汉政府之所以不惜代价，全力镇压羌民起义，有以下几方面的原因。其一，"羌胡所以不敢入据三辅，为心腹之害者，以凉州在后故也"，"凉州既弃，即以三辅为塞；三辅为塞，则园陵单外"。⑥自秦汉定都关中以来，凉州之地作为关中屏障为统治者所高度重视，成为秦汉政府重点经营的地区。凉州不保，则关中可虑，因此，东汉政府担心一旦凉州有失，则关中安全就有威胁，这样一来，东汉政府的统治就难以预料，故而东汉政府下决心镇压羌起义。其二，凉州之地"习兵壮勇，实过余州"，"如使豪雄相聚，席卷而东，虽贲、育为卒、太公为将，犹恐不足当御"。⑦凉州之地自古有尚武之风，兵士勇猛善战，倘若地方将吏凭借其势力，并与羌胡势力结合起来，东汉政府就难以收拾局面。

① 《后汉书》卷87《西羌传》，中华书局，1965年，第2886页。
② 《后汉书》卷58《虞诩传》，中华书局，1965年，第1866页。
③ 《后汉书》卷87《西羌传》，中华书局，1965年，第2887页。
④ 《后汉书》卷87《西羌传》，中华书局，1965年，第2895页。
⑤ 《后汉书》卷65《段颎传》，中华书局，1965年，第1866页。
⑦ 《后汉书》卷58《虞诩传》，中华书局，1965年，第1866页。

其三，东汉后期，西北地区的民族格局发生了新的变化。随着匈奴政权的衰落和北匈奴的西迁，游牧于东北地区的鲜卑族开始向西及西南迁徙，与漠北地区留下的匈奴部落逐渐融合。桓灵期间，鲜卑大人檀石槐统一漠北，分其地为中、西、东三部，"从上谷（治今河北怀来东南）以西至敦煌，西接乌孙为西部，二十余邑"①。鲜卑势力开始进入西北地区。檀石槐率部南抄汉边，北拒丁零，东却扶余，西击乌孙，成为东汉北部的严重威胁。而羌民在反抗汉族统治的过程中，逐渐联合南匈奴、鲜卑共同进攻东汉边郡，如桓帝延熹九年（166年），"鲜卑复率八九千骑入塞，诱引东羌与共盟诅。于是上郡沈氏、安定先零诸种共寇武威、张掖，缘边大被其毒。朝廷以为忧"②。令东汉政府担忧的是，一旦羌、匈奴、鲜卑等联成一体，共同对抗东汉政府，那么，东汉政府就更无法应对。因此，东汉政府把镇压羌民起义作为一项既定政策，历东汉一朝，奉行不二。

当然，东汉政府在其镇压政策一时难以奏效的情况下，也采用一些安抚措施，以分化瓦解羌民力量，但仅仅是作为一种权宜之计，一种辅助手段，东汉政府对羌民起义的政策始终是以镇压为主的。综上所述，东汉政府对羌政策的目的在于削弱羌人势力，减轻因羌族势力强大对东汉王朝造成的威胁，同时，也为了防止地方豪强势力与羌人结合，分裂中央政府，因而，东汉政府的对羌政策还是取得了一定的成效。然而，东汉的对羌政策，也引起了羌民的激烈反抗，整个东汉，羌民起义此起彼伏，连绵不断。东汉政府强迫羌人接受郡县统治，打破了其原有的生产、生活方式，造成其社会结构"跳跃式"的过渡，这是羌民难以接受的。东汉政府的迁徙之策，将羌族同匈奴、鲜卑等民族连成一片，使西汉武帝以来隔绝羌胡的政策宣告破产，这既为后来少数民族入主中原埋下了伏笔，也为后来的民族大融合创造了条件。尤其是东汉以来，豪强地主势力不断发展，地方割据势力同中央政府的矛盾始终若隐若现地存在着，而随着内徙羌族社会结构的发展演变，加之东汉王朝的民族歧视

① 《三国志》卷30《魏志》注引王沈《魏书》，中华书局，1965年，第838页。
② 《后汉书》卷65《张奂传》，中华书局，1965年，第866页。又参《后汉书》卷89《匈奴传》，中华书局，1965年，第2956页；《后汉书》卷90《乌桓鲜卑传》，中华书局，1965年，第2983页。

和残酷镇压之策，最终将羌民势力推向西北地区的豪强势力一边。东汉末年，羌人势力同凉州军阀边章、韩遂、董卓等相结合，成为分裂东汉政权的一支重要力量。故《后汉书·西羌传》的作者言道："羌虽外患，实深内疾……惜哉寇敌略定矣，而汉祚亦衰焉。"这一结论不无道理。

——原刊于《青海社会科学》，1995年第5期

汉敦煌郡的乡、里、南境塞墙和烽燧系统考

李并成

敦煌地区历史上行政、军事建置的正式设立始于汉武帝"列四郡，据两关"之际。许多学者曾就汉敦煌郡政权建设、军防设施等有关重要问题作过有益探讨，然而这方面还有若干工作有待深入。笔者不揣浅陋，结合实地考察状况，亦作几点考论，以就教于学界。

一、汉敦煌郡的乡

乡、里，作为国家机器中最底层的管理机构在我国早已有之。汉敦煌郡以至河西四郡有无乡、里之设？正史无载。搞清这一问题不仅对于探讨汉代边地政权建设有重要价值，而且对于研究汉代河西开发及其地域布局甚有意义。近年陈国灿先生撰文，依据敦煌、居延出土汉简等资料，对汉代敦煌的乡、里建制作了许多可贵探讨。[1]陈先生认为："两汉时县下有乡、亭、里之设，而敦煌县由于地旷人稀，全县人多时二千余户，少则千余户，按照秦汉时期百家为一里、十里为一亭、十亭为一乡的规定，全县至多只能置二三亭，尚不足设一乡。故尔在大批出土的汉简里，只见敦煌的里名，而不见乡名。……说明西汉时的敦煌县，'里'成为县以下突出的重要基层单位。这种情形不独敦煌一县，就是敦煌郡辖下的其他五县，即龙勒、效谷、冥安、渊泉、广至等县也是如此。"陈先生还指出，虽然1973年居延金关出土的一枚王莽新朝简中记有"都乡啬夫岑敢言之，错田，敦德常安里男子孙康白郡……"（甘博73E.i.E3：119），但"岑某很有可能是郡派驻敦煌地区监督诸亭诉讼、赋

---

① 陈国灿：《唐五代敦煌县乡里制的演变》，《敦煌研究》1989年第3期。

税的乡官，由此看来两汉时期的敦煌，县以下无乡的设置，只有里的划分。"

陈先生筚路蓝缕，在这方面做了开拓性的工作，然而所得结论笔者并不赞同。首先，两汉时代地方行政体制，并非郡、县下有乡、亭、里之设，大量简牍资料表明郡、县下应为乡、里二级管理，乡、里间并无"亭"之设置。如居延新简74EPT40.46："☐☐☐郡、县、乡聚移徙吏员户☐"（《居延新简》，文物出版社，88页）。《武威磨咀子汉墓》："姑臧西乡阉导里壶子梁之柩。"《武威五坝山3号汉墓》："张掖西乡定武里田升宁……"均未见乡、里间设"亭"。何双全先生的研究指出，汉代"亭并非里的上级，也非乡的下级，从体制上属不同系统，亭相当于公安派出机关或者依据不同系统的机制所设立的专门机构，不为政府机关，乡才是政府机关，二者有互相监督制约作用，但无领属关系"。①其说颇有道理。

其次，仅仅依据所领户数的多少推测汉代敦煌无乡的设置，也是欠准确的。仅就河西地区来看，依居延等地出土汉简资料，武威郡姑臧县见北乡、西乡二名，张掖县见西乡之名；张掖郡觻得县见北乡之名，居延县见都乡、西乡二名；酒泉郡禄福县见东乡之名，②表明这些县均有乡的建制，何独敦煌郡的属县例外？依《汉书·地理志》，西汉武威郡有户17581，领10县，则县均1758户；张掖郡有户24352，领10县，则县均2435户；酒泉郡有户18137，领9县，县均2015户；敦煌郡有户11200，领6县，县均1867户。可见河西四郡县均户数并无太大差异，大体在1700—2400户之间。敦煌郡的县均户数虽较张掖、酒泉二郡少一些，但比武威郡县均户数还要多，武威郡所属姑臧、张掖等县有乡，敦煌郡属县焉可例外！

再则，汉代乡、里所辖民户虽大体有一平均之数，但并非千篇一律，一成不变。《汉书·晁错传》《银雀山竹简·田法》皆谓"五十家为里"，非"百家一里"。马王堆三号墓《驻军图》和《区域图》中记载里

---

① 何双全：《〈汉简·乡里志〉及其研究》，载《秦汉简牍论文集》，甘肃人民出版社，1989年，第145—235页。

② 何双全：《〈汉简·乡里志〉及其研究》，载《秦汉简牍论文集》，甘肃人民出版社，1989年，第145—235页。

的户数，大者108户，小者仅12户，中等的35~50户。何双全考得，西汉时一个县应辖4乡或5乡，似为定制；乡以方位取名为东乡、西乡、北乡等，中心地区取名都乡；较大的郡、县一乡最多辖100个里，大约中等县的乡辖70里左右，小县小乡辖20~40个里；张掖郡居延县简牍中凡见80个里，约为4乡管辖，每乡有20里；张掖郡有10县，平均计每县2435.2户，每乡608.8户，每里则30余户，如若较小的里就不满30户，或更少①。若依每里30户计，则西汉敦煌郡应有373里，所辖6县平均每县约60~70个里，大体与居延县里数相去不多。如考虑到敦煌郡较张掖郡更处边陲，县均户口更少一些，更系"小县"，则平均每里拥有户数、每乡所辖里数当较张掖郡更少，其平均每县里数则应较60~70里更多。如同张掖、居延那样，这些里自然应划为若干乡管理。由此看来，汉代敦煌郡属县以下无乡的设置的推论是难以成立的。

值得欣喜的是，笔者检索《敦煌汉简释文》一书（甘肃人民出版社，1991年），发现了敦煌郡效谷县设乡的明确记载。敦煌小月湖东墩采集的一枚汉简云："效谷西乡高议里贾破虏隧长按。"该简背面又记："破虏隧贾按效谷西乡高议里贾按口。"（释文1271简，131页）这里清清楚楚地记着敦煌郡效谷县设有西乡。依前述何双全先生的考证及常理推之，效谷县不应独设西乡，还当有东乡、北乡等乡设置。陈国灿先生据1960年至1987年在敦煌市五墩乡辛店台出土的大批随葬五谷瓶文字考出，前凉效谷县有东、西、北三乡之设②。既然西乡自汉以来即已有之，其他二乡恐亦从汉沿袭而来。又176号墓五谷瓶还有"敦煌郡效谷县东乡延寿里"的记载，延寿里是否亦在汉已有之，也未尝不可能。

效谷县既有"乡"之设置，汉敦煌郡其他县亦当如之。陈先生前引王莽简中的"都乡"自然应是敦德亭（王莽改敦煌县为敦德亭）所辖的一乡。有都乡，似还应有北、东、西、南四乡，则汉敦煌郡敦煌县当设5乡。

---

① 何双全：《〈汉简·乡里志〉及其研究》，载《秦汉简牍论文集》，甘肃人民出版社，1989年，第145—235页。
② 陈国灿：《唐五代敦煌县乡里制的演变》，《敦煌研究》1989年第3期。

二、汉敦郡的里

汉代敦煌郡的里，陈国灿先生考得10里[1]，即敦煌县7里：富贵、疆利、大会、南关、寿陵、兴盛、常安；龙勒县1里：万年；效谷县1里：宜禾；广至县1里：安庆。何双全先生则考得西汉敦煌郡11里。其中与陈先生互见的7里，新出4里，即敦煌县3里：宣武、中阳、束武；效谷县1里：宜王；又考得东汉敦煌郡敦煌县4里，其中强（疆）利、兴盛二里与陈先生互见，新出封里、高威二里[2]。陈、何二先生共得西汉敦煌郡12里，东汉敦煌郡4里。

陈、何先生广征博引，考论缜密，但亦有疏漏。除上考诸里外，笔者检索有关资料，又考得西汉（含新莽）敦煌郡尚有20里，兹排列于下：

敦煌县，里13：

利成　《敦煌汉简释文》第283简（简称D283，下同）："居摄三年（8年）四月壬辰大煎都步昌候史尹钦燧长张博受就人敦煌利成里张贺字少平。"

大富　D1035A："☐虏候史敦煌大富里吕遂成年卅五五凤二年（–56年）三月戊戌除。"

利戌　D1035A："☐虏隧长敦煌利戌里孙世年卅六元康三年（–63年）七月戊申除。"

武安　D1186A："玉门千秋隧长敦煌武安里公乘吕安汉年卅七岁长七尺六寸神爵四年（前58年）六月辛酉除功一劳三岁九月二日共卅日。"又D593："戍卒敦煌武安里☐☐年廿五……。"

对宛　D1143："护从者敦煌对宛里斡宝年十八☐。"

始昌　D1146："相私从者敦煌始昌里阴☐年十五……。"

武阳　D2："敦煌武阳里李稚宾记☐。"

擅朔　D267："富昌卒敦煌擅朔里张咸。"

---

[1] 陈国灿：《唐五代敦煌县乡里制的演变》，《敦煌研究》1989年第3期。

[2] 何双全：《〈汉简·乡里志〉及其研究》，载《秦汉简牍论文集》，甘肃人民出版社，1989年，第145—235页。

　　高昌　　D282："居摄三年（8年）四月壬辰大煎都步昌候史尹钦隧长张博受就人敦煌高昌里滑护字君房。"

　　安国　　D532："元始二年（2年）正月丁巳令史丰受就人敦煌安国里范仲。"

　　寿王　　D68："竝葆敦煌寿王里田仪年廿八岁长六尺五寸……。"

　　如昌　　D944："□玉门却适候史敦煌如昌里公乘……。"

　　平定　　D5："□岁长柰尺五寸令敦德亭间田平定里去官二百二十五里·属敦德郡。"

　　又，何双全先生前考宣武里，D2041释为宜武里。云："敦煌宜武里□如□供宜秋隧。"

　　效谷县，里5：

　　高议里见前揭D1271简。

　　常利里　　D25："隧长效谷闲田常利里上牛康年三十五□。"又D252："戌卒效谷常利里张诩年二十。"又D279："大煎都候长效谷常利里上造张阳年三十六……。"

　　阳玉里　　D1058："效谷阳玉里盖安车一两……。"

　　得玉里　　D1261："广汉隧候史效谷得玉里卫□□。"

　　益寿里　　D284："居摄三年（8年）三月戊辰大煎都士吏牛党候史尹钦受就人效谷益寿里邓尊。"D285亦记："一效谷益寿里邓尊少不满车两未橐。"

　　龙勒县，里1：

　　寿里　　D818："戌卒龙勒寿里王风年卅五□。"

　　又，陈、何二先生据《流沙坠简·廪给》考得龙勒县万年里，亦见于D1234，云："居摄元年（6年）八月己未步昌候长党隧长尚受就人龙勒万年里□。"

　　□□县，里1：

　　常安里　　D923："敦煌□□县常安里孙胜之□。"该简出于敦煌马圈湾。前云陈国灿先生据1973年居延金关所出王莽简考得"敦煌常安里。"这两处常安里是否一地？否！里名虽同，但属县非一。D923简中"□□"二字肯定不是"敦煌"（敦德），因汉简中未见有"敦煌敦煌县"这样的称谓，凡称"敦煌县"者前面必略去郡名，简洁明了又不至发生歧义。但如称别的县名，有时为明确起见前面则冠郡名。如《居延新简》74EPT65：104："甲渠鄣候敦煌广至县安庆里张获秩六百石。"又据汉简资料，汉代一郡内不同属县中常常可见相同的里名。如汉张掖郡觻得、氐池、屋兰三县皆有富贵里，觻得、昭武、居延、日勒四县皆有万岁里，昭武、氐池、番和三县皆有安汉里①等。因而前云常安里应有两地，一属敦德亭，一属敦煌郡□□县（敦煌县除外）。

上补20里，合陈、何先生所考12里，计西汉敦煌郡共得32里；其中敦煌县21里、效谷7里、龙勒2里、广至1里、佚名县1里。东汉敦煌仍即上述何先生所考4里。

汉敦煌郡乡、里资料的整理研究表明，敦煌虽处边地，但在汉代亦实施了完整的一套郡、县、乡、里的行政建制，从而保证了中央政府的政令在这里得以顺利贯彻。乡、里作为国家机器中最底层、最有强控制力和使役力的链条，在国家管理、维护政权、统治人民的过程中曾发挥了非常重要的作用。

三、汉敦煌郡南境的塞墙设置

史载，河西汉长城塞垣始筑于武帝元鼎六年（前111年），是岁由令居筑塞西至酒泉。元封四年（前107年）赵破奴等击破楼兰后，又由酒泉筑塞至玉门关；太初三年（前102年）由张掖筑塞北至居延泽；天汉初（前100—99年）又由敦煌西筑亭燧至盐泽。文献记载和考古发现都证明，河西汉长城沿走廊北部一线延伸，旨在抵御由蒙古高原南下的匈奴的侵扰，护卫河西交通大动脉的畅通，屏蔽关陇安全。尤其是在走廊向北延伸的河谷通道——弱水暨居延泽、谷水暨休屠泽沿线，更是层层

---

① 何双全：《〈汉简·乡里志〉及其研究》，载《秦汉简牍论文集》，甘肃人民出版社，1989年，第145—235页。

筑防，重兵戍守。然而在走廊南境是否亦筑长城或类似的塞墙建筑，以防范由青藏高原而来的羌族的袭扰？史无明文，过去曾有学者作过一些推测，但其具体状况一直若明若暗，鲜有人知。

由河西南境的地形地貌观之，与坦荡无垠的走廊北部恰成鲜明对照，这里海拔5000米以上的祁连山—阿尔金山巍然挺立，屏障天成，难以逾越。因而走廊南境根本无须像北境那样建造绵延不绝长达二千余里和长城防御体系，考古工作者长期的野外工作中亦未见到这种长城遗迹。然而在南境高山峻岭间的一些河谷地带，如党河、榆林河、讨赖河、疏勒河、黑河、童子坝河、古浪河等，则往往形成天然通道，成为羌人等民族部族穿越高山北来河西走廊的必经孔道，这就不能排除在这些河谷沟口建造塞垣，封堵设防的可能。

考古发现证实了我们的推测。笔者近年多次赴这一带考察，亦见今敦煌、安西二市县南的肃北蒙古族自治县石包城乡等境内一些河流出山口处遗存塞墙残址，同时酒泉、张掖等市、县南的肃南裕固族自治县境内一些地方也有类似遗迹。石包城乡境内塞垣分布于祁连山前的鄂博山和鹰咀山北麓一线，东西走向，在这长达80多公里的范围内几乎每条沟口均见墙体遗迹。墙体多用石块夹柴草垒砌，中填黏土，一般底宽3米许，顶宽1.5米左右，残高2~3米，其长度因沟口宽度而异，均可掩蔽整个沟口。损毁者居多，保存较好的有七个驴沟段和石包城北山口段等。

七个驴沟口塞墙位石包城乡政府东北约20公里处。七个驴沟是源于鹰咀山北麓的一条小河，位榆林河东约20公里。塞墙筑在沟口西侧（沟口东为悬崖，无须筑墙），以就地碎石夹黄土垒砌，墙外（南侧）又砌较大的青褐色片麻岩石块；底部残宽3.1米，顶宽1米.残高1.5米，全长67.4米，石包城北山口塞墙位乡政府北约15公里的榆林河出山口东西两侧，该河系北通汉代冥安、唐代瓜州的要路。河口两岸山坡坡度约30°，塞墙以就地石块夹黏土垒砌，每隔0.4米又夹压一层梭梭，构筑坚实，至今仍保存较好。河口西侧墙体长约90米，底宽7米许，顶宽3~4米，残高3.5米。东侧墙体残高1~1.5米。部分墙段被洪水冲毁，残长约50米，上述塞墙的构筑方式与河西北境汉长城颇相似（黏土、石块、柴草相间而造），应系同时代所建。《汉书·匈奴传》载侯应语曰："起塞以来，百有余年，非皆以土垣也，或因山岩石，木柴僵落，谿谷水门，稍稍平之。"这正与今天石包城乡所见塞墙遗迹的建造方式类似。当地文物部门的同志据所采文物亦认为这里的塞墙系汉代遗存。

此外，在酒泉南境的栅子沟、太阳沟、火烧沟、黄草坝河、榆林坝河等河沟出山口，亦见石砌塞墙或木制栅栏遗迹。笔者实地考察得知，木栅栏多是清代顺治、康熙年间为防范青海蒙古族袭扰而在石墙残迹上修筑的，今大都已遭到破坏，栅栏早被拆去烧柴。在张掖、临泽南山的梨园河出山口，即今肃南裕固族自治县白银乡政府东的跃进桥附近，还可看到顺山而下的一条黄土夯筑土墙，残长150米许，残高2米许，当地乡亲们说此为古时张掖与肃南的界墙。无疑这也是南山沟口塞墙的一处遗迹。

由以上探讨可见，汉代在河西走廊北境长城建造的同时，亦修筑了南境的塞墙，并与北境长城沿线同样，南境沿线亦设立了完整的烽燧警讯系统（详后）。不过南境塞墙并非如北境长城那样一线延伸，连续不绝，而且尽可能利用天然山脉屏障，仅在沟谷壑口处修造塞垣。

另据有关史料，汉晋时代敦煌绿洲四周还修筑了塞城，这种塞城与河西北境长城、南境塞垣实非属一事。《法显传》载，法显于后秦姚兴弘始元年（399年），"夏坐讫，复进到敦煌，有塞，东西可八十里·北四十里"。塞，即指墙垣一类建筑。《晋书·凉武昭王李玄盛传》亦载李暠修建敦煌旧塞东西二围、西南二围之事。名为"旧塞"，显系十六国以前始筑，应为汉代所建。《沙州都督府图经》（P.2005）："古塞城，右周回州境，东在城东卌五里，西在城西十五里。南在州城南七里，北在州城北五里。据《汉书》，……元鼎六年筑。至西凉李暠建初十一年（415年），又修以备南羌、北虏。其城破坏，基址见存。"《沙州城土镜》（P.2691）亦云："塞城，州东四十五里。"P.2005又记："古长城，高八尺，基阔一丈，上阔四尺。右在州北六十三里。"可见沙州四围的古塞城与古长城是两种不同的军防设施，与敦煌南境的塞垣也不相同。有汉代河西地区既有北境长城以御匈奴，又有南境塞垣以备羌人，南北对峙，护卫走廊与西域通道的安全；此外敦煌绿洲四周又环筑塞城，可谓层层筑防，着意护守，也由此反映了当时敦煌在边境军防和东西交通中的重要地位。敦煌四围塞城早已无存，但仍有一些遗迹可考，拟另文专论。

四、汉敦煌郡南境的烽燧系统

《史记·大宛列传》载，汉武帝远征大宛开通西域后，"敦煌置酒泉都尉，西至盐水，往往有亭。"《汉书·西域传》复述此事云："于是自敦煌西至盐泽，往往起亭。"这里的亭指烽燧。考古调查业已证明，汉敦煌郡北境沿长城一线曾遍设烽燧，向西可与罗布泊（盐水、盐泽）以西以至库东一带延伸的烽线相连。近年文物普查进一步发现，敦煌南境，包括今肃北蒙古族自治县和阿克塞哈萨克族自治县境内，亦有若干汉代烽燧遗迹。笔者亦在这一带几次考察，查寻汉烽遗址及其走向布局，取得一些重要收获。

笔者发现，汉敦煌郡南境烽燧均沿主要河谷通道展布，大体南北延伸，并与南境的塞墙等军防设施相互配合策应，以候望警备南羌可能的骚扰活动；主要烽线自东向西有榆林河谷、大泉河谷、党河河谷、崔木土沟—多坝沟—梧桐沟—青石沟四条。其中后三条烽线分别从东南、南、西南三面汇集辐辏于敦煌，榆林河谷烽线则北经汉广至县城（今安西县踏实破城子①）与汉渊泉（今安西县四道沟屯庄故城②）、冥安（今安西县锁阳城③）西通敦煌的烽线汇合。这种分布格局与当时的军事形势和防御战略相一致，河谷通道既为羌人北来必经孔道，自然也是戍卫防范的重要地带。

1. 榆林河谷烽线

南起石包城乡西南35公里处的石板墩烽，沿榆林河谷北经石包城、石包城北山烽、水峡口烽、路口湾烽、榆林窟、蘑菇台、下洞子烽、新沟故城（汉），至汉广至县城。再由此向北接火焰山南麓八楞墩烽，折而西经土墩子、吊干沟烽、膏油桩南山烽、汉峡墩、东水沟峰、空心墩、五墩等烽达敦煌。由汉广至县城向东，经四个墩子、板疙瘩烽、汉冥安县城、转台庄子、南岔四个墩、西八棱墩、草城（半个城，汉）、长沙岭诸烽、旱湖脑故城（汉）、土墩子、肖家地故城（晋至唐）、唐

①李并成：《汉敦煌郡广至县城及其有关问题考》，《敦煌研究》1991年第4期。
②李并成：《汉敦煌郡冥安、渊泉二县城址考》，《社科纵横》1991年第2期。
③李并成：《汉敦煌郡冥安、渊泉二县城址考》，《社科纵横》1991年第2期。

墩、腰站子南烽、四家滩北烽，至汉渊泉县城（上述烽燧部分系唐烽）。这一带仅汉冥安县城附近及外围就有汉代烽燧19座，安西县博物馆将其编号为冥安A1–A19烽。

榆林河谷诸烽以石板墩烽、石包城北山口烽等保存较好。石板墩烽位石包城乡政府西南35公里处一座山头上，南距大雪山6公里，清代称伯颜墩；覆斗形，石块夹柴草垒砌，底边长10米，宽9.6米，残高8米许。站在烽上可清楚地看到石包城及周围地区。该烽南扼榆林河谷通青海的龚岔大道，东连哈什哈与龚岔口。烽侧有筑墙痕迹，烽北有房屋遗迹，烽东北13米、西南12米处又各有一座小烽。烽周散落少量夹沙粗红陶片、波纹、垂帐纹和弦纹灰陶片等。由其建造形式和遗物看无疑属汉代烽燧。石包城北山口烽位石包城北山塞墙东面不远山顶上，南距乡政府约15公里；碎石垒砌，每隔0.25~0.3米夹压一层芦苇、烽高3.5米处又夹压红柳和梭梭，显系汉烽形制。底边残长7.2米，宽6米，残高4.8米，烽周散落大量粗陶残片。

2. 大泉河谷烽线

大泉河又名西水沟，敦煌文书写作宕泉，源于三危山南党河洪积扇北缘出露的上高泉、高泉、大泉、东泉、条湖等泉流，汇而西北流，切穿三危山，鸣沙山间垭口，行至莫高窟前出山；复取西北向，流入佛爷庙湾没入戈壁。由大泉河源头取道东南穿越红柳峡，向东经金场井、红井可抵石包城以至昌马盆地（西晋新乡县、唐宋新乡镇）；向东南经土达坂、龚岔口、龚岔达坂接通疏勒河谷大道，可直通祁连山南麓今青海省祁连、门源等县；向南可直达党河上游今肃北县城，与党河河谷通道相连。可见大泉河谷确为敦煌东南境的一条重要通道。今天在这一线残存八棱墩，佛爷庙墩、大沙坡墩、大拉牌墩子等烽燧。

八棱墩，位敦煌市城东南5.8公里处的今杨家桥乡鸣山村三队北部佛爷庙旧址东南150米处的二层台子上，该台子位大泉河洪积冲积扇西北缘，因受沙山渠的切割呈断崖状，高出绿洲20~30米，台上全系洪积卵石。八棱墩呈正八棱台体，底边每边4.7米，八条边周长37.6米，夯土板筑，夯层厚15厘米许，残高约7米；烽体中部见三排椽眼，有后代补修痕迹。烽脚西南侧存与烽台相连的残墙遗迹，烽南30米处竖一现代三角测量标志，标高1153.2米。烽周偶见灰陶残片等物.该烽当系汉至唐代烽燧。站在烽上向西北可远眺敦煌城，向东南又与大泉河下游西侧佛爷庙墩等烽相望。

大沙坡墩，位莫高窟南3公里的大泉河谷西侧山头，覆斗形，石块垒砌，中间夹筑红柳、芦苇、层层迭压，今残在5层。李正宇先生曾在烽周拾到铜箭镞、铜饰片、榆荚钱、陶纺轮、陶罐残片、麻布片等汉代遗物①，由此及该烽建造形式判断显系汉烽。烽西南半里另一座较高山峰上还存唐烽一座。

3. 党河河谷烽线

党河河谷向为沟通祁连山南北的重要通道，在党河出山口的今肃北蒙古族自治县县城东南2公里残存党城湾故城址，系西晋昌蒲县、西凉子亭城、唐宋子亭镇的治所。沿河谷一线烽燧罗列，且多系汉燧。由敦煌城沿河上溯今见遗迹者有达家桥西500米处烽（红当公路141公里之南）、党河总分闸西2公里烽、党河口西侧山头沙山墩烽（P.2005之山阙烽，残高5米）、石板墩烽（与前同名）、二墩烽、下累墩子烽、累墩子烽、五个庙烽、芦草湾西崖烽、党城乡东崖烽、白墩子烽、党城故址、别盖乡康沟口烽等。另外在肃北县城西10公里的西不沟口又有西水烽。

党河总分闸西2公里烽，位红当公路146公里的公路南侧约60米处，覆斗形，夯筑，底边每边约13米残高6米许；峰周偶见灰陶片，当为汉唐烽燧。烽台筑于一座低缓的砾石梁岗上，四周原野一望无垠，这里亦是敦煌绿洲的西端点，位置显要。《沙州都督府图经》（P.2005）云："一所土河，右周回州境，……西至白山烽，去州卅里。"党河总分闸烽正位于沙州故城西30里，在唐当即白山烽。

累墩子烽，位肃北县城东北40公里处，临党河西岸覆斗形，已坍成圆丘状，底边长21米，宽20米，以就地砾石、砂土垒筑，残高5.3米；烽周散落粗灰陶片等，系汉烽。

五个庙烽，位累墩子烽南约40公里的党河西岸，即五个宙道班西北700米外，覆斗形，底边长19.7米，宽17.8米，现一半坍于党河河谷中，仅部分残存；以就地砂土建造，每隔0.3~0.4米夹压红柳、毛柳，外侧砌以卵石，残高4.5米。烽周散落大量粗灰陶片、毛织物残片等，系汉燧。

① 李正宇：《敦煌名胜古迹导论⑤》，《阳关》1992年第1期。

芦草湾西崖烽，位五个庙烽南约10公里的党河西岸，即马场农饲点东1公里处，南距县城10公里；覆斗形，以就地砾石：卵石夹砂土垒砌，底边长24米，宽20米，已坍成圆土丘状，残高4.7米。烽周散落粗灰陶片等，系汉烽。党城乡东崖烽，位芦草湾西崖烽东南2公里处的党河东岸，即党城乡八队东北约2公里处；覆斗形，上部以砾石、卵石间土坯砌成，下部以砾石夹砂土建造，每隔0.4米许夹压红柳、芨芨；底边长9.5米，宽7.5米，残高4.2米。烽周散落少量灰陶残片，系汉烽。别盖乡白墩子烽，又名长昂墩，位乡政府西北800米处，西南距肃北县城3.5公里，西北距党城乡东崖烽3公里；覆斗形，夯土板筑，墩体残缺处又以石块和土坯补修，底边长9米，宽7.5米，残高9.2米，站在烽上周围数十里外山川一览无余。烽固有长约100米、宽60米的围墙残迹。墙内东侧存房宅遗址，墙外附近还有古代耕地和渠道的痕迹。烽侧散落少量红陶片、灰陶片等，系汉烽。

别盖乡康沟口烽，位肃北县城东南6公里处。康沟原属党河支流，上游名野马河，沿河谷东南越青德尔达坂可接通疏勒河谷大道，东北越龚岔达坂可达石包城及昌马盆地，西北顺河而下直抵党城湾故址；而由康沟口（康沟与党河交会处）又可南通盐池湾等地。可见康沟一线为敦煌南境重要的交通枢纽之地，在此口设烽殊为必要。康沟口烽位沟口北侧，依山而造，以砾石、卵石夹砂土垒砌；覆斗形，底边长20米，宽18米，残高7.5米。烽周散落较多粗灰陶片，系汉烽。《通典》卷174敦煌郡条："敦煌郡，东至晋昌郡二百八十里，南至故南口烽二百五十里，烽以南吐谷浑界。"由康沟口烽顺党河而下至沙州故城恰为250里，该烽又正处敦煌之南，烽南的青海高原即唐代吐谷浑居地，可证该烽为唐之故南口烽无疑。此处云"故"，表明烽系唐代以前所建，"南口"一名形象地反映了其重要的军事、交通地理位置。

4. 崔木土（崔毛头）沟—多坝沟—梧桐沟—青石沟烽线

位敦煌市南湖乡西南、阿尔金山北麓，为汉唐西出阳关沿线烽燧的一部分。烽线东接前云党河口沙山墩（山阙烽）、取向西南，经南湖东山墩、双墩子、大墩，进入南湖绿洲（汉龙勒县、唐寿昌县）；由此向北经二墩等7座烽燧直达玉门关；向南沿西土沟（P.2005之无卤涧）又有墩墩山烽、西头沟南墩、红泉坝墩等烽；向西沿西出阳关大道又置崔木土沟阴洼峡墩、多坝沟墩、多坝沟二墩等烽；由多坝沟向南至梧桐沟、青石沟亦有汉代烽燧。可见今南湖绿洲亦为古代东西南北烽线交会之地。汉代不仅沿西出玉门关大道遍设烽燧，而且沿阳关西行道路亦列置烽燧，两关在古代中西交通中的重要地位由是可观。

多坝沟烽，位阿克塞哈萨克族自治县多坝沟乡乡政府正北7公里处的沟东岸山顶，覆斗形，以土坯、石块夹芦苇垒砌而成，土坯长0.24米，宽0.2米，高0.11米，土坯间用泥巴粘合，芦苇残存3层；底基长15米，宽14米，残高5.5米。烽周偶见灰陶残片，系汉烽燧。多坝沟二墩烽，位多坝沟烽正北8公里处的沟东岸山顶，东距崔木土沟阴洼峡烽30公里，距南湖绿洲又30公里，其形制同多坝沟烽。梧桐沟烽，位多坝沟乡政府东南20公里许的和平乡东部梧桐沟岸上，南距阿尔金山约10公里，覆斗形，砂土夹芦苇垒砌，外围砌以石块，残损严重，仅北侧保存稍好，基底长宽各12米，残高5米许，系汉烽。

青石沟烽，位多坝沟乡政府正南30公里许的阿尔金山北麓青石沟西岸大山之巅，即梧桐沟烽西南约15公里处；覆斗形，以石块夹芦苇垒砌，基底长宽各约15米，残高9.6米，东侧保存较好，西、南两侧坍塌；于数十里之外即可显见，颇为壮观，系汉烽。阿尔金山敦煌文书作"紫金山"。《沙州地志》（P.5034）："黑鼻山，右在（寿昌）县南五十里，……山东至山阙烽即绝，其黑鼻山连延西至紫金，即名紫金山。"《寿昌县地境》亦云："黑鼻山，县西南五十里。连延西至紫金，亦号紫金山。"《沙州城土镜》（P.2691）、《沙州图经》（S.0788）均曰："黑鼻山，（寿昌）县西南五十里。"依其位置推之。黑鼻山即今崔木土山（海拔1694米），系阿尔金山北麓山前东西向隆起的一带丘陵，其西延的紫金山即指青石沟一带阿尔金山。P.5034又记："▭烽，西至紫金山北口烽，旧▭王李暠建，高十一▭二年废，基址见存。"青石沟烽恰位阿尔金山北麓沟口，疑即卷中紫金山北口烽，初建于汉，再建于西凉李暠，唐代废。

——原刊于《敦煌研究》，1993年第2期

汉敦煌郡境内置、骑置、驿等位置考

李并成

一

一般认为，汉代邮驿系统内部设置有"置""驿""邮""亭"等机构。《后汉书·西域传》载汉代："立屯田于膏腴之野，列邮置于要害之路。驰命走驿，不绝于时日；商胡贩客，日款于塞下。"邮置系统为汉王朝的兴盛和丝绸之路的繁荣发挥了极重要的作用。

《汉书·文帝纪》："太仆见马遗财足，余皆以给传置。"师古注："置者，置传驿之所，因名置也。"《汉书·冯奉世传》："羌虏桀黠，贼害吏民，攻陇西府寺，燔烧置亭。"师古注："置，谓置驿之所也。"于居延、敦煌悬泉汉简等见，"置"为最高级别的邮驿机构，其人员较多，吏员有丞，丞下有置、厩、厨、仓啬夫及佐，承担日常传递文书、养马、驾车、炊厨等值役人员则或徒、或卒、或一般平民。敦煌悬泉置即有官卒徒御凡37人（甘露二年，另一简记载为47人）、传马40匹、传车6乘（阳朔二年），多时可达15乘。"驿"与"置"相较，功能有别。有学者认为，驿以驿马传递为主，置以传车接送为主并兼递部分邮件，有些置、驿又合而为一。置、驿以下最基层单位为亭。《汉书·高帝纪》师古注："亭，谓停留行旅宿食之馆。"敦煌郡邮路所设的亭，简文中可查知其名者近60个。[①]另有学者考得汉代邮驿系统中还有以传递重要和紧急文书为主的"骑置"，此为速度最快的一种传递方式，其地位在

---

① 张德芳：《简论悬泉汉简的学术价值》，载《敦煌悬泉汉简释粹》，上海古籍出版社，2001年，第202页。

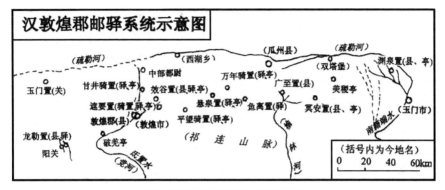

图 1 汉敦煌郡邮驿系统示意图

置以下，一般设在两个置之间，骑置与骑置之间有亭。①

　　位居河西走廊西端的敦煌，地当西域门户，为中原西出西域故道上无可替代的咽喉枢纽。《汉书·西域传》记，出敦煌玉门关、阳关往西域有南北二道。刘昭注《后汉书·郡国志》引《耆旧记》称，敦煌为"华戎所交，一都会也"。故敦煌一地邮驿系统的建设颇受汉王室的重视，有关史料特别是出土于敦煌悬泉置等处的汉简中留下了汉敦煌郡境内邮驿系统设置、运行的许多记载，弥足珍贵。笔者不揣谫陋，拟运用这批史料并通过反复实地考察，对汉代敦煌郡境内置、骑置、驿、亭的设置及位置与相关遗址略作考证（图1），以就教于学界。

　　悬泉 II 0214③：154简："□效谷、遮要、县泉、鱼离、广至、冥安、渊泉写移书到……"②县泉即悬泉，简文中均写作县泉。学者公认上引简中提到的7处地名皆为汉敦煌郡辖境内的置名，其顺序依次从西向东排列，这为我们研究丝绸路上这些置的序次及其相互间的位置提供了第一手珍贵史料。其中效谷、广至、冥安、渊泉又为敦煌郡属县名，这4个置与县同名，表明上述县中亦设置。此外还有龙勒置和玉门置（详后），敦煌郡境内共有置9所。II 0114③：522简："甘露三年十月辛

---

　　① 张经久、张俊民：《敦煌汉代悬泉置遗址出土的"骑置"简》，《敦煌学辑刊》2008年第2期。

　　② 胡平生、张德芳：《敦煌悬泉汉简释粹》，上海古籍出版社，2001年，第51页。本文所引悬泉汉简，均见于此书或甘肃省文物考古研究所《敦煌悬泉汉简释文选》（《文物》，2000年第5期，第27—45页）和张经久、张俊民《敦煌汉代悬泉置遗址出土的"骑置"简》（《敦煌学辑刊》2008年第2期）；简号标注依胡平生、张德芳大著的写法。

亥朔，渊泉丞贺移广至、鱼离、县泉、遮要、龙勒，厩啬夫昌持传马送公主以下过……"公主即解忧公主，甘露三年（前51年）由乌孙返回长安。简中所提6处地名，亦为汉敦煌郡的置名，其顺序由东向西。又由悬泉简知汉敦煌郡境内除这9所置外，还设12所驿："万年驿、悬泉驿、临泉驿[1]、平望驿、龙勒驿、甘井驿、田圣驿、遮要驿、效谷驿、鱼离驿、常和驿、毋穷驿。"[2]在全部17914枚悬泉汉简释文中有13枚简提到"骑置"，其中效谷县有甘井骑置、遮要骑置、平望骑置、悬泉骑置共4个骑置，广至县有万年骑置等。骑置通常有吏1人、马3匹、驿骑3人。[3]

二

以下对于汉敦煌郡境内邮驿系统的置、骑置、驿以及若干亭的位置及其遗址，大体依自东向西的次序分别考证如下。

渊泉置（县、亭）

渊泉为汉敦煌郡境内最东部的一县，县城内设渊泉置，亦设渊泉亭。笔者曾考得该县城址为今瓜州县河东乡四道沟村古城，南北约350米、东西240米许，残高1.5~2米，城内发现汉五铢钱币等物。[4]另依悬泉Ⅱ0214①：130简，由酒泉郡乾齐县西去渊泉县58里，合今约25公里。由汉乾齐县所在的今玉门市黄闸湾乡一带沿疏勒河干流西北行25公里，恰为四道沟村古城。渊泉县地处疏勒河干流大拐弯的内侧，地势较低，泉源旺盛，为疏勒河中游绿洲的精华地段。

美稷亭

渊泉县以西为冥安县之地，渊泉县西距冥安县所在的南岔大坑古城（详后）约60公里，合汉140里，里距较远，其间无疑还应设有邮驿机构，惜今已不知其名。值得注意的是，在四道沟古城与南岔大坑古城中间，距二城均为30公里（合汉70里）的地方，今锁阳城镇桥子村长沙岭

① 依现已整理刊布的悬泉简所载各置、驿的序次来看，临泉驿似为悬泉驿的一度改名。
② 张德芳：《简论悬泉汉简的学术价值》，载《敦煌悬泉汉简释粹》，上海古籍出版社，2001年，第59—73页。
③ 李并成：《汉敦煌郡冥安、渊泉二县城址考》，《社科纵横》1991年第2期。
④ 李并成：《汉敦煌郡冥安、渊泉二县城址考》，《社科纵横》1991年第2期。

有一座汉代城堡，今名草城，又叫半个城。该城平面基本方形，残长东西26.4米、南北24米，东、西、北三面残存墙垣夯筑，最高处5.5米。南垣倒塌后用土坯修补，夯层、土坯层间均夹压红柳层，系典型的汉代建筑风格，南开一门。城中仍堆放着当年燃放烽火的积薪，由红柳、芦苇、胡杨树枝堆积而成，现呈斜坡状，长约18米、宽4.5米、最高处4米。因堆放大堆柴草，故称该城作草城。城内外随处散落陶片等物，城南不远发现许多墓葬并见大面积的陶片分布。城北6米许现存土塔遗址两座，城南5米处存烽燧遗址。由其位置、规模、遗物等可以认定草城应为汉代连接渊泉县与冥安县间的一所骑置或驿、亭。考虑到这里邻近汉长城宜禾都尉美稷候官所辖塞段①，且悬泉简中又有美稷亭一名，因而草城有可能即美稷亭遗址。

冥安置（县、亭）

笔者考得汉敦煌郡冥安县故址即今瓜州县锁阳城镇南岔大坑古城②，城内设冥安置，亦设冥安亭。该城东距草城（美稷亭）30公里，西距锁阳城镇约23公里，西南距著名的锁阳城遗址4.5公里。城垣已十分残破，实测东垣560米、北垣550米、西垣535米、南垣525米，多数墙段残高不足1.5米，城内暴露许多汉代灰、红陶片等物。V 1611③：39B简：悬泉去"冥安二百一十七"里，合今约91公里，这恰与冥安县（南岔大坑古城）经广至县（踏实破城子，后考）、鱼离置（老师兔城，后考）而西至悬泉置（吊吊水）的距离相合，可见南岔大坑古城确为汉冥安县城，亦是汉冥安置、冥安亭的治所。

广至置（县）

冥安县西接广至县，笔者考得广至县故址即今瓜州县踏实破城子③，城内亦设置。该城东距汉冥安县所在的南岔大坑古城约32公里，合汉76里，东南距锁阳城镇8公里。城垣损毁较轻，南北约280米、东西150米许、残高6.5米。城内散落灰、红陶片及碎砖等。广至位处榆林河下游

---

① 宜禾都尉美稷候官所辖塞段，笔者考得即今瓜州县九墩西至高皇庙、双塔水库、双塔农场段汉塞.位于草城以北（参见拙著《河西走廊历史地理》，甘肃人民出版社.1995年，第212—213页）。

② 李并成：《汉敦煌郡冥安县城再考》，《敦煌研究》1997年第2期。

③ 李并成：《汉敦煌郡广至县城及其有关问题考》，《敦煌研究》1991年第4期。

绿洲，径流充沛，土地肥沃，农产丰饶，为此段丝绸路上的必经之地。

鱼离置（驿）

由上引Ⅱ0214③：154简知，鱼离置为广至西边、悬泉东边的一所置，该置并设鱼离驿。简Ⅱ0214①：125："入西板檄二，冥安丞印，一诣乐掾治所，一诣府。元始四年四月戊午，县泉置佐宪受鱼离置佐陃卿，即时遣即行。"由冥安县往西的板檄，悬泉置佐接受鱼离置佐的传递，继续西传，鱼离位于悬泉之东无疑。又Ⅱ0112②：119简记："出西书一封，廷尉章，诣西域都尉。二月戊子日下餔时受鱼离啬夫，即时立行。"这封钤有廷尉印章送往西域都尉的要件，由鱼离啬夫西传悬泉置，亦表明鱼离置位于悬泉置之东。

由广至县城（踏实破城子）西去穿过榆林河洪积戈壁滩约28公里（合汉67里）处，有一个泉水出露的小村子——老师兔，村西花岗岩剥蚀残丘上残存一座古城址，南北33米、东西40米许。西、南二垣较完整，残高4~6米、残宽3.5米，东垣全部倾圮，北垣东段坍塌。东北角筑烽燧一座，残高10米许。城内散落碎陶片、砖块、铁片等汉、唐时遗物。笔者考得该城在唐代为瓜沙二州间驿路上的黄谷驿，系当时一处十分重要的军防警讯之地，附近还有官马群的放牧①。该城无疑为汉代始筑，汉鱼离置即置于城中。老师兔村泉流众多，水草丰茂，今仍有三个泉、五个泉、木头泉、直路泉等泉源，为行旅补给的理想之地。众泉中多见游鱼，这可能是其得名的缘故。除鱼离置、鱼离驿外，其地还有鱼离乡。Ⅰ0112③：124简："入鸡一只，十二月壬戌厨啬夫时受鱼离乡佐逢时。"可见汉时老师兔村亦为鱼离乡的所在。鱼离置亦设有"厩"并有羌御。御通驭，羌御即羌人驭手，专事驾驭车马之人并兼作受付邮书之事。如Ⅱ0114④：82："鱼离厩普行。"Ⅱ0111②：21："元延二年（前11）二月乙卯，鱼离置羌御离吉受县泉置啬夫敞。"Ⅴ1511②：22简亦提及"鱼离羌人"，恐该置有较多的羌人御、徒。

万年骑置（驿、亭）

由简文知，万年骑置内并设万年驿、万年亭。如ⅦF13C②：10A：

---

① 李并成：《唐代瓜沙二州间驿站考》，《敦煌学国际研讨会文集·史地语文编》，辽宁美术出版社，1995年，第201—215页。

"永初元年（107年）十二月廿七日，夜参下铺分尽时，县泉驿徒吾就付万年驿。"此简为向东传递之书，县泉驿将文书付于万年驿，可见万年驿位于县泉驿之东。又如Ⅱ0115①：59A简记，入东军书一封，"始建国二年九月戊子日蚤（早）食时，万年亭驿骑张同受临泉亭长阳"。"驿骑"或作"译骑"，指传递文件人员的身份，据之知亭亦有驿骑。向东传递的军书，万年亭驿骑接受临泉（悬泉）亭的传递，则万年必位于悬泉之东。

由鱼离置西北行穿过芦草沟口，再沿截山子西去即为著名的悬泉置遗址。悬泉置东距鱼离置约31公里，合汉74里许，万年骑置（驿、亭）即设于鱼离、悬泉二置之间。Ⅴ1411②：55简："县泉置骑置，西到平望骑置五十里，东出广至万年骑置卌。"悬泉东去40汉里（合今约17公里）的万年骑置，其位置应在今火焰山芦草沟出山口东侧，其地今存汉代城址一座，今名芦草沟古城。该城向南穿过芦草沟口至鱼离置所在的老师兔城约14.5公里，合汉34里。城垣已不完整，南北残长约30米、东西近20米，夯筑，夯层厚8~12厘米，底部残宽2米许、顶宽1.2米，东开一门。城内偶见陶片碎块，瓜州县博物馆认定该城为汉代城址。城北里许存古道遗迹，残宽3~4米，低于现代地面约0.8米。城南约120米的山坡台地上存汉燧一座，平面正方形，底部边长约10米、残高近7米，夯土夹压红柳、芨芨筑成，夯层厚8~12厘米，系典型的汉代烽燧构筑形制。烽燧周围散见绳纹、素面陶片。万年骑置（驿、亭）故址当即该城。该骑置为广至县辖领，再往西即进入效谷县领地。Ⅰ0111②：24简："万年驿骑喜付县泉驿骑奇。"此文书由万年驿骑传给悬泉驿骑，传递方向是由东向西。Ⅱ0313②：52简："年七月癸巳日下铺县泉译骑充国受万年译骑傅。"悬泉译骑接受万年译骑的文书，其传递方向亦是由东向西。Ⅱ01143：199："敦煌大守上书一封，甘露元年（前53年）七月丙辰……付广至万年译骑。"敦煌太守上书经由万年驿骑传递，其方向自然是自西向东。Ⅴ1612④：11A："皇帝橐书一封，赐敦煌太守。元平元年（前74年）十一月癸丑夜几少半时，县泉驿骑传受万年驿骑广宗，到夜少半时付平望驿骑……"橐书即装在橐橐中封缄的书信，此封皇帝赐予敦煌太守的书信经由万年驿骑西传悬泉驿骑，再西传平望驿骑，顺序自然是由东向西。Ⅱ0113③：65："上书二封。其一封长罗侯，一乌孙公主。甘露二年（前52年）二月辛未日夕时，受平望译（驿）骑当富，县泉译（驿）骑朱定，付万年译（驿）骑。"由西域东传的"上书"，经由平望传至悬泉，再传给万年，可证万年确位于悬泉置之东，而平望位于悬泉置之西。

悬泉置（悬泉驿、临泉亭、悬泉邮）

悬泉置遗址南依火焰山（该山西延即三危山），北邻北沙窝盐碱滩，坐落在源于火焰山北麓的吊吊水沟口，西去今敦煌市64公里，东去今瓜州县城60公里。1990年10月至1992年底甘肃省文物考古研究所连续3年对其发掘，收获颇丰。整个遗址包括坞院、灰区、马厩及附属建筑等，占地总面积22500平方米。遗址西北角叠压魏晋时烽燧残迹，其下层为汉代建筑。坞院土坯砌成，长宽各约50米、墙基宽1.5~2米、残高0.8米，其东北和西南转角处筑角楼，院内共有房屋27间。出土物以大量简牍、陶片、麻纸、皮革、丝织品和马、牛、鸡等骨骼为主，最引人注目的是发现简牍三万五千余枚，其中有字者二万三千多枚、帛书10份、纸文书10张和泥墙题记1幅。简牍纪年最早为西汉武帝元鼎六年（前111年），最晚为东汉安帝永初元年（107年）①该遗址的发掘被评为1991年度和"八五"期间全国十大考古发现之一。

悬泉置其名得自悬泉水，该水又名贰师泉，《十三州志》《凉州异物志》《元和郡县图志》《太平寰宇记》，以及敦煌文书P.3929《敦煌廿咏》、P.4792《两面杂书》、P.0788《沙州地志》、P.2691《沙州城土镜》、S.0367《沙州伊州地志》、S.5448《敦煌录》、P.2488《贰师泉赋》、P.2005《沙州都督府图经》等都对其有载。如P.2005："悬泉水，右在州东一百卅里，出于石崖腹中，其泉傍出细流，一里许即绝……侧出悬崖，故曰悬泉。"该水即今吊吊水，又名掉掉水，自火焰山山崖间渗出，径流细弱，出山数百米后即全部渗入砾石戈壁中，"悬泉""吊吊"之称可谓名副其实。别看该水细小，但对于行进在"路指三危迥，山连万里枯""涸困胡商，枯山赤坂"之地，周围数十公里范围内别无水草补给的行旅来说，这股细小的泉流就成了"能令士马苏"的救命之水。悬泉置设于这里正当其地，置内同时并设悬泉驿（临泉驿）、临泉亭和悬泉邮。

---

① 甘肃省文物考古研究所：《甘肃敦煌汉代悬泉置遗址发掘简报》，《文物》2000年第5期。

由所出简文知悬泉置地理位置重要,内部机构设置众多,除悬泉置啬夫为主管官吏外,尚有置丞、厩啬夫、厩佐、厨啬夫、驿徒等,有传马、传车。如Ⅴ1610②:11—20共10枚简即为悬泉厩啬夫上报的《传马名籍》;Ⅰ0208②:1—10为阳朔二年(前23年)闰月壬申朔癸未县泉置啬夫尊移交的《传车亶(毡)華簿》。该置传马多达40匹、传车6乘,多时可达15乘。置中官卒徒御凡37人(甘露二年,另一简记载为47人)。除官吏等外,置内有戍卒当值服役,出土兵器簿、铁器簿等,悬泉置兼具邮政与军事职能的特点。Ⅴ1612④:18:"县泉置元平元年(前74年)兵薄(簿)。"此为该置存放兵器的簿册。87—89C:6A简:"元康三年(前63年)九月辛卯朔癸巳,县泉置啬夫弘敢言之:谨移铁器薄(簿)一编……"

平望骑置(驿、亭)

Ⅱ0216②:341简:"效谷平望骑置一所第四,马三匹,吏一人,小未傅三人。"知平望骑置为效谷县境内所置的第四所骑置,有吏1人和小未傅3人、马3匹。所谓"小未傅"即不够傅籍年龄而服兵役者。Ⅴ1612④:11AB:"皇帝玺书一封赐敦煌大守,元平元年(前74年)十一月癸丑夜几少时,县泉译骑得受万年译骑广宗到夜少半付平望译骑。"由于是皇帝赐给敦煌大(太)守的玺书,其传递方向必然是由东向西,即万年骑置递给悬泉骑置,悬泉骑置再递给平望骑置,平望位于悬泉之西。该简还明确规定了"得受"和"付"的时间,传递中不得违误。Ⅴ1310③:67:"入上书一封,车师己校、伊循田臣彊。九月辛亥日下铺时,临泉译(驿)汉受平望马益。"此封自西域车师、伊循递往长安的"上书",由平望传经临泉驿,可见平望确位于临泉(悬泉)之西。上引Ⅴ1411②:55简云,悬泉至平望骑置50里,合今约21公里。由悬泉置所在的吊吊水沟口沿火焰山北麓西行21公里处恰是今东水沟口。东水沟亦是从火焰山中流出的一股泉流,平均流量0.48立方米/秒,年出山径流量150万立方米,较吊吊沟水量大很多。20世纪80年代初,敦煌五墩乡农民在沟口建小型水库一座,拦蓄沟水,开种土地上千亩。该水出山后顺自然坡面流经11公里许至疙瘩井,其下游干河床可一直通往党河尾闾天然洼地塘湖盐池。东水沟口亦是一处较重要的军事、交通道口,溯水沟南上,可穿越火焰山通往山南的东巴兔、浪柴沟等地。汉平望骑置设于该沟口不仅可得到水源补给保障，亦有军事方面的意义。由于水流冲刷、自然风蚀和人为破坏，今天这里已无遗迹可觅。

遮要置（骑置、驿、亭）

悬泉简文中遮要之名多见。如Ⅱ0309③：37："神爵四年（前58年）四月丙戌，太守守属领（悬）泉置移遮要置。"太守守属为郡太守的属吏，敦煌太守派其以史的名义监领悬泉置，又移监遮要置。Ⅱ0216②：241—244简为一册书，亦系敦煌太守派史监领遮要置的一组文书："监遮要置史张禹，罢。"（241简）"守属解敝，今监遮要置"（242简）。免去监遮要置史张禹的职务，任命解敝接替，敦煌太守同时行文效谷县，将此任免事项告知该县；效谷县又移书悬泉置，通告此事。由此可见遮要置地位的重要。该置亦"官卒徒御"兼具。如Ⅱ0216②：80就提到"遮要置驭杨武"。驭即前引简文中的"御"，即驭手。Ⅱ0114②：206："元始五年三月丁卯日入时，遮要马医王竞、奴铁柱付县泉佐马赏。"据之知该置还有专门的马医。Ⅱ0114②：165亦提到"遮要奴铁柱"。

遮要置同时并置遮要骑置、遮要驿、遮要亭。Ⅴ1812②：103："效谷遮要骑置一所第三，马三匹，吏一人。"该骑置在效谷县境内排列第三。Ⅱ0214②：266A、Ⅱ0214（2）：267A二简均记有遮要驿之名（详后）。由上引悬泉简知，遮要置位于悬泉置和平望骑置以西。Ⅴ1812②：58记，送给乌孙大昆弥使者的粟三石、马十匹，"阳朔四年（前21年）二月戊申，县泉啬夫定付遮要厩佐常"。此次传送的方向为自东向西，可见遮要置确位处悬泉置以西。Ⅱ1310③：135A："遮要以东写传至临泉。"临泉即悬泉，悬泉确在遮要之东。但遮要与悬泉、平望间的距离简文缺载。考虑到这一带置、骑置间多相距40~50汉里，如悬泉置东到万年骑置40汉里，西到平望骑置50汉里，那么平望骑置到遮要置的距离大概亦可取此约数。由平望骑置所在的东水沟口西行50汉里（合今约21公里），即今敦煌市莫高镇新店台村北1.5公里处，恰可找到一座汉唐时期的古城址，今名大疙瘩梁古城。残垣犹存，南北65米、东西56米、墙基宽6米、残高2~3米。东北角高4米，为烽燧残迹。该城西垣中段断缺，似为城门，宽7米。城址大小与汉唐时期置、驿的规模类似。城内发现灰陶片、碎砖块、瓦片等，多为唐代物品，亦可找到少许汉代的粗绳纹陶片等，该城应始建于汉，延续至唐。依其位置、规模、遗物等判断，该城即汉遮要置遗址。其东北角的残烽燧应为遮要烽燧Ⅱ0114③：65简即记有"遮要隧"一名，"隧"通"燧"。笔者还考得该城亦为唐代的东泉驿①。大疙瘩梁古城位处敦煌绿洲东部边缘，位置重要。城址以东3公里许为伊塘湖、新店子湖一带，这里系党河、东水沟、西水沟（流经莫高窟前的宕泉河）3条河流冲积扇交汇之处，地势低洼，又处扇缘泉线分布带，潜流每每出露，积水成泊，唐代称其为东泉泽。P.2005《沙州都督府图经》:东泉泽"在州东卅七里，泽内有泉，因以为号"。沙州故城东47唐里（约合今25公里）处正是这一带，同时唐代这里还有东盐池。P.2005："东盐池水，右在州东五十里，东西二百步，南北三里。其盐在水中自为块片，人就水里漉出爆干，并是颗盐，其味淡于河东盐。"今天这里仍为湖沼区域，面积达10平方公里，湖沼中仍有泉和盐池，因其盐体结晶完整（"并是颗盐"），质量好，不仅仍为远近乡亲们食用，而且还被开发成工业用盐。该古城因傍湖沼，地下水位较高，各种杂草生长良好，水源取用方便，城址则筑于一高起的台地（即大疙瘩梁）上。

效谷置（县、驿、亭）

前引Ⅱ0214（3）:154简所记敦煌郡境内7置，其自东向西的排列顺序遮要置之后为效谷置；又由Ⅱ0214②：239A、Ⅱ0214②：266A、Ⅱ0214②：267A等简（详后）知，遮要置之西为甘井骑置，似乎遮要置之西既有效谷置又有甘井骑置。实际情况为效谷置位于遮要置北略偏西7公里（合汉约17里），而甘井骑置位于遮要置西北18公里（合汉约43里）处（详后）。效谷置应设在效谷县城，同时设效谷驿、效谷亭。笔者考得，汉敦煌郡效谷县城即今敦煌市郭家堡乡墩湾村北的墩墩湾古城，该城墙垣已毁，在东西长约1000米、南北宽200米的范围内散落大量灰陶片、碎砖块等遗物②。该城南偏东距遮要置所在的大疙瘩梁古城7公里，西南距今敦煌市城17公里。效谷县管辖党河下游绿洲东部、东北部一带。

甘井骑置（驿、事）

Ⅱ0115③：32："效谷甘井骑置一所第二，马三匹，吏一人，小未

---

① 李并成：《唐代瓜沙二州间驿站考》，《敦煌学国际研讨会文集·史地语文编》，辽宁美术出版社，1995年，第201—205页。

② 李并成：《汉敦煌郡效谷县城考》，《敦煌学辑刊》1991年第1期。

傅三人。"甘井骑置在效谷县境内排列第二，其人员、马匹配置亦与其他骑置同。由简文见甘井骑置并设甘井驿、甘井亭，与遮要置、遮要驿、玉门都尉等联系频繁。Ⅱ0214②：239A："入东军书一封，玉门都尉上，建平三年（前4年）四月己未夜食时，遮要厥吏并受甘井驿苏利。"Ⅱ0214②：266A："入东军书一封，玉门都尉上，建平三年四月癸卯定昏时，遮要驿吏并受甘井驿音。"Ⅱ0214②：267A："入东军一封，使者解君上，建平三年闰月己癸（此误）鸡中鸣时，遮要驿吏并受甘井驿吏音。"以上3简均标明为"入东军书"，即向东递送的军情文书，其中两封为来自玉门都尉的"上书"。一般认为玉门都尉府治即今敦煌市城西北约90公里的小方盘城。这些文书均为遮要驿吏或厥吏"受"甘井驿吏之递，即经由甘井传至遮要，表明甘井位于遮要之西或西北。同时甘井骑置又要接收来自玉门都尉的军书，说明该骑置又位于玉门都尉之南或东南。Ⅱ0214②：268："（建）平三年四月癸未桑树时，遮要驿吏并受甘井驿吏音。"亦表明甘井在遮要之西或西北。甘井骑置还充当敦煌太守府与玉门都尉、中部都尉间的重要联系站点。Ⅴ1210③：9A："出北书一封，大守章诣都尉府，七月壬申夜食时，甘井卒充付郭门卒安。"Ⅴ1210③：10A："出北檄一，大守章诣都尉府，七月己巳平旦时，甘井卒充受郭门卒忠。"Ⅴ1210③：95："亥时下铺时，甘井卒充受郭门卒安。"太守无疑指敦煌郡太守，都尉府则可能指玉门都尉府抑或中部都尉府。笔者考得中部都尉府即今西碱墩（T24），为一座周长约130米的郭城，位处敦煌国营农场场部东北6公里、党河汇入疏勒河河口东南13公里处。从敦煌郡发往北部军防一线的"北书""北檄"亦须经由甘井骑置传递。可见这条以东西方向为主的驿道中，又分出一条敦煌北通北部军防的路线。至于"郭门"所指，上引9A简记为"付郭门卒"，应指玉门都尉府或中部都尉府的郭门；而10A、95两简皆云"受郭门卒"，则该郭门当指敦煌太守府的郭门。

那么位于遮要置之西或西北、玉门都尉以南或东南、敦煌城以北的效谷县甘井骑置，究竟位于何处？笔者注意到，在今转渠口镇戴家墩村六队残存一座汉唐时的古城址，名戴家墩古城。笔者于1983年实地考察时，其墙垣破损严重，仅余颓基，夯筑，南北114米、东西93米，墙基坍宽约10米、残高0.6~1.1米。四角向外突出，应为角墩残迹，唯西北角墩稍完整。南垣中部缺失，似为城门所在。城中偶见灰色绳纹、素面陶片，红色细绳纹薄胎陶片等物。因其地处党河尾闾，地下水位较高，城周一带多有草甸、盐碱滩分布。曾有学者认为该城为汉效谷县城，其实该城的规模远较汉代县城为小，其位置又与史料所记汉效谷县的方位、距离不符，故不可能为汉效谷县城。戴家墩古城位于大疙瘩梁古城（遮要置）东北18公里（合汉43里）处，恰与这一带置、骑置间通常的距离吻合。其南（略偏西）距汉敦煌郡城（沙州故城）亦约18公里、东（略偏南）距墩墩湾古城（汉效谷县城）12公里（合汉29里）、北距西碱墩（中部都尉府）14公里（合汉33里）、西（略偏北）距小方盘城（玉门都尉府）约70公里，这一位置正可符合甘井骑置的所在，因而戴家墩古城应为汉甘井骑置。敦煌市博物馆馆长李岩云认为："从置设置的里程上来看，在敦煌郡周围每约40公里就设有一置。依此推测从汉代敦煌郡城到玉门关（小方盘城）应设有两置，玉门置应为其中一置。由此看来余以为西汉敦煌郡所设置应超过9个。"①确如其言，从汉敦煌郡城到玉门关距离过远，的确不可能仅设一个置，只不过除玉门置外的另外一个并非置，而是骑置，即甘井骑置。骑置之数是不包括在敦煌郡9置总数内的，悬泉汉简记敦煌郡9置当无误。

　　由遮要置西去，甘井骑置南去，即可抵达汉敦煌郡城。学界公认敦煌郡城即今敦煌市城西党河西岸的古城址，名敦煌故城或沙州故城。由敦煌郡城东去遮要置（大疙瘩梁古城）21公里（合汉49里），北去甘井骑置（戴家墩古城）18公里（合汉42里），西去汉龙勒县城（亦设龙勒置，今南湖破城）约70公里，经甘井骑置西北去玉门都尉府约70公里。

玉门置（关）

　　玉门关约设于武帝元封四年（前107年）"酒泉列亭障至玉门"之际。笔者曾考得汉代最早的玉门关在今嘉峪关市石关峡，约太初年间李广利伐大宛后移至敦煌西北。至于敦煌西北汉玉门关的位置历来看法不尽一致，或指认今小方盘城，或认为应在小方盘城以西约11公里的马圈湾西，或认为应在小方盘城西侧150米处的南北长城线上。至于玉门置，

---

①　李岩云：《1998年敦煌小方盘城出土的一批简牍涉及的相关问题》，《敦煌学辑刊》2009年第2期。

因悬泉简中未见玉门置之名，故有学者认为未有玉门置之设。其实并非如此，近年敦煌市博物馆在小方盘城外西侧、南侧的灰堆中发现300多枚汉简，简文中即记有"玉门置""玉置"。98DXT5：19简："玉门隧长□崇言军书到玉门置守啬夫庆卒赵。"98DXT6：08："□罚玉置。"玉置即玉门置的简称，表明小方盘城亦为玉门置，该置为汉敦煌郡境内所设9置之一。同时在小方盘城正东115米处发现残存的南北走向坞墙，长75米、宽2~3米、残高0.3~0.5米，坞墙北端向西北延伸18米，南端亦向西延伸；城北50米处又有东西走向的坞墙，长40米。可见小方盘城周围尚有一个外城，外城大体方形，每边长约80米①。笔者赞同小方盘城为玉门都尉府、玉门置的看法，玉门关应设于其西侧外城。从敦煌故城北出，沿党河干流西岸而行，至戴家墩古城（甘井骑置）18公里（合汉42里），再北行14公里（合汉33里）可抵西碱墩（中部都尉府），折而向西沿疏勒河南岸行进，经大月牙湖、东园湖、酥油兔、波罗湖、条湖、大方盘城（汉代粮仓）河抵小方盘城；亦可不经过中部都尉府而从戴家墩古城径取西北，经盐池、平湖、麻黄滩、七流水而至大月牙湖，与前道合。由此继续西行出玉门关，踏上前往西域的北路。《汉书·西域传》："自玉门、阳关出西域有两道：从鄯善傍南山北，波河西行至莎车，为南道，南道西逾葱岭则出大月氏、安息；自车师前王廷随北山，波河西行至疏勒，为北道，北道西逾葱岭则出大宛、康居、奄蔡焉。"

破羌亭

由敦煌故城西（略偏南）去约60公里（合汉里约140里），可达汉敦煌郡最西的龙勒置（位于汉龙勒县城，今敦煌市南湖破城），二者距离较远，其间肯定还应设有两三处邮驿机构（驿、骑置或亭），其中一处即为破羌亭。破羌亭一名见于悬泉简，笔者查得该亭直到唐、五代时仍存，其位置恰在今敦煌故城与南湖破城中间的南湖店。约撰于盛唐的P.0788《沙州地志》记："破羌亭，（寿昌）县东六十五里。云汉破羌将军辛武贤破羌戎，于此筑亭，故曰破羌亭。"撰于后晋天福十年（即开运二年，945年）的《寿昌县地境》、后汉乾祐二年（949年）的《沙州城土镜》（P.2691）等文书亦有相似记载。唐寿昌县城东65里（合今约70

---

① 李岩云、傅立诚：《汉代玉门关址考》，《敦煌研究》2006年第4期。

里）处正是今南湖店，其东距敦煌故城30公里（合汉70里），西距南湖破城（汉龙勒县城）亦30公里，恰位于二者中间，70里也正好是一般行旅一天的路程，行进一天后恰可在这里得到休整补充。直到20世纪60年代，这里仍为敦煌城与南湖绿洲之间的行旅食宿之所，惜破羌亭址早已无存。这里还有一处重要的石窟群——国重点文物保护单位西千佛洞，洞窟开凿在党河北岸崖壁上，始建年代不详，今存北魏至元代洞窟19窟。该石窟群的建造无疑亦与这里重要的交通位置有关。

龙勒置（县、驿）

前引记载甘露三年（前51年）十月解忧公主由乌孙返回长安途径敦煌等地的Ⅱ0114③：522简，即明确记有龙勒置之名，该置无疑设于汉龙勒县城。汉龙勒县唐代易名寿昌县，其故址学界公认即今南湖破城。由敦煌市城西出，沿党河（汉氏置水）北岸西（略偏南）行，经党河总分水闸、南湖店至党河大拐弯处，继续西南行即可达南湖破城。该城位于今敦煌市南湖乡北工村一队，已十分残破，多被流动沙丘掩埋，东、西、北三面仅存断续墙垣，南垣仅见墙基，南北270米、东西300米许。城内外散落大量陶片、砖块、箭镞、石磨残块、断珠、黑白棋子、铜饰残件等汉唐遗物。由该城向西约5公里即为阳关遗址所在的古董滩。由此西出，即踏上前往西域的大道，是为西域南道。

三

除上考汉敦煌郡境内邮驿系统的置、骑置、驿、亭而外，悬泉简中还有一些驿（田圣驿、常和驿、毋穷驿）和大多数亭，由于缺少相关方位的记载，加以大部分简文尚未刊布，目前尚难以考证其确切位置。笔者颇疑，毋穷驿很可能与唐代的无穷驿同在一地。P.2005（沙州都督府图经）："无穷驿，右在州东一百里，在无穷山置。"笔者考得，无穷山即今火焰山，在敦煌故城东100唐里处有一条穿越火焰山南北的通道，今名汉峡，或称旱峡，行人车马均可畅通。该道西侧山丘上残存烽燧一座，残高4.5米，烽燧周围尚见残墙遗迹和少许汉唐时期陶片，此即唐代无穷驿址。驿旁还有一泓崖壁上渗出的泉水，可供行旅取用①。汉毋穷驿亦应位于这里。毋穷驿西去位于东水沟口的平望骑置约10公里（合24汉里），东去悬泉置12公里（合29汉里），恰可作为二者中间的连接站点。同时由毋穷驿穿过火焰山沿山南麓东去约32公里还可径抵老师兔城（鱼离置）。

至于悬泉简中所记众多的亭，实际上它们并非皆属于邮驿系统，除上考邮驿系统诸亭外，有些亭应属于治安系统，观其名称如西门亭、安乐亭、常乐亭、昌安亭、乐义亭、遮奸亭、卫泉亭、禁奸亭、异众亭、胡城亭等；有的亭则属于军事防御系统，如远望亭、驷望亭、孤山亭、服羌亭、承塞亭、通关亭、安汉亭、安羌亭、鱼泽亭、步广亭、广汉亭等。笔者推测，鱼泽亭应与汉宜禾都尉鱼泽障同在一地，其遗址为今瓜州县城西南约4公里的煨烟墩（T38a烽）②双泉亭应与唐双泉驿、双泉戍同在一地，为今瓜州县柳园镇西北约35公里的大泉遗址；常乐亭应与唐常乐驿、常乐县同在一地，为今瓜州县西南20公里处的六工破城；步广亭当与汉中部都尉府步广候官治所同在一地，即前述位于今国营敦煌农场东北6公里的西碱墩；广汉亭应与汉宜禾都尉广汉候官治所同在一地，即今瓜州县桥湾火车站南1.5公里处的古城址③。

需补充说明，悬泉简中很少见到"邮"，前引张德芳先生大作写道，仅在东汉永平十五年（72年）的纪年简中见到石靡邮、悬泉邮两处，可知西汉时称亭不称邮，只是到了东汉才有了邮的建置。此外，悬泉简还有"乡邮亭"（II0314②:235）、"县及乡邮亭"（0215③：113）等记载，乡里之亭似亦兼传递邮件之事。

——原刊于《敦煌研究》，2011年第3期

---

① 李并成：《唐代瓜沙二州间驿站考》，《敦煌学国际研讨会文集·史地语文编》，辽宁美术出版社，1995年，第201—205页。

② 李春元：《瓜州文物考古总录》，天马出版有限公司，2008年。

③ 以上有关考证可参见拙著《河西走廊历史地理》（甘肃人民出版社，1995年）、《大漠中的历史丰碑》（甘肃人民出版社，2000年）等。

"经国之枢机"

——甘肃简牍与秦汉时期行政体系研究

黄兆宏

20世纪以来，甘肃成批出土简牍10余次，总数达到7万多枚。按照出土地点命名，主要有放马滩秦简、居延汉简、敦煌汉简、悬泉汉简、武威汉简、肩水金关汉简、地湾汉简等。这些简牍出土地，东起天水，西至敦煌，遍及甘肃全省。与湖南、湖北等地出土的战国书籍、秦汉法律简相比，甘肃简牍的内容以秦汉行政文书为主。司马迁、班固等史家对秦汉行政体系有比较系统、丰富的记录，但仅根据这些文献资料难以了解秦汉时期行政系统、邮驿系统、法制系统的具体运作情况。甘肃简牍中极为丰富的原始行政文书，为史学界认识这一时期各级行政机构的运作程序、邮驿系统运转方式以及司法过程等历史细节提供了难得的史料。

甘肃简牍中发现的簿籍文书和通行公文，有助于全面认识秦汉时期中央及地方各级行政机构的运作程序。秦朝是中国历史上第一个封建中央集权王朝，如谭嗣同所言："二千年来之政，秦政也。"汉承秦制，因而秦汉王朝是中国传统社会行政体制构建的奠基阶段，对后世影响深远，值得进行全面深入的研究。甘肃简牍中的各种簿籍和通行公文系统性很强，是了解秦汉时期中央及地方各级行政机构运作程序的最直接资料。簿籍名目众多，初步可分为簿和籍。簿有月言四时簿、校簿、计簿、廪食粟出入簿、守御器簿、被兵簿、日作簿、吏资直簿等20余种。内容包括边塞军事机构对兵器、廪食、俸钱等物资核对盘点的流水账目及月度、季度会计报告，戍卒每日工作、守望情况的工作报告和官吏财产的登记报告等。籍则有吏名籍、卒名籍、吏俸赋名籍、功劳墨将名籍、吏射名籍、吏缺除代名籍、吏换调名籍、以令赐爵名籍、坐罪名籍、休名籍等30余种，内容主要是关于各种人员的名单。通过簿籍，还可以管窥各类机构对文书的书写、审核、校对、存档等细节。

通行公文是各级机构间上传下达的文书，既有涉及人事升迁、任免、调动的除书和遣书，也有关于日常管理值班的直符书和反映官吏生病请假、准假、销假情况的病书、予宁书、视事书。甘肃简牍中上行、下行、平行文书一应俱全。其中下行文书有皇帝的诏令，如西汉汉武帝遗诏、西汉宣帝《元康二年更水火诏》、西汉成帝《永始三年诏书》等；有中央及地方机构的下发文件，如丞相、御史府下达的通缉罪犯的名捕文书，居延都尉府下达的纠举、处理属下违法行为的"举书""行罚檄"等。上行文书有地方机构及官员的奏章，如：新莽天凤四年的军情报告、臣民告变等章奏文书，甲渠候官向居延都尉府、行河西五郡大将军窦融汇报辖区内有无盗墓等违法行为的报告等。平行文书有边塞不同候官间处理公务、互通消息的公文，如甲渠候官为属下向珍北候官索取债务的索债文书等。大量的通行公文，较为全面地展示了秦汉王朝政令由中枢心脏传向神经末梢的完整过程。

甘肃简牍中发现的里程简、邮书课，有助于全面认识秦汉王朝邮驿系统日常运转的具体细节。清人顾祖禹讲道："大都邮驿之设，以京师为向背而夺其径易之路，示以划一之途，亦制驭疆索者也。"甘肃发现的里程简，完整地展示了封建国家以京师为中心通向河西的交通邮驿系统的全貌。如居延里程简记载了长安、茂陵、月氏、乌氏、泾阳、高平、媪围、居延、小张掖、删丹、屋兰等18个驿站名称；悬泉里程简则记载了苍松、小张掖、姑臧、显美、昭武、祁连、玉门、渊泉等14个驿站名称。两条简文勾勒的路线大致相互衔接，构成一副从长安出发、西到敦煌的里程表。另外，悬泉简显示，敦煌郡当时至少有9处邮置和近60个较小规模的邮亭，邮置承担招待过往人员、更换车马、传递文书等多种职能。从里程简内容、格式并结合文献资料可以看出，各级机构接收公文有比较严格的规定，必须登记收文时间、传递者和来文的用印情况。启封公文时，也须登记文书的件数、印文、启封时间及启封者的姓名等。

居延、敦煌汉简中，还有根据邮书传递情况对相关传递人员进行考评的邮书课。考评结果分三级，有"中程""过程""不及行"之分。"中程"指传递使用时间与规定时间相符，"过程"指迟到，"不及行"指提前。若传递文书"过程"（迟到），则要受到一定惩处。肩水金关汉简中的《甘露二年丞相御史书》，记录了一份丞相府文书下发的情况。简文显示，在两个月间，这件文书经张掖郡、肩水都尉府、肩水候官等机构最终传递至边塞最基层机构——金关，对传递过程的记录非常具体全面。

甘肃简牍中保留的律令、司法简牍，使一些失传已久的汉代法律条文重现于世，也有助于我们全面了解秦汉时期司法过程与法律意识在民间社会的形成发展。与中世纪西欧的贵族制不同，中华文明在两千多年前就孕育出了成熟的王朝体制和官僚制度，而完备的法律体系是官僚制度正常运转的前提。甘肃简牍中包含大量的律令及有关司法实践的内容，据不完全统计，律令有《贼律》《盗律》《囚律》《捕律》《田律》《置后律》《厩律》《置吏律》《户律》《行书律》《效律》《杂律》《军令》《击匈奴降者令》《赐劳令》《北边挈令》《王杖诏书令》等近20种。这些律令涉及历史时段长，从西汉中后期至东汉中期约200年，包含内容丰富，涉及军事、治安、边疆、土地、吏治、养老、赋役等多方面。其中，武威汉简中的《王杖诏书令》是我国迄今发现最早的敬老律令。居延、敦煌汉简中的下行和平行公文最后都会强调"如律令"，说明"律令"在行政运作中具有"最高依据"的地位，"法制"观念已经比较全面地树立起来。

更值得关注的是，甘肃简牍中不仅有制度方面的律令，更有许多名捕文书、劾状、爰书、推辟验问书等司法实践中的各类文书，透露出执法重要环节的各种信息，生动反映了西汉中后期至东汉的诉讼程序和司法情况。通过"劾状"，可以看出当时起诉的各种规范；通过肩水金关汉简《甘露二年丞相御史书》，能够了解通缉罪犯的程序；通过各种"爰书"（司法过程中的笔录、证明文书），可以了解审讯的具体过程；通过"辨告"文书（向被告人和证人讲清法律，告知作伪证的后果等），能够推知当时已经注意对伪证的防范和打击；通过各种"推辟验问书"，能够了解当时审讯的方法技巧。居延汉简"建武三年十二月候粟君所责寇恩事"册是关于东汉初年一宗经济纠纷的案卷资料，当事人为军官甲渠候粟君和客民寇恩。此案由居延县衙审理，在24天的时间内，经过了3次验问，4次"爰书"，最终以百姓寇恩胜诉结案。该简对案件的诉讼、审判等程序记载完整，是了解汉代边疆地区的民众用法律保护自己权益、地方政府依法施政过程的重要材料。

"章表奏议，经国之枢机"（刘勰《文心雕龙》），日本学者富谷至指出："彻底化的文书行政成就了中国历史上持续时间最长、强盛至极的古代中央集权国家——汉帝国。"甘肃简牍中属于"经国之枢机"的各类文书，是秦汉行政系统、邮驿系统、法制系统运转细节的真实记载，展示了中国封建时代初期行政体系构建与日常管理的基本形态，对其进行系统整理研究，有助于推进我们对这些历史问题的认识，了解更为丰富生动的秦汉社会面相。

——原刊于《光明日报》，2018年10月8日

西北汉简中的丝绸之路

张德芳

　　丝绸之路，不仅是古代东西经济贸易的交通廊道，也是文化交流、宗教播迁、民族融合的重要渠道。20世纪初至今，甘肃河西走廊先后出土了大量汉代简牍，其大宗者，有居延汉简、敦煌汉简（包括悬泉汉简）等等。青海的上孙家寨与新疆的土垠、楼兰、尼雅等地也都出土了数量不等的汉晋简牍。这些总数超过了70000枚的汉简与当年的丝绸之路有着密切关系，不但是研究丝绸之路宝贵的原始文献，也是展示丝绸之路悠久历史的全景画卷。

一、东段丝绸之路的行进路线

　　两汉时期的丝绸之路，玉门关和阳关以西到葱岭以东（一般被划为丝绸之路的中段），由于南有昆仑，北有天山，中间是难以通行的塔克拉玛干大沙漠，所以它的通行只能沿塔克拉玛干沙漠边缘，南道从昆仑山北麓行进，北道从天山南麓通过。这在《汉书》上有明确记载，后来《三国志》裴注所引鱼豢的《西戎传》也有更详细的交代。但是从长安出发到两关以东（即丝绸之路东段）这条路段的走法，却在过去的史籍中没有具体记载。原因就是因为自然山川的分布，从长安到敦煌的路线可以有多种选择。大体说来有南、中、北三线。其中一条就是我们今天所走的道路，从西安出发沿渭河流域西行，经宝鸡、天水、秦安、通渭，翻越华家岭，经定西、榆中过河口，然后进入312国道，穿越乌鞘岭，进入河西走廊。这就是我们所说南、中、北三道中的中道。李约瑟的《中国科学技术史》第一卷记述："从甘肃省会兰州西北行是甘肃走廊，通过这条走廊，现在的省界显示出最古老最著名的古代通商之路——古代丝绸之路的轮廓。这条商路通过南山或祁连山的融雪所形成的许多绿洲，而使中国和中亚相沟通。"①显然，他认为丝绸之路是经过兰州进入河西走廊的。

夏鼐先生以西宁出土成批萨珊银币为根据，认为除上述中道以外还存在通往青海的南道。"'丝绸之路'在中国境内的路线，从前我们一般认为是由兰州经过河西走廊而进入今日新疆的。"②1956年，青海省粮食厅在西宁城内城隍庙街开挖地基时挖出波斯萨珊朝卑路斯时期（457—483年在位）的银币76枚。这是迄今为止除新疆乌恰、吐鲁番和河南洛阳以外，发现萨珊银币最多的地方。因此夏鼐先生认为："尤其是一大批在一起发现的场合下，是作为商品的等价物携带或窖藏着。所以，它们发现的地点常可表示当时贸易和交通的线路。"③因此他认为："第四世纪末至第七世纪初，西宁是在中西交通的孔道上的。这条比较稍南的交通路线，它的重要性有一时期（第五世纪）可能不下于河西走廊。"④从长安到河西要经过西宁的这条丝绸之路南道一说，最早由夏鼐先生提出，后来有学者把它称之为"羌中道"⑤。

严耕望的《唐代交通图考》论述长安至凉州的交通最为详密。他认为："长安西北至凉州主要道路有南北两线，南线经凤翔府及陇、秦、渭、临、兰五州，渡河至凉州。北线经邠、泾、原、会四州，渡河至凉州。"⑥两道各州之间都有详尽的驿站和途经小地名排列。南道，就是上文提及的中道，即兰州道；北道，即泾河道，下文将详加论述。但是，夏鼐先生所讲的西宁这条线是4至7世纪的情况，而严耕望先生细密考证的是唐代的情况。至于两汉的具体路线，只有汉简才给我们提供了确切

① ［英］李约瑟：《中国科学技术史》（第一卷·导论），科学出版社，上海古籍出版社，1990年。

② 夏鼐：《综述中国出土的波斯萨珊朝银币》，《考古学报》1974年第1期。

③ 夏鼐：《综述中国出土的波斯萨珊朝银币》，《考古学报》1974年第1期。

④ 夏鼐：《综述中国出土的波斯萨珊朝银币》，《考古学报》1974年第1期。

⑤ 当然，有人认为霍去病远征河西，就是从青海湖以北穿越扁都口进入河西的。赵充国进军湟中，也曾进入青海。但这跟我们所说的丝路交通不是一回事。初师宾：《丝路羌中道开辟小议》，《西北师大学报》1982年第2期；吴礽骧《也谈羌中道》，《敦煌学辑刊》1984年第2期。

⑥ 严耕望：《唐代交通图考（第二卷河陇碛西区）》，（台北）"中研院"史语所专刊之八十三，1985年。

的记录。

居延汉简和悬泉汉简中的道路里程简，给我们提供了从长安到敦煌的基本路线、走向、里程以及停靠站体系。这是两汉时期丝路东段的主干道①，它的走向可以分为六段：

第一段：京畿段。长安至茂陵七十里，茂陵至茯置卅五里，茯置至好止（畤）七十五里，好止至义置七十五里。"这五个站点中，长安、茂陵、好畤是著名的历史地名，至今有遗址留存（好畤在今陕西干县东郊的好畤村）。茯置在茂陵与好畤之间，义置在今永寿县以。这一段路程全长255汉里，合今106千米②。也就是从长安出发，经今兴平县境之茂陵、过干县、永寿、彬县进入泾水流域，而后经长武进入今甘肃东部的泾川、平凉。

第二段：安定段。"月氏至乌氏五十里，乌氏至泾阳五十里，泾阳至平林置六十里，平林置至高平八十里。"这一段从月氏到乌氏、泾阳、平林、高平，240汉里，近100千米。高平是汉代安定郡首县，遗址在今固原市原州区。泾阳古城在今平凉市西北安国乡油坊庄村北，大体位置在东经106°30′41.17″，北纬35°39′15.66″左右。里程简所记从泾阳到高平140汉里，合58千米左右。中间有一个平林置，当是泾阳和高平之间的一个驿置，位置在中间偏南。泾阳县以南的两个地名乌氏和月氏。分别相隔20千米，因此按里程简的记载，乌氏的位置当在今崆峒区，月氏的位置当在今崆峒区以东四十里铺。总之，这一段路线是从平凉东部往西北到固原，然后绕过六盘山经靖远渡河（北周曾置乌兰关）到甘肃景泰。

第三段：武威段。"媪围至居延置九十里，居延置至朅里九十里，朅里至揟次九十里，揟次至小张掖六十里，小张掖去姑臧六十七里，姑臧去显美七十五里。"媪围、居延置、朅里、揟次、小张掖、姑臧、显美7个站点472汉里，合今196千米。这是横贯武威郡的路线。汉代的媪围，即今景泰县芦阳镇响水村北的弯沟城遗址，位于东经104°13′7.50″，北纬37°7′37.51″。朅里的大体位置在今古浪县大靖镇，揟次在今古浪县土门

---

① 简号是：EPT59.582；Ⅱ9ODXT0214①：130。

② 1汉里=415.8米。

镇西3千米左右①。小张掖在今凉州区以南20多千米的武家寨子一带②。小张掖即汉之张掖县，前面冠以"小"者，以示区别于同名的"张掖郡"。由于汉代武威郡是在张掖郡设置若干年后从后者分离出来的，所以早先已经设立的张掖县在武威郡分设时由于地理位置的原因就划归了武威郡，这就造成了张掖县不在张掖郡而在武威郡的状况。姑臧即今天的凉州区，显美在今天凉州区西北32千米的丰乐堡。

第四段：张掖段。"删丹至日勒八十七里，日勒至钧耆置五十里，钧耆置至屋兰五十里，屋兰至氏池五十里，氏池去觻得五十四里，觻得去昭武六十二里府下，昭武去祁连置六十一里，祁连置去表是七十里"。这一段有9个站点，484汉里，合今200千米，是横贯张掖境内的东西大道。其中删丹、日勒、屋兰、氏池、觻得、昭武、表是七地是当时的县城所在地，而钧耆置、祁连置是两个驿置。

第五段：酒泉段。"玉门去沙头九十九里，沙头去干齐八十五里，干齐去渊泉五十八里。右酒泉郡县置十一，六百九十四里。"这一段只有西半段4个地名玉门、沙头、干齐、渊泉（属敦煌郡），而东面的7个站点尚不得而知。不过简文后面一句总括的记载"右酒泉郡县置十一，六百九十四里"，可知横跨酒泉停靠站点的数目和过境里程，总共11个站点，694汉里，合今288千米，每个站点平均相距28.8千米。横跨酒泉郡的路段大致如此。

第六段：敦煌段。进入敦煌郡以后，再没有具体里程的记载。但敦煌郡六县在汉代的县城遗址基本确定，再加上悬泉置遗址中出土的大量汉简，敦煌郡境内从东面的渊泉到最西面的广武隧，东西横跨300千米，汉简中有"郡当西域空道，案厩置九所，传马员三百六十匹"的记载。这九所厩置中，渊泉置、冥安置、广至置、龙勒置四置设在当时的县城。玉门置、鱼离置、悬泉置、遮要置是交通线上的驿站（还有一置尚不得而知）。进入敦煌后，通过这些县城和驿站专设的传舍邸店，行旅商客可以西南出阳关，西北出玉门。

这六段路线，从陕西彬县到甘肃泾川将近90千米、从宁夏固原到甘

---

① 李并成：《河西走廊历史地理》，甘肃人民出版社，1995年。
② 郝树声：《敦煌悬泉里程简地理考述》，《敦煌研究》，2000年第3期。

肃景泰200千米，因简牍残缺而有所中断，其余都是连在一起的。河西四郡有35个站点，安定和京畿有记载的站点有10个。从今天的西安到敦煌近2000千米的距离，除上述两段空白300千米外，其余1700千米的路段上，分布着45个停靠站点，平均每个站点相距约38千米。这就是汉简给我们提供的丝绸之路东段明确具体的行程路线，也就是严耕望先生所考定的唐代丝路东段的北道，是两汉时期丝路东段的主干道。

二、丝绸之路中段西域诸国的往来交流

今天的新疆即天山南北，为丝绸之路中段。《汉书·西域传》载："西域以孝武时始通，本三十六国，其后稍分至五十余，皆在匈奴之西，乌孙之南。南北有大山，中央有河，东西六千余里，南北千余里。东则接汉，阸以玉门、阳关，西则限以葱岭。"①可见这里所说的西域主要指南疆地区，即塔里木盆地。按今天的地理知识，塔里木盆地东西长1500千米，南北宽约600千米，总共50多万平方千米。"自玉门、阳关出西域有两道：从鄯善傍南山北，波河西行至莎车，为南道；南道西逾葱岭则出大月氏、安息。自车师前王廷随北山，波河西行至疏勒，为北道；北道西逾葱岭则出大宛、康居、奄蔡焉。"②按照《汉书》的记载，汉代时期的西域之路只有两条，分列在塔克拉玛干沙漠的南北边缘。但是到西汉末年，从玉门关以西至吐鲁番高昌地区，又开了一条新道。"元始中，车师后王国有新道，出五船北，通玉门关，往来差近，戊己校尉徐普欲开以省道里半，避白龙堆之阸。"③东汉的情况，《魏略·西戎传》有记载："从敦煌玉门关入西域，前有二道，今有三道。从玉门关西出，经婼羌转西，越葱领，经县度，入大月氏，为南道。从玉门关西出，发都护井，回三陇沙北头，经居卢仓，从沙西井转西北，过龙堆，到故楼兰，转西诣龟兹，至葱领，为中道。从玉门关西北出，经横坑，辟三陇沙及龙堆，出五船北，到车师界戊己校尉所治高昌，转西与中道

---

① 《汉书》卷96《西域传》，中华书局，1962年，第3871页。
② 《汉书》卷96《西域传》，中华书局，1962年，第3872页。
③ 《汉书》卷96《西域传》，中华书局，1962年，第3924页。

合龟兹，为新道。"①从鱼豢的记载中，从玉门关西北到高昌，主要是避开了白龙堆大沙漠，但最后还是汇入龟兹，进入天山以南的西域北道，是局部路段的改变。但鱼豢继续写道："北新道西行，至东且弥国、西且弥国、单桓国、毕（卑）陆国、蒲陆国、乌贪国，皆并属车师后部王。王治于赖城，魏赐其王壹多杂守魏侍中，号大都尉，受魏王印。转西北则乌孙，康居。"②这又告诉我们，新北道在高昌可以分岔，西行可汇入中道，西北行可直接进入乌孙、康居，说明天山以北这条线在东汉才开通。

综合来看，两汉时期的丝路中段（即新疆段），亦有三条道。南道沿昆仑山北麓走，中道（《汉书》中的西域北道）沿天山南麓走，两条道都沿塔克拉玛干沙漠南北边缘穿行。北道即天山以北，从玉门关西北行，经吐鲁番一带及天山东部诸多小国，直达乌孙，进入康居。西汉时人们大多走南、中两道，东汉时南、中、北三道都已通行。

西汉末年，西域由早先的36国分为55国，除难兜、罽宾、乌弋山离、安息、大月氏、康居、奄蔡七国外，其余48个国属西域都护府管辖。其中南道17国，中道15国，北道16国。南、中。北三道中诸国在丝绸之路上的来往活动情况，汉简有具体生动的记载。

（一）西域南道

南道17国中，从西到东以楼兰（鄯善）、且末、小宛、精绝、扜弥。渠勒、于阗。皮山、莎车、蒲犁等10国为主，其中有些地处昆仑山山谷，不当道。沿途最重要者是楼兰（鄯善）。且末，精绝、扜弥、于阗、皮山。莎车。

楼兰王以下二百六十人当东传车马皆当柱敦 （Ⅱ90DXT0115②：47）

意思是楼兰王及其所属260人要东来汉地，人员和随行车马要经过敦煌或住宿在敦煌某地。

① 《三国志》卷30《魏书》，中华书局，1959年，第859页。
② 《三国志》卷30《魏书》，中华书局，1959年，第862页。

……斗六升。二月甲午，以食质子一人，鄯善使者二人，且末使者二人，莎车使者二人，扜阗使者二人，皮山使者一人，踈勒使者二人，渠勒使者一人，精绝使者一人，使一人，拘弥使者一人。

乙未，食渠勒副使二人；扜阗副使二人，贵人三人；拘弥副使一人，贵人一人；车副使一人，贵人一人；皮山副使一人，贵人一人；精绝副使一人。

乙未以食踈勒副使者一人，贵三人。凡卅四人。（Ⅱ90DXT0213③：122）

此简文字细密，多有讹夺。每一段之间用横线隔开。第一段"质子"之前未交代是哪一国质子。于阗的"于"写作"扜"。疏勒的"疏"写作"踈"。"精绝使者一人"后，又有"使一人"，漏写了国名和"者"字。第二段，"车副使"之前可能脱一"莎"字。

简文中记载的西域国家有鄯善、且末、精绝、渠勒。拘弥、于阗、皮山、莎车、疏勒以及可能漏写名字的国。这些小国中包括了上面提到的南道诸国。各国所派34人中，有质子、有使者、有副使、有贵人。他们所到时间是甲午、乙未前后两天之内。从今天的公路里程来看，从若羌（即当时的鄯善）到疏勒有1447千米，从若羌到敦煌的直线距离是650多千米。也就是说，从最远的疏勒到敦煌悬泉要有2000多千米的路程。南道诸国之间的距离，最远者如若羌到且末是345千米，且末到民丰是307千米（精绝在民丰北）。这些国家，处在将近1500千米距离的不同位置上，且在同一时间的先后两天内到达敦煌悬泉置，没有平时的频繁交流和事先的统一组织是不可能的。南道诸国能联络在一起，统一进京朝拜，说明他们在汉朝的管理下，相互之间是和睦融洽的。正是这种和睦相处对丝路南道的畅通起到了重要作用。

汉朝为保障南道交通的安全，采取的重大措施之一就是在伊循（在今若羌县东北之米兰一带）屯田。汉昭帝元凤四年（前77年），傅介子刺杀楼兰王，另立在汉为质子的王弟尉屠耆为新王。"更名其国为鄯善，为刻印章，赐以宫女为夫人，备车骑辎重，丞相将军率百官送至横门外，祖而遣之。王自请天子曰：'身在汉久，今归，单弱，而前王有子在，恐为所杀。国中有伊循城，其地肥美，愿汉遣一将屯田积谷，令臣得依其威重。'于是汉遣司马一人，吏士四十人，田伊循以填抚之。其后更置都尉。伊循官置始此矣。"①现在在米兰发现的古渠道，即是当时及其后屯田的遗迹。根据第三次全国文物普查资料，古渠道除南部被沙漠埋没外还剩一段4千米左右的干渠，干渠北端分成枝杈，有7条支渠和若干毛渠、斗渠。分杈之处的坐标是东经88°57′20.3″，北纬39°12′51.1″。西北距新疆生产建设兵团36团团部6千米左右，至今仍是一片可以耕种的平衍沃野②。汉简中有大量伊循屯田的记录。比如：

> 甘露三年四月甲寅朔庚辰，金城大守贤、丞文，谓过所县道官：遣浩亹亭长李贺以诏书送施刑伊循。当舍传舍，从者如律令。（Ⅱ90DXT0114④：338）

这是金城太守派亭长李贺送弛刑徒到伊循屯城的记载。汉王朝不光发刑徒到敦煌，还派发往伊循。在伊循的屯田戍卒中，相当一部分可能就是流放的犯人。这是在汉简中得知的情况。

> 敦煌伊循都尉臣大仓上书一封。甘露四年六月庚子上。（Ⅱ90DXT0216③：111）

这是伊循都尉给朝廷上书的记载。"伊循都尉"前冠以"敦煌"，可能是因为当时的伊循都尉受敦煌太守的节制。

> 四月庚辰以食伊循候傀君从者二人。（Ⅱ90DXT0215③：267）

这是伊循屯田吏卒过往敦煌悬泉置停留食宿的记录。"候"为都尉下属之官员。

> 七月乙丑，敦煌大守千秋、长史奉憙、守部候修仁行丞事，下当用者小府、伊循城都尉、守部司马、司马、官候，移县置、广校

---

① 《汉书》卷96《西域传》，中华书局，1962年，第3878页。
② 新疆维吾尔自治区文物局：《新疆维吾尔自治区第三次全国文物普查成果集成》（巴音郭楞蒙古自治州卷），科学出版社，2011年。

候、郡库，承书从事下，当用者如诏书。掾平、卒史敞、府佐寿宗。（V92DXTI312③：44）

这是敦煌太守转发皇帝诏书和朝廷公文的文件。罗列的转发对象中，有"伊循城都尉"，说明朝廷和地方对伊循的屯田机构十分重视。

总之，伊循屯田在丝路南道具有重要的政治、经济和军事意义，为保障南道诸国的社会稳定和后来西域都护府的设立以及丝绸之路的畅通，发挥了重要作用。

（二）西域中道

中道15国中，汉简记载其具体活动者有山国、危须。焉耆。尉犁，渠犁、龟兹、姑墨、温宿、尉头。疏勒等10国①。这些小国都是分布在天山以南、塔里人盆地北缘的城郭之国。他们在丝绸之路上的活动情况，汉简中有具体生动的记载。比如：

> 右使者到县置，共舍弟一传。大县异传舍如式。
> 龟兹王夫人舍次使者传。
> 堂上置八尺床卧一张，阜若青帷。
> □内共上四卧，皆张帷床内□
> 传舍门内张帷，可为贵人坐者。
> 吏二人道。 （I90DXT0114①:112）

此简文字残泐，但基本内容清楚。三栏文字，每栏两行。主要讲龟兹王夫人路过敦煌悬泉置的接待规格、居室摆设以及相关仪式。从行文口气看，这种接待规格还要通知到龟兹王夫人沿途所有下榻之处。简中"县置"当为并列关系，"县"指县治所在地，相当于今天的县城。"置"指类似悬泉置这样兼具邮驿接待功能的机构。"弟"的本义即次第之义。两字在汉代本可混用。"弟一传"可能指当地最好的宾馆。

---

① 这些国家，如果按人口的多少排列。依次是：龟兹，81317；焉耆，32100；姑墨，24500；疏勒，18647；莎车，16373；尉犁，9600；温宿，8400；山国，5000；危须，4900；尉头，2300。

"如式"，即按有关规定必须达到一定规格和条件的传舍。"舍次"两动词连用，下榻住宿之意。"帷"乃帘帷。"道"与"导"通，指接待人员在前开路导引。悬泉置地处戈壁，土房一院。来往客人就地将息，尊卑贵贱已难有上下。但是，贵为汉朝公主、龟兹王夫人路过此地，尽其所能以示尊贵，也不失汉地对王夫人的隆重礼遇。

龟兹在城郭诸国中最为大国。在西汉末年的人口统计中，有户6970，有口81317人，胜兵21076人。其他国家人口多者如焉耆，有户4000，有口32100人，胜兵6000人。所以龟兹在西域诸国以及在丝绸之路上的地位十分重要，汉唐时期以龟兹为中心形成的龟兹文化就是中西文化交流的典型成果。汉与龟兹在公元前1世纪的关系大致可分为两个阶段。第一阶段，"龟兹先是受匈奴控制、掠杀汉使，后是受汉朝武力进攻，结城下之盟，和亲通好，归服汉朝。第二阶段，随着汉匈关系，汉乌关系，汉与西域其他诸国关系的发展，龟兹成为归属汉王朝领属下的一个地方民族政权，而且来往频繁，深受汉文化影响，对西域其他诸小国的依违向背具有带动作用。"①

武帝太初四年（前101年），李广利伐大宛回返路过龟兹时发现，扜弥太子赖丹为质于此。李广利当场质问龟兹国王："外国皆臣属于汉，龟兹何以得受杆（扜）弥质？"遂将赖丹带回汉朝。昭帝时（前86年—前74年）"乃用桑弘羊前议，以杆弥太子赖丹为校尉，将军田轮台，轮台与渠犁地地皆相连也。龟兹贵人姑翼谓其王曰：赖丹本臣属吾国，今佩汉印绶来，迫吾国而田，必为害。'王即杀赖丹，而上书谢汉，汉未能征②。宣帝本始二年（前72年），长罗侯常惠出使乌孙回返，"惠与吏士五百人俱至乌孙，还过，发西国兵二万人，令副使发龟兹东国二万人，乌孙兵七千人，从三面攻龟兹，兵未合，先遣人责其王以前杀汉使状。王谢曰：'乃我先王时为贵人姑翼所误耳，我无罪。'惠曰："即如此，缚姑翼来，吾置王。'王执姑翼诣惠，惠斩之而还"③。这就是第一阶段的情况。宣帝地节四年（前66年），"时乌孙公主遣女来至京师

---

① 朱玉麒主编：《西域文史》（第5辑），科学出版社，2010年。
② 《汉书》卷96《西域》，中华书局，1962年，第3816页。
③ 《汉书》卷70《傅常郑甘陈段传》，中华书局，1962年，第3004页。

学鼓琴，汉遣侍郎乐奉送主女，过龟兹。龟兹前遣人至乌孙求公主女，未还。会女过龟兹，龟兹王留不遣，复使使报公主，主许之。后公主上书愿令女比宗室入朝，而龟兹王绛宾亦爱其夫人，上书言得尚汉外孙为昆弟，愿与公主女俱入朝"①。从此后，龟兹亲汉，来往不绝，开始了龟兹与汉朝关系的新篇章。"元康元年（前65年），遂来朝贺。王及夫人皆赐印绶。夫人号称公主，赐以车骑旗鼓，歌吹数十人，绮绣杂缯琦珍凡数千万。留且一年，厚赠送之。后数来朝贺，乐汉衣服制度，归其国，治宫室，作徼道周卫，出入传呼，撞钟鼓，如汉家仪。外国胡人皆曰：'驴非驴，马非马，若龟兹王，所谓骡也。'绛宾死，其子丞德自谓汉外孙，成、哀帝时往来尤数，汉遇之亦甚亲密。"②

上引汉简，就是其时龟兹王夫人来汉时路敦煌悬泉置的记载。除此以外，楼兰汉简、敦煌马圈湾汉简和悬泉汉简中还有若干关于龟兹来汉的记载，是后一阶段龟兹与汉朝关系的实录。

> 使送于阗王、渠犁、疏勒诸国客，为驾二封轺传，载从者一人。（节引）（I91DXT0309③：19）

这是朝廷派官员护送渠犁等诸国客人开具的传信。根据《汉书·西域传》记载，渠犁有户130，有口1480人，胜兵50人。但此地地处西域中心，战略地位极为重要。早在太初年间（前104—前101年）李广利伐大宛之后，汉朝就派使者校尉在渠犁屯田，常驻屯田戍卒500人左右。是汉朝在丝路中道建立的一处重要的军事堡垒。后来汉与匈奴"五争车师"的战役中，渠犁屯田戍卒多次出征，与匈奴展开拉锯战，甚至往往迁车师的家属老弱到渠犁临时安置。正是以此为据点，后来汉朝才建立了西域都护府。河西汉简中记载渠犁屯田士卒过往的材料很多。如"五凤四年九月己巳朔己卯，县泉置丞可置敢言之：廷移府书到效谷，移传马病死爰书。县泉传马一匹，骊，乘，齿十八岁，高五尺九寸，送渠犁军司令史。（II90DXTO115③：98）""屯田渠犁候丞王常、赵忠更终罢，

---

① 《汉书》卷96《西域传》，中华书局，1962年，第3916页。
② 《汉书》卷96《西域传》，中华书局，1962年，第3917页。

诣北军。诏为驾一封轺传，二人共载，有请。甘露四年五月□□□庚子，使都护西域……□候谓敦煌以……（II90DXT0214③：67）"可以说，渠犁屯田，在丝路中道的政治、经济、军事意义是十分重要的。

西域中道的畅通除了如汉简所记上述小国始终同汉朝保持密切关系外，还有一个重要原因就是西域都护的所在地就设在乌垒城（其地在今轮台县野云沟）。而西域都护府的设立是汉朝在西域对匈奴的决定性胜利，是丝路交通史上的划时代事件。汉简中关于匈奴日逐王降汉以及西域都护府的相关活动，都有准确而生动的记载。

> 神爵二年八月甲戌朔□□，车骑将军臣□□谓御史□□
> 制诏御史□□侯□□□敦煌酒泉迎日逐王
> 为驾一乘传别□载……（节引）（II90DXTO313③：5）
> 广至移十一月谷簿，出粟六斗三升。以食县泉廏佐广德所将助御效谷广利里郭市等七人送日逐王，往来三食，食三升。校广德所将御，故禀食县泉而出食，解何？（Ⅰ91DXT0309③：167–168）

前简是车骑将军韩增下达的朝廷公文，大意是要敦煌、酒泉等地一路迎接前来京师的匈奴日逐王。后简是悬泉厩佐广德等七人迎送日逐王时，在广至吃饭一次，用粟六斗三升。按规定他们应在悬泉置就餐，为何要在广至吃饭，应作出解释。《汉书·西域传》："匈奴西边日逐王置僮仆都尉，使领西域，常居焉耆、危须、尉黎间，赋税诸国，取富给焉。""其后日逐王畔单于，将众来降，护鄯善以西使者郑吉迎之。既至汉，封日逐王为归德侯，吉为安远侯。是岁，神爵三年也（《宣帝纪》记为神爵二年秋）。乃因使吉并护北道，故号曰都护。都护之起，自吉置矣。僮仆都尉由此罢，匈奴益弱，不得近西域。"[1]上引汉简，就具体记述了日逐王降汉后一路进入汉地的情况。

关于西域都护在汉简中的反映：

> 二人使都护西域骑都尉安远侯吉谓敦煌驾当舍传舍如律令三月

---

① 《汉书》卷96《西域》，中华书局，1962年，第3874页。

甲寅过　　东（II90DXT0213③：135）

　　五凤三年二月辛亥，使都护西域骑都尉安远侯吉，谓敦煌以次为驾，当舍传舍，如律令（节引）（II90DXT0214③：197）

　　出粟五斗二升。以食安远侯副卫司马遣假千人尊，所将送匈奴归义怖类王使十一人，质子三人，凡十三人，人一食四升，东。（II90DXT0115④：39）

　　天山南麓、塔里木盆地南缘的西域中道，地处西域中心，不仅"北道西逾葱领则出大宛，康居、奄蔡焉"，就连到天山以北的乌孙赤谷城，整个西汉时都是走的这条路。当年出使乌孙的使者都是从这条路西行到疏勒，再往北在今乌恰县的吐噜噶尔特山口翻越天山到达伊塞克湖以西。汉朝公主和亲、常惠多次出使乌孙也是走的这条路。所以匈奴控制西域、汉朝选择都护府驻地，都是看中了这条通道的重要性。

（三）西域北道

　　西汉时期的北道16国，乌孙最为大国，有户120000，有口630000人，游牧于伊犁河谷和天山北部草原。其他15国都是后来分割的一些小国，从东到西有：两蒲类（蒲类、蒲类后国）、四车师（车师前国、车师都尉国、车师后国、车师后城长国）、两卑陆（卑陆、卑陆后国）、两且弥（东且弥、西且弥）以及胡狐、郁立师、劫国，单桓、乌贪訾离。这些小国除车师前国和车师都尉国在今吐鲁番高昌故城一带外，其余都在东天山北部和东部，即乌鲁木齐以东到巴里坤。15国在西汉末年只有24251人。最多的车师前国有户700，有口6050人。最少的如单桓有户27，有口194人。乌贪訾离有户41，有口231人。根据史书的记载，丝路北道的正式开通当在东汉以后。一是避开白龙堆和三陇沙的北新道直到平帝元始年间才得以开通；二是东汉以后，上述天山以北的诸小国都被兼并于车师后国。所以北新道从敦煌玉门关西北行，到高昌故城向西可并入天山以南中道，向北穿越车师古道到今吉木萨尔车师后国，可前往乌孙，西达唐居。

　　尽管西汉时期丝绸之路的重点在天山以南的中道，但西汉王朝始终未曾放弃对丝路北道的经营。其战略重点有两个：一是对车师的争夺和驻屯，二是同乌孙的频繁交往。

车师（即今吐鲁番地区）地处西域东部，是进入天山以南城郭诸国的门户，是匈奴和汉朝掌控西域的必争之地。汉简中有大量车师屯田的记载：

> 五月壬辰，敦煌大守强、长史章、丞敞下使都护西域骑都尉、将田车师戊己校尉。部都尉、小府、官县、承书从事下，当用者。书到白大扁书乡亭市里高显处，令亡人命者尽知之，上救者人效，大守府别之，如诏书。 （II90DXT0115②：16）

这是通过敦煌太守下发的一份大赦诏书，除在发往西域都护骑都尉等部门的同时，还专门发往"将田车师戊己校尉"。

> 九月甲戌，效谷守长光、丞立，谓遮要、县泉置，写移书到，趣移车师戊己校尉以下乘传传副。会月三日。如丞相史府书律令。掾昌、啬夫辅。 （V92DXT1812②：120）

这是效谷县廷发给悬泉置和遮要置的文件，要他们将车师戊己校尉路过所用车马的通行文件上报县廷。

乌孙在西域，东接匈奴，"最为强国"。与乌孙交好，是汉朝对抗匈奴，保障丝路通行的一贯战略。张骞二使西域时就曾许诺乌孙"汉遣公主为夫人，结为昆弟，共距匈奴"。但其时昆莫中子大禄势强，与太子之子岑陬争夺昆莫王位。"昆莫年老国分，不能专制。"不过，张骞回国后（前115年）不几年，乌孙就"使使献马，感得尚汉公主，为昆弟"。汉朝先后送细君公主和解忧公主与乌孙和亲。宣帝本始二年（前72年），汉朝十五万骑五将军分道击匈奴，而常惠使持节护乌孙兵五万骑从西面入，"获单于父行及嫂、居次、名王、犁污都尉、千长。骑将以下四万级，马牛羊驴橐驼七十余万头"[1]，取得了对匈奴的毁灭性打击。元康二年（前64年），乌孙昆弥通过常惠给朝廷上书："愿以汉外孙元贵靡为嗣，得令复尚汉公主，结婚重亲，畔绝匈奴。昆弥及太子，

---

[1] 《汉书》卷70《傅常郑甘陈段传》，中华书局，1962年，第3004页。

左右大将、都尉皆遣使，凡三百余人，人汉迎取少主。上乃以乌孙主解忧弟子相夫为公主，置官属侍御百余人，舍上林中，学乌孙言。天子自临平乐观，会匈奴使者、外国君长大角抵，设乐而遣之。使长罗侯光禄大夫惠为副，凡持节者四人，送少主至敦煌。未出塞，闻乌孙昆弥翁归靡死。"汉朝"征还少主"。甘露年间（前53—前50年），翁归靡胡妇子（匈奴妻子所生）乌就屠袭杀狂王后自立，汉遣破羌将军辛武贤发大军五万集结敦煌准备讨伐。楚主侍者冯夫人锦车持节，招乌就屠赴赤谷城常惠帐下受封，表示"愿得小号"。从此，汉立元贵靡为大昆弥，乌就屠为小昆弥，皆赐印绶。复遣长罗侯常惠将三校屯田赤谷城，分别其人民地界，大昆弥户六万余，小昆弥户四万余。

汉简中公主和亲、少主出塞。常惠使乌孙、辛武贤穿渠积谷以及大小昆弥来汉朝贡的材料都极为丰富。比如：

> 入糜小石二石。本始五年二月乙卯，县泉廥佐广意受敦煌仓啬夫过，送长罗令史。（I90DXT0209⑤：17）

此简记载了敦煌仓啬夫过（人名）为悬泉置下拨糜子小石二石一事，悬泉廥佐广意为经手人。此事可能与接待长罗侯的属吏有关。

> 上书二封。其一封长罗侯，一乌孙公主。甘露二年二月辛未日夕时，受平望译骑当富，县泉译骑朱定付万年译骑。（II90DXT0113④：65）

这是传递重要公文的实时记录。长罗侯常惠和乌孙公主分别给朝廷上书一份，日夕之时，由平望驿骑传递给悬泉驿骑，再由悬泉驿骑传递给万年驿骑。如此重大军务，不仅在时间上有严格规定，而且传递时要有详细记录。延误军机，要受到追查。简中"译"通"驿"。

> 使乌孙长罗侯惠遣 侯恭上书，诣行在所。以令为驾一乘传。甘露二年二月甲戌，敦煌骑司马充行大守事、库令贺兼行丞事，谓敦煌：以次为当，舍传舍，如律令。（V92DXT1311③：315）

此简记录的是长罗侯亲自派专人，诣行在所，给皇帝上书。敦煌太守府通令所属沿途各地，按规定为上书人员提供住宿和车辆。这与前简所记，将长罗侯和乌孙公主的上书一站一站通过驿骑传递的情况是不同的。

> 甘露三年九月壬午朔甲辰，上郡大守信、丞欣谓过所：遣守属赵称逢迎吏。骑士从军乌孙罢者敦煌郡。当舍传舍，从者如律令。十月。再食。（II90DXTO115③：99）

这是上郡太守府开具的一份过所，言派守属赵称等人到敦煌郡，迎候曾在乌孙屯田更尽回返的吏士，要沿途各地给予食宿方便《汉书·西域传》载："汉复遣长罗侯惠将三校屯赤谷，因为分别其人民地界，大昆弥户六万余，小昆弥户四万余。"简中所言"从军乌孙罢者"当为跟随长罗侯屯田赤谷的上郡吏士。

> 甘露三年十月辛亥，丞相属王彭护乌孙公主及将军贵人从者道上，传车马为驾二封轺传，有请诏。御史大夫万年下谓成（渭城），以次为驾，当舍传舍，如律令。（V92DXT1412③：100）
>
> 甘露三年十月辛亥朔，渊泉丞贺移广至、鱼离、县泉、遮要，龙勒厩啬夫昌持传马送公主以下，过庑积麦各如牒，今写券墨移书到，受簿入十一月报，毋令缪如律令。（II90DXTO114③：522）

以上两简是在同一时间发自不同机关的两份文件。前者是御史大夫陈万年签发的一份传信，言丞相属王彭护送乌孙公主。将军贵人，一路上要提供食宿和车辆。后者是渊泉县丞贺给五所厩置移送的文件，言公主路过时各厩置提供草料账目凭单要在十一月汇总上报。《汉书·西域传》载："公主上书言年老土思，愿得归骸骨，葬汉地。天子闵而迎之，公主与乌孙男女三人俱来至京师。是岁，甘露三年也。时年且七十，赐以公主田宅奴婢，奉养甚厚，朝见仪比公主。后二岁卒，三孙因留守坟墓云。"简中所言，当为解忧公主回返汉地时途经河西各地之记载。

总之，西汉时到达乌孙的道路尽管还是走天山以南，到疏勒后再北行翻越吐噜噶尔特山口到达乌孙王都赤谷城，但从乌孙到唐居的道路是通达的。西汉时汉帝国同乌孙的频繁来往和从盟国到属国的发展，为后来天山北路的开通创造了条件，奠定了基础。

结语

在张骞到达中亚之前的公元前2世纪中后期，后来丝绸之路的西段（自帕米尔以西）实际上已经开通，而且此时距亚历山大东征已经两个世纪之久，东部希腊化世界的政治格局和文化面貌也发生了巨大变化。按照汉文文献的记载，翻越葱岭以后向南向西的走向主要有三条：南道，从皮山西南翻越悬度到罽宾（克什米尔），进入印度等南亚次大陆，同时可从罽宾西到乌弋山离（今伊朗东部和阿富汗西部的锡斯坦地方）即所谓"罽宾、乌弋山离道"；中道，从大月氏（今阿富汗）进入马什哈德、哈马丹、巴格达、大马士革；北道，从大宛（今费尔干纳）康居（今锡尔河东北部哈萨克草原）进入咸海、里海和黑海北部，然后南转君士坦丁堡。关于南道，汉简中关于罽宾。乌弋山离、祭越等国的记载，记述了从西域南道进入南亚印度半岛丝绸之路的畅通"。①关于中道，汉简中大量大月氏与中原王朝来往的记录，不仅为研究大月氏到贵霜帝国建立前这段"黑暗时代"的历史提供了重要资料，而且为帕米尔以西，经阿富汗到地中海以东地区丝路交通的畅通提供了生动记载②。关于北道，汉简中关于大宛、康居的记载，是研究汉王朝与中亚各国和

---

① 汉简有"以给都吏董卿所送罽宾使者□（Ⅱ90DXT0213②：37）"；"出钱百六十。沽酒一石六斗，以食守属董并√叶贺所送沙车使者一人，罽宾使者二人、祭越使者一人。凡四人，人四食，食一斗。（Ⅱ90DXT01②：24）"；"遮要第一传车为乌弋山离使者（Ⅱ90DXT0115②：95）"等。论文有罗帅《悬泉汉简所见折垣与祭越二国考》，刊《西域研究》2012年第2期。
② 大月氏西迁后征服大夏，其中五翕侯之一的贵霜翕侯逐步强盛，在公元1世纪左右统一各部建立了贵霜帝国。在贵霜帝国建立前，即公元前1世纪的历史，由于缺乏资料而被历史学家称之为"黑暗时代"。而河西汉简中关于大月氏的材料，正是弥补了这方面的空白，为研究这段历史提供了第一手资料。关于这方面的文章有：张德芳《河西汉简中的大月氏》，见宁夏考古研究所、北京大学中国古代史研究中心《"第二届丝绸之路国际学术研讨会"论文集》，2014年8月。

地中海北岸地区丝路交通的重要资料①。

西北地区是丝绸之路和中西交通的重要通道，而文字则是人类文明传承的主要形态，而文字的载体则各民族各地区因时而异因地而异。西北汉简对研究汉代从中央到地方的政治，经济、军事、外交、丝绸之路。民族关系，邮驿交通、科学文化、宗教信仰、社会生活等领域提供了重要的材料，具有极高的科学价值。西北汉简与两汉时期的丝绸之路密切相关，是研究东西方文化交流以及丝绸之路沿线各国历史的宝贵资料。

——原刊于《中原文化研究》，2014年第5期

---

① 参见郝树声《简论敦煌悬泉汉简〈康居王使者册〉及西汉与康居的关系》，刊《敦煌研究》2009年第1期；郝树声《汉简中的大宛和康居—中西交往的新资料》，见《丝绸之路——中西文化交流的永恒通途》，太湖文化论坛巴黎峰会论文，2014年3月。

特色课程建设需要强化特色
——简牍学课程建设刍议

李宝通

　　用竹木简牍作文字载体，是我国先民的一大发明。然而，中国简牍之源起于何时，尚待探究。首先，文字的出现，当为人类文明之标志。人类文字源于刻契，大体无疑。史学与档案同源，有了档案，就有了历史。世界范围内考古资料，各国各地区文字载体各不相同。古埃及有纸草之便利，两河流域泥版文书闻名于世，印度则有以贝叶写经之传统，而我国先民利用竹木为载体，可谓明智：竹木随处可见，虽不如纸草得天独厚，然较泥版、贝叶则有轻、易之便。

　　简牍出土与研究，至迟始自汉武帝时。孔子后裔孔安国据孔壁遗书考订了《尚书》等先秦典籍；西晋束皙等又据汲冢简牍整理并流传至今《竹书纪年》《穆天子传》等。宋代金石考古学兴起，清代乾嘉学者重视利用金石文字与传世典籍相印证。①王国维则明确提出了"二重证据法"，陈寅恪、傅斯年也对传世典籍与出土文献的综合研究作过讨论。

　　我国纸张起源，迄今尚无定论。甘肃天水放马滩战国秦地图、陕西西安灞桥西汉墓所出残帛以及疑为东汉时的两件楼兰文书，经检验有纤维经络，不一定是打浆晒制之纸张。居延新旧简中屡见领物明细账，如"札二百、两行五十、绳十丈"，独未见纸。②东汉蔡伦发明的造纸术，当时未必推广普及。有学者指出："《汉书》《论衡》分别详细记载了西汉与东汉前期的历史事件与自然科学成果，包括制造与使用笔、墨、简、帛，而唯独没有提到纸。""出土的大量居延汉简中，有些是记载屯戍活动中开支，各种衣、食、生活用品的价格清单，包括河内笔，却唯独

---

① 钱大昕撰，吕友仁标校：《潜研堂集》，上海古籍出版社，1989年，第7页。
② 《居延汉简》306.10："五十一纸重五斤。"然未见图版，存疑。

没有纸，说明残纸不是屯戍时期之遗物。"①我国简纸更替约在魏晋时期，《世说新语·捷悟》载曹操时"余有数十斛竹片，咸长数寸，众云并不堪用，正令烧除"，反映简牍已退出使用领域。而"洛阳纸贵"则揭示当时纸虽流行然产量有限。晋初楼兰文书简纸并行，可为佐证。《初学记》卷21《文部·纸》引《桓玄伪事》载东晋末年桓玄令："古无纸，故用简，非主于敬也。今诸用简者，皆以黄纸代之。"反映当时纸已流行，但因习惯及传统"主敬"观念，厚重的简牍较轻浮的纸张仍为人喜用。目前所见年代最晚的简牍是明嘉靖三十一年（1552年）出自黑城遗址的一块木牌，与居延、敦煌所见通行符类似。②直至今日，百姓祭祀祖先之牌位仍用木，仍属"主敬"。

值得注意的是，事物的利弊，都是相对而言的。陶石、甲骨、竹木、帛纸、磁体，固然呈现文字载体之进步，但若考虑其保存条件，陶石及已成化石的甲骨历数千万年犹存，竹木简牍则迄今所见最早不过战国时，纸文书魏晋者已不多见，至磁性载体，若遇病毒或消磁（遇强磁场），可能"无影无踪"。当代载体固然高效，但对民众而言，电脑屏幕上的文字与图像，与"看得见、摸得着"的陶石、竹木乃至纸文书，文化感悟是不可同日而语的。所以，我们今日尚难断言简牍已"退出使用领域"

一、简牍内容与史料价值

我国出土文书有甲骨卜辞、钟鼎铭文、石刻墓志、竹木简牍、缣帛书卷等，而简牍无论就数量、内容均居首位，为研究我国古代历史提供了第一手宝贵资料。

1. 军事文书

出土简牍以军事文书为大宗，其中尤以居延汉简和楼兰魏晋文书最集中。居延汉简中详细记录了汉代屯戍守边的各种军事活动，包括烽燧制度、屯田生产、戍卒职责、民族关系乃至随军家属生计等等，几乎为

---

① 戴家璋主编：《中国造纸技术简史》，中国轻工业出版社，1994年，第44、71页。
② 胡平生、李天虹：《长江流域出土简牍与研究》，湖北教育出版社，2004年，第55页。

我们再现了当时西北地区的社会全景。①

军事文书中还有相当数量的兵学典籍，《六韬》《力牧》《盖庐》《孙子兵法》《孙膑兵法》《尉缭子》等层出不穷，为我们了解中国古代博大精深的兵学文献、验证传世典籍之真伪及校勘比对提供了重要资料。如原长期存在争议的《孙子兵法》（即《孙膑兵法》），孙武与孙膑为一人，《孙膑兵法》的出土最终彻底地解决了这一问题，简牍印证古史之功效，由此可见一斑。

2. 政治法律文书

出土简牍中政治法律文书数量仅次于军事文书，其史料价值引起学界广泛关注。举例来说，《史记》为我国"正史"之首。司马迁是我国首屈一指的伟大史学家，固无疑议；但《史记》也存在一些不容忽视的问题，司马迁具有强烈的人道主义倾向，对秦尤其是秦始皇的暴政深感厌恶，在描述秦史尤其是秦始皇时期的历史时，自觉或不自觉地掺杂了主观色彩。如对"沙丘之谋"，《史记》娓娓道来，洋洋千言，从赵高设谋，说服胡亥，到李斯动摇，最终屈服，似整个事件均亲历。再如《陈涉世家》"失期，法皆斩"，然仅数百字后，又引吴广言："藉弟令毋斩。"如众周知，秦代执法极严，既"当斩"，又何能"毋斩"？值得庆幸的是，云梦秦简中《秦律十八种·徭律》摘录了秦征发徭役的规定："乏弗行，赀二甲。失期三日到五日，谇；六日到旬，赀一盾；过旬，赀一甲。其得殹（也），及诣。水雨，除兴。"应服役而不行者，罚二甲。失期者依日长短斥罚。若遇水雨，则非人力所及，免除徭役。秦政暴虐，学界并无异议，但不能随意夸张。

龙岗秦简中木牍一枚，记墓主辟死曾被错判为城旦，重审后免为庶人，而原判官吏被论罪。反映秦代法律对民众的申诉也是负责的。或许我们可以认为，秦简的大量出土，对秦始皇是一个利好消息，将有助于我们重新审视秦统一及他本人的历史功绩。

3. 典籍文书

近年出土典籍文书令人惊喜，除印证、校验传世典籍外，更有一些国人闻所未闻的"新书"问世。历代书厄造成的损失，可望从地下重见

---

① 薛英群：《居延汉简通论》，甘肃教育出版社，1991年。

天日。

郭店楚简、上博简、清华简等面世，使我们对传世典籍的整理和重构提供了机遇。郭店楚简为楚"东宫之师"即太子师傅随葬品，经整理有十六篇，除《老子》《五行》《缁衣》与传世典籍或前出简帛类同，余12篇儒家典籍及1篇道家典籍均属首见。学者经研究指出，郭店楚简的内容反映出先秦儒学发展的多元性及楚地与中原文化的联系性，对了解当时中国文化的整体面貌极有裨益。上博简内容与郭店有关，可能出自同处，内容包括哲学、文学、历史、政论等多种典籍约百篇，其中90余篇不见传世。清华简近年收购入藏，初步估计含典籍63种以上。

4.其他文书

出土简牍可以说包含了古代中国社会的全方位的信息，即以甘肃省来说，简牍上起秦汉，下迄魏晋，记载了古代中国政治、经济、军事、思想文化、社会风俗、民族关系以及中西交通等诸多方面的重要史实，绝大部分出自当时当事人之笔录，因而翔实可靠，具有第一手的史料价值。如果说，传世典籍是我国文献的地上宝库，出土简帛为地下宝库，恐怕也不算过分。

国外对我国简牍及简牍学的兴趣也不断增高。美、英、法、德均有学者及研究成果，而亚洲日本、韩国更是显著。早在1951年，日本京都大学人文科学研究所由森鹿三先生主持，开办了"汉简研究班"，并发表了一系列介绍性文章，带动了日本国内简牍学知识的普及与提高。其中佼佼者如大庭脩先生用力尤著，现今日本最畅销的简牍学启蒙书《木简》和《木简学入门》，均系其撰。随后大庭先生又在其供职的日本关西大学继续创办"汉简研究班"，采取灵活生动的教学方式，扎扎实实地研读简牍，甚至有"一日一简"之细致研习，一步一步循序渐进，既易提高学习兴趣，又有利于推出较深入的研究成果。

二、简牍学课程大纲

在多年的教学过程中，我们将简牍学课程内容屡次调整，大致安排如下，请批评指正。

第一章/简牍概述

　第一节/简牍的由来

　　　1.简牍源于刻契说

　　　2.简牍先于甲骨说

　　　3.简牍源于先民生活说

　第二节/简牍的名称

　　　1.简牍的长宽规格与名称（简、牍、尺牍、尺一、三尺、两行、方、觚、册等）

　　　2.简牍的形制与名称（检、楬、檄、启符传等）

　　　3.简牍的内容特征与名称（簿书、日书、应书、举书、奏谳书、遣册、致籍等）

　第三节/简牍内容概述

　　　1.军事类

　　　2.政治法律类

　　　3.典籍类

　　　4.社会生活类

　　　5.其他类

　第四节/简牍的历史地位与学术价值

第二章/我国简牍的出土历史

　第一节/汉晋时期简牍的出土

　第二节/宋元明清时期简牍的出土

　第三节/近代简牍的出土

　第四节/中华人民共和国建立以来简牍的出土

第三章/我国出土的各代简牍综述

　第一节/战国简牍综述

　第二节/秦代简牍综述

　第三节/两汉简牍综述

　第四节/新莽简牍综述

　第五节/魏晋简牍综述

第四章/简牍中的文字

　第一节/简牍文字概述

三、西北师大开设简牍学课程的一些经验

西北师范大学是我国最早开设简牍学课程的高校之一。1996年，成功申报国内第一家简牍学硕士学位授权点，2005年又获得博士学位授予权。在此基础上，于2011年获历史学一级学科博士学位授予权。在此之前，已为本科生开设《简牍学概论》选修课，形成了西北师大集学士、硕士和博士教学与培养于一体的简牍学教学模式。经过十余年的探索，取得了一些经验。

在教学过程中，我们结合学生知识层次和学习兴趣，探索了一些不成熟的方法，其主要内容有：

1.从旧到新、由浅入深

初涉简牍，学生往往不知所云，以为这是一门无关紧要的，甚至是可有可无的枯燥学问。如何改变这种状况，我们作了较长时期的思考。人们通常以为简牍学可能深奥莫测。其实简牍犹如今日之纸张，是古人通用的书写材料。魏晋以前的历史，基本上是写在简牍上的。广义上说，研究简牍就是研究魏晋以前的中国古代史。抓住这一点，简牍学课程就容易讲得生动有趣，因为学生对中国历史尤其是中国古代史极为关

注，将出土简牍与古代史有机结合，既易增加阐述古代史的筹码进而普及简牍知识，又往往能使古代史实落到实处，一举两得，相得益彰。

由浅入深也是我们需关注的问题。高校开设简牍学课程，根本目的不在普及而在提高。我们在开设简牍学课程的同时，配合古文字学、文献导读、古史专题等课程，使学生能较深入地利用简牍资料独立探究一些具有学术价值的新课题，在这方面已经获得了一些成果。

2.图文并茂、生动有趣

单凭口头讲述或文字表达，学生不会对本课程产生浓厚的兴趣。我们在这方面也作了摸索改进。鉴于近年来高校多媒体技术日臻成熟，我们充分利用投影及视频影像，将简牍图版和发掘实况乃至出土文物中所反映的古代社会生活各层面加以展示，学生在听讲相对枯燥的课程内容时，直接观看乃至欣赏图片资料，极大地提高了学习兴趣。

3. 结合实际，知有裨益

我们在讲课过程中，反复强调，今日中国出土简牍数量日增，社会和政府必将对简牍学给予重视和支持，简牍对再现古代史实乃至为今日建设之借鉴均有裨益，在不远的将来，高校设置简牍学课程乃至科研机构的加开均有可能，就业机会是随着社会的进步和学术的拓展同步进行的。或许有一天，不了解简牍的学生无法从历史系毕业，就业也将面临难题。

一个世纪以来，简牍出土数量日增，简牍学也逐渐引起重视。高校开设简牍学课程势在必行，但因专业设置须与社会需求接轨，而目前社会对简牍学专业人员需求量小，影响了学生钻研简牍学的兴趣。相信随着社会与政府观念的调整，我国简牍学教学与研究将跨上一个新的台阶。

——原刊于《当代教育与文化》，2011年第3期

甘肃汉简在建设文化大省中的作用

郝树声

  甘肃是西部欠发达地区，却具有独特的历史文化资源优势，除了人文始祖伏羲的传说、大地湾文化、马家窑彩陶、秦汉明长城、丝绸之路、敦煌石窟建筑、佛教艺术和几千年来多民族杂居所呈现的色彩斑斓的民族文化外，还有丰厚的一笔就是近百年来出土的甘肃汉简。

  甘肃是世界公认的汉简大省，出土的6万多枚汉简，占全国出土汉简总数的80%多。20世纪初的四大发现中，敦煌学、简牍学、甲骨学成为世界性显学，深刻影响了人类文化发展的走向。当安阳甲骨、敦煌遗书和西北汉简经过千百年的埋藏与世人见面后，全世界文化精英的目光投向了东方社会的古老文明上。三大新兴学科中，甘肃就占了敦煌学、简牍学两项，甘肃在文化上的独特地位引起了全世界的关注，海内外学人潜心研究，著书立说，"敦煌""汉简"这些高频词自然同甘肃连在了一起，成了人们耳熟能详的谈资和教科书里的知识以及记忆深处的符号。

  20世纪30年代发现的居延汉简和70年代发现的居延新简，理所当然地也是甘肃汉简的一部分。因为历史上的居延地区属于张掖郡管辖，新中国以后又曾一度划归甘肃。特别是70年代出土的2万多居延新简又都收藏在甘肃，所以实际上一提到居延汉简，人们自然把它归属到河西走廊。当年的居延汉简是1927—1935年间中瑞西北科学考察团的最重要成果，而这次科学考察则是近代以来中华民族追求民主和科学的划时代事件。一个20多岁的外国人，名字叫贝格曼，在额济纳河流域的荒野戈壁上整整工作了一年时间，经受了常人难以忍受的严酷考验，最后把1万多枚汉简运至北京。抗战爆发后，很多志士仁人冒着生命危险，又把这批国家的文化瑰宝运到天津、运到香港、运到美国，避免了侵略者的炮火硝烟，直到1965年才安全运回台湾。其间，胡适、傅斯年对居延汉简的保护费尽了心血。整理研究也一样，前辈学者令人感佩。从王国维到劳榦，正是由于他们的卓越工作，才使敦煌汉简和居延汉简彰显于世，才使得甘肃以出土汉简而闻名中外。

1949年以后，甘肃又有多次重大发现，比如武威汉简、居延新简、敦煌马圈湾汉简、悬泉汉简等等，不仅使甘肃汉简的发现和研究持续了百多年的历史，而且其发现和出土的数量也跃升至6万多枚，成了甘肃名副其实的文化品牌和文化大省建设的独特资源，是一座取之不尽用之不竭的文化宝藏。

就其价值而言，用当今著名学者李学勤先生的话讲，怎么估价都不会过分。仅就学术研究的角度讲，它不仅涉及人文社会科学的各个领域，还涉及天文历法、医学、古代气候的变迁、农业生产、兵器制作等科学技术领域。看《甘肃简牍百年论著目录》，发表的学术成果已有2600多项，其中专著200多部。不仅国内各大学各研究机构人文学科都有研究简牍的学者，在港台地区，在日本、韩国、美国、英国、德国、法国、比利时、意大利等东西方发达国家都有研究甘肃汉简的学者，有的已有近百年历史。可以说，甘肃汉简的研究成果已成为中华文明的一部分而积淀在知识领域，进入民族文化的知识系统。

从艺术的角度讲，很多都是汉代书法的精品。不仅是汉隶的典范之作，而且还有篆、隶、草、行、楷各体书法的出现和流变。日本民间一向把临摹汉简作为书法精进的必修阶段。日本的中学还把甘肃汉简收进了中学教科书。

从西部开发的角度讲，汉简记录了我国西部开发的早期历史。汉武帝开拓河西、挺进西域，是中华民族对西部建设的早期贡献，与我们今天的西部开发有着历史的传承关系，其开发理念和勇武精神多有借鉴启迪处。汉简中的具体记载给我们提供了生动的实例。

从民族团结和祖国统一的角度讲，更具有十分重要的政治意义。汉简中有匈奴、羌人、乌孙、月氏等古代民族的丰富记载，而上述民族与现代的有些民族有着文化和血缘上的源流关系。研究各民族对西部建设的贡献，有利于民族团结和国家的稳定。更重要的是，汉简中有西域30多个国家的材料，记载了他们来中原朝贡、通使、和亲、封拜、商贸、求学的具体材料。

从弘扬丝绸之路文化和发展中外关系的角度讲，6万多枚甘肃汉简几乎都直接或间接地与丝绸之路有关。它不仅直接记载了陕西、甘肃等丝路东段的情况，还记载了新疆地区丝路中段和帕米尔以西丝路西段沿途各国的情况，如此生动具体的记载在世界各国是独一无二的。

从弘扬历史文化的角度讲，汉简中记载的历史、人物、事件以及制度本身，都有古老而深厚的文化内涵。通过宣传展示，都是对干部、群众和大、中、小学生进行爱国主义教育、提高文化素质、增强进取精神、完善人格追求的最好教材。

从发展文化产业的角度讲，汉简的出土地点，汉简记载的每座烽燧、每个战场，以及涉及的风土世情，都可为开发省内的旅游事业提供丰厚的文化内涵。另外，可以从书法艺术、简牍知识的普及、简牍简册的复制等多个方面开发出文化产业项目。

事实上，甘肃汉简对建设文化大省的价值和意义远不止上述，还可从不同角度和不同层面列举出很多。总之一句话，建设文化大省，不能没有甘肃汉简的地位。

——原刊于《甘肃日报》，2013年3月18日

河西简牍在汉代书法史上的历史地位

李逸峰

古代简牍的发现已见多次，但大规模发掘是20世纪以来的事。随着近代西方列强的入侵，以英籍匈牙利人斯坦因为代表的外国探险者不断进入中国进行探险发掘活动，掀开了简牍大发现的历史。随之而来的如斯文·赫定、贝格曼、桔瑞超等探险家、学者均在河西地区进行了简牍的发掘和整理。与此同时或稍后，中国学者也展开了积极的发掘工作，以黄文弼、向达、夏鼐、阎文儒等为代表的一批著名学者在发掘方面做了大量的工作。20世纪40年代以后，简牍发掘工作开始转为中国人独立自主地进行。

河西汉简出土概况

河西简牍主要包括敦煌汉简、居延汉简与武威汉简等，出土地点集中在汉初所设的河西四郡所管辖的区域内，即今天甘肃、内蒙古所辖沿河西走廊一带。

1907年，斯坦因在进行第二次中亚探险时，在敦煌西北的汉代烽燧遗址中掘得汉晋简牍708枚①，是为敦煌简牍第一次出土。1913—1915年年，斯坦因第三次中亚考察时，先在甘肃西部疏勒河流域敦煌汉塞烽燧遗址中掘获汉简八十四枚，随后又在安西（今瓜州）、酒泉等地的汉代边塞城鄣和烽燧遗址中掘得汉简105枚。陈梦家将其称为"酒泉汉简"，但一般在习惯上仍称其为"敦煌汉简"。考古学上把在甘肃敦煌市汉代敦煌郡烽燧遗址及玉门市、酒泉市汉代酒泉郡烽燧遗址中出土的简牍，统称为敦煌汉简②。

自20世纪初始，敦煌汉简陆续有新发现。特别是1990年在安敦公路甜水井道班东南三危山麓，汉代效谷县悬泉置遗址发掘出数万枚汉代简牍。总体而言，汉代敦煌郡范围内发现的简牍时间最早、批次和数量最多，"敦煌汉简"这一名称也越来越得到学界的认同。

1930年，中瑞西北科学考察团成员、瑞典考古学家弗克·贝格曼曾在额济纳河流域北部的居延都尉与南部的肩水都尉所属地段二十九处城鄣、烽燧、关塞遗址发掘了一万多枚汉代简牍，学术界通称为"居延汉简"。王国维先生曾将居延汉简与殷墟甲骨文、敦煌藏经洞文书、故宫明清档案称为20世纪初中国学术界四大发现。1972年至1974年，在甘肃

---

① 甘肃省博物馆、敦煌县文化馆《敦煌马圈湾汉代烽燧遗址发掘简报》中称："一九六一——一九八年和一九一三——一九一五年，英籍匈牙利人斯坦因先后两次对敦煌长城烽燧遗址进行考察，并逐个进行挖掘，共获得汉代简牍七百八十九枚。"（《文物》，1981年第10期。）原文注据斯坦因：《中亚与中国西域考古记》。郭锋《斯坦因第三次中亚探险所获甘肃新疆出土汉文文书——未经马斯伯乐刊布的部分》（甘肃人民出版社1993年，第124页）认为，斯坦因第二次中亚探险所获敦煌木简共有一千九百五十三个号。即从九九三——一三五一号简和一七三三——三三二六号简。有些号下面还有多枚简牍，所以简数大于一千九百五十三。张德芳、郝树声的《斯坦因第二次中亚探险所获敦煌汉简未刊部分及其相关问题》认为，"斯坦因第二次中亚探险在敦煌所获未刊汉简当为二千三百九十八简，加上已发表的七百二简可知斯坦因二探在敦煌所获汉简当为三千一百多枚"。（见汪涛、胡平生、吴芳思主编《英国国家图书馆藏斯坦因所获未刊汉文简牍》，上海辞书出版社2007年，第77页）这三千多枚简当然也将削衣计算在内了。

② "敦煌汉简"原指斯坦因第二次和第三次中亚探险在敦煌发现的简牍的合称，随着敦煌地区不断发现新的汉代简牍，"敦煌汉简"一名已不再仅指斯坦因所发现的简牍。1991年，甘肃省考古文物研究所编《敦煌汉简》，由中华书局出版，书中对敦煌汉简进行了重新编号，本文所用敦煌汉简图版均为新编号，编号前加"新"字以示与简牍出土时编号相区别。以下所引敦煌汉简编号如未特别注明，均同此。

省文物部门主持下，对甲渠候官（破城子）、第四隧①和肩水金关遗址②再次进行发掘，出土汉简近二万枚。这批简称为"居延新简"，以示与1930年代的居延汉简相区分。

1957—1959年11月，甘肃省博物馆在武威地区先后清理了三十七座汉代古墓，其中磨咀子六号墓发现了四百六十九枚《仪礼》木简和七枚《日忌》木简，十八号汉墓出土写有王杖诏令的木简十枚，史学界称之为"王杖十简"。1972年武威旱滩坡汉墓出土医药简牍九十二枚。这些材料统称为"武威汉简"。

敦煌汉简、居延汉简与武威汉简等汉代书写材料是在当时社会文化繁荣的背景下出现的，这些简牍的书写与字体的演变都已达到了较高的水平，尤其是隶书简和草书简，在遵循书写规范性的同时，还表现出追求美观的艺术特性。

河西汉简的字体使用

河西汉简书写使用了篆、隶、草等字体，隶、草书写中还出现了楷、行字体特征。细分开来，多数篆书简已不纯粹，往往带有隶书的成分。隶书是河西汉简字体中的主体，根据笔画与结构等书写特点又有古隶与八分之别。草书也是河西简牍中的主要字体，根据不同书写系统，有并不成熟的草体，也有相对规范的章草。楷书字体特征表现为隶、草书写中某些笔形开始楷化，但不成熟。行书实际上是宽泛意义上的草书，在易识与易写之间追求一种平衡。河西汉简作为汉代书写材料，其字体处于复杂多变时期，在对这些简牍字体进行分类时，经常碰到难以进行严格区分的情况，尤其是介于隶书与草书之间的字体，有的偏隶，

---

① 汉代居延都尉所辖甲渠候官（破城子）、第四隧遗址今属内蒙古额济纳旗。居延新简分别于1990、1994年由文物出版社、中华书局以《居延新简——甲渠候官与第四隧》为名出版了释文简装本和图文精装本。

② 肩水金关遗址今属甘肃省金塔县。肩水金关汉简出土三十八年后，甘肃省简牍保护研究中心、中国文化遗产研究院等五家单位共同编辑《肩水金关汉简》，于2011、2012年由中西书局出版第一、二册。本文以这批新面世的简牍材料为主，对所涉问题进行论述。凡编号以"73EJT"开头的简牍均为肩水金关汉简。

有的偏草。下文将对此进行举例说明。

一、篆书书写依然受到重视

秦统一全国后，始皇帝为了巩固大一统的封建政权，制定了许多统一的政治、军事、财政等方面的名物制度。废除分封制，推行郡县制，颁布了一系列政令。由于战国时期各国之间"言语异声，文字异形"，极大地阻碍了政令通行与文化交流，秦始皇接受丞相李斯的建议，实行"车同轨""书同文"，"罢其不与秦文合者"，并进一步对秦国文字进行整理规范，形成小篆字体，下令全国通行。

当时为了保证字体的一致性，丞相李斯、中车府令赵高与太史令胡毋敬三人分别负责写成《苍颉篇》《爰历篇》和《博学篇》三篇标准体字书，作为识字教材。汉代小学兴起，比过去更加重视文字使用。

河西汉简中有部分历谱简干支文字书写仍为篆书字体。因为干支文字日常使用机会很多，可能是当时的习字内容，如新2114是一枚习字觚，两面内容书写一样，都为干支，属于当时练字用的材料，字体使用较为典型的篆书。新841、73EJT22：132与73EJT10：37B上半截同样是干支简，用篆书书写，也可能为习字之用。识字、写字是汉代选拔与课吏制度的重要内容，识字课本内容在秦代基础上得以修改、补充和发展。在出土汉简中陆续发现了《苍颉篇》识字简牍，字体也多为篆书或篆隶参杂的"四不像"体[1]。

篆书作为汉代人识字、写字的重要内容，依然受到当时人们的重视，但从河西汉简的书写情况来看，其篆法已不再纯正。

斯坦因第二次中亚考察所获敦煌汉简的削衣中也有书写类似于《苍颉篇》内容的识字简牍，字体饶有篆意。我们看到，这些文字的书写已经不是纯正的篆书，尤其在体势上已经不采用篆引的纵势，普遍趋扁，这是当时流行的隶书对篆书书写产生影响的表现。以《英国国家图书馆藏斯坦因所获未刊汉文简牍》一书中所收简牍为例，第1994简"客"字宝盖头用篆书形状，但体势趋扁；"客"字下的"口"部也还是篆书写法。第1998简中"心"字底主笔极力向右伸展，整个字的体势呈横向展开。第2001简笔形细长，有篆书意味，但细长的笔形是向两边分开的，

---

① 华人德：《中国书法史》（两汉卷），江苏教育出版社，1999年，第54页。

"有"字上部"又"也是极力向两边伸展。第2000简上的字不可识，但斜向笔形向两边伸展的体势依然存在，原简残损，已经见不到字的全貌。①这些简上的汉字书写笔法，已经比较充分地发挥出毛笔性能，铺毫灵活，起收自然，笔画呈现粗细变化，不再是篆书古体侧重于敛锋用笔，宛转匀称的方式。在这些简上，还能看到大量的构字部件依然是篆书的形状，尤其是篆书圆转的曲向笔形很明显，但写法与体势已经在向隶书靠拢，我们将其视为古隶也是未尝不可的。

二、隶书、草书普遍，书写情况比较复杂

1. 隶变发展，篆法犹存

秦汉时期篆书使用已不普遍，隶书的应用占据生活用字的主流，就连皇帝诏书、法律文书等都以隶书书写。裘锡圭先生说："在秦代，隶书实际上已经动摇了小篆的统治地位。到了西汉，距离秦王朝用小篆统一全国文字并没有多久，隶书就正式取代小篆，成了主要的字体。所以，我们也未尝不可以说，秦王朝实际上是以隶书统一了全国文字。"②汉代早期墓葬中出土的简帛上所写文字几乎都是隶书，这说明在西汉之初隶书就已经是普遍应用的字体。河西汉简中很多是官文书，官府所用的字体也是隶书。但并非所有隶书简书写法都很成熟，也就是说，隶书是在汉代不断发展，走向规范的。

早期隶书与篆书相融共生，但秦代古隶从字体结构到书写方式都与当时的篆书正体拉开一定距离。首先，汉字书写的基本构成元素由线条逐渐转变为笔画，即用抽象的符号取代描摹物象轮廓的仿形线条，这种抽象的笔形可以有粗细不同的变化，书写时自由灵活，远不如篆书笔形匀称，大大降低了书写难度，直接导致汉字由象形体系向符号化方向发展。把费事的篆书圆转长线分割成短线，把圆的转笔变为平直的折线，并按照书写便捷的需要将笔画、笔顺重新加以改造、提炼、美化、编组，打破原有的构形与书写规范，从而形成新的字形结构和书写方法，实现由古文字向今文字的转化。字体结构也发生明显变化，逐渐从篆书的纵向体势朝着横向体势转变，字形整体由长形变宽扁，结构相对自

① 此处简牍编号采自汪涛、胡平生、吴芳思主编《英国国家图书馆藏斯坦因所获未刊汉文简牍》，上海辞书出版社，2007年。

② 裘锡圭：《文字学概要》，商务印书馆，1998年，第72页。

由，并能根据字形长短肥瘦作灵活变化。河西汉简许多隶书简书写起笔顺锋直入与收笔出锋逐渐增多，字形体势由纵向内敛转变为横向拓张。这些变化都表明隶书已经从篆书母体中分离出来。

河西汉简经历了隶变发展到成熟的过程。

从现有的出土材料来看，隶变自战国就已开始。从《侯马盟书》即可看出隶书书写笔法的发生，字体篆势的解散，逐渐由篆书体系向隶书体系演变，篆书笔形的圆转逐渐变为方折，在粗细变化幅度上开始加大；字形结构也在省并、简化、连贯与讹变中发展。从河西汉简隶书简书写情况来看，西汉昭、宣时期隶书逐渐发展为较成熟的汉隶，其间经历了早期以纵势为主的古隶向有明显波磔而偏于横势的八分转变。

2. 河西汉简中的古隶和八分

河西汉简中的古隶占有一定的比例，但因为这些简牍已进入武帝时期，来隶书书写已日渐成熟，对于篆书部件的改造基本完成，出现了较多波磔的写法。只是在笔画书写方面还保留粗重古拙的意味，结体方面尚不成熟。表现在字势方面，篆书纵势的影响还未完全消除，且多呈敧侧之态，尚未形成成熟汉隶平稳安详的横向舒展体势，如《劳边使者过界中费》等简即是。又如新1742中的。"禹"、"不"，73EJT1：13中的"宿""寅"等。篆书部件还有残留，但笔形已不再是篆引的写法，结体也逐渐向隶书扁势发展。

河西汉简隶书以八分为主。"西汉宣、元、成帝三朝，隶书书写硬折渐多，尽改篆引圆转笔法、波磔向两边舒展开张，充分展现毛笔提按所表现出的顿挫变化，毛笔的书写性能得到有效发挥。这种字体的成型，标志着汉隶成熟。

随着八分的成型，隶书的书写变得日益熟练。沃兴华先生在《说分书的产生》一文中就曾以西北汉简为例，按时代先后列出八分演变比较典型的简牍材料，具有一定的说服力。①笔者认为，这种不断成熟的分书写法，主要表现在笔画和字形体势上。

隶书是对篆书的解散，书写由线条过渡到笔画，这是书写随着社会

---

① 沃兴华：《说分书的产生》,《中国书法》1998年第4期。

节奏加快而不断简化的表现。在笔画书写的起收方面，就与篆书多有不同。通过对河西汉简隶书笔画书写的分析可以看出，成熟隶书起笔一般比较灵活，毛笔可从各个角度进入。比如书写横向笔画，有的从左上往右下斜笔进入，有的直接切下进入，有的笔尖着纸顺锋直接右行，还有的逆锋顿笔进入，然后右行。逆锋顿笔就会出现"蚕头"写法。在右行过程中一般有波势，并非如后来的楷书横画一样平直，即毛笔在行走的过程中会改变行的方向。所谓一波三折，这里的"折"不是转折之"折"。而是指毛笔运行过程中所做的提按顿挫调整。收笔出锋是隶书横向笔画的普遍特征，尤其是隶书中通常会有一个横向主笔作波挑状，俗谓之雁尾，这在河西汉简中经常见到，有的特征意在书写上加以强化，或在练习时进行重点训练，成为八分标志性的波磔笔形，有的河西习字简的波磔笔画十分突出，可见是刻意进行练习的结果。还需要说明的是，在汉隶书写中有"雁不双飞"的说法，即在一字之中不会出现两个波挑的笔形。但在河西汉简中我们看到这种日常书写并不回避波挑的重复出现。新27第四、五二字均有两个波挑，只是有所变化而已。当然，在东汉的铭石书中，这种现象已很少见，"蚕头雁尾""雁不双飞"似乎成为了汉隶书写的典则。这其实是隶书进一步规范与雅化的表现。

河西汉简中隶书的成熟与否还表现在字形体势是否稳定上。从出土的河西汉简来看，占隶的字形体势一般都不稳定，主要表现在三个方面。第一，单个字形长短不一，取势难以平稳。第二，简内字形体势之间难以统一。古隶承篆书纵长体势而来，又渐次接受隶书的扁侧取势；字势多有敧侧之态，有的左低右高，有的左高右低。第三，汉字部件尚处于篆隶交替的过渡阶段，很多古隶中掺杂着篆书的构字部件，书写时线条化与笔画化特点同时兼备，这也造成了字形体势的不稳定。而八分已经逐步摆脱字形体势不稳定的现象，走上了规范、平衡、统一的道路。字形大小基本一致，字势平稳地向左右两边均衡舒展，整简视觉效果非常规整统一。这与东汉《曹全碑》《礼器碑》等成熟的八分铭石书的写法没什么不同，已经具有较强的规范性和艺术性。

3. 河西汉简中的草书使用

自从汉字发明以来，就存在规整标准的正体与实用方便的俗体两种呈现形式。如裘锡圭先生甚至认为金文是正体，甲骨文是当时特殊的俗体①。俗体一般就是日常书写中比较草率的写法。但事实上，甲骨文中有规整的写法，也有草率的写法；金文中也有规整与草率之分。故裘说字体正俗之分尚有可商榷之处。春秋战国时期，群雄蜂起，诸侯力政，各国擅自为文，任意增减笔画，文字使用十分混乱。唐兰先生说："到战国末年，贵族社会崩溃，在商人社会里，书法也不讲究了，镂刻文字笔画草率，简体跟破体盛行。"②从宽泛意义上说，这里所谓的"简体""破体"就是草写，侯马盟书、温县盟书、信阳楚简、仰天湖楚简以及其他一些出土简牍材料上的文字都已出现了简省连写的笔形，这些率意而写的篆书其实是一种草体，与常见规范的铭刻文字不同。在这些率意篆书基础上发展成后来的隶书，秦代古隶是篆文草写的结果。

但从汉字字体发展历史来看，真正意义上的草书指的是讲究笔形连写、偏旁符号化的独立字体，它主要是在古隶基础上发展起来的一种新字体。张怀瓘说："章草即隶书之捷，草亦章草之捷也。"③这里的隶书主要当指古隶。大批公务性账簿名籍，出于书写效率的需要，基本上是隶书的草写。但因为时代与书写者个人水平等多方面的原因，很多草书简的书写并不成熟规范。这些主要用于低级官文书和一般奏牍的草稿，为后世章草的发展与成熟奠定了基础。

结合河西汉简来看章草的发展过程，发现西汉早期简帛上的隶书，有些偏旁已出现简化和连笔，具有草化倾向。再从居延与敦煌汉简中有明确纪年的简牍来看，武帝晚期与昭帝时期的隶书通常比较草率，而宣、元时期木简上的草书就比较规范了，有的已经是完全意义上的草书。到成帝时，一些简牍上的字体符号化程度很高，书写极为简捷，而

---

① 正体、俗体是文字根据不同书写场合进行区分的概念。裘锡圭先生认为正体即在比较郑重的场合使用的正规字体，俗体即日常使用的比较简便的字体。参见裘锡圭《文字学概要》，商务印书馆，1988年，第42—43页。王凤阳先生称正体为标准体，俗体为实用体。但界定有所差异，他认为"标准字体必然是一个时代的政府或朝廷的法定字体，是被政府用政治力量来维持和推行的字体"；"应用字体是标准字体的书写变体，是为追求书写效率而变化了的标准体"。参见王凤阳《汉字学》，吉林文史出版社，1989年，第180、186页。

② 唐兰：《中国文字学》，上海古籍出版社，2005年，第96页。

③ 张怀瓘：《书断》，《历代书法论文选》，上海书画出版社，1997年。

且形成了相对统一的草书符号，已是比较纯粹的草书。东汉初期的草书趋于成熟。敦煌马圈湾汉简很多草书规范程度较高①，后世章草只是在笔形起收方面做了一些修饰和固定。笔形之间的连贯、结体、字势都是比较典型的章草。

于豪亮先生指出："从居延汉简和敦煌汉简来看，昭宣时期草书已经流行……草书是草稿所用的书体的意思，在居延汉简中，文字的草稿一般用草书，对上级的公文常用很工整的隶书。书信也是草书。"②草书是隶书的快写，既有隶书的笔画样式与结构特点，又有草书的快捷连带。可以说隶书的工整书写与连带书写并行不悖，只是书写者熟练程度与使用的场合等条件不同而已。

如居延新简《死驹劾状》，其书写表现出以下特征：书写熟练，用笔简捷，笔形残存隶意，尤其保留隶书的波磔，结体自由开张，充分发挥手指和手腕的功能，毛笔在狭窄的简面上盘旋，字势有迂回飞动之态。但还处于字字独立的状态，上下字之间连笔几乎未见，这是章草区别于今草的主要特征。敦煌马圈湾汉简中《王骏幕府奏书稿档案》，这组草书简表现出很高的书写水平，草书的符号性显得更加统一。

4. 河西汉简草书符号的统一性

草书尽可能通过连写、省却笔形，追求简洁快捷，使毛笔所经过的路线尽量缩短，河西汉简草书简已表现出这一书写特征。从笔画组合的部件来看，也已表现出一定的符号统一性。

相同字符（含构字部件）在不同简牍与不同汉字中的书写都能基本一致。如"为"：居延肩水金关汉简73EJT23：364B中作，敦煌汉简新40作；"不"：肩水金关汉简73EJT23：364A作，73EJT23：364B作，敦煌汉简新104作；"尉"：73E—JT23：339作，敦煌汉简新62作。草法基本一致。又如"口"部的写法：肩水金关汉简73E—

① 1979年，"甘肃省文物工作队（今甘肃省文物考古研究所）与敦煌县文化馆在马圈湾湖滩东侧汉代烽燧遗址共同进行了发掘，共开出探方19个，获得简牍1217枚，年代从本始元年（前73年）到地皇二年（21年），时间跨度94年。这是继斯坦因1907年、1947年两度共掘得八百多枚敦煌汉简之后较系统的发掘。1991年辑入《敦煌汉简释文》出版。

② 于豪亮：《释汉简中的草书》，载《于豪亮学术文存》，中华书局，1985年。

JT23：364B "言" ，居505.37A "言" ①，居213.27B "吾" ，居179.9 "名" ，新61 "名" ，新62 "君" ，武83甲 "吾" ，武84乙 "名" ，在不同地域简牍与不同汉字书写中，"口"部符号基本统一。这种统一的草书符号在习字简中也能见到，如"尉"的草书写法已作为练习内容，说明这一符号形式成为了社会共识。

单字整体简化程度很高。如"事"，肩水金关汉简73EJT23：364A中作 ，敦煌汉简新48中作 ，流14中作 ；又如："使"： （新40）、（新46），都是对单字进行整体性简化，而非构字部件的部分简化。这种简化不仅在当时简牍书写中得到普遍认同，"事""使"等字的草书写法作为符号规范，一直使用到今天。

像以上这种草化程度很高，且能得到普遍认可，甚至被后世视为规范草书写法的汉字数量已经不少。但即使如马圈湾汉简中《王骏幕府奏书稿档案》这样书写水平很高的草书简，草法不规范，书写不纯熟的现象依然存在。如新46简中"移" 草法规范，右边"多"部也简洁流畅，而该简首字"多" 的上半部却不是纯熟的草书写法。"行" 的左边双人旁虽然与新61简中的"行" 书写保持基本一致，符号基本统一，但写成 还是容易与三点水旁混同。"善" 的草法也未见后世采纳。

5. 隶书简、草书简中开始出现行、楷字体特征

历代书论中愿意将某一种字体归结某一位著名书法家的创造，如说隶书为秦代程邈所创，介于草书与楷书之间的行书为东汉桓灵时期的刘德昇所造，都不足征信。关于行、楷书字体出现的时间，历来众说纷纭。唐兰《中国文字学》专列"行书""正书（真书）"一节，并引卫恒说、羊欣说、张怀瓘说、王愔说，认为刘德昇、钟繇、胡昭等为行书法，此时已是汉末魏初了。唐兰先生还认为行书为楷隶的简别字，即便捷的写法，但楷隶特征如何未见详说。又说正书（真书）为章程比，章

---

① 此编号中"居"即居延汉简，"流"即流沙坠简，"武"即武威汉简，下同。据陆锡兴编著《汉代简牍草字编》，上海书画出版社，1989年。

程书是介于楷行之间的一种新体，等于说正书字体介于楷行之间，将正书（真书）、楷书分开。而该书楷书概念又有混同，一方面赞同王愔《文字志》楷书即八分说，另一方面认为六朝碑志为楷书。①裘锡圭先生认为早期行书出现在东汉晚期、魏晋时代，是一种介于楷书与今草之间的一种"风流婉约"的新体②。

事实上，行书字体特征在河西汉简中已经出现，这一点华人德先生认识比较客观。他认为西汉中叶："有些隶书即已没有什么波磔、起笔稍加顿驻，横画收笔也有回锋的，而'撇'则出锋，收笔较尖，这些和后世楷书、行书有相似之处。"③然后还举出敦煌汉简中出现捺笔、硬折等笔画的具体简例来说明当时出现行、楷字体特征的问题，是很有说服力的。当然，我们不能说这些简即为行书或楷书，但作为初具行书或楷书特征的认识，还是可以成立的。

唐兰先生所引古人对于行书的认识，并不准确，因为卫恒等古人未见今天所出简牍材料。裘锡圭先生曾将行书界定为"楷书与今草之间"的字体，也不符合客观事实，因为今草形成的时间较行书当更晚。笔者认为行书与草书一样，也是隶书的草化书写，书写中出现了一定的连笔映带，笔画数量与用笔方式较篆隶均有所简化，但尚未达到草书简化与规范程度，且有楷化用笔与结构因素。早期行书兼具隶、草、楷三种字体特征。如居延简《侯粟君所责寇恩事》④，草书简部分，可以看成比较典型的行书，很多字的笔画都采用连写、省并。但这些字隶意味残存，横向笔形向两边伸展，偶有波磔之势；体势上还是以横向取势为主；草法尚未规范，与上文所及《死驹劾状》《王骏幕府奏书稿档案》等草书相较，书写也不够简捷。多字有硬折笔"起笔斜切、收笔顿笔回锋"等用笔方式也已存在，这些都可视为楷化书写的因子。河西汉简中这种简很多，只是有的隶书成分多一点，有的草化成分多一点，并含有楷书笔画特征。

在河西汉简中，有一部分简牍的书写已经表现出明显的楷书字体特

---

① 唐兰：《中国文字学》，上海古籍出版社，2005年、第136、141—144页。
② 裘锡圭：《文字学概论》，商务印书馆，1988年，第90页。
③ 华人德：《中国书法史》（两汉卷），江苏教育出版社，2002年，第56页。
④ 《侯粟君所责寇恩事》非一人一时所书，字体也有八分与草体之别。

征，或者是介于隶书与楷书之间的隶楷，该时期这种字体可以视为魏晋楷书形成的基础。裘锡圭先生将这类带有楷书笔形特征的隶书字体命名为"新隶体"，即所谓的俗体隶书，"这种俗体隶书在很大程度上抛弃了收笔时上挑的笔法，同时还接受了草书的一些影响，如较多地使用尖撇等，呈现出由八分向楷书过渡的面貌。"①他认为写于永和二年（137年）的新1974，是典型的新隶体，罗振玉《流沙坠简》考释中认为此简字体是楷七而隶三，这些实际上一种模糊判断，不能提供更为具体的令人信服的依据。敦煌汉简新624A、新2126、新2220A等，横向笔画起笔或顺锋直入，或顺锋斜切，收笔或出锋或顿锋，如 行（新2126）；纵向笔形起笔重按，收笔或回锋或出锋，灵活多变，如 创（新2126,）、 附（新2126）， 日（新2220A）。不仅出现尖撇，还有硬折、硬钩，棱角分明，结体方整或稍显瘦长，与隶书的扁势特征拉开了距离，是比较明显的楷书笔画与结体特征。

另如武威磨嘴子十八号汉墓出土的《王杖十简》虽为八分，但硬折、硬钩、尖撇、捺脚以及纵向取势的字形等都表现出明显的楷书字体书写特征，这些河西汉简的用笔与结体方式为后世楷书的发展奠定基础。

河西汉简审美特征分析

汉代边塞的下层官吏与民间书手在文字书写方面，通过识字、写字训练，已经非常熟练，他们不仅讲究实用，而且追求美观。河西汉简中大量书写水平相当高的材料，尤其是隶书简与草书简，具有一定的艺术水准，体现出汉字书写艺术的诸多审美特征。

一、字体复杂，书风多样

如前所述，河西汉简书写正处于字体发展演变的重要时期，其书写涵盖了篆、隶、草等字体，行、楷等字体特征也已开始出现，甚至还有杂糅两种甚至三种字体、难以严格区分的过渡性字体。在所有字体中，以隶书与草书最为多见。隶书简的书写又包括古隶与八分，这两种字体的传承与过渡刚好体现了汉字在汉代发展的实际情况。草书以章草为

① 裘锡圭：《文字学概要》，商务印书馆，1988年，第89页。

主，是当时社会迅速发展，文字急速普及和应用的典型表现，为后世草书艺术的发展奠定了良好的基础。

诸多河西简牍书写中，虽然字体多样，但在同一件完整的作品中，尽管笔画与部件书写有不够规范统一的现象，但字体表现能保持相对完整与独立，一简之内或一篇之间风格基本一致。这一方面说明当时很多书写者对字体特征的把握已经相当到位；另一方面也说明有的书写者已能表现出独立的书风，以至于整个河西汉简呈现出多姿多彩的书写风格。

笔者以肩水金关汉简为主要考察对象，通过比较发现，即使书写同一种字体，因书写者不同，书写技巧、使用环境、作者性情等会有所不同，书风也呈现出多样化的特点。73EJT14：7、73EJT3：110A与新27同是隶书简，可能出自不同作者的书写，因此书风有所差异。73EJT14：7书写的是"子曰"内容，儒家典籍，最为规矩典范，是典型的八分书。该简整体字势横向舒展，波磔分明，字距安排齐整适宜，字的长度与宽度也相对齐平，笔画指向相同，整体字势一致，书风严谨，舒展自然，体现出作者很高的书写水平和熟练的布局能力。73EJT3：110A的书写者表现出对八分书整饬规范性的良好把握，但因书写内容不同，目的有异，其布局显得宽绰自由，字势整体保持一致，但偶有左右摆动，如第五、六字"步"与"安"之间就有呼应顾盼之态。新27的书写更为洒脱自由，有意强化波磔的特征，笔画的粗细变化更加明显，表现出良好的书写节奏感和技巧性，末字"所"一个长长的纵笔，充分发挥出手腕在书写中的生理优势，展现了毛笔柔软的书写性能；第二、三两字捺笔重按波挑出锋，极力铺排，轻灵跌宕，书风活泼，具有极强的抒情性，可以看出书写者熟练的书写技巧和轻松的心态；简中第二、三两字捺笔右向加重，末字"所"却有意加重左侧纵向笔画，整个简面维持平衡，书写者随时把握着局面的安排。可见，三枚简虽然都是八分字体，但书风各不一样，依次表现出从严谨向自由的过渡。

草书字体在河西汉简中书写已经相当纯熟，草书符号化程度较高，有的已经达到了一定的艺术水准，书写风格明显。前文中居延简《死驹劾状》与敦煌马圈湾《王骏幕府奏书稿档案》，表现出不同的书写风格。前者用笔轻灵，点画跳跃，字内空间变化多端，字距灵活，上下勾连，字势飞动；后者用笔沉实，点画合度，字形参差有致，字距紧凑，字势稳健。但二者无论用笔、点画、字形、字势，都充分发挥了书写生理与书写工具的优势与性能，整简看上去自然流畅，表现出强烈的艺术性，共同反映了汉代草书的发展状况，代表了当时的草书艺术水平。另外，河西汉简中还有一类古隶草，即草法直承古隶而来，书写熟练，保留古隶的朴拙厚重之气，这类书风的简牍也是值得关注的。

当然，在实际的书写情况中，书写者当时的动机并无过多的谋划，只是根据需要，对字形、字势、布局做出大致的安排与调整。至于书写的水平，也非一朝一夕所能改变。呈现在今天人们面前的这些书风各异的材料，反而真实地反映出自然书写状态下汉代书写的多样风格面目，也体现出当时社会多样化书写的真实水平。

二、书写规范，书风成熟

如前所述，河西汉简中有的简牍已经书写规范，体现出较高的书写水平，书风也渐趋成熟。

书写最为规范，书风最为成熟的当属八分书。这些简牍字体成熟，字形统一，字势一致，是汉代通行的八分书写法，与当时规范的碑石隶书写法是相同的，代表了当时成熟的时代书风。这种八分的写法是当时书写训练的内容，西北出土的一些习字简，就是这种训练的典型例子。

河西汉简中成熟的八分书风还呈现出铺排恣肆的艺术特点。在今天看来，简牍尺幅一般较窄，书写时总是难以舒展开来，然而这些窄面上的八分书，却显得非常宽博宏阔，飞动的字势有溢出简面的趋势，上下字间通常疏朗规则，不相杂乱，连篇累牍，更是统一美观，左右之间连贯有序，上下之间排列整齐，具有很好的视觉效果，这正是在规范基础上肆意铺张的结果，也是字体与书写均臻成熟的重要表现，具有很高的艺术水平。

草书简的规范性主要体现在章草草法的建立，即草书统一性符号的形成，而这种规范的章草草法符号又是建立在汉代人熟练书写的基础之上的。毫无疑问，用笔成熟必将催生以这种类型化用笔为主的新字体的成熟，汉代草书书风在熟练的隶书快写中迅速形成。这对后来今草的形成与发展，乃至为楷书字体的形成都产生了显著的影响。

三、书写轻松，灵动多姿

河西汉简的书写内容大多与日常生活相关，加之书写者多为训练有素的下层书吏，给我们留下了很多书写轻松，灵动多姿的简牍作品。这种审美特征主要从以下几个方面体现出来。

第一，波挑与竖画的强化，可以视为书写情绪释放的表征。从视觉上来看，经过夸张强化的波磔与长竖是汉代简牍书写的特征之一。在河西汉简中，波磔与竖画也往往有意加粗加长，充分发挥手与笔的性能。一般来说，在窄小的简面上书写时，无需发挥手腕的功能，毛笔一般也不必用到笔肚的位置。也就是说，书写时只是手指与笔尖在简面上做微小的运动即可完成书写动作。这种近乎机械性的动作对书写者的手、眼、心都是一种挑战。得不到适时调整的手指容易僵化，眼睛专注一处也容产生疲劳，这样自然也将产生枯燥单调的书写心理。而汉字书写本身可以借助手中的毛笔和有限的书写空间，偶尔做出强化性的动作，一方面让汉字字形产生变化，同时也使书写者情绪得到一定程度的释放。对于训练有素的书写者而言，一个笔画或字形达到很熟练的程度时，必定会产生追求书写灵动、美观的动机。波磔笔画作为汉隶字体的标志，是书写训练的主要内容。73EJT6：170是一枚习字简削衣，可以想见书写者在波磔笔画书写时，左向顿笔蓄势，右向重按出锋，在一起一止之间，追求收放自如掌控毛笔的动机和目的。这种释放性的强化书写还表现在纵向笔画的夸张拉长，在河西简牍中，能见到"年""令"等字末笔极为洒脱纵逸，呈现飞流直下之势。值得注意的是，纵向笔画的加粗与拉长并不限于纯粹的竖画，也不一定发生在一字的末笔，如新27简中的"所"。显然，这些耀眼的笔画客观上也起到了调整节奏与强化视觉效果的作用。

这种夸张纵向笔画的书写现象多发生在汉代隶书中，后世如唐代与清代隶书书写，为了追求书写规整，很少见到有如汉简隶书的夸张性纵向笔画。倒是草书创作从中吸取了营养，在节奏的调控、情绪的释放方面，纵向、斜向线条的拉长是草书创作时惯用的技巧。

第二，草书字内空间疏朗，字间布白自然，体现出书写者熟练的书写技巧与轻松的书写心态。河西汉简中有许多草书简字内空间很疏朗，毛笔在简面上运动呈现出凌空飞渡之势，虽少有字间连绵，却一般能做到了气息贯通，整齐中富有变化。

第三，笔画圆转跳宕，字形活泼生动，书写中体现出很强的节奏感。如著名的殄灭简，全简单行，共十八字："可以殄灭诸反国立大功公辅之位君之常有"。字形大小可谓各不一样，尤其如"反""国""公""辅"等字稍大，而"诸""立""公"等字又稍小；"反""大""功"等字放，"公""常"等字敛，起到了相互调剂的作用。分布错落有致，有的整个字形向左倾或向右倾，有的部件呈现敧侧之态，如"功""有"与两个"之"形成左右呼应的格局，显得摇曳多姿，表现出河西汉简书写的自然流动之美。

第四，单简布局样式繁多。就单片简牍的简面而言，除了一些特殊简牍形式，常见的主要有六类格式：单行单段、单行多段、两行单段、两行多段、多行单段和多行多段。其中多行多段简尤能反映河西汉简书写者的布局能力，也表现出作为应用性书写的随意性和自由度。

河西汉简式样繁多，除了行列的布局会影响视觉效果之外，字体的使用，字距的安排，字势敧正与行列长短的变化，都会让这些简牍变化出各种章法，让人目不暇接。

河西汉简与汉代其他书刻材料之比较

我们不妨将河西汉简和与之相先后，包括简帛、石刻等在内的汉代其他书写材料进行比较，来考察其书法所处的时空位置。

一、与银雀山汉简、马王堆帛书之比较

20世纪70年代出土的马王堆简帛书，是汉代楚简帛书的代表。竹简内容为医书、遣策等。帛书数量众多，内容丰富，主要有《黄帝书》《老子》《战国策》《春秋事语》《周易》《五星占》《天文气象占》等多种重要古代典籍。书写时间在汉初，字体有篆有隶，有的篆隶杂糅，反映了由篆向隶演化过程中的古隶面貌。其中《黄帝书》《老子》乙本等抄本的字体堪称古隶的代表。1972年，山东临沂银雀山发掘了西汉武帝初年（前140—前210年）的两座墓葬，其中一号墓出土竹简四千九百四十二枚，二号墓出土竹简三十二枚，总计四千九百七十四枚。这是齐简的代表。内容几乎全是古代典籍，主要有《孙子兵法》《孙膑兵法》《六韬》《缭子》

《管子》《晏子春秋》《墨子》《相狗经》等等。这些作品笔形丰腴肥厚，稍带草意，字体仍是古隶面貌，其中也有部分书写比较连贯，甚至草率的隶草体，具有较强的艺术性。

河西汉简年代整体稍晚于西汉马王堆简牍帛书和银雀山汉简。从书写来看，河西汉简字体选择更加多样，这与书写的内容与用途直接相关。河西汉简属于日常应用性书写，根据用途不同，字体选择余地较大，篆、隶、草诸体都有，以抄写典籍为主的马王堆简牍帛书与银雀山汉简，字体主要是古隶，尚未脱去篆书的形骸，书写比较严谨，风格也相对古朴，主要表现为笔画厚重，字势多倾斜之态。在河西汉简中也能找到大量与这两地简帛字体相似的材料。当然，河西汉简书写与两地隶书与隶草书写还存在诸多不同。战国齐地、楚地作为六国文字使用广泛的地区，在秦统一全国实行了"书同文"以后，文字的书写逐渐走向了规范和统一；这种统一实际上是隶书的广泛接受与应用，成为真正统一社会用字的字体。但西汉前期的书写依然保留了较多篆书的影子，如马王堆帛书《老子》乙本："道"作 🔲 、"之"作 🔲 、"卒"作 🔲 ，银雀山汉简"令"作 🔲 。"事"作 🔲 、"也"作 🔲 ，依然保留着篆书构字部件，这是古隶的特征之一。经过一百余年的发展，隶书从古隶顺利完成了向汉隶的转变，汉隶即八分书成为社会的通行字体。与齐地、楚地隶书相比，占据河西汉简较大比重的八分笔画起收讲究，蚕头雁尾明显，线条均匀挺拔，体势平衡稳定，具有背分之势，这种隶书的书写与汉碑铭石书的特征是相符的，这说明汉隶作为汉代正体文字，在河西地区得以普遍通行。

从文字学角度看，河西汉简是汉代文字书写的典型代表，这为研究汉字字体演变提供了不同于碑刻的手写体实物资料。因此具有很高的研究价值。从书法学角度看，也为后代书法学习提供了极为重要的参照物，为了解书写源流揭示具体的门道和路径，尤其是汉代隶书发展的过程在河西汉简中得以充分体现。很多隶书简书写成熟，即典型的八分；一部分隶书简却不够规范，甚至还停留在古隶阶段。我们知道，为了正字而制作的碑刻《熹平石经》，刊刻上东汉熹平四年（175年），除了匡定儒家经典之外，在书写方面也起到了规范作用。在此之前的河西汉简书写，部分汉隶书写不够规范，正反映了隶书发展经历了一个较长过程的事实。

真正意义上的草书脱胎于带有篆意的古隶。

从银雀山汉简草书来看，草体尚不成熟，篆书笔形意味明显，体势也很不稳定。河西汉简草书用笔已经非常灵活丰富，笔画与部件书写也相对规范，而且尽可能简化笔画数量，符号性越来越强，书写追求快捷的应用性特征和目的更加明显。体态已经基本稳定，整片简牍书写能根据简牍的体势而随时调整字势，书写基本规整。通过与后世草书的对比，可以看出汉代草书写法的基础，很多草书一直沿用到今天，前文论河西汉简草书符号的统一性时所引诸字例："为"，"不"，"尉"，"事"，"使"均是。当然，河西汉简草书毕竟属于俗体写法，有很多经过历史的淘汰，没有成为草法规范，如"再拜"：中的"再""拜"，"叩头"中的"头"，也许因为这些词在简牍书写中十分常用，不必讲究亦可识别，所以在河西汉简中这些词的写法比较随意，也就未能成为后世草法规范。另如"长"，在敦煌汉简新770中写作，今天草书也不再采用这种写法。

二、与汉代碑石书刻之比较

河西汉简与汉代碑刻的比较，体现出简牍比写与书丹上石的异同。

西汉碑刻极少，东汉盛行树碑立传之风，尤以桓、灵两朝为最。这一时期大量的碑刻与简牍材料并存，碑刻文字与简牍文字共同构成了文字书写的格局。两种不同书写载体背后隐含着不同的文化内涵，包括书写内容、形制、书写者的身份都各有不同，进而表现出不同的书法风格特征。

古人书丹刻石，目的之一在于传之久远。汉碑所书写的内容大都是歌功颂德、纪事立传、法律经典等官方文字，这就决定了对于书写本身具有选择性要求。书写者的态度、书写字体的选择以及书写条件的安排与设置都是人们关注的内容。碑版与简牍书写者虽然都是当时的书佐书吏，但文化水准与书写水平有高下之别。汉碑的书写者一般为当时文化水准与书写水平较高的善书官吏，所写的字体多是典雅规整的正体文字，因而呈现出来的书体风格显得端庄肃穆，整饬规范。

还必须看到，汉代碑版多是先经书丹上石，再铭刻加工的作品，流传到今天已有两千多年的历史。在这一过程中，既有最初刀斧刻凿的增减，又有后来自然和人为的磨损，书写者的真实水平与书写面目很难完整地得到体现和保存。其文字的面目与书写时的原貌应有一定的距离，今天看起来颇有金石趣味，但共所保留的书写性相对较低，远不如出土的河西汉简等墨迹材料。如同是西汉宣帝五凤二年（前56年）材料，为康有为视作"汉隶之始"的《五凤二年刻石》就远不如肩水金关汉简73EJT9：92A的书写性强。显然与73EJT9：92A一样，大部分肩水金关简已是成熟的八分。说汉隶（八分）从五凤二年才开始，是不符合汉字演变的客观事实的。康氏未见出土简牍墨迹，单从鲜有的几件西汉碑石材料进行判断，误差是难免的。

汉简文字写在细长的竹木简牍上，受书写空间限制，字形相应也会变小，相同大小长短的简牍有时会因文字内容的多少而呈现一种或紧凑或疏朗的布局，表现出很强的书写性。河西汉简一般都是普通书写者，或民间下层文吏，或军旅无名士卒，其文化水准与书写水平一般不高。这些简牍的使用一般也是局限于记录一时一事，大部分为官私文书和日常簿籍，即使是律令典籍，也并非指望传之久远，仅供人们日常传播之用，对于书写的要求远不如正规的碑刻书丹那么严格。普通文书的字体选择没有太多限定，多是民间最通行的俗体。书写条件不太讲究，呈现出来的书写面貌也就相对比较自然随意，甚至草率不拘。字体风格多样，水平参差不齐。当然，一部分从朝廷下达的诏书之类正规文书简牍，为官方水平较高的书吏所为，其书写面貌较一般民间书手的水平高，在字体的选择与书法的讲究方面，体现了较高的水准。另外，书写材料与字体选及书写也有一定关系，书写较为规范整齐的字体一般多出现在加工较细、相对比较平直光滑，如松木质料等简牍上。因用途不同，检、揭等作为简牍的封检标签一般也书写规范端庄。

河西简牍书写体现了当时人们日常书写的真实情况，是当时人书写的墨迹，埋藏地下多年，未经太多人为损坏。发掘后，经过处理，让今天的人们能够看到古人清晰的手迹，这对于研究汉代书写与整个文字演变的历史，都有异于碑刻材料的研究价值。

当然，无论汉代碑刻还是简牍，都是当时文字书写格局中的一部分，两种书写形态相辅相成，共同反映了当时汉字书写与字体发展的过程。尤其对于隶书的选择，碑刻与简牍共同普遍使用了这一字体，在具体的书写过程中，书法风格上可能有所不同，但字体的形态并无二致。从规范性与书写性来看，河西汉简也有同碑刻书写水平相当、规范整饬的隶书简牍、这些简牍的作者可能是宫廷书佐，也可能是书写水平很高的民间书手。汉代刻石形制包括碑版、墓志、摩崖、造像记等几类，字体通常选择官定文字的隶书但风格流派与书写水平也各有差异。除了立于神庙之前的碑石相对庄严，书写凝重规范之外。一般的纪念碑书写也是相对轻松的，亦不乏洒脱秀美之作。加之刻凿水平高，书写性再现完美。如《曹全碑》《礼器碑》等，字体规范，其传写性特征与简牍字体差别不大。另外，汉代碑石中也不乏类似于简牍中书写率意的字体，如《石门颂》《侍延里父儃买田石券》，自然醈畅，同样具有很强的书写性。至于刑徒砖等材料上的文字，往往由人直接刻画所为，缺少文字的书写性与艺术性。

河西汉简虽然地处西北，书写者也多为下层军士文吏，但其字体使用与书写取法和官方基本保持一致，这一材料既可作为经典隶书的补充，也可视为民间书风的代表。汉代文化的影响力所及，在河西简牍的书写中体现得非常鲜明。

三、字体杂糅是河西汉简的重要特色

无论马王堆帛书、银雀山汉简、还是《曹全碑》《礼器碑》等，同一作品之内一般字体统一，书写也相对规整。河西汉简中固然石字体纯正的八分，如著名的武威汉简中的《士相见之礼》，但大多数为日常文书簿籍的书写，一简之内多种字体比写特征杂糅存在，这一点在居延肩水金关汉简中表现得尤为突出。

如前所述，在对这些简牍字体进行分类时，通常会碰到难以进行严格区分的情况，尤其是有的字体介于隶书与草书之间，偏重隶书者我们可以称之为草隶，偏重草书者称之为隶草。隶书还有古隶和八分之别，所以草来中又可以细分为草古隶和草八分，隶草中也可以细分为古隶草和八分草，笔者对肩水金关第一探方（标号为731EJT1）出土的318枚简牍进行统计，共有三百四十枚简面（因少数简牍不仅一面有字），草八分最多，一百九十六枚；其次八分，三十一枚；再次草古隶，十六枚；八分草九枚，古隶草四枚。八十四枚简面有的因文字残泐无法判断，有

的是图画。从新近公布的肩水金关汉简看来，除了一部分比较工整的八分之外，八分的草写占有绝对优势，这就造成了字体的不纯粹，至于归入草八分还是八分草，有的也不易判断。但字体杂糅的复杂现象，至少可以进一步说明河西简牍的应用性书写特征是十分明显的，也正是这一点，汉字字体在这种应用性书写中朝着新的不同的字体方向发展演变。

结语

河西汉简作为汉代书写材料，具有文字学与书法学的双重意义。河西汉简处于字体变革的活跃期，多种字体样式纷呈，书写风格因简而异，反映了汉代字体使用与书写文化的时代风貌，是研究汉字字体演变的重要材料。尤其隶书简与草书简书写水准普遍较高，隶书字体特征相当成熟，草书的符号化程度也已较高，在这些简牍的书写中，已经表现出追求书法审美的诸多因素，既表现出作为民间书写的审美取向，也反映出与当时其他书刻材料的共同特征，对后世书法艺术的发展产生了不可乎视的影响。

——原刊于《中国书法》，2013年第7期

敦煌汉简中的书法文化问题

李逸峰

    书法学与汉字学研究，不可忽视汉晋简牍墨迹，其中敦煌汉简即为重要内容。简牍材料的书写者多为下层文吏，乃至边关戍卒、普通百姓，文化水平与社会地位一般并不高，书写的目的多出于日常交往与记事，较真实地反映了当时的汉字书写状况。敦煌汉简主要是西汉中后期至东汉中后期的书写材料，基本上贯穿了整个汉代的历史进程，是丝路文化的忠实记录者，具有鲜明的地域性与时代性。研究敦煌汉简书法，对于观照当时的社会文化、字体演变与相关书写规律以及该时期汉字书写蕴含的艺术元素，有其自身的文化意义和艺术价值。

一、敦煌汉简的书法学术价值

    汉晋简牍与甲骨文、敦煌遗书、明清大内档案并称为20世纪中国文献之四大发现。近年来，随着书法艺术的发展，出土简牍日益成为人们关注和学习的重点和热点。"80年代以后书法创作上出现的'甲骨风''汉简风''楚简风'，则是借鉴出土古迹进行创新的结果。"①今天，书法文化研究也慢慢深入各种简牍的书写，如何从宏观到微观对简牍书写进行研究，是我们必须面对的课题。

    第一，敦煌汉简为研究敦煌乃至整个河西汉代书法文化与书写教育提供了弥足珍贵的资料。敦煌具有特殊的地理位置，在汉代历史上具有重要战略地位，通行于此的文书档案等书写材料无论从数量上还是质量上看，都达到了一定的水平，具有较强的代表性。在敦煌汉简中，有大

---

    ① 李一、刘宗超：《新中国书法六十年》，河北美术出版社，2009年，第7页。

量书写水准较高的墨迹资料，如马圈湾汉简中有《王骏幕府奏书稿档案》，近于规范的章草，简化程度已经很高，草书符号性也较为统一。加之书写技艺纯熟，书法风格统一，达到很高的书写水平，堪称汉代草书的代表作。这里还出土了以《仓颉篇》《急就篇》为书写内容的字书简牍，有的习字简既有教师范字，又有学生练习，可以分析出当时汉字书写练习中的教学重点与难点，为了解当时的书写教育文化提供了珍贵的实物资料。

第二，敦煌汉简作为汉代墨书真迹，为研究当时字体和书体的渊源流变提供了实物证据，是汉字演变与书写文化研究的可靠材料。敦煌汉简以丰富多样的简牍字体显示了隶书的演变发展过程。一般认为，隶书起源于战国时期，隶书为篆书书写之捷，书写追求便利，利于民众，在中下层官吏与普通民众中得以广泛应用。因为人们应用广泛，书写水平也越来越高，规则也愈加完善。经过古隶的过渡，最后形成汉代通行的字体八分，即通常所说的汉隶。在敦煌出土的汉简中，我们看到了篆书、古隶和八分等字体，具体显示了隶变的全过程。通过书写分析，可以发现隶体在解散篆书过程中用笔、笔形、点画、结构、体势等方面的变化。在隶变发生过程中，还出现了隶书的快写，预示着草书的时代也随之到来。在草书未走向规范之前，呈现出的草隶状态，充分展示了汉代人书写随性而为的率真，也看到了字体演变过程中人的书写所起到的决定性作用。在草隶形成过程中，由于毛笔性能与手的生理机能等的特点，导致汉字书写一步步走向简捷规范，毛笔转向的硬折、硬钩也在敦煌汉简中初现端倪，部分简牍的书写这类用笔还占有相当的比重，楷书的雏形显现出来。这个现象我们可以通过与同时期的居延汉简、武威汉简等进行对照，证实当时字体发生的内在变化。

马建华、徐乐尧在《河西简牍遗墨》中说："河西简牍在汉字演变和书体源流的研究中具有特殊价值，主要表现在以下两个方面：一是它在研究书史和书体源流、演变方面具有重要地位。通过仔细地分析和研究简牍中的书体种类，使我们能更好地认清各种书体在历史上的产生发展过程及其相互关系；二是汉简在书法艺术与美学方面的价值。通过对简牍书法的探索，使人们对中国书法艺术的基本风格及书法美学的真谛有更深的感受与认识。"①这里所说的书体，就是汉字字体。这段话说出了我们研究简牍书法的内容和意义。的确，通过对敦煌汉简的分析，甚至截取其中某一类型、某一批次或是某一字体简牍，都能窥一斑而见全豹，了解到汉字字体发展的具体过程，尤其通过对具体简牍的微观研究，可以更好地看出字体的细微变化历程。通过对具体简牍书写的研究，也可以从书写的节奏、体势等方面窥见简牍书法之美。

第三，通过简牍文字与文献对照比勘，还可纠正文献中的某些书写错误，并能了解汉代书写文化中文字的假借替代与字体变化情况。如罗振玉就通过对敦煌所出《急就篇》残简的研究，发现汉代有以别字代正字者，也有以"同音相假借"者，进而得出结论："由是观之，知古人写书，多随意用世俗通行之字，虽字书且然，不似后人点画之严矣。"书法研究以墨迹为主，敦煌汉简作为目前出土的早期墨迹之一，篆隶字体多有古意，可以窥测字形来源与用字演变的诸多问题与规律。这些墨迹材料，因为正处于多种字体演变交错期，点画结构并不严谨，书写亦多有率意之处，更能体现书写的艺术性，是研究书法历史和书法艺术不可多得的宝贵资料②。

第四，根据敦煌汉简字体、书风以及书写格式，可以对残简进行有效缀合，确定简牍书写内容，为文献整理提供方便。简牍材料时代久远，出土时编绳腐朽，简片多有散乱残缺，如何进行重新编联与释读，就显得十分重要。一般来说，同一篇简册多为一人所书，其所用字体、书写风格，根据用途所采用的书写格式也常前后一致，据此对散简残简进行重新缀合，可靠性较高。胡平生在《英国国家图书馆藏斯坦因所获简牍中的〈仓颉篇〉残片研究》③中对于《仓颉篇》残片内容的推断就使用了这样的方法。

沈颂金《二十世纪简帛学研究》④是近年来出现的一部关于简帛学研究述评的力作。该书专列"20世纪中日两国学者简牍书法研究评述"

---

① 马建华、徐乐尧：《河西简牍遗墨》，重庆出版社，2003年，第4页。

② 王国维：《流沙坠简》，《观堂集林》（卷17），中华书局，1961年。

③ 王涛、胡平生、吴芳思：《英国国家图书馆藏斯坦因所获未刊汉文简牍》，上海辞书出版社，2007年。

④ 沈颂金：《二十世纪简帛学研究》，学苑出版社，2003年。

一章，将简牍书法文化的研究分为两大阶段。他认为第一阶段是20世纪初到70年代，主要是日本学者和书家的相关研究；第二阶段是20世纪70年代迄今，主要是中国学者和书家的研究。这种分类尽管过于简单，但基本符合事实。我们如果撇开国别的界限，就简牍研究的类型做出分析，发现与书写相关的研究主要有两类：一是简牍图录与释文的出版与研究，这是书法文化研究的基础；二是简牍文字书写与书法艺术的研究，这是书写研究的本体——尽管将所有的简牍书写都当作书法材料来研究，是值得思考的问题。

二、从书法文化角度看，图版与释文类出版与研究不尽如人意

对于敦煌汉简而言，图版与释文类文献是包括书写在内的一切研究的基础，自从斯坦因、斯文·赫定等人进行了新疆、甘肃等地的探险后，日本也加入了这一行列。1909年，大谷光瑞考察队队员橘瑞超在罗布泊附近的一座古城遗址发掘到5枚木简和一些纸文书，其中就有著名的楼兰《李柏文书》；1915年，大谷光瑞发表了《西域考古图谱》2卷，为日本简牍书法文化研究提供了一定的便利。

在书法文化研究方面，日本首先是出版简牍图录，这些图版一般都涉及敦煌汉简，如《书道全集》第3册于1931年刊布《汉晋木简真迹》与石田干之助的《西域发现的汉晋木简》；《书苑》第3卷第4号于1939年刊登藤原楚水《图解书道史——流沙坠简的文字》；《书品》68于1956年刊布松井如流《木简の书法》；平凡社于1958年刊布神田喜一郎《书道全集2·中国汉》；二玄社《书迹名品丛刊》于1963、1966年分两次刊布伏见冲敬《汉晋木简残纸集》；墨美社于1967年刊布森田子龙《木简集英》上、下两卷；书艺文化新社于1970年刊布饭岛稻太郎《西域出土木简》，并将图版进行了放大；飞云会于1971年刊布该会30周年纪念会刊《简牍精粹》；赤井清美编《汉简》第10卷《书道资料集成》第1期1974年刊布《敦煌、楼兰汉简（并解说）》（1）（2）；玄美社于1977年刊布宇野雪村《简牍菁英》；同朋舍于1990年刊布大庭脩《大英图书馆藏敦煌汉简》和《敦煌汉简》。2012年日本二玄社出版《简牍名迹选》系列，其中部分收录敦煌汉简，图版高清，是书法文化研究的不错文献。

我国在简牍图版方面也陆续有一些文献出版。早在1931年,上海有正书局出版张凤《汉晋西陲木简汇编》初编和二编,这一年《河北第一博物院半月刊》第7期刊登了《汉晋时代之木简》,其中附有简牍照片;商务印书馆1948年出版夏鼐《新获之敦煌汉简》,此为《中央研究院历史语言研究所集刊》第19本,后于1961年收入《考古学专刊》甲种第4号《考古学论文集》,由科学出版社再版;甘肃人民出版社1985年出版徐祖蕃《汉简书法选》;1983—1986年出版中华五千年文物集刊编辑委员会吴昌廉等编《中华五千年文物集刊简牍篇》第1~3卷;人民美术出版社1987年12月出版中国美术全集编辑委员会编《中国美术全集》(书法篆刻1·商周至秦汉书法);《中国书法》1992年第2期刊登马啸《新出土悬泉汉简》文章,附有图版;甘肃人民美术出版社1995年出版马建华、赵吴城《敦煌汉简书法精选》;《美术之友》1997年第1期刊登刘云石《汉字书法的珍贵史料〈敦煌汉简书法精选〉》;荣宝斋出版社1997年10月出版刘正成主编《中国书法全集》第5卷《秦汉简牍帛书》;中华书局1991年出版甘肃省文物考古研究所编《敦煌汉简》,8开精装本,分上下册。其中,上册收录除悬泉置汉简之外敦煌出土的几批主要的汉简图版,共计简牍2480枚,其中马圈湾出土的1217枚汉简悉数收入,印刷比较清晰,基本能够满足本论文书写研究的需要;下册附录对应图版的释文和对编号索引①,并附录敦煌马圈湾汉代烽燧遗址的考古报告。

中华书局1993年出版罗振玉、王国维《流沙坠简》影印本。王国维、罗振玉编著的《流沙坠简》,将简牍按内容和性质进行分类,析为三大类。第一大类是小学术数方技书,涉及《仓颉》《急就》《力牧》《历谱》《算术》《阴阳》《占术》《相马经》《兽医方》等多种典籍。第二大类是屯戍丛残,其下又按内容分为簿书、烽燧、戍役、廪给、器物、杂事等六项。第三类是简牍遗文,汇集各式书信。第一、三类由罗振玉完成,第二类是王国维撰作。此外,王国维选作《补遗》,考释斯坦因于尼雅河下游所获晋初文书;又补《附录》移录、考日本大谷探险队橘瑞超于罗布淖尔北所获前凉西域长史李柏书稿,另据斯坦因《塞林提亚——中亚

---

① 敦煌汉简在出土时都有自身的编号,收入《敦煌汉简》一书时,进行了重新编号,本文采用该书新号。

和中国西域考古记》绘制敦煌障燧分布图，并将各燧编号及其汉诗名称、所出木简列为一表。王国维先生在敦煌汉简的早期研究中做出了杰出贡献，尤其是在文字的考释方面功不可没。但当时尚未涉及字体书体等书写方面的内容。

敦煌文艺出版社于2001年出版中国简牍集成编辑委员会编辑、初师宾主编的《中国简牍集成》，该书释文全面，附有部分图版，但简牍数量和清晰度都非常有限；重庆出版社于2002年和2003年出版胡之编《甘肃敦煌汉简》（1~4）与马建华《河西简牍》。两书都以字帖的形式出版，印刷非常精美，部分图录均做了放大处理，能清晰地显示笔画书写的细部特征。《河西简牍》中收录敦煌马圈湾汉简中书写痕迹保持得比较清楚的简牍，可作为敦煌汉简书法文化研究采用的文献来源，可惜图版数量有限。

上海辞书出版社于2007年出版了汪涛、胡平生、吴芳思主编的《英国国家图书馆藏斯坦因所获未刊汉文简牍》。该书系斯坦因第二次所获汉简削衣的图版照片，印刷精美，图版清晰，也是书法文化研究的好资料。但毕竟只是简牍书写过程中废弃削下的文字，文句多不完整，风格亦不统一。

从简牍图版的出版情况来看，有两个主要特点：一是日本在图录出版方面比中国国内早，二是图版出版出于书法艺术学习研究需要角度的较多。从出版的质量来看，时间越往后图版印刷质量越高，这与科技进步有关。如1991年甘肃省文物考古研究所编《敦煌汉简》图版尚可，2003年马建华编《河西简牍》图版质量较高。其他如张凤《汉晋西陲木简汇编》，罗振玉、王国维罗氏宸翰楼影印本《流沙坠简》以及其他早期诸本，包括20世纪七八十年代的出版物，均有图版不清晰的缺陷。裘锡圭更是在《谈谈英国国家图书馆所藏斯坦因所获未刊汉文简牍》中说："至今为止，尚未看到出版有很好的敦煌汉简图版。"[1]

敦煌汉简释文资料也不少，罗振玉早在20世纪初就出版了《敦煌〈仓颉篇〉残简考释》[2]，其后，王国维又有《流沙坠简补正》[3]、《流

---

① 王涛、胡平生、吴芳思：《英国国家图书馆藏斯坦因所获未刊汉文简牍》，上海辞书出版社，2007年，第102页。

② 罗振玉：《敦煌〈仓颉篇〉残简考释》，《学术丛编》，1909年。

③ 王国维：《流沙坠简补正》，《学术丛编（第1册）》，上海书店，2015年。

沙坠简考释补正》①，现在我们所见较全的有三个版本，即1991年由中华书局出版、甘肃省文物考古研究所编的《敦煌汉简》，分上、下两册，下册收录《敦煌汉简释文》；同年，甘肃人民出版社出版了甘肃省文物考古研究所编，吴礽骧、李永良、马建华校释的《敦煌汉简释文》；2001年，敦煌文艺出版社出版了中国简牍集成编辑委员会初师宾主编《中国简牍集成》，其中包括"甘肃省卷"，附有敦煌汉简释文和部分图版。这三个版本的释文虽然都是由吴礽骧等人主编，但在文字的释读上，还是略有不同。关于这一点，杨艳辉在其硕士论文《〈敦煌汉简〉整理研究》②一文中进行了一次梳理。

敦煌汉简释文对于书法文化研究也有意义。自甲骨文、金文以来，文字考释工作是一个重点，其中利用汉字书写特征进行考辨一直是极为重要的方法。汉代简牍文字虽然已不再如古文字那样繁难，但很多简牍因为书写的问题，尤其是草书简因为书写而导致释读困难的现象是很常见的。在释读时依然必须借助书写特征进行排比考察。杨艳辉在整理汉简释文谈及研究方法时说："对照原简图版，一一统计出简文中出现多种写法的字，对材料中的俗写异体字进行穷尽性的清理，从文字发展角度、书写习惯及隶书在汉代作为书法艺术的影响等方面入手研究，可以一窥汉字发展演变的内在变化规律，探究异体字产生的原因。"③文字材料的考释无非从两个方面入手，一是从义的角度，将具体的文字放到具体的语言环境中进行考察；一是从形的角度，根据字形进行考释，这是释读的基础。遇到疑难字形，往往还要借助书写习惯、书写自身的特点来进行分析。所以，进行简牍文字的书写研究，反过来也将为简文释读提供帮助。裘锡圭《谈谈辨释汉简文字应该注意的一些问题》④一文首先谈到汉简文字的辨识应该学点草书知识，并举出敦煌马圈湾汉简中将"泽"误释为"译"的例子，就是因为没有分辨出"氵"与"讠"二偏旁草写的细微区别。

---

① 王国维：《流沙坠简考释补正》，《海宁王静安先生遗书》，商务印书馆，1940年。
② 杨艳辉：《敦煌汉简整理研究》，西南大学硕士学位论文，2007年。
③ 杨艳辉：《敦煌汉简整理研究》，西南大学硕士学位论文，2007年。
④ 裘锡圭：《谈谈辨释汉简文字应该注意的一些问题》，《江汉考古》1991年第4期。

三、简牍文字书写与书法艺术缺少科学、系统、深入的研究

　　较早从事简牍书写研究的也是日本学者。《书苑》《书画之研究》《书画骨董杂志》《书艺》《书道》等日本的书法专门刊物，平凡社、河出书房等专业的出版机构都刊行了不少简牍书法作品，发表了一些启蒙性的研究文章，但因为刚刚起步，这些文章一般还停留在简牍的发掘对书法史的影响和字体的研究，未能深入到书写本体的层面。随着研究的深入，日本出现了西川宁、森鹿三、藤枝晃、浦野俊则、青山杉雨、大庭脩等精于书法艺术的著名的简牍研究学者，他们的研究很多都涉及敦煌汉简书写的内容。西川宁首先从书法文化的角度关注简牍，青山杉雨作为西川宁的弟子，也是日本当代著名的书法家，他将理论与实践相结合，重点研究河西简牍对当代书法的影响，成为日本简牍书法文化研究的代表。大庭脩与米田贤次郎合编《敦煌、居延出土汉简》，著《汉简の研究》，专辟"汉简与书法史"一章，认为"秦汉简牍是将当时人们亲手书写的文字展示在今人面前的第一手资料。作为21世纪初丝绸之路探险成果而被介绍的汉简，向所有关心书法的人们展示了活生生的汉代人的亲笔书法，使人们历来通过碑帖、法帖来认识字体演变的思路，又面对各种亲笔书写的字体"①。认识到简牍文字作为汉代人第一手书写资料，完整地展示汉代人书写状况的重要意义。尤其可贵的是，他还对人们将大量木简都视为书法史料的做法提出了质疑，认为在强调民间简牍的书法艺术价值时，也不可忽视书法家所留下的手迹。另外，大庭脩还提出"是否应当将字体与笔法分开来思考"的问题，说明他已经越过书法艺术的藩篱，从书写的角度对简牍材料进行思考，朦胧地看到简牍书写中笔法对于字体形成的影响，实在难能可贵。

　　从书法文化的角度看日本汉简研究有两个特点：一是研究的起步比较早，这是与汉简其他方面的研究是不一样的，中国对于汉简研究比日本早，而对于汉简书写的研究却相反；二是日本在汉简书法的学习上比较敏感和积极，在这方面有很多出版物。

---

　　① 大庭脩著，徐世虹译：《汉简研究》，广西师范大学出版社，2001年，第256页。

日本学者的研究涉及敦煌汉简书法的研究，但未见专门成果。

中国的简牍书法文化研究自罗振玉始。他认为借助简牍可以"知书体之变迁，窥简牍之体式，其裨益亦甚巨"①。这是从文字学与书法学两个方面着眼的认识。吴白匋《从秦简帛书看秦汉早期隶书》是国内最早专门研究简牍书法的论文，他通过对简牍书写材料的研究，得出隶书并非起源于小篆，而是与小篆同出于秦系文字的同胞兄弟，是秦国一贯使用的文字演变、简化的结果②。从简牍资料来看汉字字体演变的过程，得出了正确结论，这也是简牍书写研究的价值所在。从已有研究成果来看，有相当一部分是借助简牍材料来考察字体演变问题的，如启功《关于古代字体的一些问题》、马子云《秦代篆书与隶书浅说》、陆锡兴《〈汉代简牍草字编〉编后》、殷伟仁《从出土简牍看篆隶关系》、赵平安《隶变研究》、牛克诚《简册体制与隶书的形成》、张同印《说隶变》、蒋培友《对行书和楷书源流的再认识》、侯开嘉《隶草派生章草今草说》、曾宪通《秦至汉初简帛篆隶的整理和研究》、方孝坤《简牍文字发展研究》、秋子《甘肃汉简的书体》、李中原《隶书流变及其审美特色》、盛诗澜《从简帛书看隶变的历程》、程志强《古代隶书的发展与鼎盛时期》、刘芳池《〈悬泉诏书〉的字体和载体》、张啸东《简牍文书习语与早期汉代隶书》、裘锡圭《谈谈英国国家图书馆所藏斯坦因所获未刊汉文简牍》等。这些论著都于敦煌汉简书写文化有所涉及。

马建华、徐乐尧在《河西简牍遗墨》一文中说："河西简牍以丰富、翔实的简牍书体显示了隶书的演变发展过程。""河西简牍的基本风格可以用率意、质朴、粗犷、雄健八字予以概括。"作者认为这种书风与当时书写者身份及所处环境有密切关系。下层吏卒戍守边陲，艰苦的条件锻炼了他们的意志，形成了豪放的性格。并认为"汉简上出现的古隶、八分、隶草、章草等字体是这些下层吏卒与民众，基于军事形势的需要，从实用出发，为了书写简便而创造出来的"。"他们思想上多创新进取"③，没有束缚，所以率意洒脱。这种分析需要辩证看待。该文还将所有河西汉简的书写提升到书法的高度，从艺术的角度对书写者

---

① 罗振玉：《流沙坠简》序，中华书局，1993年。
② 吴白匋：《从秦简帛书看秦汉早期隶书》,《文物》,1978年第2期。
③ 马建华、徐乐尧：《河西简牍》,重庆出版社，2003年。

与书写文化背景加以分析，对简牍书写加以赞扬，也值得辩证对待。

在简牍书法艺术方面着力较多的当属黎泉，早在20世纪70年代末以来，他就陆续有《西北汉简书艺略述》《汉简书体浅析》《汉简研究文集》《汉代的简册及其学术价值》《汉简的书法艺术》等论著面世。其中《汉简的书法艺术》一书，论述了西北汉简的字体特征，阐述了在书法源流方面的位置和书法文化价值，并剖析了汉简书法对当代书法的作用和影响，是我国第一部研究简牍书法的专门著作。另外，叶培贵、赵宏《简帛文字与书学》，傅京生《汉简牍草势美在成熟期隶书中的内部支撑》，饶宗颐《由悬泉置汉代纸帛法书名迹谈早期敦煌书家》，方孝坤《简牍文字在中国书法史上的作用》，华人德《从出土简牍看两汉书法》与《西北简牍的书法》，陈云金《西北简牍、敦煌写经与地域书风的追寻》等文章都是专门着眼于简牍书法文化的研究成果。赵正《历史的启示——浅谈简书对当代书艺的影响》《汉简书艺的学习与借鉴》，丁政《简牍帛书与书法史研究及当代书法创作》等论文联系当前书法艺术创作进行研究，有一定的现实指导意义。钱存训《书于竹帛——中国古代的文字记录》，郑培亮、卢芳玉《汉代的书写用具与隶书》等论著将研究的触角伸向了汉代简牍的书写工具与字体演变的关系领域，启人深思。这些论著一般都涉及敦煌汉简书法文化的内容。但如方孝坤《敦煌书法艺术述论》只关注敦煌写经书法艺术，未将敦煌汉简书法纳入视野，沃兴华《敦煌书法艺术三题》也存在同样的问题。

书法史著述一般都论及包括敦煌汉简在内的简牍书写问题，如欧阳中石《新编书法教程》、沃兴华《上古书法图说》与《中国书法史》、秋子《中国上古书法史》、锺明善《中国书法史》、华人德《中国书法史》"两汉卷"等。

沃兴华在《上古书法图录》一书中认识到了简牍书在书法创作与历史研究上的重要意义。书法上，"简牍书对篆隶和今草的发展具有非常重要的意义"①。并指出简牍书的三个长处：一是简牍书篆隶楷字体形式丰富；二是书写者既有善书者，又有普通吏民，每一字体中风格多样；三是简牍书保留了书写的墨迹原样，较碑版胜出一筹。从书法史的角

---

① 沃兴华：《上古书法图说》，浙江美术学院出版社，1992年，第88页。

度看，简牍书是汉字字体演变的重要史料，蕴含着字体演变的历史原因，"书法史研究如果撇开简牍书法，根本无法建构历史演变的过程"①。文字的书写与社会的发展是有着内在的紧密联系的，书写的艺术化也是这种联系的表现。该书在对简牍书的发展研究中涉及汉简，但对敦煌汉简的书写未给予单独的论述。

华人德《中国书法史》"两汉卷"列出《两汉的简牍》一章对简牍书法进行专题研究，论及汉代的简策制度，两汉简牍的书法和帛书及其他墨迹，其中对河西汉简给予了一定的关注。认识到在汉武帝设置河西四郡，打通通往西域的道路之后，守边将佐戍卒在敦煌、居延等西北边陲留下了大量的简牍，"年代自汉武帝时起，一直到东汉以后，无论时间跨度、数量种类、书体风格，都是其他地区的汉简所不能比拟的"②。该章未对敦煌汉简书写作更深入的研究，其中引用敦煌汉简、居延汉简等具体简牍作例子，目的只是用来说明当时简牍的书写状况，而并非出于对敦煌汉简的专门探讨。如：

> 敦煌汉简1922号为汉武帝太始三年（前94年）简，其书改西汉早期波磔作纵势的写法，而完全取横势，每个字都呈扁阔形，左波右磔都较其他笔画丰肥，隶书已趋于成熟。至西汉宣、元、成帝三朝，凡隶书简，虽个人风格不一，但其转折处笔锋转换方折，波磔充分向左右拓展，并恣意地显示毛笔提按粗细变化的柔畅美。如居延汉简1328号汉宣帝元康二年（前64年）简，……说明那时的书写者已熟练掌握了隶书的书写规律，挥运自如，隶书已完全成熟了。③

秋子《中国上古书法史》列"灿烂季节——西汉书法"与"真义昌明——东汉书法"两章，是目前学界使用简牍书写说明字体书体发展问题最多的著作，多处涉及敦煌汉简。

秋子将民间简牍看作西汉书法的主要形式。认为简牍墨迹"书体演变之剧烈，书写风格之多样，构成了中国书法史上远胜于春秋战国的空

---

① 沃兴华：《上古书法图说》，浙江美术学院出版社，1992年，第90页。
② 华人德：《中国书法史》（两汉卷），江苏教育出版社，2002年，第50页。
③ 杨艳辉：《敦煌汉简整理研究》，西南大学硕士学位论文，2007年，第50页。

前大枢纽""而笔画亦从一根线条中产生出点横撇捺竖等各种不同形态，并开始了新的发展""同时宣告：中国书法艺术自斯将走向自由"①。秋子对敦煌汉简书写的艺术性非常看重。尤其对马圈湾汉简中《王骏幕府奏书稿档案》给予了高度评价。这批简是王莽改制后为了转移国内视线，派遣王骏为"使西域大使、五威左率都尉"②，发动对周边各族的战争。这批档案其实是战争相关情况的记录。秋子在将这批简牍书写当作书法艺术来认识，说：

> 此简出自一人之手，书者很可能就是王骏本人。正因为是奏书底稿，才展示出书法艺术的真谛和魅力；倘为呈帝的正是奏书，恐怕就成为复古主义的蜡块，或儒家正统思想下的固体，绝不会有如此生动的书法韵味。③

这种主观性判断很不科学，实在难以令人信服。主要因为：一，书者是否为王骏本人没有任何依据，况且汉代文档的书写是下层文吏的工作，不大可能由高级官员本人亲自为之，况且是保存的底稿；二，似乎用于存档的文书就可以没有任何功利或外界的压力，这种书写心态在今天看来似乎就是书法艺术产生的充足条件，在这样的情境下出来的书写就是书法艺术，于是完全将其当作书法艺术来讨论。他继续说：

> 此简书法的最大特点是，每简一行，随着作者情绪的波动变化，字的构形大小不拘，章草、今草混杂于简，甚至行书笔意亦悠然可见；墨色浓淡，轻重缓急，形成十分自然的韵律和强烈的节奏感。特别是那千变万化的线条形态，不禁令人产生有如欣赏世界名曲之共鸣，和着节拍，一起舞之、蹈之、陶醉之。而从那些跳荡的"音符"之中，又会使人目睹到那盔甲锃亮、英气勃勃的军容，聆听到那战马嘶鸣、青剑红刃的惨声，转瞬又旗扬鼓擂、吼地笑天……字里行间，浸透着情，充溢着涩，涨满着意，倾注着力，将肺腑之言

① 秋子：《中国上古书法史》，商务印书馆，2004年，第313页。
② 吴礽骧、李永良、马建华：《敦煌汉简释文》，甘肃人民出版社，1991年。
③ 秋子：《中国上古书法史》，商务印书馆，2004年，第313页。

吐于笔端简面，无疑是这个时代的杰作之代表。读此简，右军之作兰亭，鲁公之稿祭侄，其情、其景、其境，全然可与相比之。①

从接受美学的角度看，个人欣赏感觉似乎是可以无限度自由的，但一旦将此种主观的甚至是附会的情感强加于一件文书档案的鉴赏中，就有于无佛处称尊的意味。在这一批简牍中，可以发现几种字体的混杂，但需要具体说明，才能让人信服；书写的艺术性该如何表达，是否一定要按照书法创作的模式，从书写者主观情感的抒发、笔墨形式的变化来进行程式化的鉴赏？这种鉴赏在面对这种简牍书写时是否真的能够达到这种效果，都是应该思考的文化问题。

对简牍字体书体的研究也是书法史感兴趣的课题。这里对书法史中有代表性的简牍字体书体研究进行简要回顾与思考。

华人德在《中国书法史》"两汉卷"一章中通过对敦煌汉简与居延汉简的研究，认为隶书成熟的具体时期应该在西汉宣、元时期，而不是通常所说的西汉晚期甚至东汉时期，该书对此进行了辨证；并看到了敦煌隶书简书写的风格特点，对隶书的书写特征进行了概括性的描述，还关注到影响隶书书写风格的因素如毛笔、简牍材料的特点。认为汉简隶书"转折处笔锋转换方折，波磔充分向左右拓展，并恣意地显示毛笔提按粗细变化的柔畅美""汉代人在空间较宽裕的书写载体上，往往喜欢将一些笔画尽情地舒展开来，充分显示笔姿的飘逸"②。指出了汉简隶书的一般书写规律，文中举敦煌汉简为例，这对于认识敦煌汉简的书写也很有借鉴意义。该书还注意到敦煌汉简中《仓颉篇》篆书简1459A、1459B、1460A、1460B、1461A、1461B、1462、1463的书写风格，认为这种识字简"完全是另一种风格""结体甚为怪异"，是一种"四不像的书风"③。在叙述汉简草书时也涉及敦煌汉简，"1979年10月在敦煌马圈湾出土的一千二百多枚西汉后期至新莽末年的简牍，其中一枚草书简为王莽时的书记简，用笔圆融，回环自然，波磔收尾处作蚕尾，虽字

① 秋子：《中国上古书法史》，商务印书馆，2004年，第405页。
② 华人德：《中国书法史》（两汉卷），江苏教育出版社，2002年，第51页。
③ 华人德：《中国书法史》（两汉卷），江苏教育出版社，2002年，第54页。

字独立，而笔势贯通，一气呵成"①。作者截取个案来进行研究，其目的在于判断汉简草书书写状况。当然，这种研究方法对于整体考察敦煌草书简书写的做法是远远不够的，只有通过对敦煌草书简进行一定数量的排比之后，发现其共有的特征，才能对其书写风格进行整体性的描述，进而寻求敦煌汉简的书写规律。

这种侧重于对书写风格判断的研究固然有其价值和意义，但毕竟不深入。如果进一步追问这种风格形成的原因，就应当将研究的视角延伸到对具体书写背景、过程，如字体演进中由篆到隶笔法、字势的变化，书写者身份的变化，书写用途、环境、工具的变化等影响书写的主客观因素的研究上。

秋子《中国上古书法史》是目前学界使用简牍书写说明字体书体发展问题最多的著作，该书在论述东汉简牍草书、行书诸节中都涉及居延简、武威简、甘谷简、敦煌简的书法，但也只是停留在以之引证字体书体的发展上，未对其书写文化与书法艺术进行深入的研究。如"简牍行书"一节中举敦煌汉简中的玉门关燧次行牍说：

> 此牍是一件颇具特点的行书作品。因残缺磨损，书迹稍显模糊。仔细辨读，但见构形偏长且右上斜，用笔注重起收，楷法已然可见。笔画的分书意味几近消失，线条内敛，章法茂密，全篇凸现着《周易》辩证法所强调的"尚阳贵刚"的审美意义。读此作品，一定会使人产生一个无可辩驳的认识：行书发展到东汉中期时，已完全幡然有成了。②

对此牍做出行书字体的判断，基本上是准确的。但这种对书写的解读有几个缺陷，一是有意将汉简的书写附上艺术化的色彩；二是对行书书写特征的分析不准确、不科学，以"构形偏长且右上斜""线条内敛""章法茂密"等语词进行行书出现的特征描述，显然没有说服力，未能突出行书的书写特征；至于"楷法已然可见"更不是行书的要素，

---

① 华人德：《中国书法史》（两汉卷），江苏教育出版社，2002年，第61页。
② 秋子：《中国上古书法史》，商务印书馆，2004年。

行书从隶书出，从当时来看并非楷书的草化。

该书对楷书字体形成的判断也并不科学。认为东汉楷书的发展状况与特征主要表现为：一、东汉楷书趋于成熟，形态还拖泥带水；二、楷书表现特征为：一是还带有波挑，二是折笔多已出现顿笔另起之态；三、与今草、行书等字体共用了竖钩，改变了分书及章草无勾画的线条形态；四、"之"字底写法的改变。当然这种分析已经进入了微观领域，但敦煌汉简中楷书是与隶书、草书夹杂在一起的，甚至还只出现了部分楷化的笔形，楷书作为一种独立的字体并不成熟。从以上关于字体书体的研究中看到，篆隶楷行草等几种字体的产生演变，各有不太一致的地方，对于字体演变的描述，书法风格的分析，很少考虑书写工具与书写者生理特点，没有从微观的角度探讨字体书体形成演变的原因，所以普遍存在粗疏空洞的特点。2014年8月号《简牍学研究》发表李逸峰《敦煌汉简草书略论》一文，该文从符号性与艺术性两个方面对敦煌草书简书写情况进行判断，深入到具体笔形的书写与笔法的探讨①。

应该说，书法史的著作者往往是出于对简牍书写原材料的考察而得出的结论，一般比较可靠。但由于缺少系统、深入解析和描述，无法从微观上进行论证。有些结论，尤其是关于字体形成演变的状态，书体的风格面目，缺少具体科学的论证，没有足够的说服力，因此难以形成普遍共识。

另外，1991年的"中国大陆首次国际简牍研讨会"在甘肃成功举办，标志着简牍研究进入了一个新阶段。就书法文化研究而言，《中国书法》杂志于2001年第11期特辟"西部论坛"，做了题为《审视与沉思：甘肃古代与当代书法国际研讨会纪要》的报道，其中就河西简牍包括敦煌汉简的书法艺术价值进行了探讨，但独具灼见的书法文化问题研究的成果也未见到。

四、结语

敦煌汉简作为丝路文化的重要遗产，具有多方面的研究价值。从书

---

① 李逸峰：《敦煌汉简草书略论》，《简牍等研究》第五辑，2014年。

法文化的角度看，这批简牍对于研究汉字字体演变规律，尤其为考察隶变、草化与楷化等现象提供了最原始、最可靠的墨迹材料。这批简牍多有书写水平较高的墨迹，为书法史学研究与书法艺术的学习提供了良好的材料范本。

近年来，尽管科技不断发展，研究方法也不断更新，敦煌汉简书法文化问题的研究不断深入。但很可惜，作为研究所依凭的基础材料即这些简牍的高清图录少见完整出版，有关敦煌汉简文字与书法的研究也有待借助更加多元的方法，做进一步系统而深入的研究。应该说，不唯敦煌汉简，整个汉代简牍书法文化问题研究都还任重道远。

——原刊于《甘肃社会科学》，2017年第6期

敦煌汉简相关问题略说

李逸峰

一、敦煌的地理位置与文化环境

敦煌，位于甘肃河西走廊西端，北有北山山脉，南有祁连山余脉三危山、鸣沙山，西南有阿尔金山，是著名的丝绸之路的重要关口。丝绸之路是以长安为起点，经陇西高原、河西走廊和西域地区，进而连接中亚、西亚和欧洲的一条陆路交通要道。实际上，丝绸之路是一条由若干道路东西相连、南北交错而形成的交通网，这个交通网上连接着包括敦煌在内的许多著名城镇。西汉王朝建置敦煌郡，设玉门关和阳关，修长城，列亭障，移民实边，这一系列举措对汉王朝驱逐匈奴、开拓丝路、稳固边疆起到了重要作用，同时，也奠定了敦煌"华戎所交一都会"的重要地位。

西汉在敦煌设郡，首先从政治上确定了敦煌在西北地区的重镇地位。同时，汉政府在敦煌大量移民屯田，为丝绸之路的畅通提供充分的物资保障。沿长城的烽燧亭鄣，实际上也是为丝绸之路设立粮食驿站和军事哨所，确保了丝绸之路上来往使者、商贾们的食宿与安全。

敦煌作为西北重镇，是连通西北少数民族与中原关系的重要屏障，在中原统治者看来，匈奴等少数民族一直是中原不可小视的威胁，历代封建统治者都把西北边地建设作为自己执政的重要内容。汉宣帝神爵二年（前60年）西域都护府的建立，对发展和加强汉族与西域各族之间的经济文化交流起了很大的作用，标志着丝绸之路的繁荣和畅通进入了新阶段。王莽新朝，匈奴入侵，丝路受阻。东汉时期，丝绸之路"三通三绝"。自汉安帝于107年被迫罢西域都护，西域副校尉从120年起常驻敦煌。西汉武帝采取积极防御与进攻的措施，"列四郡，据两关"，分段修筑长城，以切断匈奴与羌人的联系，主动联络西域各国，达到遏制匈奴的目的。元鼎六年（前111年）分酒泉郡置，治所在今敦煌县城西党河西岸。元封四年（前107年）"酒泉列亭鄣至玉门"，太初三年（前102年）"强弩都尉路博德筑居延"，进行屯戍活动，一直到东汉初年。敦煌郡治西界为玉门关和阳关，是两汉魏晋时期西域与中原往来的门户，各种书写军政命令的简牍材料都从此传递，地理位置十分重要。直至现在，在河西走廊和居延地区，依然能看到大量的烽燧亭鄣遗迹。就是在这些烽燧里埋藏着古代人书写的简牍，即记录当时政治、经济、军事和其他社会事务的各种文书档案和古代书籍等材料。其中以汉代简牍最为丰富，为我们考察两汉社会的历史提供了真实可信的实物资料。

二、敦煌汉简出土情况

古代简牍的发现已见多次，但大规模发现简牍是20世纪以来的事。随着近代西方列强的入侵，以英籍匈牙利人马尔克·奥莱尔·斯坦因为代表的外国探险者不断进入中国进行探险发掘活动，掀开了简牍大发现的历史。随之而来的如斯文赫定、贝格曼、橘瑞超等探险家、学者均在河西地区进行了简牍的发掘和整理。与此同时或稍后，中国学者也展开了积极的发掘工作，以黄文弼、向达、夏鼐、阎文儒等为代表的一批著名学者在发掘方面做了大量的工作。20世纪40年代以后，简牍发掘工作开始转为中国人独立自主地进行。

1907年，斯坦因在进行第二次中亚探险时，在敦煌西北的汉代烽燧遗址①中掘得汉晋简牍708枚②，是为敦煌汉简第一次出土。1913—1915年，斯坦因第三次中亚考察时，先在甘肃西部疏勒河流域敦煌汉塞烽燧遗址中掘获汉简84枚，随后又在安西（今瓜州）、酒泉等地的汉代边塞城鄣和烽燧遗址中掘得汉简105枚。陈梦家先生将其称为"酒泉汉简"，但一般在习惯上仍称其为"敦煌汉简"。考古学史上把在甘肃敦煌市汉代敦煌郡烽燧遗址及玉门市、酒泉市汉代酒泉郡烽燧遗址中出土的简牍，统称为敦煌汉简③。

自20世纪初始，敦煌汉简陆续有新发现。特别是1990年在安敦公路甜水井道班东南三危山麓下，汉代效谷县悬泉置遗址发掘出数万枚汉代简牍④。总体而言，汉代敦煌郡范围内发现的简牍时间最早、批次和数量最多，"敦煌汉简"这一名称也越来越得到学界的认同。

敦煌汉简出土的批次具体情况如下⑤：

第一批始于1907年，即斯坦因第二次中亚探险时，在敦煌西北的汉代烽燧遗址中掘得汉晋简牍708枚，其中纪年简166枚。就简牍所载年代而言，最早者为汉武帝天汉三年（前98年），最晚的是汉顺帝永和二年

---

① 张德芳、郝树声的《斯坦因第二次中亚探险所获敦煌汉简未刊部分及其相关问题》对斯坦因探险所得敦煌汉简地点做了详细说明，其中有十三个具体可知的地名，但肯定不止这些地点，他们认为，这些地点都不会超出敦煌玉门都尉和中部都尉的范围。见汪涛、胡平生、吴芳思主编《英国国家图书馆藏斯坦因所获未刊汉文简牍》第76—80页，上海辞书出版社，2007年版。

② 甘肃省博物馆、敦煌县文化馆《敦煌马圈湾汉代烽燧遗址发掘简报》中称："1906—1908年和1913—1915年，英籍匈牙利人斯坦因先后两次对敦煌长城烽燧遗址进行考察，并逐个进行挖掘，共获得汉代简牍789枚。"（《文物》1981年第10期。）原文注据斯坦因《中亚与中国西域考古记》，斯坦因《亚洲腹部考古记》。郭锋《斯坦因第三次中亚探险所获甘肃新疆出土汉文文书——未经马斯伯乐刊布的部分》（甘肃人民出版社，1993年，第124页）认为，斯坦因第二次中亚探险所获敦煌木简共有1953个号。即从993—1351号简和1733—3326号简。有些号下面还有多枚简牍，所以简数大于1953。张德芳、郝树声的《斯坦因第二次中亚探险所获敦煌汉简未刊部分及其相关问题》认为："斯坦因第二次中亚探险在敦煌所获未刊汉简当为2398简，加上已发表的702简，可知斯坦因二探在敦煌所获汉简当为3100多枚。"见江涛、胡平生、吴芳思主编《英国国家图书馆藏斯坦因所获未刊汉文简牍》第77页，上海辞书出版社，2007年版。这三千多枚汉简当然也将削衣计算在内了。

③ "敦煌汉简"原指斯坦因第二次和第三次中亚探险在敦煌发现的简牍的合称，随着敦煌地区不断发现新的汉代简牍，"敦煌汉简"一名已不再仅指斯坦因所发现的简牍了。

④ 也有不将这批简牍纳入敦煌汉简范围的，如杨艳辉《〈敦煌汉简〉整理研究》，将悬泉置简单列于敦煌汉简之外。西南大学硕士学位论文，2007年。

⑤ 参看骈宇骞、段书安《本世纪以来出土简帛概述》（资料篇、论著目录篇），台北万卷楼图书有限公司，1999年。该书其后增订为《二十世纪出土简帛综述》，文物出版社，1999年。沈颂金《二十世纪简牍学研究》（上、下编），学苑出版社，2003年。

（137年）。现藏英国不列颠博物馆。

第二批是1913—1915年，斯坦因第三次中亚考察时，先在疏勒河流域敦煌汉塞烽燧遗址中掘获汉简84枚。随后又在安西（今瓜州）、酒泉等地的汉代边塞城郭和烽燧遗址中掘得汉简105枚。学者们断定是"汉代酒泉郡烽燧的简牍"。现藏英国不列颠博物馆。

第三批是1920年，周炳南在敦煌西北古玉门关城（即小方盘城遗址）外的沙滩中上掘得汉晋简牍17枚，所记内容为边地屯戍等事务，且均为残册，具体地点、方位不详。

第四批是1944年，由向达、夏鼐、阎文儒等组成的西北科学考察团历史考古组对敦煌小方盘城及其以东的汉塞遗址进行考察发掘，共获有字汉简49枚（一说48枚），现藏台北"中央研究院"。汉简图版和释文见夏鼐《考古学论集》[①]，出土情况见阎文儒《河西考古杂记》[②]

第四批是1977年8月，嘉峪关市文物保管所在玉门花海农场附近汉代烽燧遗址中发掘出土91枚。

第五批是1979年7—9月，甘肃省文物工作队与敦煌县文化馆组成的汉代长城调查组，在敦煌西北95公里的马圈湾汉代烽燧遗址[③]发掘出土了1217枚简牍，绝大多数为木简。

第六批是1981年3月，敦煌县农民在酥油土以北汉代烽燧遗址发现4枚汉简。该县文化馆得知后，当即派人赶赴现场调查，又采集到汉简76枚。这批汉简均为木质，且多以当地所产的胡杨、红柳作为书写材料。内容包括诏书、律令、屯戍簿、历书、檄书、字书、兵书、私人信件等，按形制可分为简、牍、觚、符、封检、削衣等。所载年限下至王莽时期。

第七批是1986—1988年间，敦煌市博物馆在敦煌地区进行文物普查过程中，先后在多个地点陆续采集得汉代木简137枚（一说147枚）。这批汉简是属于汉代敦煌郡玉门都尉、中部都尉和宜禾都尉的文书档案，现藏于敦煌市博物馆。具体有：①后坑墩17枚；②马圈湾墩，此遗址为

① 夏鼐：《考古学论集》，科学出版社，1961年。
② 阎文儒：《河西考古杂记》，《社会科学战线》1986年第1期。
③ 马圈湾烽隧遗址情况将在后文介绍。

斯坦因所遗漏，4枚；③小方盘城2枚；④臭墩子墩2枚；⑤小方盘城

表一：战国、秦、汉毛笔出土简况

出土时间	出土地点	毛笔年代	相关数据	笔杆、笔毫质地	制作方法	所载文献	备注
1931	甘肃破城子	汉	1支，笔管长20.9厘米，笔头长1.4厘米。	木杆	笔头露于管外，笔管一分为四，上下捆扎为笔管，管缠绕丝两束。	马衡《凡将斋金石丛稿·记汉居延笔》	
1954	长沙左家公山	战国	1支，笔长21厘米。	竹杆	剖开竹管、纳入笔头，丝线胶合，髹漆。	《长沙发现保存完整的战国木椁墓》，《文物参考资料》1954年第6期	
1957	信阳长台关一号楚墓	战国	1支，通长23.4厘米，笔杆径0.9厘米，笔锋长2.5厘米。	竹杆	笔毫以绳缚于笔杆上，笔头纳入竹管。	《信阳楚墓》，文物出版社，1986年	另有竹笔杆一支，长25.9厘米，径1.2—1.5厘米，壁厚0.1厘米，中空。
1957	甘肃武威磨咀子二号汉墓	汉	1支"史虎作"，长20.9厘米，直径0.7厘米	竹杆	笔杆实心，上尖下圆，下端凿一孔，以容纳笔头，杆外缠有细丝并涂漆以加固，杆上刻有"史虎作"三字。	孙机《汉代物质文化资料图说·文具》	
1959	武威市磨嘴子汉墓	汉	1支"白马作"，通长23.5厘米，笔杆径0.6厘米，笔头长1.6厘米。	竹杆，笔头外覆黄褐色软毛，笔芯及锋用紫黑色硬毛	笔杆中空，浅褐色，精细匀正。笔杆中下部阴刻篆体"白马作"三字，刀法工秀整齐。		

续表

出土时间	出土地点	毛笔年代	相关数据	笔杆、笔毫质地	制作方法	所载文献	备注
1975	湖北云梦睡虎地十一号秦墓	秦	3支，笔杆长18.2厘米，杆径0.4厘米，笔毫长2.5厘米。	竹管	笔头纳入笔管	《湖北云梦睡虎地十一号秦墓发掘简报》，《文物》1976年第2期	
1975	江陵凤凰山167号汉墓	汉	1支，通长24.9厘米。	竹管			
1975	江陵凤凰山168号汉墓	汉	1支，长24.8厘米，杆径0.3厘米，上端尖，下端粗且镂空成毛腔，毛腔直径0.5厘米，深0.5厘米。	竹管	笔头纳入笔管	《江陵凤凰山168号汉墓出土一套文书工具》，《文物》1975年第9期	另有笔管一支，长29.7厘米，直径1.5厘米。
1979	敦煌马圈湾遗址	汉	1支，通长19.6厘米，直径0.6厘米，笔毛残长1.2厘米。	竹杆，狼毫	笔杆实心，在杆首钻一孔，插入笔毛，丝线捆扎，髹漆。	《敦煌汉简·敦煌马圈湾汉代烽燧遗址发掘报告》	
1986—1987	荆门包山楚墓	战国	1支，整笔长22.3厘米，笔毫长3.5厘米。		笔头插入笔杆下端的銎眼内，丝绳捆扎。	《荆门市包山楚墓发掘报告》，《文物》1988年第5期	

续表

出土时间	出土地点	毛笔年代	相关数据	笔杆、笔毫质地	制作方法	所载文献	备注
1989	天水放马滩一号秦墓	秦	套笔一对，杆长23厘米，笔毫长3.3厘米，其中锋长2.5厘米，入腔0.7厘米。	竹管	笔头纳入笔管。	《甘肃天水放马滩战国秦汉墓群的发掘》，《文物》1989年第2期	
1990—1992	敦煌悬泉置遗址	汉	4支，其中一件通长24.5厘米，杆长22.3厘米，锋长2.2厘米。	竹杆、狼毫	笔头纳入笔杆，笔杆上有"张氏"二字。	《敦煌汉代悬泉置遗址发掘简报》，《文物》2000年第5期	
1993	江苏东海尹湾汉墓	汉	2支，长23厘米，毫长1.6厘米。	木杆、兔箭毫	毫嵌入笔杆，以生漆粘牢，用线扎紧。	《尹湾汉墓简牍》，中华书局	

南第一烽隧5枚；⑥盐池墩11枚；⑦小月牙湖东墩19枚；⑧安敦公路甜水井道班东南山边的汉代效谷县悬泉遗址64枚；⑨大坡墩1枚；⑩小方盘城南第二烽燧12枚。

第八批是1990年10月至1992年12月，甘肃省文物考古研究所在敦煌悬泉遗址发掘汉代简牍35000余枚，其中有字简23000余枚。以木质简牍为主，竹简很少，另有帛书、纸文书和墙壁题记。这是继20世纪30年代和70年代两次发掘居延汉简之后河西边塞的又一次重大收获，不仅数量多，内容也很丰富，被评为1991年度全国十大考古发现之一和"八五"期间全国十大考古发现之一。这批文献现正在整理当中。

三、敦煌汉简的书写工具与材料

据考古资料分析证实，我国使用毛笔的历史至少已有7000年的历史。目前，出土时代最早为湖北随县曾侯乙墓出土的春秋毛笔，其次为长沙左家公山出土的战国毛笔，湖北云梦睡虎地墓出土的秦笔，湖南长沙马王堆汉墓出土的汉笔，甘肃敦煌汉代边塞烽燧、驿置遗址出土的汉笔和武威出土的汉笔。敦煌博物馆藏汉代毛笔实物，真实反映了毛笔的生产时代和制造水平，中国毛笔的历史可见一斑。

表一为战国、秦、汉毛笔出土简况①。表格中收录的毛笔，四项指标值得关注：

笔头、笔锋的长度。从以上表格看出，战国至汉代毛笔笔头或锋长（有的只记录笔头长短，未注明锋长）一组数据为：1.4厘米、2.5厘米、1.6厘米、2.5厘米、1.2厘米、3.5厘米、2.5厘米、2.2厘米、1.6厘米。最长者为3.5厘米，最短者为1.2厘米，平均为2.11厘米。

笔头大小。这只能通过笔杆的直径来衡量，有的因为笔杆上下粗细不一，则以笔腔直径为准。以上可以获得一组数据：0.9厘米、0.7厘米、0.6厘米、0.4厘米、0.3厘米、0.6厘米、0.5厘米、0.6厘米。最大者为0.9厘米，最小者为0.3厘米，平均为0.58厘米。

笔头制作方式。主要是纳入笔管，也有一例捆扎于管外者。

笔毫用料。从记录的情况来看，有兔箭毫、狼毫等，属于硬毫。王羲之《笔经》说："汉时诸郡献兔毫，惟赵国毫中用。"野兔背上有紫毫，亦称紫霜毫，具有很好的弹性。据说"白马作"就是选用这类紫毫制作的。

另，笔的长短大致在23厘米左右，约合汉尺一尺，与王充《论衡·效力篇》"一尺之笔"的记载相合。

以上是汉代毛笔制作与使用情况，再看简牍材料。

在我国，纸张未发明与作为普遍的书写材料之前，至少自殷商时期起，竹木简牍就已经成为主要的书写材料。初师宾先生说，纸张、印刷

---

① 骈宇骞、段书安编著：《二十世纪出土简帛综述》，文物出版社，2006年。

之前，中国自身经历了一个漫长的使用简牍的阶段，而且简牍以其精进而周密的体系和制度（如简册制度、文牍程序、文档管理、书籍制作等）承载了当时伟大的文明成就①。从目前所见到的出土材料来看，简牍的使用至迟出现于春秋战国，下至宋元之际。其中，战国、秦、汉、魏晋为鼎盛时期。可以看出，简牍事关一半多时间的中华文明史。秦地、楚地、齐地出土战国简牍数量很大，里耶秦简、敦煌汉简、马王堆汉墓竹简帛书、山东银雀山汉简等等，都是竹木丝帛作为纸张发明应用之前书写材料的具体实物材料。在东晋桓玄下令以黄纸代竹帛之前②，竹木丝帛与纸张还是并行使用的。因为丝帛材料成本高，最普遍使用的还是竹木简牍。竹木简牍具有取材便利，易于制作，适合书写、携带、保存、阅读等特点，因而受到人们的喜爱和重视。据估计，竹木简牍在我国的使用，至少有两千年的历史。

地区不同，所用简牍材料也有所不同。在我国南方，竹子生长极为普遍，从出土材料来看，用于制作书写材料的竹子种类主要有毛竹、慈竹，还有少量的短穗竹和苦竹。制作时，将竹子砍下，根据书写需要截取、剖开成片，呈窄条形，削平竹节，刮光内壁。随后重要工序就是烘烤，去除水分，即"杀青"或"汗简"。北方书写材料主要是木，这与北方竹少取材不易有关。敦煌汉简中，如马圈湾汉代烽燧遗址发掘出土的1217枚简牍，里面绝大多数为木质的简、牍、觚、签、封检等，竹简仅有16枚。敦煌汉代悬泉遗址发掘出土的简牍也绝大部分是木简。仅有一例是在芦苇片上写了字，可见芦苇片应用不广，或者因为不适合书写就直接淘汰了。木质材料以当地松、柳为多，包括青杆、胡杨、水柳、红柳等。木简制作除了将表面刮削打磨平整之外，可能还加涂了一层特殊的汁液，防止书写时墨水洇化开来。从有些削改的地方来看，墨水洇开，可能是削刮时将这一层汁液刮去了，导致表面变得毛糙。在书写时，这些字的笔形发生了一些变化。

---

① 初师宾：《简牍学百年的思考》，《简牍学研究》第3辑，甘肃人民出版社2000年。

② 唐人徐坚等撰《初学记》卷二一《文部·纸七》引《桓玄伪事》称桓玄曾下令："古无纸故用简，非主于敬也，今诸用简者，皆以黄纸代之。"清光绪十四年（1888年）蕴石斋刻本。

四、敦煌汉简所载年限考察

对于敦煌汉简所载年代，研究者也多有考证，这些纪年对于确定这些简牍的大致年限提供了直接的依据。通过对年代的确定，我们才可以基本了解当时的书写情况。据林梅村、李均明《疏勒河流域出土汉简》[①]对900多枚汉简中的33枚历谱简进行了考释，陈梦家《汉简缀述》对纪年简进行了归纳，罗见今《敦煌马圈湾汉简年代考释》对马圈湾汉简中需要考证的纪年简、历谱简和月朔简进行了释疑。现引用罗见今《敦煌汉简中历谱年代之再研究》中所列表格[②]（表二），可以大致了解敦煌汉简所载年限的基本情况。

表二：敦煌汉简出土概况

考释者	简号或枚数	考释年代	公元年代	备注
沙畹	共 16 枚	元康三年	前 63 年	其中 25 号非历谱
沙畹	共 11 枚	神爵三年	前 59 年	
沙畹	171 号	五凤元年	前 57 年	
沙畹	22 号？	永光五年	前 39 年	22 号有纪年，不须考
马伯乐	707 号？	鸿嘉四年	前 17 年	
马伯乐	697 号？	永始四年	前 13 年	
王国维、张凤	697 号	建安十年	205 年	误，应为前 13 年
沙畹	437 号	永元六年	94 年	存疑
沙畹	298 号	永兴元年	153 年	误，应为前 65 年
罗振玉	298 号	永兴元年	153 年	误，应为前 65 年

从表二可以知道敦煌汉简时限大致在前98年至137年共二百三十余年间，即汉武帝天汉三年至东汉顺帝永和二年。

---

① 林梅村、李均明：《疏勒河流域出土汉简》，文物出版社，1984年。
② 罗见今：《敦煌汉简中历谱年代之再研究》，《敦煌研究》1999年第3期。

据《敦煌马圈湾汉代烽燧遗址发掘简报》①称，马圈湾出土的汉简"多属宣帝时期，有元康、神爵、五凤、甘露等年号"，还有部分为平帝与新莽时期的简牍。前文述及年代最早者为本始元年（前73年），最晚者为始建国地皇二年（21年）②，时段与上表相合。

敦煌汉简书写反映的正是这一时段的字体特征。

五、马圈湾汉简与悬泉置汉简略说

（一）马圈湾汉简

马圈湾出土汉简上千枚，悉数收入甘肃省文物考古研究所《敦煌汉简》一书，图版比较清晰，字体相对完备，是本文采录图版较多的简牍材料。

马圈湾遗址位于敦煌县西北95公里，东距小方盘城11公里，西距后坑2.7公里，北距疏勒河8公里。这里出土简牍主要集中在宣帝、平帝与新莽时期。从简牍内容来看，马圈湾的屯戍活动，以西汉宣帝时期最为活跃，各种往来众多，人员流动频繁，建筑规模也较大。大约在新莽地皇二年（21年）后，马圈湾屯戍活动停止，建筑被全部废弃。

1979年9月16日—10月5日，甘肃省文物工作队（今甘肃省文物考古研究所）与敦煌县文化馆在马圈湾湖滩东侧汉代烽燧遗址共同进行了发掘，共开出探方19个，获得简牍1217枚，其中纪年简64枚③，从本始元年（前73年）到地皇二年（21年），时间跨度94年。这是继斯坦因1907年、1914年两度共掘得800多枚敦煌汉简之后较系统的发掘。1991年1月辑入《敦煌汉简释文》出版④。

马圈湾汉简内容大致有诏书、奏记、檄文、律令、品约、牒书、爰书、符传、书牍、历谱、术数、医药等。细分起来，主要有五个方面⑤。

---

① 《敦煌马圈湾汉代烽燧遗址发掘简报》，《文物》1981年第10期。
② 一说为始建国地皇三年（22年），时间大体一致。
③ 吴礽骧等《敦煌马圈湾汉代烽燧遗址发掘报告》中称出土汉简1221枚，数量略有出入。其中记载最早的纪年简"本始三年，计1枚"。吴礽骧、李永良、马建华释校《敦煌汉简释文》，第306页。但该释文第700号简为"本始元年"。
④ 吴礽骧、李永良、马建华：《敦煌汉简释文》，甘肃人民出版社，1991年。
⑤ 《敦煌马圈湾汉代烽燧遗址发掘简报》，《文物》1981年第10期。

一是有关出入玉门关的记载。汉代玉门关的确切位置一直是史学界争论的问题，根据马圈湾汉简关于玉门关的内容记录，结合长城烽燧考察情况，证明玉门关治所很可能在马圈湾遗址西侧。

二是关于玉门关侯管辖范围的内容。根据马圈湾汉简中日常活动的记录，从"东门""西门""诣官"或"诣官请"等字样的简牍来看，岳邦湖、吴礽骧等认为，马圈湾遗址有可能是玉门关侯官治所[①]。进而推测玉门关侯管辖的范围东西线距离长达34公里，小方盘城以南、阳关以西、南北走向的烽燧，可能也属于玉门关侯的管辖范围。

三是关于新莽与西域各国关系的记载。马圈湾共出土与西域有关的简牍奏记抄件一百余枚，多为草书。涉及的国名有"车师""焉耆""乌孙""尉犁""鄯善""卑陆""郁立师"等，简牍中记录了西域各国时叛时降的情况，与历史记载能相互印证。这批简牍的发现，弥补了西域史料的不足。

四是有关玉门关所属屯戍活动的记载。这批汉简中记录了当时的屯戍制度，如"烽火品约"之类，也记录了当时的诏书、律令以及各种簿籍契约等。

五是各种书简资料。包括医药、算术、历谱、天象等书籍残简，还有如《苍颉篇》《急就篇》等字书，这些对于全面研究当时的社会状况是有益的资料。

简牍内容与书写有一定的关系。一般而言，比较慎重的场合和内容，书写字体的选择、书写的态度，都会相对谨严和讲究规矩；日常使用的簿籍之类的材料，一般比较草率。从字体演变与书写的角度看，两类材料都有意义，为完整呈现汉代书写状况提供了生动的实物。

（二）悬泉置汉简

悬泉置汉简出土较晚，数量众多，达三万多枚，至今还在整理当中，所以未见较好图版资料，给书法研究带来了困难。

1.地理环境

悬泉置遗址位于敦煌和安西两市县交界处，现属敦煌市五墩乡管辖。遗址东去安西（即唐代瓜州）60公里，西距敦煌（即唐代沙州）64

---

① 吴礽骧：《玉门关与玉门关侯》，《文物》1981年第10期。

公里，南依三危山余脉之火焰山，北临西沙窝盐碱滩，与北面的疏勒河和汉长城烽燧线遥遥相望，周围是高低不平的戈壁砾石沙丘地形。两汉时期，这里是东西交通大动脉的重要中转站，汉代文献无任何记载。据简牍文书可知，敦煌境内，东起渊泉，西至敦煌，沿途设有渊泉、冥安、广至、鱼离、悬泉、遮要、敦煌七个置，属于邮置传舍系统，这是随着西汉在河西乃至整个西域的开发而逐步从长城烽燧防御体系中分离出来的传置机构。安西与敦煌之间路途较远，按当时的邮程情况，一天难以到达。悬泉置正好处于二者之间，是过往人员的必经之地。这里机构较为完善，规模也较大，主要任务是传递各种邮件和信息，迎送过往官吏、公务人员、使者和外国宾客，是丝绸之路上的枢纽，在历史上起到了重要作用。尤其是出土简牍数量可观，超过了以往敦煌汉简发掘总和，为各领域研究提供了宝贵的资料。

2.发掘的具体情况

1990年10月至1992年12月，甘肃省文物考古研究所对敦煌甜水井附近的汉代悬泉置遗址进行了全面的清理发掘，获得简牍35000余枚，其中23000余枚书写有文字，主要出土于遗址西墙外和东门口灰区堆积中。绝大部分为木简，材质主要是油松、红松、白杨和柽柳等，竹质很少。除白杨和柽柳产于当地外，松木均来源于外地。材料使用与文书的性质、内容、级别有一定关系。油松、红松质地细密平展，不易变形，一般供级别较高的各种官府文书、诏令、律令、科品和重要簿籍的书写使用。白杨、柽柳，质地粗糙，且容易变形，多用于一般文书的书写。松木质地的文书以武帝至元帝时期为多，白杨次之。柽柳、白杨多见于王莽至东汉的文书，松木次之。由于当地的自然条件等原因，这批简牍保存比较完好。

这次出土简牍的最早纪年为元鼎六年（前111年），最晚为东汉安帝永初元年（107年），前后相距近220年，基本反映了悬泉置从创建到衰落的全过程，与两汉河西历史的发展相吻合。有明确年号的纪年简共计1900枚。早期纪年如"元鼎六年""太始三年""征和元年"等，主要为汉武帝时简牍。为数最多的是西汉昭帝到东汉光武帝建武初年简牍，基本上连续出现。据《甘肃敦煌汉代悬泉置遗址发掘简报》称，发掘时根据土质和包含物的变化，结合出土的纪年简，对遗址划分了文化层位。遗址西北角压有魏晋时期烽燧遗址，其下层为汉代建筑，根据相关地层纪年简的出土情况，可以分为早（武帝至昭帝）、中（宣帝至东汉初）、晚（东汉中晚期）三个时期。考古工作者将灰区堆积遗迹又自上而下分为五个层次，在接近地表的第二层中发现了简牍，纪年简上有东汉建武、永平、永元，以及王莽始建国天凤、地皇等年号。第三至五层都有简牍出土，主要属于西汉时期。第三层中有永光、建昭、建始、河平、阳朔、鸿嘉、永始、居摄等纪年简，其中以元、成帝时简牍最多。第四层有元平、本始、地节、元康、神爵、五凤、甘露等纪年简，其中以宣帝时期简牍为主。第五层有元鼎、太始、征和、始元等纪年简，有些已是汉武帝后期的简牍。

（三）马圈湾汉简与悬泉置汉简的书写与编联情况

两地简牍数量大，书写的形式也呈现出多样性，主要有简、牍、两行、觚、封检、削衣等常见样式。考古工作者曾对悬泉置汉简做过统计，发现简最多，牍和两行次之，封检又次之，削衣最少。

从字体来看，简牍文书较多使用隶书、草书和半隶半草的草隶体。据《甘肃敦煌汉代悬泉置遗址发掘简报》称："隶书多用于正规而严肃的文件，草书多用于书信和一般文书，草隶多用于各种簿籍账目等。各种书体并存。"[1]

在两地汉简中，以隶书与草书的书写水平最高，这种情况也反映了敦煌汉简的总体书写特征，可以说整个敦煌汉简的文字书写以隶书与草书为主。隶书形式有古隶和八分，草书以章草为主。八分书与章草的书写代表了汉代书写的主体，从马圈湾与悬泉置两地隶书简与草书简中，可以找到具有很高书写水平的汉代简牍（见图一）。

从两地汉简也可看到简册书写与编联的情况。有的先写后编，有的先编后写。先编后写的简牍在麻绳穿过的地方都留出位置，没有书写。简中用细麻绳编串，常见的有两编和三编两种，编简数量不等，视内容多少而定。通常是一事一编，不相杂厕。有简独编、简与牍合编、简与两行合编、两行独编四种。置于末尾的牍，因为较宽，通常是该编的结束语，可以书写较多的内容。

---

① 《甘肃敦煌汉代悬泉置遗址发掘简报》，《文物》2000年第5期。

图一　马圈湾草书简，1979年出土于敦煌马圈湾

六、敦煌汉简书写者构成

　　研究简牍的书写者，对于分析其字体的形成、书写的风格都有很大的关系。汉代简牍书写，多出自书佐之类文吏之手。从汉代文化制度与敦煌汉简等书写材料来看，这些书写者分布在政府、军队乃至民间，在政府为专门从事书写工作的下层文吏，在军队为戍守边关的下层官兵，在民间为普通书写者。敦煌汉简的书写者整体身份和地位都不高，他们的书写风貌是汉代社会书写状况的真实写照。

　　汉代官府从事文书工作的官吏是书佐和史，《论衡·效力》说："治书定簿，佐、史之力也。"《后汉书·百官志》也说："郡史主录记事，催期会；书佐幹主文书。"汉代日常使用的字体以隶书为主，隶书也称佐书。王莽时有"六书"，即六种字体，"四曰佐书，即秦隶书"。裴锡圭先生认为"八分书很有可能是先在官府佐史一类人手中形成，然后再推广到整个社会上去的"①。我们用作研究八分形成过程的敦煌简和居延简等材料，以及刻有较长铭文的铜器，多为官府用品，文字应出自佐史之手。

古代文献中有文吏等"善史书"的说法，汉代有"善史书"的风尚。

商周时代的史官，其职能之一在于"司书记事"，掌握文字使用。秦汉时，"官狱多事"，书写日繁，汉承秦制，重视文字选拔与考课制度，国家还设置专门的"学室"以培养"史子"，其目标就是从事"文法吏"的工作。汉代称"文法吏"为"文吏"或"文史法律之吏"。

"善史书"是秦汉以来文字政策的产物。汉代小学兴起，精通古文字成为一种高层次文化需求，文吏选拔以讽诵《史籀篇》文字达到一定数量作为标准。其实汉代课吏制度中关于文字识读理解与书写能力的培养，不应仅局限于籀文。许慎《说文解字序》亦载汉相萧何对秦律加以改造，制定汉律九章，其中《尉律》称："学僮十七以上始试，讽籀书九千字，乃得为史。又以八体试之，郡移太史并课，最者以为尚书史。书或不正，辄举劾之。"②《汉书·艺文志》亦有类似记载。稍晚于许慎记载的湖北江陵张家山汉简《二年律令》载："（试）学童以十五篇，能风（讽）书五千字以上，乃得为史。"③"十五篇"指周宣王时太史籀所作大篆十五篇，即《史籀篇》。二处文献稍有出入，但讽与书两项考核指标是一致的，即要求学童能够识读和书写籀文。作为文吏的选拔，当然还有"以八体试之"的科目。古文字的识读理解与书写教育势必带来书写水平的提高，六体、八体的识读理解与书写运用对学童提出了更高要求。我们知道，隶书虽是汉代通用字体，但古文字作为其来源和基础，对于解读经典具有重要作用。古文经学尤其重视小学的学习，古文字过关，相对来说俗体隶书当然就容易掌握得多。

另外，虽然律令规定"讽"和"书"，但我们如果仅仅将"讽诵"机械地理解为会认字肯定是不够的，一定包括对文字理解运用的要求，

---

① 裘锡圭：《文字学概要》，商务印书馆，1988年，第81页。
② 许慎：《说文解字》中华书局，1998年，第315页。
③ 张家山247号汉墓竹简整理小组：《张家山汉墓竹简》文物出版社，2001年，第203页。

作为一般文史的工作能力，应泛指日常工作中的文字识读、书写等应用功夫。我们不妨将"善史书"做更为宽泛的理解，那就是有熟练的文字运用和书写能力、文书奏章的起草与处理能力。

汉初文字书写的主要功能在于表意，追求书写的实用性。在此基础上也同时追求美观，这是当时文史从事日常工作必备的基本能力。

汉代出现了如以张芝为代表的书家群体，同时也还有数量庞大的不知名的职业书写者。在出土的汉代官文书简牍中，我们能在其末尾看到掾、属、令史、书佐等的署名。《居延新简》EPT17.1简：如律令/掾阳属禹书佐岑；EPT43.12简：张掖居延都尉博城骑千人，行丞事谓官写移书到务如掾博兼守属弘书佐政；EPT20.4B简：掾盛守属业书佐宫；还有如"书佐孙临国始元四年六月丙寅除""书佐樊奉始元三年六月丁丑除""书佐五人""郡太守及都尉府卒史、书佐各十人"等署款①。正是他们为后世留下了十分丰富的竹木简牍、缣帛、残纸、砖文瓦当、印章、铜器铭文、碑志等书迹。

敦煌汉简书写大多出自这些令史、书佐一类的主书之吏。

敦煌虽地处边陲，但因为地理位置重要，文化传播频繁，这些汉简材料上的文字书写，其水平不低，也并不落后，真实地反映了汉代文吏书佐乃至其他下层民众的书写状况。康有为说："汉人极讲书法……降逮后汉，好书尤盛……至灵帝好书，开鸿都之观，善书之人鳞集，万流仰风，争工笔札。""书至汉末，善极盛矣。其质朴高韵，新意异态，诡形殊制，融为一炉而铸之，故自绝于后世。"但他未见简牍材料，故而作出西汉"绝无后汉之隶"，"盖西汉以前无熹平隶体，和帝以前皆有篆意"的错误判断②。

——原刊于《中国书画》，2015年第1期

---

① 陈梦家：《汉简缀述》，中华书局，1980年，第99、144页。
② 《历代书法论文选》，上海书画出版社，1979年，第795—796页。

从敦煌汉简看早期草书形成的主要特征

李逸峰

草书是敦煌汉简书写中常见字体，这一时期的草书多不成熟，为汉字书写的早期草体。张怀瓘在《书断》中说："章草即隶书之捷。"[1]早期草书即章草是隶书的快写，敦煌草书简以书写便捷为其核心追求，在提高书写效率的同时，不断走向规范和美化，敦煌草书简表现出由隶到草演变过程中诸多字体演变与书写特征。

引言

笔者抽取现有出版物中图版较清晰、材料保存较完好的敦煌汉简新25、新26、新32A、新57、新176、新246、新263A、新275、新282、新287、新288、新304、新318A、新385B、新521、新526、新532、新538、新551、新557、新570A、新624A、新639A、新639B、新639C、新639D、新784、新793、新796、新981、新983、新1007、新1041、新1044、新1068、新1124等31简共718个字样分析的基础上，重点对图版更为清晰的新25、新26、新57、新176、新246、新288、新318A、新532、新557、新624A、新639A、新784、新793、新981、新983、新1041、新1044、新1124等18简（多为西汉中晚期）[2]共364个字样进行微观分析。又选取了敦煌汉简书写较规范、水平较高的马圈湾汉简中王骏幕府档案新40—

---

① ［唐］张怀瓘：《书断》,《历代书法论文选》，上海书画出版社，1979年，第163页。
② 以下简称"敦18简"，其中新981、新983二简从笔形特征与书写风格来看，当为同一人书写，在进行书写参数统计时合并为新981/983。

48、新59—63等14简（新莽时期）①与隶书简中共有的67个字样，并以《说文》小篆与王系草书②相应字样为参照，设置笔形③数量、起笔顺逆、收笔出锋与否、末笔出锋与否及转折笔形书写状态等书写参数，进行比较，对敦煌汉简中早期草书书写的几个主要特征加以分析，并进一步探讨敦煌草书简反映的汉字演变与书写规律。相关参数见附表一：敦煌汉简草书书写参数表；附表二：王系草书书写参数表。

早期草书形成特征举隅

敦煌草书简是典型的章草墨迹，书写多不成熟，可以作为早期草书书写特征分析的样本。本文以笔形书写研究为突破口，通过微观考察，分析出如下主要特征。

（一）笔形数量进一步减少

汉字字体在书写中发生演变，减少笔形数量，是追求书写便捷的重要方式。隶书减损篆书笔形数量，与隶书简笔形数量相比，敦煌草书简笔形数量进一步减少。笔者抽取《说文》小篆、敦煌隶书简、敦煌草书简与王系草书四个书写样本中共有的67字进行笔形数量统计、比较和分析。

据统计，67个字样在《说文》小篆中共有542个笔形，敦煌汉简隶书共有527个笔形，而在敦煌汉简草书简中笔形骤减到268个（见表1）。

表1

样本	《说文》小篆	敦煌隶书简	敦煌草书简	王系草书
笔形数量	542	527	268	145

① 马建华编《河西简牍》载此14简，图版清晰，可满足微观分析需要。从书写笔形特点与整体风格判断，此14简应为同一人书。重庆出版社，2003年。

② 本文选取王羲之、智永、孙过庭等人草书字样作为比较分析样本，下文简称"王系草书"。

③ 文字学中的笔形是指从下笔运行至收笔完结，笔锋始终不离开书写载体面所形成的轨迹，篆书、隶书、楷书可以分为横向、纵向、斜向与转折等笔形状态。笔形书写结束时笔锋抽出方向有细微差别：从笔形上边线抽出者称上出锋，存在于横向、斜向笔形中；从笔形中部抽出者称中出锋，横向、纵向与斜向笔形均有；从笔形下边线抽出者称下出锋，存在于横向、斜向笔形中；从笔形左边线抽出者称左出锋，从右边线抽出者称右出锋，此二者只存在于纵向笔形中。本文所论草书连带笔形中还有下行出锋，指运笔结束时笔尖向下带出出锋的用笔情况。

可见敦煌汉简草书书写已经达到相当简洁的程度，但与成熟的王系草书仅有145个笔形相比，还有足够可供简化的空间。这帮助该时期汉字的草化书写尚处于逐步规范与完善的阶段。

（二）起笔顺锋增多，逆锋减少

相对而言，起笔顺锋比逆锋更为便捷。从抽样的敦18简364个字样起笔情况来看，在3463个笔形中，可分辨的顺锋起笔736个，占总笔形数的21.25%；逆锋起笔1018个，占总笔形数的29.40%。敦煌草书简67个字样268个笔形中，顺锋起笔235个，占87.69%；逆锋起笔14个，仅占5.22%。从敦煌隶书简到草书简书写起笔顺逆的变化可以看出，草书简的书写大量使用顺锋起笔，比隶书简书写更为方便快捷。王系草书这一比例与敦煌草书简情况大致相同。（见表2）这就说明，草书顺锋起笔书写在敦煌汉简时期已经趋于成熟。

表2

书写样本名称	敦煌隶书简	敦煌草书简	王系草书
抽样字数	364	67	67
总笔形数	3463	268	145
顺锋起笔	736	235	129
比例（%）	21.25	87.69	88.97
逆锋起笔	1018	14	12
比例（%）	29.40	5.22	8.28

（三）笔形趋短与书写美化

与篆隶字形相比，敦煌草书简中出现了较多的短笔形，其中主要表现为"点"这一斜向笔形频率的增加。以《说文》小篆、敦煌隶书简、敦煌草书简与王系草书四个样本中的67字为例，《说文》小篆共542个笔形中未见点这一斜向短笔形，敦煌隶书简共527个笔形中有点16个，占3.04%；敦煌草书简共268个笔形中有点29个，占10.82%。书写中缩短笔形，即缩短行笔路径，节约书写时间，提高书写效率。王系草书67字共145个笔形中有点10个，占6.90%。

点作为斜向短笔形出现在汉字书写中，因其长短、置向、外轮廓以及在与其他笔形组合关系中所处的位置区别性都不如其他较长笔形大，其频率的增加使字形可识性受到一定影响，不利于汉字认知。所以，作为成熟与规范程度较高的王系草书，其短笔形的比例较敦煌草书简王骏幕府档案就已有所减少。

还应注意到，王骏幕府档案简中点这一短的斜向笔形书写相当熟练。因为点的出现，汉字字形变得更加灵动活泼，非常美观，是点这一笔形赋予了草化书写更多的艺术成分。

另外，这一书写材料中末笔不出锋的字形较多。整体而言，同一笔形不出锋书写的笔道比出锋书写要短，如 🔳（新62）中末笔不出锋笔道比🔳（新282）、🔳（新321）、🔳（新526）、🔳（新1124）等字末笔出锋笔道明显要短。据统计，在抽取的67个共同字样中，敦煌隶书简末笔不出锋仅见3例，而敦煌草书简多达17例，王系草书13例。末笔不出锋往往还意味着笔形在书写中进行了修饰，用笔利索，形态规整。如🔳（新46）、🔳（新46）、🔳（新48）、🔳（新62）、🔳（新62）、🔳（新62）等字中的末笔即是如此。所以说，早期草书在追求书写效率的同时，已开始注意书写的规范和美观。

（四）部分保留波磔笔形

经过统计，在抽取的67个共同字样中，敦煌隶书简出现波磔46个，草书简中波磔还保留16个。书写中保留一定数量的波磔笔形，字与字之间较多映带，绝少连笔，这是判断敦煌草书简属于章草的充分理由。

敦煌汉简草书波磔来源于隶书波磔的快写，这是认定早期草书多源于隶书快写的一个重要笔形标志。两者相较，草书简中的波磔不如隶书波磔完整规范，有的因为连写出现了映带的笔触。波磔笔形的解体，是草化与楷化对隶书字体改造的表征；波磔笔形在早期草书中的遗存，又是这种改造不彻底的表现。

（五）转折笔形数量增加，形态增多

与敦煌隶书简相比，草书简转折笔形在数量与形态方面都发生了较大的变化，以书写较规范、熟练的王骏幕府档案新40—48、新59—63简中67个字样为例，来印证草书书写规律。

1.转折数量增加

本文从敦18简抽取字样364个，平均每字0.98个转折笔形，而草书简转折笔形已经平均达到每字1.25个。从圆转与硬折所占总笔形数的比例来看，敦18简总笔形数3463个，其中可分辨的圆转261个，占7.54%；硬折444个，占12.82%。敦煌草书简抽样的67字共有笔形268个，其中可分辨的圆转56个，占20.90%；硬折68个，占25.37%。与隶书简相比，草书简转折数量明显增多。

前文分析已经表明，总体而言，敦煌草书简圆转数量多于硬折的数量，在1662个字样中，圆转笔形1244个，硬折笔形840个。但王骏幕府档案67个字样显示的情况却有所不同，硬折笔形略多于圆转笔形。这一情况与王系草书转折笔形书写情况大体一致，只是王系草书因书写更为简捷，连笔映带更为常见，转折数量也进一步增加而已。

硬钩作为敦煌隶书简中即已出现的笔形，在敦煌草书简中数量大幅度增加，以王骏幕府档案为例，抽取的67个字样中该笔形出现22次，占268个总笔形数的8.21%，与隶书简中该笔形所占1.04%相比，其出现的频率已经很高。硬钩是特征明显的楷化笔形，因此，草书中蕴含的楷化因素可见一斑。参照王系草书硬钩笔形数量和所占比例，发现该笔形出现频率有所下降。（见表3）

表3

比较项 材料名	总笔形数	圆转	硬折	硬钩
敦 18 简	3463	261	444	36
	比例(%)	7.54	12.82	1.04
敦煌汉简草书	268	56	68	22
	比例(%)	20.90	25.37	8.21
王系草书	145	138	141	7
	比例(%)	95.17	97.24	4.83

笔者以为，这正是草书在发展过程中不断调整转折笔形，达到圆转、硬折以及硬钩之间的某种协调，在力求书写便捷的同时，以求字形的规范和美观。正是这些特点，昭示了敦煌汉简草书中所孕育的艺术因素成为后世草书艺术化书写的基础。

此外，转折笔形数量的变化反映出草书书写的规范与美化程度。正是出于草书书写规范与美观的需要，熟练程度较高的书写者往往对圆转与硬折的比例进行调整，后人在字体判断与书法审美评价中所谓的"离方遁圆"①，与此书写现象不无关系。

2.表现形态更加多样化

敦煌汉简草书转折形式比隶书更加多样。转折笔形形态的增加实际上是笔形置向更加多样化。《说文》小篆字形的转折笔形（曲向笔形）开口置向主要表现为横向与纵向，很少见到左右斜向；敦煌汉简隶书随着斜向笔形的增多，转折笔形的置向也逐渐丰富，字形也从紧束型解放出来，走向了开放型书写，而草书简在笔形的转折置向上变得更加自由。草书字形本身的不规范性与不同书者书写水平、个性习惯等个体差异，是造成早期草书转折笔形形态多样化的主要原因。

（六）连笔映带成为草书标志性笔形

草写以连笔映带为基本手段，连笔映带笔形是草书的标志性笔形。通过对敦煌草书简、王系草书抽样67字进行微观分析，能更加清楚地看出连笔映带对于草书书写的重要性。

1.连笔映带打破原有隶书笔形组合秩序

两个或多个笔形的连写，改变了笔形的数量，使汉字书写不断走向简化。篆书线条描摹物象的仿形特征为隶书的笔画化打破之后，草书的连笔映带又使相互独立的笔形形成组合式书写，走向符号化的道路。符号化书写不再考虑所表现的物象轮廓特征，书写自身的独立性加强，这为书写过程中汉字字体演变提供了可能。正如丛文俊先生所说，文字简化有两种形式：一是字式简化，即"单纯的结构简化"；一是书写方法的简化，即"书体简化"。②连笔映带打破了原有的笔形组合关系，正是

---

① ［唐］张怀瓘认为行书"非草非真，离方遁圆，在乎季孟之间"，"务从简易，相间流行"。行书在楷书与草书之间调整，其中即包括笔形数量、用笔方式、圆转硬折形态的调整。参见 ［唐］张怀瓘：《书议》，《历代书法论文选》，上海书画出版社，1979年，第148页。

② 丛文俊：《商周金文书法纵论》，《中国书法全集》第2卷，荣宝斋出版社，1994年，第3页。丛文俊还提出过"书写性简化"，都强调书写本身在汉字演变过程中的重要性。丛文俊所谓"书写性简化"，指的是文字在契刻时为了求简趋用，往往发生潦草的现象，促使其象形性不断降低，直线式的契刻也不断促使象形性发生异化，这种无数次的重复书写契刻，就形成了一定的笔顺，引发字体趋简演变。参见丛文俊《中国书法史·先秦秦代卷》，江苏教育出版社，2002年。

书写独立性的表现。草化与隶变一样，都发生在书写中。隶书笔形由曲变直，原来仿形线条逐渐笔画化、符号化，隶变成为古今文字的分水岭，书写独立导致笔形独立，获得了自己的表现空间，随着书写水平的提高，笔形可以做必要的装饰，而波磔笔形的形成与完善是隶书成熟的标志。与篆隶书写相比，随着书写方法的独立与解放，草书以笔形连写为基本手段，书写方法更为简化，笔形数量、长短、置向以及组合关系等发生了诸多变化，连笔映带成为草书的标志性笔形。

2.末笔下行出锋，建立起草书书写空间关系

如前所述，连笔映带改变了书写的字势空间关系，既包括字内笔形的空间关系，也包括字与字之间的空间关系。尤其是汉字自上而下的书写中，一字末笔下行出锋，成为草书字与字之间空间秩序建立的重要手段。

早期草书中，尽管对隶书波磔笔形多有保留，但末笔下行出锋现象已初露端倪。如敦煌隶书简、敦煌草书简与王系草书共同抽取的67个字样中，隶书简末笔下行出锋笔形共计11个，草书简中增加到13个。这个趋势发展到王系草书书写时已经达到47个。敦煌草书简作为章草，受篆隶书写系统的影响，字与字之间形式上还部分保持着相互独立的空间秩序感，这种秩序感也影响了书写的效率。末笔的收笔出锋与不出锋，从什么方向出锋，都是影响这种秩序的因素，也都影响到书写效率。如"一"的写法，敦煌草书简中作■（新40）、■（新42），前者不出锋，后者上出锋，就都不如后来王系草书中■、■等向下连带出锋写法自然便捷。

当然，早期草书因末笔下行出锋逐渐增多，字与字之间的呼应关系开始变得明显起来。在后来的草书书写中，尤其注意字与字之间连笔映带关系的建立。汉字书写经历了从对单字书写的关注到对书写整体观照的过程，古人这一书写观念的生成在草书字体与书写演变中体现得尤为明显。发展到后来的草书艺术，其书写尤其注意连笔映带关系的处理，如怀素《自叙帖》等经典草书作品充分体现出中国传统哲学中的辩证思想。这些经典作品对连笔映带的成功处理，也表明书写的整体观念进一步建立起来。

结语

　　本文通过对敦煌草书简字样的笔形数量、起笔顺逆、收笔出锋与否、末笔出锋与否以及转折笔形书写状态等参数进行统计和分析，发现早期草书书写与隶书相比，笔形数量进一步减少；起笔顺锋增多，逆锋减少；笔形趋短与书写美化；部分保留波磔笔形；转折笔形数量增加，形态增多；连笔映带成为草书标志性笔形，尤其是连笔映带的大量出现打破原有隶书笔形组合秩序；连笔映带的末笔下行出锋的书写特征，为建立起草书书写空间关系起到了重要作用。尽管如此，敦煌草书简所表现出的诸多早期草书字体演变与书写特征，都只是草书字体演变过程中的必然现象，并不意味着这一时期草书已经成熟。通过与二王体系成熟草书比较，更能看出敦煌草书简在草书字体演变过程中所处的阶段与地位。

——原刊于《书法研究》，2017年第2期

　　附表见下页。

附表一：敦煌汉简草书书写参数表

字样	《说文》小篆	笔形数	敦煌汉简隶书	笔形数	敦煌汉简草书	起笔			收笔		末笔下行	末笔右行	末笔不出锋	圆转	硬折	波磔	硬钩	点
						次数	顺锋	逆锋	不出锋	出锋								
安		5	（新532）	5	（新63）	5	5			5				1	1			1
备		11	（新1068）	13	（新40）	9	9			9				2				1
不		6	（新983）	6	（新40）	3	3			3				1	1		1	3
长		7	（新793）	8	（新61）	4	2	2	1	3	1				1	1		1
常		10	（新25）	12	（新63）	5												
陈		15	（新639A）	10	（新46）	6	6		3	2			1	2	2			2
出		5	（新795）	7	（新47）	3	3			2	1				1		1	
此		5	（新58）	7	（新47）	3	3			3		1		1	1			2
从		10	（新288）	8	（新48）	6	6		1	5		1		2			1	2

续表

字样	《说文》小篆	笔形数	敦煌汉简隶书	笔形数	敦煌汉简草书	起笔			收笔		末笔下行	末笔右行	末笔不出锋	圆转	硬折	波磔	硬钩	点
						次数	顺锋	逆锋	不出锋	出锋								
大		4	(新1124)	3	(新62)	3	3		1	2			1					1
當		12		14		7	7			3				2				1
德		14	(新246)	14	(新42)	7	5			2	1		1	1		1		
都		15	(新57)	11	(新60)	6	6		1	3				1	1			
二		2	(新246)	2	(新47)	2	2			2		1						
夫		5	(新796)	4	(新62)	2	2			2		1		2	2			
官		7	(新263A)	8	(新61)	3	3		1	1				2				
胡		9	(新557)	9	(新61)	5	5			4	1			1				
獲		17	(新178)	14	(新59)	6	5			4		1		1	2			1

续表

字样	《说文》小篆	笔形数	敦煌汉简隶书	笔形数	敦煌汉简草书	起笔				收笔		末笔下行	末笔右行	末笔不出锋	圆转	硬折	波磔	硬钩	点
						次数	顺锋	逆锋	不出锋	出锋									
即		7	（新 521）	7	（新 40）	3	1		1					1	1	2		
見		7	（新 521）	7	（新 45）	3	3			3		1		2	1	1		1
皆		9	（新 983）	9	（新 61）	4	4			4		1			4			2
俱		10	（新 58）	10	（新 41）	5	2	1	2	2				1		3		
軍		8	（新 177）	9	（新 62）	4	3	1	1	3				1		1		3
君		6	（新 58）	7	（新 62）	4	2	1	2	2				1	1	2		
郡		10	（新1068）	10	（新 61）	6	6		1	2	1				1	1		
來		9	（新244A）	7	（新 40）	3	3			3	1				2	1	1	
馬		8	（新 177）	10	（新 46）	3	2		1	2				1	1	1		

续表

字样	《说文》小篆	笔形数	敦煌汉简隶书	笔形数	敦煌汉简草书	起笔			收笔		末笔下行	末笔右行	末笔不出锋	圆转	硬折	波磔	硬钩	点
						次数	顺锋	逆锋	不出锋	出锋								
名		6	(新784)	7	(新61)	6	6		1	4	1		1	1				
平		5	(新639A)	5	(新61)	5	5		3	2		1						
期		12	(新311)	13	(新40)	6	6		1	5	1		1	4				3
其		14	(新178)	9	(新45)	4	4		2	2	1			3	1			1
遣		19	(新178)	13	(新40)	6	6		2	3	1		1	2	1	2		
去		6	(新178)	5	(新40)	4	3		4	1			1					
人		2	(新981)	2	(新45)	2	2		2		1				1			
日		3	(新288)	4	(新40)	3	3		2		1		2					
上		2	(新25)		(新43)	3	3		2		1				2			

续表

字样	《说文》小篆	笔形数	敦煌汉简隶书	笔形数	敦煌汉简草书	起笔			收笔		末笔下行	末笔右行	末笔不出锋	圆转	硬折	波磔	硬钩	点
						次数	顺锋	逆锋	不出锋	出锋								
十		2	（新25）	2	（新40）	2	2		1	1	1							
時		10	（新177）	10	（新40）	5	5		1	3			1	1				1
食		8	（新354）	10	（新63）	4	3		1	2			1			2		
使		9	（新354）	8	（新40）	3	3		1	2	1					1	1	1
事		8	（新981）	8	（新48）	3	2	1		2	1			2	1			
書		16	（新844）	12	（新60）	3	2	1		3	1			1	2	1		1
數		14	（新981）	18	（新46）	5	5		1	4	1			1	1	1		2
四		4	（新1068）	5	（新45）	4	4		1	3	1							
王		4	（新526）	4	（新62）	4	4		1	3	1						1	

续表

字样	《说文》小篆	笔形数	敦煌汉简隶书	笔形数	敦煌汉简草书	起笔			收笔		末笔下行	末笔右行	末笔不出锋	圆转	硬折	波磔	硬钩	点
						次数	顺锋	逆锋	不出锋	出锋								
爲		13	（新538）	9	（新40）	3	3			3	1			2	1			1
未		7	（新177）	5	（新48）	5	2	3	1	4			1	1				1
聞		9	（新25）	15	（新48）	3	1	2		3	1			2				
下		2	（新981）	3	（新63）	3	3		1	2	1							2
相		9	（新521）	8	（新46）	6	6		3	3			1	1				2
校		9	（新981）	9	（新62）	5	5		1	4	1			1	1	1		
行		6	（新988B）	6	（新61）	3	3			3	1			1			1	1
言		10	（新793）	7	（新60）	5	5		1	4			1		3		1	2
也		5	（新178）	3	（新47）	3	3		1	1			1		1			

续表

字样	《说文》小篆	笔形数	敦煌汉简隶书	笔形数	敦煌汉简草书	起笔			收笔		末笔下行	末笔右行	末笔不出锋	圆转	硬折	波磔	硬钩	点
						次数	顺锋	逆锋	不出锋	出锋								
一	(小篆)	1	(新793)	1	(新40)	1	1		1				1					
移	(小篆)	12	(新793)	10	(新46)	4	4		1	3			1	3	2			
以	(小篆)	2	(新26)	5	(新61)	4	4			4		1						1
有	(小篆)	6	(新58)	6	(新126)	5		2	1	2	1			3				
與	(小篆)	13	(新58)	15	(新41)	1	1		1			1				4	1	
欲	(小篆)	12	(新244A)	11	(新46)	3	3		2	1		1		2	2	1		
願	(小篆)	16	(新183)	18	(新46)	1	1		1			1			3			
月	(小篆)	4	(新557)	4	(新63)	3	3			3	1			1			3	
在	(小篆)	6	(新27)		(新45)	3	3			2		1		1	1	1		

续表

字样	《说文》小篆	笔形数	敦煌汉简隶书	笔形数	敦煌汉简草书	起笔			收笔		末笔下行	末笔右行	末笔不出锋	圆转	硬折	波磔	硬钩	点
						次数	顺锋	逆锋	不出锋	出锋								
知		9	（新981）		（新48）	5	5		1	3					2			
中		4	（新981）	5	（新45）	3	3		2		1			1				
仲		6	（新532）	15	（新62）	4	4		3		1			1				
子		4	（新983）	3	（新62）	3	3		1	1			1	2				
合计		542		527		268	235	14	48	178	13	29	17	56	68	16	22	29

附表二：王系草书书写参数表

字样	王系草书	起笔			收笔		末笔下行	末笔右行	末笔不出锋	圆转	方折	波磔	硬钩	点
		次数	顺锋	逆锋	不出锋	出锋								
安			2			2	1			5	1			
备		5	5		3	1	1							2
不		4	4		1	3	1			2	2			
長		2	2			2	1			2	2			
常		4	3	1		4	1				6		2	2
陳		3	3		2	1			1	2	2			
出		1	1			1		1		1	3		1	
此		2	1	1		2	1			1	2			
從		2	2			2		1		1	2	1		
大		2	2			1	1			1		1		

续表

字样	王系草书	起笔			收笔		末笔下行	末笔右行	末笔不出锋	圆转	方折	波磔	硬钩	点
		次数	顺锋	逆锋	不出锋	出锋								
当		3	2	1	1	2	1			2	3			
德		4	4		3	1			1	1	4			
都		1	1			1	1			1	4			
二		2	1			2		1						
夫		1	1			1	1			1	4			
官		3	3		1	2			1	3	1			1
胡		3	3		1	2	1			4	2			
获		2	2		2				1	3	7			
即		1	1			1	1				5			
见		3	2	1	1	1	1			2	2			

续表

字样	王系草书	起笔			收笔		末笔下行	末笔右行	末笔不出锋	圆转	方折	波磔	硬钩	点
		次数	顺锋	逆锋	不出锋	出锋								
皆		2	2		1	1	1			1	3			
俱		3	3			3	1			4	2			
軍		3	1	2		3	1			3	1			
君		4	3	1	1	1	1				2			
郡		3	2	1	1				1	3	4			
來		3	3			3	1			2	1		1	
馬		1	1		1				1	4	1			
名		2	1			2	1			1	3			1
平		2	2		1	1	1			1	3			1
期		2	2			2	1			3	5			

续表

字样	王系草书	起笔			收笔		末笔下行	末笔右行	末笔不出锋	圆转	方折	波磔	硬钩	点
		次数	顺锋	逆锋	不出锋	出锋								
其		2	1	1	1	1	1			3	2			
遣		2	2		1	1	1			1	4			
去		2	2		1	1	1			1	3			
人		2	2			2		1						
日		1	1			1	1			3	1			
上		2				1	1				2			
十		1	1			1	1				1			
時		3	3		2	1	1			2				
食		2	2			2	1			1	2			
使		1	1			1	1			2	3			

续表

字样	王系草书	起笔			收笔		末笔下行	末笔右行	末笔不出锋	圆转	方折	波磔	硬钩	点
		次数	顺锋	逆锋	不出锋	出锋								
事		1	1			1	1			6				
書		2	2			2	1				3			
数		2	2			2	1			4	3			
四		4	4			4	1			3				1
王		1	1		1				1	1	3			
爲		1	1			1	1			3	2			
未		2	1	1		2	1			2	4			
聞		1	1	1		1	1			5	1			
下		2	2			2	1			1	2			1
相		2	2		1	1	1			2	1			

续表

字样	王系草书	起笔			收笔		末笔下行	末笔右行	末笔不出锋	圆转	方折	波磔	硬钩	点
		次数	顺锋	逆锋	不出锋	出锋								
校		7	7		2	5			1	1	3		1	1
行		2	2			2	1			2				
言		2	2			2	1			5	2			1
也		2	2			2		1		3				
一		1	1			1			1					
移		3	3		1	2			1	7	2			1
以		2	2			2	1			1	2			
有		1	1			1		1		4	1			
與		1	1			1	1			3	1			
欲		1	1			1	1			4	4			

续表

字样	王系草书	起笔			收笔		末笔下行	末笔右行	末笔不出锋	圆转	方折	波磔	硬钩	点
		次数	顺锋	逆锋	不出锋	出锋								
顾		1	1		1				1	1	2			
月		1	1			1	1			3	2			
在		1	1			1			1	1	4			
知		1	1			1	1			2	2			
中		3	2	1		3	1			1				
仲		4	4		1	3	1			3				
子		1	1			1	1			4				
合计		145	129	12	33	105	47	7	13	138	141	1	7	10

后 记

2012年6月，西北师范大学以历史学系和敦煌学研究所为基础，组建历史文化学院。为了适应国家重大战略调整，适应地方经济社会发展需求，西北师范大学发挥历史学科优势，突出研究特色，凝练方向，在原有的西北师范大学敦煌学研究所、甘肃省西北边疆史地研究中心之外，调整和新设了丝绸之路与华夏文明传承发展协同创新中心、甘肃长城长征国家文化公园建设发展研究中心及简牍研究院、中亚研究院、河西走廊研究院、国别与区域研究院等科研机构。

历史学是西北师范大学最早设置的专业之一，也是研究实力最强的专业之一。西北师范大学历史学研究底蕴深厚，利用汉晋简牍、敦煌吐鲁番出土文书、黑水城文书及宋元以来的地方志和碑刻资料开展丝绸之路研究、西北民族文化研究、中西文化交流研究，取得了显著成绩，学术影响较大。从1996—2005年，历史文化学院在西北师范大学历史系阶段、西北师范大学文学院阶段、西北师范大学文史学院阶段，联合省内科研院所，先后编辑出版过《西北史研究》三辑共四册，《简牍学研究》四辑，共收录文章230多篇。《西北史研究》具有汇集性质，主要收录已刊发文章，文章作者以历史文化学院教师为主，包括部分博士、硕士研究生，也有部分校外同行专家；《简牍学研究》以反映最新研究成果为主，主要收录未刊发文章。《简牍学研究》刊发文章的作者有历史文化学院的教师，也有国内外知名学者。

为了汇聚学术积淀、承袭优良学脉、扩大学术交流、推动学科建设，历史文化学院编辑出版"西北边疆史地研究丛书"，作为《西北史研究》的后续。"西北边疆史地研究丛书"按专题分类，主要收录2005年以来署名单位为西北师范大学的相关文章，部分西北师范大学兼职教授的与主题相关的文章也一并收录。同时，继续编辑出版《简牍学研究》，目前已出版至第12辑。

《汉晋简牍研究：文书与行政》是"西北边疆史地研究丛书"之一，也是"丝绸之路与华夏文明研究文库"的重要组成部分。本论文集共收录论文28篇，内容涉及国内外简牍学研究概述、简牍文献研究、简牍与西北边疆、简牍书法与文化等方面的内容，力图通过多维视角、多层次的研究来展现简牍文化的内涵，展现简牍于秦汉魏晋南北朝史研究及西北边疆治理研究的史料价值。全书以突出主题、丰富内容、体现学术研究的价值和深度为宗旨。从这一宗旨出发，将部分于2005年之前发表的文章也收录进来，从而使得书稿内容更为充实，分量更重。

2013年，"西北边疆史地研究丛书"出版计划启动，初设12个主题，目前已经完成9个主题的编辑出版，剩余主题将陆续编辑出版。2021年，西北师范大学简牍学科进入甘肃省省属高校一流学科突破工程支持学科。2023年，刘再聪教授申报的国家社科基金"绝学"冷门研究专项学术团队项目"唐五代宋初敦煌自然资源文献中的东西文化交流与民族融合问题研究"获准立项。《汉晋简牍研究：文书与行政》的编辑出版是一流学科建设和"绝学"冷门团队项目开展取得的重要成果。

在《汉晋简牍研究：文书与行政》编辑出版过程中，博士研究生魏铎、金玉、徐创万，硕士研究生贾志娟、何亭丽、姜万、王佩璇、余翌、王旭升、谢能宥、把文琦等同学在文稿收集、文本转换、文字校对等方面做了大量的工作。他们付出的辛勤劳动使书稿得以顺利出版，在此谨致谢意。

2023年12月